MAC-Klauseln in Unternehmenskaufverträgen nach US-amerikanischem und deutschem Recht

Studien zum vergleichenden und internationalen Recht - Comparative and International Law Studies

Herausgeber: Bernd von Hoffmann (†), Erik Jayme, Heinz-Peter Mansel,
Christine Budzikiewicz, Michael Stürner, Karsten Thorn
und Marc-Philippe Weller

Band 197

Christina Bohländer

MAC-Klauseln in Unternehmenskaufverträgen nach US-amerikanischem und deutschem Recht

Bibliografische Information der Deutschen Nationalbibliothek
Die Deutsche Nationalbibliothek verzeichnet diese Publikation
in der Deutschen Nationalbibliografie; detaillierte bibliografische
Daten sind im Internet über http://dnb.d-nb.de abrufbar.

Zugl.: Heidelberg, Univ., Diss., 2017

Gedruckt auf alterungsbeständigem, säurefreiem Papier
Druck und Bindung: CPI books GmbH, Leck

D 16
ISSN 0930-4746
ISBN 978-3-631-77075-7 (Print)
E-ISBN 978-3-631-77177-8 (E-PDF)
E-ISBN 978-3-631-77178-5 (EPUB)
E-ISBN 978-3-631-77179-2 (MOBI)
DOI 10.3726/b14827

© Peter Lang GmbH
Internationaler Verlag der Wissenschaften
Berlin 2018
Alle Rechte vorbehalten.

Peter Lang – Berlin · Bern · Bruxelles · New York ·
Oxford · Warszawa · Wien

Das Werk einschließlich aller seiner Teile ist urheberrechtlich
geschützt. Jede Verwertung außerhalb der engen Grenzen des
Urheberrechtsgesetzes ist ohne Zustimmung des Verlages
unzulässig und strafbar. Das gilt insbesondere für
Vervielfältigungen, Übersetzungen, Mikroverfilmungen und die
Einspeicherung und Verarbeitung in elektronischen Systemen.

Dieses Buch erscheint in einer Herausgeberreihe bei
PL Academic Research und wurde vor Erscheinen peer reviewed.

www.peterlang.com

Inhaltsverzeichnis

- A. Einleitung 1
  - I. Einführung in die Thematik 1
  - II. Analyse eines "*Legal Transplant*" 4
- B. Die MAC-Klausel und ihr Ursprung im US-Recht 9
  - I. Erscheinungsformen und inhaltliche Gestaltung von MAC-Klauseln 9
    - 1. Erscheinungsformen 9
      - a) Unternehmenskauf 10
      - b) Finanzierungsverträge 12
    - 2. Inhaltliche Gestaltung 13
      - a) Die MAC-Klausel (Representations/Warranties und Closing Conditions) 13
        - i. Representations and Warranties 13
        - ii. Modifizierung von Representations and Warranties ... 14
        - iii. Closing Condition 14
        - iv. Bringdown Condition 15
        - v. Weitere Möglichkeiten 15
      - b) Definition des "Material Adverse Change" 16
        - i. Allgemein gefasste Klausel 16
          - (1) Feld der Veränderung 17
          - (2) Zukunftsbezogene Formulierungen 18
          - (3) "material" 20
          - (4) "Taken as a whole" 21
        - ii. Spezielle MAC-Klausel 22
          - (1) Inclusions 22
          - (2) Quantitative Kriterien 22
        - iii. MAC-Ausnahmen (Exceptions/Carve-outs) 24
        - iv. Beschränkung der "exclusions" ("disproportionate affect") ... 26
    - 3. Entwicklung der MAC-Klausel und Einflussfaktoren 26

V

		a)	Entwicklung der MAC-Klausel 26

           a) Entwicklung der MAC-Klausel 26
           b) Einflussfaktoren 29
    4. Begriffliche Abgrenzungen 31
           a) Material Adverse Change (MAC) und Material Adverse
              Effect (MAE) 31
           b) Unternehmensbezogener, branchenbezogener und
              gesamtwirtschaftlicher MAC 33
           c) MAC-Klauseln und „Force Majeure-Klauseln" 33
           d) Hardship-Klauseln 34
II. Zwecke und Ziele der MAC-Klausel 35
    1. *"Symmetry Theory"* 36
    2. Informationsasymmetrie (*"information asymmetry"*) 37
    3. *"Investment Theory"* 37
    4. *"Renegotiation Leverage Theory"* 38
    5. *"Catchall Representation"* 39
III. Rechtsprechung 40
    1. IBP v. Tyson 40
           a) Sachverhalt 40
           b) Die Entscheidung des Gerichts 43
           c) Wesentliche Punkte 47
    2. Frontier Oil v. Holly 48
    3. Hexion v. Huntsman 50
           a) Sachverhalt/Hintergrund 50
           b) Entscheidung des Gerichts 53
           c) Zusammenfassung 57
    4. Weitere Entscheidungen (Fallgruppen) 58
           a) Veränderungen der rechtlichen Lage 58
           b) Anhängige Gerichtsverfahren als MAC 58
           c) Marktveränderungen 59
           d) Weitere Entscheidungen: Auftragsrückgang, Anstieg der
              Verbindlichkeiten, Gewinnrückgang 61
    5. Kritik an der Rechtsprechung des *Delaware Chancery Court*
       und alternative Auslegungsstandards 62

	a)	Kritische Stimmen in der Literatur (Überblick) 62
	b)	Alternative Ansätze 65
	i.	Exogene und endogene Risiken 65
	ii.	Kriterium der Verursachung 67
	iii.	Material im Sinne von "de minimis"? 68
	iv.	Auslegung in Anlehnung an Impracticability/Frustration of purpose ("Basic Assumption Test") 70
	v.	Genesco v. Finish Line 70
	c)	Abweichende Vertragsgestaltung 73

IV. Vertragsauslegung und MAC-Klausel 73
  1. Auslegung der MAC-Klausel nach Grundsätzen des allgemeinen Vertragsrechts 73
  2. Einfluss allgemeiner Wertungen 81
V. MAC-Klausel als Abweichung von den "Default Rules" 83
  1. Lehre von der absoluten Vertragsgeltung und Entwicklung der "Doctrine of Frustration" in England 85
  2. Frustration of purpose und Impracticability im amerikanischen Recht 87
     a) Impracticability 87
        i. Allgemeines/Voraussetzungen 87
        ii. Impracticability bei Wertverlust des Kaufgegenstands? 91
     b) Frustration of purpose 92
        i. Allgemeines/Vorausssetzungen 92
        ii. Frustration of purpose bei Verschlechterungen des Unternehmens? 94
  3. MAC-Klausel und *Frustration* 94
     a) MAC-Klausel als Abweichung von den Default Rules 95
     b) Default Rules und Auslegung der MAC-Klausel 98
        i. Lückenfüllender Rückgriff auf Default Rules bei Auslegung der MAC-Klausel 98
        ii. Stellungnahme 99
        iii. Allgemeine Wertungen und Risikoverteilung 100

- VI. Exkurs: Der englische Fall WPP v. Tempus und die Besonderheiten bei öffentlichen Übernahmen 101
  - 1. Rechtlicher Rahmen bei öffentlichen Übernahmeangeboten in England 102
  - 2. Der Fall WPP/Tempus 103
    - a) Sachverhalt und Entscheidung 103
    - b) Practice Statement No. 5 106
    - c) Zusammenfassende Abgrenzung der Entscheidung des Takeover Panel 107

C. MAC-Klausel als Legal Transplant in Deutschland 109
- I. „MAC-Praxis" in Deutschland 109
- II. Sonderfall: MAC-Klauseln in Öffentlichen Übernahmeangeboten nach dem WpÜG 115
  - 1. Besondere Interessenlage 116
  - 2. Besondere Anforderungen an MAC-Klauseln nach dem WpÜG 117
    - a) MAC-Klauseln und Voraussetzungen gemäß § 18 Abs. 1 WpÜG 117
      - i. Kein Ermessensspielraum 117
      - ii. Bestimmtheitsgrundsatz 118
    - b) Rücktrittsvorbehalt bei Eintritt eines MAC, § 18 Abs. 2 WpÜG 120
    - c) Spätester Zeitpunkt 121
- III. Grundsatz der Vertragsfreiheit in privaten Verträgen 121
- IV. Umgang des deutschen Vertragsrechts mit nachteiligen Veränderungen nach Vertragsschluss 123
  - 1. Problemaufriss 123
  - 2. Gegenüber § 313 BGB vorrangige gesetzliche Regelungen 128
    - a) Unverhältnismäßigkeit der Leistung gemäß § 275 Abs. 2 BGB 128
    - b) Abgrenzung zu Fällen der Culpa in Contrahendo 129
    - c) Gesetzliche Mängelhaftung 131

	i.	Die Bedeutung des Mängelgewährleistungsrechts vor Gefahrübergang.. 132
	ii.	Mängel beim Unternehmenskauf (allgemein) 135
	iii.	Ausschluss und Rechtsfolgen... 137
	iv.	Einzelne MAC-Fälle nach Gewährleistungsrecht 138
	(1)	Insolvenz (Fall 1) 138
	(2)	Anstieg der Verbindlichkeiten (und fehlende Rückstellungen) (Fall 2) 140
	(3)	Prognosen stellen sich als unzutreffend heraus (Fall 3) 143
	(4)	Erheblicher Auftragsrückgang (Fall 4) 145
	(5)	Umweltbelastungen (Fall 5) 146
	(6)	Beschädigung von Produktionsanlagen (Fall 6) 146
	(7)	Durch Urteil wird Nutzung eines Patents untersagt (Fall 7) 147
	(8)	Allgemeine wirtschaftliche Verschlechterung („Wirtschaftskrise") (Fall 8) 147
	(9)	Zusammenfassung 148
	v.	Ertragspotential ("earnings potential") eines Unternehmens ... 149
3.	Wegfall der Geschäftsgrundlage gemäß § 313 BGB 150
	a)	Zwischen Vertragsbindung und Vertragsgerechtigkeit: Von der clausula rebus sic stantibus zur Geschäftsgrundlagenlehre.. 150
	b)	Tatbestand und Anwendung des § 313 BGB (Grundlagen) 152
	i.	Allgemeine Kriterien 153
	(1)	Schwerwiegende (wesentliche) Veränderung............................. 153
	(2)	Risikoverteilung.. 154
	(3)	Zumutbarkeit... 155
	ii.	Fallgruppen 156
	iii.	Rechtsfolgen.. 157
	c)	Anwendung des § 313 BGB auf Verschlechterungen zwischen Signing und Closing 158
	i.	Abgrenzung zum Mängelrecht... 158
	ii.	Berücksichtigung der gesetzlichen Risikozuweisung durch § 446 BGB 160

       iii. Abweichung von der gesetzlichen Risikozuweisung bei Verschlechterung des Unternehmens (Wertverlust der Leistung) 163
    4. Doppelnatur der MAC-Klausel 167
       a) Nachteilige Veränderungen der Beschaffenheit des Unternehmens 167
       b) MAC-Klausel in Fällen sonstigen Fällen (extremer Wertverlust) 168
    5. Wesentliche nachteilige Veränderung (MAC) versus Störung der Geschäftsgrundlage 168
       a) Regelungsgehalt 168
          i. Parallelen zwischen Auslegung der MAC-Klausel und Geschäftsgrundlagenlehre 169
          ii. Kriterium der Unzumutbarkeit und Vergleich der generellen Anforderungen 170
          iii. Engerer Anwendungsbereich durch carve-outs 171
       b) Vorrang der MAC-Klausel 172
    6. Ergebnis 173
V. Auslegung der MAC-Klausel nach deutschem Recht 174
    1. Bedeutung des US-Rechts im Rahmen der Auslegung 174
       a) Deutsches Vertragsstatut und Klauseln nach amerikanischem Muster 174
       b) Berücksichtigung des US-Rechts bei Auslegung der MAC-Klausel 176
    2. Auslegungsgrundsätze in Deutschland im Vergleich zum US-Recht 178
       a) Allgemeine Unterschiede 178
       b) Auslegung der MAC-Klausel nach deutschen Auslegungsgrundsätzen im Vergleich zum US-Recht 179
    3. Wertungsunterschiede der Rechtssysteme und Einfluss auf die Auslegung der MAC-Klausel 184
       a) Vergleich des verkäuferfreundlichen Ansatzes im US-Recht mit Wertungen des deutschen Rechts 184
          i. Caveat emptor versus Gewährleistungsrecht 185

	ii.	Die Bedeutung der Due Diligence bei der Auslegung der MAC-Klausel 185
	iii.	Aufklärungspflichten des Verkäufers... 189
b)		Die Bereitschaft, vom Grundsatz pacta sunt servanda abzuweichen: Default rules und Geschäftsgrundlagenlehre im Vergleich 189
	i.	Historische Ursprünge und rechtspolitische Wertungen 190
	ii.	Begründungswechsel von der Unmöglichkeit zur Unzumutbarkeit 190
	iii.	Gemeinsamkeiten zwischen § 313 BGB und Default Rules 191
	iv.	Unterschiede (insbesondere bei Wertverlust der Leistung) 192
c)		Zwischenergebnis 193

4. Prozessuale Unterschiede 193
   a) Beweislastregeln 193
   b) "Jury-Trial"? 195
5. Mögliche Kriterien zur Auslegung von *materiality* unter Berücksichtigung der Wertungen des deutschen Rechts 196
   a) Allgemein: Auslegung nach §§ 133, 157 BGB.............................. 197
   b) Der Begriff der Wesentlichkeit im BGB 197
   c) Auslegung analog § 313 BGB? 200
   d) Vertragliche Risikozuweisung (Vorhersehbarkeit, Kenntnis, Verursachung und Einflussbereich) 202
   e) Unternehmensbezug und Inhalt des Vertrages............................. 204
   f) Objektiver Ansatz.. 205
   g) Berücksichtigung von Ausmaß (Höhe und Dauer der Veränderung) und Bedeutung (Zweck) 206
       i. Höhe des Wertverlusts (quantitatives Ausmaß)........................ 206
       ii. Dauer der Veränderung, Zweck der Transaktion, Ziele der Parteien.. 208
   h) Zusammenfassung 210

VI. Die Zwecke der MAC-Klausel im deutschen Recht............................... 211
   1. Zweck der Konkretisierung und Erhöhung der Rechtssicherheit.. 211
      a) Ziel erhöhter Rechtssicherheit durch Konkretisierung............. 211

b) Kritische Betrachtung: Vorteile unbestimmter Klauseln nach US-Vorbild 212
2. Zweck der MAC-Klausel als "Renegotiation Leverage"? 215
   a) Als Druckmittel zur Neuverhandlung ungeeignete Klauseln 215
   b) Vertragsanpassung als wirtschafltlich sinnvolle Rechtsfolge 216
   c) Zweistufige Neuverhandlungsklausel als mögliche Alternative 217
3. Betrachtung weiterer Funktionen 218
4. Erfassung allgemeiner wirtschaftlicher Verschlechterungen 220
5. Alternative vertragliche Gestaltungen zur Erreichung der mit der MAC-Klausel verfolgten Zwecke 221
   a) Alternativen zu konkretisierten MAC-Klauseln 221
      i. Garantien (§ 443 BGB, § 311 Abs. 1 BGB) 221
      ii. Closing Conditions 223
      iii. Freistellungsklauseln 223
      iv. Kaufpreisanpassungs-, insbesondere Earn-Out-Klauseln 223
   b) Sonstige Alternativen 224
      i. Covenants/Conduct of Business-Klausel 224
      ii. Reverse Termination Fees 225

D. Schluss 227
   I. Zusammenfassung der Ergebnisse 227
   II. Schlussbemerkung 233

Abkürzungsverzeichnis 235

Literaturverzeichnis 241

A. Einleitung

I. Einführung in die Thematik

"Material adverse change"-Klauseln („MAC-Klauseln") sind aus dem US-amerikanischen Rechtsraum stammende Vertragsklauseln, mit denen die Vertragsparteien versuchen, sich vor wesentlichen nachteiligen Veränderungen der Grundlagen eines Vertrages zu schützen. Beispielsweise kann die MAC-Klausel dem Käufer eines Unternehmens erlauben, vom Vertrag zurückzutreten, wenn zwischen Abschluss des Vertrages (*Signing*) und seinem dinglichen Vollzug (*Closing*) wesentliche nachteilige Veränderungen beim Zielunternehmen eintreten.

Besonders vor dem Hintergrund großer wirtschaftlicher Veränderungen haben MAC-Klauseln hohe Aktualität erlangt. MAC-Klauseln gehören bei Vertragsverhandlungen von Unternehmenskauf- und Finanzierungsverträgen zu den am heftigsten umstrittenen Verhandlungspunkten.[1] Kaum ein Unternehmenskaufvertrag in den USA enthält diese Klausel nicht.[2] Vor allem in Zeiten wirtschaftlichen Abschwungs stehen viele Käufer vor der Frage, ob sie von Verträgen Abstand nehmen können, wenn die Wirtschaftsdaten des Zielunternehmens einbrechen. Besondere Bedeutung erhielt die Klausel daher insbesondere

---

1 *Hall*, 71 U. Cin. L. Rev. 1061, 1063 (2003); *Alexander*, 51 No. 5 Prac. Law. 11 (2005).
2 Siehe Nixon Peabody's MAC Survey 2017, S. 5: Danach enthielten im untersuchten Zeitraum (Juni 2016 bis Mai 2017) nur 7 % aller untersuchten Verträge keine MAC-Klausel, im Vorjahr sogar nur 3 %. 89 % aller untersuchten Verträge und 100 % der Verträge mit einem Transaktionswert von mindestens 1 Milliarde Dollar enthielten einen *MAC on business, operations, financial condition*. Im Rahmen des Nixon Peabody's MAC Survey 2017 wurden 203 Verträge, welche bei der *U.S. Securities and Exchange Commission* eingereicht worden waren und im Zeitraum vom. 1. Juni 2016 bis zum 31. Mai 2017 durchgeführt worden sind, untersucht. Die Untersuchung betrifft Transaktionen im Wert von 100 Millionen bis 85 Milliarden Dollar. Die Transaktionen ab einem Transaktionwert von 1Milliarde Dollar wurden noch einmal separat erfasst. Die Untersuchung betrifft zwar öffentliche Transaktionen, es wird im Rahmen dieser Studie aber davon ausgegangen, dass die Studie für das Gesamtklima aller M&A-Transaktionen repräsentativ ist. ("*While we note that our review and analysis are not technically scientific and do not include private transactions for which no agreement is publicly available, we believe that the results generally reflect the climate of M&A transactions during the period*.", siehe Nixon Peabody's MAC Survey 2017, S. 5). Siehe auch *Elken*, 82 S. Cal. L. Rev. 291 (2009); *Galil*, 2002 Colum Bus. L. Rev. 846 (2002); *Klockenbrink*, M&A Review 2009, 233.

nach den Terroranschlägen vom 11. September[3] und während der Finanz- und Wirtschaftskrise ab 2007[4]. Aktuell werden MAC-Klauseln beispielsweise im Zusammenhang mit dem Brexit disktuiert.[5]

Die MAC-Klausel kann zum Scheitern einer Transaktion führen, was wiederum enorme wirtschaftliche Folgen haben kann. Milliardenschwere Deals stehen oder fallen mit der Interpretation der MAC-Klausel. Die große wirtschaftliche Bedeutung der MAC-Klausel zeigte sich beispielsweise bei dem 50 Mrd. Dollar-Erwerb von *Merrill Lynch* durch *Bank of America* im September 2008[6], im Rahmen dessen *Bank of America* aufgrund der hohen Verluste von *Merrill Lynch*[7] die Geltendmachung eines MAC erwog.[8] Die US-Regierung befürchtete, dass die Berufung auf die MAC-Klausel und das damit verbundene Scheitern der Transaktion die USA in eine systemische Krise stürzen (*"a broader systemic crisis"* with *"significant risks [...] for the financial system as a whole"*[9]) und ein finanzielles

---

3 *Barton*, 12 No. 6 ANMALR 16 (2002); *Ingerman/Hord*, 5/2002 The Metropolitan Corporate Counsel 8 (col.1) (2002); *Christenfeld/Melzer*, N.Y.L.J., Oct. 3, 2002, 5 (col.1); *Birkett*, Untying the knot: material adverse change clauses, PLC March 2002.
4 Statt vieler: *Cheng*, 2009 Colum. Bus. L. Rev. 564 (2009); *Browder*, 63 U. Miami L. Rev. 1151 (2008–2009).
5 Siehe unter anderem *Grupp*, NJW 2017, 2065, 2068; *Fidel*, 2016 Bus. L. Today 1, 2 (2016); *Zhou*, 91 N.Y.U.L. REV. 171, 172, 185 (2016); *Mayer/Manz*, BB 2016, 1731, 1736; *Schuhmacher*, ZIP 2016, 2050, 2051; *Gaskell*, Brexit and Material Adverse Change clauses, online unter: https://blogs.lexisnexis.co.uk/loanranger/5640-2/ (Abruf vom 25.05.2018); *Hogan Lovells* (ohne Nennung des Autors), Brexit Clauses, online unter: http://www.hoganlovellsbrexit.com/_uploads/downloads/Brexit_Clauses.pdf, Abruf vom 25.05.2018).
6 Vgl. näher zu den Umständen der Akquisition: *Subramanian/Sharma*, case study: Bank of America- Merrill Lynch, Harvard Business School, 7. Juni 2010; siehe auch *Davidoff*, New York Times Deal Book (June 11, 2009, 3:28 PM).
7 Merrill Lynch hatte im vierten Quartal 2008 einen Bilanzverlust in Höhe von 15,31 Mrd. Dollar erlitten, vgl. hierzu *Schwartz*, 57 UCLA L. Rev. (2009–2010) 789, 835 Fn. 267.
8 Die vollständige MAC-Klausel ist beispielsweise abgedruckt bei *Subramanian/Sharma*, Bank of America - Merrill Lynch, Harvard Business School, 7. Juni 2010.
9 Kommentar von *Ben S. Bernanke* (Chairman, Board of Govenors, United States Federal Reserve): "*[...]it might have triggered a broader systemic crisis*", vgl. Nachweise bei *Schwartz*, 57 UCLA L. Rev. (2009–2010) 789, 791.

Chaos[10] auslösen könnte und unterstütze die Transaktion deshalb durch die Bereitstellung von 20 Mrd. Dollar.[11]

Wegen der enormen wirtschaftlichen Bedeutung bezeichnet *Andrew A. Schwartz* die MAC-Klausel als die wichtigste Vertragsklausel unserer Zeit:

> *"[...] the MAC clause is the most important contract term of our time. And yet, due to an almost total lack of case law – no one knows what it means."*[12]

Auch in deutschen Unternehmenskaufverträgen finden MAC-Klauseln zunehmend Anwendung.[13] Trotz der überragenden praktischen Bedeutung sind MAC-Klauseln in privaten Unternehmenskaufverträgen aber noch nicht Gegenstand vertiefter wissenschaftlicher Auseinandersetzung in der deutschen juristischen Literatur gewesen. Bisherige Beiträge behandelten hauptsächlich Fragen der rechtlichen Zulässigkeit von MAC-Klauseln in öffentlichen Übernahmeangeboten nach den Vorschriften des WpÜG (Wertpapiererwerbs- und Übernahmegesetz).[14] Schwerpunkt dieser Arbeit sollen hingegen MAC-Klauseln

---

10 Kommentar von *Henry Paulson* (former Secretary of the United States Treasury), wonach die Berufung auf die MAC-Klausel ein finanzielles Chaos (*"financial chaos"*) ausgelöst hätte, vgl. Nachweise bei *Schwartz*, 57 UCLA L. Rev. (2009–2010) 789, 791.
11 Diese Bereitstellung von 20 Mrd. Dollar an Steuergeldern wurde erst Wochen nach dem *Closing* in der Öffentlich bekannt gemacht. Nachweise bei *Schwartz*, 57 UCLA L. Rev. (2009–2010) 789, 791.
12 *Schwartz*, 57 UCLA L. Rev. (2009–2010) 789; siehe auch auf S. 791: *"[...] the MAC clause is the most important term in the most important contracts of our time"*.
13 *Picot*, Unternehmenskauf und Restrukturierung, § 4 Rn. 458f.; *Klockenbrink*, M&A Review 2009, 233; *Picot/Duggal*, DB 2003, 2635; *Normann*, GmbH-StB 2013, 372; *Schmittner*, M&A Review 2005, 322; *Schlößer*, RIW 2006, 889. Vor allem bei größeren Unternehmenskaufverträgen werden MAC- Klauseln verwendet oder sind jedenfalls Gegenstand von Verhandlungen. Nach Schätzung von Rechtsanwalt Dr. Maximilian Schiessl (Hengeler Müller) versuchten Käufer schon 2002 in einer von zwei grenzüberschreitenden privaten Transaktionen ab 100 Mio. Dollar Transaktioneswert eine MAC-Klausel in den Vertrag aufzunehmen (*Birkett*, Untying the knot: material adverse change clauses, PLC March 2002, 17, 27). Gemäß der CMS European M&A Study 2018, im Rahmen derer die Kanzlei europaweit 423 CMS Deals aus dem Jahr 2017 und 2488 CMS Deals aus den Jahren 2010 bis 2016 untersucht hat, enthielten im Jahr 2016 22 % aller untersuchten (europäischen) Verträge ab einem Transaktionswert von mindestens 100 Millionen Euro eine MAC- Klausel, im Jahr 2017 waren es 15 % (CMS European M&A Study 2018, S. 45).
14 So beispielsweise *Berger/Filgut*, WM 2005, 253; *Hasselbach/Wirtz*, BB 2005, 842; *Hopt*, FS K. Schmidt, S. 681; *Buermeyer*, Bedingungen in öffentlichen Übernahmeangeboten, insbesondere Material-Adverse-Change-Klauseln; *Badura*, MAC-Klauseln in Angeboten

in privaten Unternehmenskaufverträgen sein,[15] wobei in privaten Verträgen - anders als im Rahmen des WpÜG - der Grundsatz der Vertragsfreiheit gilt und es somit weniger um Fragen der rechtlichen Zulässigkeit von MAC-Klauseln, sondern vielmehr um Fragen der Gestaltung, der dogmatischen Einordnung in das vorhandene Rechtssystem und der Auslegung nach den Grundsätzen des allgemeinen Vertragsrechts geht:

Ziel der Arbeit ist es daher vor allem, im Lichte des US-Rechts, die Bedeutung der MAC-Klausel im Kontext des deutschen Rechts zu analysieren: Wie fügt sich die Klausel in das deutsche Rechtssystem und dessen Dogmatik ein? In welche Regelungsbereiche greift sie ein? Welches Verhältnis besteht zum gesetzlichen Institut des Wegfalls der Geschäftsgrundlage? Wo bestehen Unterschiede zwischen deutschem und US-amerikanischem Rechtssystem, die im Zusammenhang mit der MAC-Klausel relevant sein können? Wie ist die MAC-Klausel nach deutschem Recht auszulegen (Auslegungskriterien)? Werden die Funktionen der MAC-Klausel auch im deutschen Recht erfüllt? Wo bestehen Unterschiede in der Praxis? Ist die Rezeption der MAC-Klausel sinnvoll und gibt es Alternativen?

II. Analyse eines "*Legal Transplant*"

Die Übernahme der MAC-Klausel in die deutsche Vertragspraxis ist ein bedeutsames Beispiel für die immer häufiger vorkommende "Transplantation" bzw. Rezeption US-amerikanischer Vertragsklauseln im deutschen Recht. Die anglo-amerikanische Vertragspraxis hat in den letzten Jahren insgesamt großen Einfluss

---

nach dem Wertpapiererwerbs- und Übernahmegesetz. Die Problematik von MAC-Klauseln in privaten Verträgen wurde in deutschen Aufsätzen nur sehr vereinzelt behandelt (*Kuntz*, DStR 2009, 377, *Henssler*, FS Huber, S. 739 und ansatzweise auch *Picot/Duggal*, DB 2003, 2635). An einer vertieften wissenschaftlichen Auseinandersetzung mit der MAC-Klausel in privaten Verträgen fehlt es bisher in der deutschen Literatur.

15 Dies gilt jedenfalls, soweit das deutsche Recht betroffen ist. In Bezug auf das US-Recht ist die Unterscheidung zwischen öffentlichen und nicht öffentlichen Transaktionen (*private transactions*) in dem hier interessierenden Zusammenhang nicht von so wesentlicher Bedeutung, da es in den USA kein den Regelungen des WpÜG vergleichbares Sonderrecht gibt. Vgl. zu den öffentlichen Verträgen im US-Recht unter B. VI und zu den Besonderheiten bei Angeboten nach dem WpÜG in Deutschland unter C. II. Im Rahmen des 2017 Nixon Peabody MAC Survey, der öffentliche Transaktionen untersucht hat, heißt es daher auch: "*While we note that our review and analysis are not technically scientific and do not include private transactions for which no agreement is publicly available, we believe that the results generaelly reflect the climate of M&A transactions during the period.*", Nixon Peabody's MAC Survey 2017, S. 5.

auf die deutsche Transaktionspraxis ausgeübt. Das Recht des Unternehmenskaufs in Deutschland ist heute in allen Bereichen, vom Ablauf der Verhandlungen über die Vertragsgestaltung bis hin zur Terminologie, sehr stark amerikanisiert.[16] Ausdrücke wie *"Due diligence"*, *"Signing"* und *"Closing"* sind in der deutschen Transaktionspraxis feste Begriffe. Neben allgemeinen Gründen für das Amerikanisierungsphänomen im Recht (wirtschaftliche Weltmachtstellung der USA, Dominanz der englischen Sprache und Attraktivität der amerikanischen Universitäten) kommt im Recht des Unternehmenskaufs noch hinzu, dass die amerikanischen Einflüsse es hier besonders leicht hatten sich durchzusetzen, da es in Deutschland, im Gegensatz zur hochentwickelten M&A-Kultur in den USA, traditionell keine bzw. allenfalls eine rudimentäre Kultur des Unternehmenskaufs gibt.[17]

Der Begriff *"legal transplant"* wurde von *Alan Watson* geprägt[18], der darunter die Übertragung einer Regel oder eines Systems von einem Land in ein anderes versteht[19], wobei *Watson* von der Möglichkeit einer bedeutungsgleichen Übernahme ausgeht. Dieser Begriff ist nicht ohne Kritik geblieben. Stattdessen ist unter anderem der Begriff *"legal formants"* vorgeschlagen worden, um die sozialen, wirtschaftlichen, politischen und dogmatischen Elemente eines Rechtssystems zu erfassen.[20] *Teubner* spricht von *"legal irritants"* und zweifelt die Möglichkeit einer bedeutungsgleichen Übernahme einer Regel in einem anderen Rechtssystem an, vielmehr werde sich die Regel in dem neuen System grundlegend verändern.[21] *Legrand* streitet sogar völlig ab, dass Regeln von einem Land in ein anderes wandern können.[22] Eine Rezeption sei nicht möglich, da jede Rechtsordnung durch ein unterschiedliches Vorverständnis rechtlicher Konzepte geprägt

---

16 *Merkt*, FS Sandrock, S. 657, 658.
17 *Merkt*, FS Sandrock, S. 657, 658. Von einer ausführlichen Darstellung des anglo-amerikanischen Einflusses auf Unternehmenskaufverträge wird im Rahmen dieser Arbeit abgesehen. Neben der Darstellung von *Merkt* siehe beispielsweise auch die Erörterung von *Triebel* (RIW 1998, 29 ff.).
18 *Watson*, Legal Transplants.
19 *Watson*, Legal Transplants, S. 21 ff.
20 *Sacco*, 39 Am. J. Comp. Law 1 (1991), *Watson*, 43 Am. J. Comp. L. 469 (1995).
21 *Teubner*, 61 Mod. L. Rev. 11, 12 (1998): *"Legal Irritants' cannot be domesticated; they are not transformed from something alien into something familiar, not adapted to a new cultural context, rather they will unleash an evolutionary dynamic in which the external rule's meaning will be reconstructed and the internal context will undergo fundamental change."*
22 *Legrand*, 4 Maastricht J.Eur.& Comp. L. 111 (1997).

sei. Von der ursprünglichen Bedeutung der Regel bleibe nichts mehr übrig, sodass "*legal transplants*" grundsätzlich unmöglich seien.[23]

Trotz der allgemein kritischen Haltung gegenüber der (ursprünglichen[24]) Auffassung *Watsons* hat sich der von Watson entwickelte Begriff "*legal transplant*" in der Literatur als Ausdruck für die Rezeption fremder Rechtsinstitute durchgesetzt.[25] Der Rezeptionsbegriff ist nicht auf die Übernahme fremder Rechtsnormen beschränkt, sondern umfasst auch die Übernahme privater Regelwerke und Institute der Vertragspraxis[26] (sogenannte "*private legal transplants*"[27]). Die Übernahme erfolgt in diesem Zusammenhang nicht (nur) durch Gesetzgeber oder Rechtswissenschaftler, sondern insbesondere auch durch Rechtsanwälte und Unternehmen.[28]

Entgegen dem Verständnis von *Watson* ist eine bedeutungsgleiche Übernahme von Rechtsinstituten aber kaum möglich. Vielmehr entwickeln sich die „transplantierten" bzw. rezipierten ausländischen Rechtsideen in dem neuen Rechtssystem fort und werden „an die Besonderheiten der inländischen Dogmatik angepasst und zu einem Element des eigenen Lebens und Denkens…".[29] Trotz gleicher Bezeichnung eines Rechtsinstituts haben diese nicht notwendigerweise die gleiche Bedeutung und Funktion in unterschiedlichen Rechtssystemen. Funktion und Bedeutung verändern sich, insbesondere wenn große systematische Unterschiede zwischen den Rechtssystemen bestehen.[30] Nach *Hans Dölle* ist die fremde Rechtslösung „nur dann zur Rezeption geeignet, wenn sie Geist von unserem Geiste ist und sich systematisch, dogmatisch und rechtspolitisch ohne Bruch in unseren eigenen Lebensstrom einschmelzen lässt."[31] Der Erfolg einer Rezeption hängt daher davon ab, wie reibungslos eine Einpassung in ein vorhandenes System möglich ist.[32] Die Übertragbarkeit von Rechtsinstituten sollte nicht absolut, sondern vielmehr graduell beurteilt werden.[33] Je größer die Gemeinsamkeiten

---

23 *Legrand*, 4 Maastricht J. Eur. & Comp. L. 111, 114–15 (1997).
24 Siehe zum späteren Verständnis: *Watson*, 43 Am. J. Comp. L. 469 (1995).
25 *Fleischer*, NZG 2004, 1129, 1130.
26 *von Hein*, Die Rezeption US-amerikanischen Gesellschaftsrechts in Deutschland, S. 27 f.
27 *Schweitzer*, 4 E.C.F.R. 79, 79 (2007).
28 *Graziadei* in: Reimann/Zimmermann, The Oxford Handbook of Comparative Law, S. 441, 473; *Fleischer*, NZG 2004, 1129, 1136.
29 *Fleischer*, NZG 2004, 1129, 1137.
30 *Schweitzer,* 4 E.C.F.R. 79 (2007).
31 *Dölle*, ÖJZ 1954, 278, 279.
32 *Fleischer*, NZG 2004, 1129, 1136.
33 *Freund-Kahn* spricht von "*degrees of transfereability*" (*Freund-Kahn*, 37 Mod. L. Rev. 1, 6 (1974)).

der beiden Rechtssysteme sind, desto eher wird die ursprüngliche Bedeutung und Funktion des Rechtsinstituts im neuen Rechtssystem beibehalten.

Im Rahmen der Analyse eines *"legal transplant"* müssen zunächst das Rechtssystem, in dem ein Rechtsinstitut entwickelt wurde, untersucht und die spezifischen Funktionen des Rechtsinstituts im Ursprungsland verstanden werden. Sodann ist ein systematischer Vergleich zwischen dem Rechtssystem des Ursprungslands und dem Rechtssystem des Landes, welches das Rechtsinstitut übernimmt, vorzunehmen, um eventuelle Unterschiede in der Bedeutung, Funktion und Anwendung zu erkennen.[34]

Somit hängt der Erfolg der "Transplantation" der MAC-Klausel ins deutsche Recht maßgeblich davon ab, wie groß die Unterschiede des amerikanischen und deutschen Rechtssystems in den für die MAC-Klausel relevanten Bereichen sind und inwiefern sich diese auf die Auslegung, Bedeutung und Funktion der MAC-Klausel in Deutschland auswirken. Vor diesem Hintergrund soll im Rahmen dieser Arbeit eine Untersuchung der Entwicklung, Funktion, Anwendung und Auslegung der MAC-Klausel im amerikanischen Recht und eine Gegenüberstellung und Einordnung der Klausel in das deutsche Rechtssystem erfolgen. Dies erfordert eine Auseinandersetzung mit den systematischen, dogmatischen und rechtspolitischen Grundlagen des deutschen und amerikanischen Rechts, insbesondere im Umgang mit Veränderungen nach Vertragsschluss und bei der Auslegung von Vertragsklauseln. Neben der gesetzlichen Risikoverteilung im Zeitraum vor Gefahrübergang müssen allgemeine Prinzipien der Risikozuordnung, Grundsätze des Vertragsrecht und des Unternehmenskaufs untersucht werden. Auf dieser Grundlage sollen die Besonderheiten der MAC-Klausel im deutschen Recht und die Unterschiede bei der Auslegung im Vergleich zum US-Recht herausgearbeitet, allgemeine Kriterien für die Auslegung deutscher MAC-Klauseln entwickelt und außerdem die besonderen Funktionen der MAC-Klausel in Deutschland analysiert und mögliche Alternativen zur MAC-Klausel aufgezeigt werden.

---

34 *Cordero-Moss,* Boilerplate Clauses, International Commercial Contracts and the Applicable Law, S. 9.

B. Die MAC-Klausel und ihr Ursprung im US-Recht

I. Erscheinungsformen und inhaltliche Gestaltung von MAC-Klauseln

1. Erscheinungsformen

MAC-Klauseln werden vor allem in Unternehmenskaufverträgen, Darlehensverträgen zur Finanzierung einer Transaktion und in öffentlichen Übernahmeangeboten verwendet.[35] Jedoch kommen sie mittlerweile auch in vielen anderen Verträgen vor. So findet man MAC-Klauseln beispielsweise auch in Vereinbarungen zwischen einem Emittenten und der Bank, die die Wertpapiere für den Emittenten platziert[36], in Aktienübernahmeverträgen bei Börsengängen[37], in Bezugsangeboten bei Kapitalerhöhungen[38], in IT-Verträgen[39], bei Immobilientransaktionen[40] und in den entsprechenden Verträgen zur Finanzierung[41].

---

35 *Schmittner*, M&A Review 2005, 322.
36 *Schmittner*, M&A Review 2005, 322.
37 Vgl. hierzu *Buermeyer*, Bedingungen in öffentlichen Übernahmeangeboten, insbesondere Material-Adverse-Change-Klauseln, S. 47.
38 Vgl. hierzu *Buermeyer*, Bedingungen in öffentlichen Übernahmeangeboten, insbesondere Material-Adverse-Change-Klauseln, S. 48.
39 Dazu *Söbbing*, ITRB 2008, 257.
40 Siehe *Zerr/Giersch*, ZfIR 2011, 214.
41 Dazu *Nixon/Tarnover*, 23 Prob. & Prop. 20 (2009).

a) Unternehmenskauf

Ihren Ursprung haben MAC-Klauseln in Unternehmenskaufverträgen.[42] In der Regel läuft ein Unternehmenskauf (*Share Deal*[43] oder *Asset Deal*[44]) in fünf Phasen ab: Kontaktaufnahme der Parteien, *Due Diligence* des Käufers, Verhandlungen bis zur Unterzeichnung, Phase bis zum *Closing* und die Post-Closing-Phase.[45] Von Bedeutung im Zusammenhang mit MAC-Klauseln ist die vierte Phase zwischen der Unterzeichnung des Vertrages (*Signing*) und dem Vollzug der Transaktion (*Closing*[46]). Die wirtschaftlichen Verhältnisse des Unternehmens und dessen

---

42 *Hopt*, FS K. Schmidt, S. 681, 683.
43 Beim *Share Deal* werden Beteiligungsrechte am Unternehmensträger erworben. Einer Übertragung der einzelnen Vermögenswerte bedarf es beim *Share Deal* nicht. Der Verkauf erfolgt durch Übertragung der Gesellschaftsanteile (zum Beispiel Aktien oder GmbH-Geschäftsanteile). Der Rechtsträger bleibt in diesem Fall unverändert. Das *Share Purchase Agreement* (SPA) ist der in der internationalen M&A- Praxis übliche Vertragstyp für einen Unternehmenskauf. Vorteil des Share Deal ist, dass die Anteile der Zielgesellschaft einfach zu beschreiben und zu übertragen sind und es keiner Individualisierung einzelner Vermögensgegenstände bedarf. Beim *Share Deal* werden grundsätzlich die in der Zielgesellschaft bestehenden Haftungsrisiken wirtschaftlich mit übernommen. Da die Haftung aber im Grundsatz lediglich die Zielgesellschaft trifft, ist das Risiko für den Käufer beschränkt auf das Vermögen der Zielgesellschaft. Grundsätzlich bleiben beim *Share Deal* Arbeitsverhältnisse, Betriebsvereinbarungen und Tarifbindungen unberührt, ein Betriebsübergang nach § 613 a BGB findet, anders als beim *Asset Deal*, nicht statt (vgl. *Kästle/Oberbracht*, Unternehmenskauf - Share Purchase Agreement, S. 3 ff.; *Merkt/Göthel*, Internationaler Unternehmenskauf, Rn. 13 ff.).
44 Beim *Asset Deal* werden die vom Unternehmen verkörperten Wirtschaftsgüter, Forderungen und Verbindlichkeiten, Vertragspositionen, Marktanteile, Geschäftschancen eines Unternehmens als Sachgesamtheit im Wege der Einzelübertragung (Singularsukzession) auf den Erwerber übertragen (*Asset Purchase Agreement* [APA]) (vgl. *Kästle/Oberbracht*, Unternehmenskauf - Share Purchase Agreement, S. 3 ff.; *Merkt/Göthel*, Internationaler Unternehmenskauf, Rn. 13 ff.
45 Ausführlicher zu den einzelnen Phasen *Kästle/Oberbracht*, Unternehmenskauf - Share Purchase Agreement, S. 12 ff.
46 Beim *Closing* wird das Vorliegen der *Closing Conditions* (Bedingungen für den Vollzug) geprüft und noch vorzunehmende Handlungen (*Closing Actions*) werden durchgeführt. In diesem Zusammenhang wird häufig erneut verhandelt und der Kaufvertrag wird nochmals geändert und angepasst. Nach Vollziehung aller Handlungen und Eintritt aller Bedingungen unterzeichnen die Parteien gemeinsam ein das *Closing* bestätigendes Dokument (*Closing Confirmation*). Mit Unterzeichnung der *Closing Confirmation* ist der Unternehmenskauf vollzogen (*Kästle/Oberbracht*, Unternehmenskauf - Share Purchase Agreement, S. 16).

Umfeld können sich in dieser Phase, die sich oft über einen Zeitraum von mehreren Monaten erstreckt,[47] wesentlich verschlechtern. Vor diesen nachteiligen Veränderungen soll die MAC-Klausel den Käufer schützen.

Für die Bedeutung und Auslegung von MAC-Klauseln kann die Unterscheidung zwischen strategischen Unternehmenskäufen und sogenannten *Private Equity*-Transaktionen relevant sein.[48] Die klassische Form von Unternehmenskaufverträgen zwischen Industrie- und Dienstleistungsunternehmen dient der Verfolgung (meist langfristiger) strategischer Ziele, beispielsweise der Erzielung von Größenvorteilen, der Zugriffserlangung auf das Produkt- oder Kundenportfolio des Zielunternehmens oder der Verringerung von Wettbewerb (Strategische Unternehmenskäufe).[49] Daneben entwickelte sich der Bereich der *Private Equity*-Transaktionen[50]. Es handelt sich dabei um Unternehmenskäufe durch Finanzinvestoren zum Zweck der Finanzanlage in nicht börsennotierten Unternehmen.[51] Zielsetzung einer *Private-Equity*-Transaktion ist, dass das investierte Eigenkapital innerhalb eines mittelfristigen Zeitraums eine hohe Rendite erwirtschaften soll.[52] Die Investitionen erfolgen zum überwiegenden Teil durch Fremdkapital (*Leveraged Buy-out*).[53] Wegen der Fremdfinanzierung gehören zu einer *Private Equity*-Transaktion neben dem Unternehmenskaufvertrag immer auch Finanzierungsverträge.[54] Strategische Investoren sind nicht so stark auf die MAC-Klausel angewiesen wie *Private Equity* Investoren. Sie können durch Synergieeffekte zwischen dem eigenen und dem erworbenen Unternehmen die Auswirkung einer nachteiligen Entwicklung beim Zielunternehmen besser abfangen.[55] Selbst bei fremdfinanzierten Akquisitionen haben sie mehr Möglichkeiten zur Refinanzierung und Kapitalbeschaffung und sind wegen der

---

47 Diese Phase zwischen *Signing* und *Closing* dauert bei US-Transaktionen in der Regel 3 Monate, kann aber in besonderen Fällen auch bis zu einem Jahr dauern, je nach Umfang der *Due Diligence* und den Genehmigungsverfahren im konkreten Fall (siehe Elken, 82 S. Cal. L. Rev. 291, 292–93 (2009).
48 *King*, 22 Int'l Fin. L. Rev. 115 (2003) (3. Abschnitt: A Different Standard for Private Equity?).
49 *Kästle/Oberbracht*, Unternehmenskauf - Share Purchase Agreement, S. 9.
50 Zur Entstehung der heutigen *Private Equity*-Branche *Eilers/Koffka* in: Eilers/Koffka/Mackensen, Private Equity, S. 3 ff. (Einleitung, Rn. 4ff.).
51 *Kästle/Oberbracht,* Unternehmenskauf - Share Purchase Agreement, S. 9.
52 *Eilers/Koffka* in: Eilers/Koffka/Mackensen, Private Equity, S. 7 (Einleitung, Rn. 10).
53 *Eilers/Koffka* in: Eilers/Koffka/Mackensen, Private Equity, S. 8 (Einleitung, Rn. 12); *Kästle/Oberbracht,* Unternehmenskauf - Share Purchase Agreement, S. 10.
54 *Kästle/Oberbracht,* Unternehmenskauf - Share Purchase Agreement, S. 9 f.
55 *Schmittner*, M&A Review 2005, 322, 326.

Möglichkeit der Zwischenfinanzierung nicht in demselben Maße von der finanzierenden Bank abhängig wie *Private Equity*-Investoren.[56]

b) Finanzierungsverträge

Im Falle der Fremdfinanzierung einer Transaktion schließt der Erwerber Darlehensverträge mit Kreditinstituten ab oder beschafft sich das erforderliche Kapital im Wege der Ausgabe von Wertpapieren auf dem Kapitalmarkt.[57] Durch Aufnahme einer MAC-Klausel in den Finanzierungsvertrag möchte der Kreditgeber für den Fall Vorsorge treffen, dass die Rückzahlung des Darlehens durch Verschlechterung der Lage der Zielgesellschaft oder des Darlehensnehmers gefährdet wird.[58] Von der Klausel umfasst sind regelmäßig wesentliche nachteilige Auswirkungen auf die Vermögens- oder Finanzlage der Gruppe[59], auf die Fähigkeit des Schuldners, seine Verpflichtungen unter dem Kreditvertrag zu erfüllen oder auf die Durchsetzbarkeit der gestellten Sicherheiten.[60] Als Rechtsfolge geben MAC-Klauseln dem Darlehensgeber im Fall des Vorliegens eines MAC das Recht, den Kredit nicht auszuzahlen bzw. den Kreditvertrag zu kündigen und vorzeitig fällig zu stellen.[61] Für den Käufer und Darlehensnehmer können sich in den Fällen, in denen die MAC-Klauseln in beiden Verträgen nicht harmonisiert sind, Probleme ergeben. Da die MAC-Klausel im Darlehensvertrag oft weiter gefasst ist als die MAC-Klausel im Unternehmenskaufvertrag, kann dies zur Folge haben, dass der Käufer bei Eintritt eines nachteiligen Ereignisses zur Kaufpreiszahlung verpflichtet bleibt, auch wenn der Kreditgeber das Darlehen nicht auszahlen muss[62] und dass der Käufer, der der Verpflichtung zur Kaufpreiszahlung nicht nachkommen kann, sich dann gegenüber dem Verkäufer schadensersatzpflichtig macht bzw. den Kaufpreis aus seinem eigenen Vermögen

---

56 *Schmittner*, M&A Review 2005, 322, 326.
57 *Buermeyer*, Bedingungen in öffentlichen Übernahmeangeboten, insbesondere Material-Adverse-Change-Klauseln, S. 49; ausführlich zu Private-Equity-Finanzierungen: *Jetter/Jörgens* in: Eilers/Koffka/Mackensen, Private Equity, S. 372ff (V. Finanzierung).
58 *Schmittner*, M&A Review 2005, 322, 323.
59 Vor der Kreditkrise enthielten MAC-Definitionen in Finanzierungsverträgen diesen Teil der Definition (Ereignisse, welche wesentliche nachteilige Auswirkungen auf die Vermögens- und Finanzlage der Gruppe haben) üblicherweise nicht, vgl. *Jetter/Jörgens* in: Eilers/Koffka/Mackensen, Private Equity, S. 400 (V. Finanzierung, Rn. 65).
60 *Jetter/Frost/Müller-Deku/Jörgens* in: *Eilers/Koffka/Mackensen*, Private Equity, S. 324.
61 *Buermeyer*, Bedingungen in öffentlichen Übernahmeangeboten, insbesondere Material-Adverse-Change-Klauseln, S. 49, 51.
62 *Schmittner*, M&A Review 2005, 322, 325 f.

aufbringen muss. Um das zu vermeiden, sollte der Käufer einen Gleichlauf von Finanzierungsvertrag und Kaufvertrag anstreben.[63]

2. Inhaltliche Gestaltung

Die MAC-Klausel besteht häufig aus zwei Elementen, erstens der Klausel selbst (meist in den *representations/warranties* und/oder *Closing Conditions*) und zweitens der Definition des "Material Adverse Change". Klausel und Definition befinden sich in der Regel an verschiedenen Stellen des Vertrages.

a) Die MAC-Klausel (Representations/Warranties und Closing Conditions)

In den meisten Fällen werden MAC-Klauseln als *representations and warranties* (gewährleistungsrechtliche Erklärungen[64]) oder in *Closing Conditions* (Vollzugsbedingungen) verwendet.

i. Representations and Warranties

Erstens kann ganz allgemein erklärt[65] werden, dass seit einem bestimmten Datum keine wesentliche nachteilige Verschlechterung (MAC) eingetreten ist. Eine einfache Form dieser Klausel lautet:

> "Since [...] no MAC has occurred".[66]

---

63 *Schrader* in: Eilers/Koffka/Mackensen, Private Equity, S. 68 (I., Rn. 17); *Holzapfel/Pöllath*, Unternehmenskauf in Recht und Praxis, S. 39 Rn. 63; *Jansen*, GWR 2009, 361 (Ziffer II, 2.a.).

64 Häufig wird der Begriff *representations and warranties* mit den Begriffen "Zusicherungen und Garantien" ins Deutsche übersetzt. Im Rahmen dieser Übersetzung muss jedoch beachtet werden, dass diese Übersetzung nicht als Gleichsetzung mit diesen deutschen Begriffen verstanden werden darf. Inbesondere ist keine „Zusicherung" nach § 459 Abs. 2 BGB a.F. gemeint. Auch der Begriff der „Garantie" darf nicht im Sinne des deutschen Rechtsverständnisses missverstanden werden, da dieser Begriff im deutschen Recht eine eigenständige Bedeutung hat. Der Begriff der Garantie umfasst einerseits die Garantie nach § 443 BGB, andererseits die selbständige Garantie nach § 311 BGB. Die *representations and warranties* sind am ehesten mit der selbständigen Garantie nach § 311 BGB vergleichbar, eine Gleichsetzung dieser Begriffe verbietet sich jedoch aufgrund der Unterschiede der Rechtssysteme.

65 Im Folgenden wird vereinfachend zum Teil auch der Begriff „Zusicherung" für *"representations and warranties"* verwendet, wobei mit diesem Begriff aber kein bestimmtes deutsches Rechtsverständnis verbunden sein soll (dazu bereits in der vorhergehenden Fn.).

66 *Adams,* A Manual of Style for Contract Drafting, S. 156.

Um klarzustellen[67], dass Veränderungen auch dann als wesentlich angesehen werden sollen, wenn sie erst in der Zusammenschau eine wesentliche Veränderung darstellen, ist folgende Klausel möglich:

> "Since [...], no events or circumstances have occurred that constitute, individually or in the aggregate, a MAC."[68]

ii. Modifizierung von Representations and Warranties

Eine MAC-Klausel kann auch dazu dienen, spezielle *representations and warranties* zu modifizieren. Beispiele einer solchen Modifizierung:

> "[The target company's] books and records contain no inaccuracies except for inaccuracies that would not reasonably be expected to result in a MAC."

> "[The company] is not party to any litigation that would reasonably be expected to result in a MAC."[69]

Auch hier kann die oben genannte Klarstellung, dass auch eine Kombination von Faktoren einen MAC darstellen kann, eingefügt werden.

iii. Closing Condition

MAC-Klauseln können auch als Bedingungen für den Vollzug des Unternehmenskaufvertrages - sog. *Closing Conditions* - ausgestaltet sein. Mit einer entsprechenden Einleitung kann eine Zusicherung als Bedingung umformuliert werden:

> "[The Buyer's] obligation to consummate at the Closing the transaction contemplated by this agreement is subject to satisfaction, or waiver by the Buyer, of the following conditions at or prior to the Closing: [...] that since [...] a MAC has not occurred; that [the company] is not a party to any litigation that would reasonably be expected to result in a MAC."[70]

---

67 Dafür, dass ein Gericht auch ohne explizite Nennung die Ereignisse in der Zusammenschau betrachten würde, spricht die Entscheidung *IBP v. Tyson*, in der das Gericht akzeptierte, dass auch die Kombination von Faktoren einen MAC darstellen könne (*"taken together, Tyson claims that it is virtually indisputable that the combination of these factors amounts to a Material Adverse Effect"*, In re IBP, Inc. Shareholders Litigation v. Tyson Foods, Inc. and Lasso Acquisition Corp., 789 A.2d 14, 65 (Del. Ch. 2001)); siehe auch *Adams*, A Manual of Style for Contract Drafting, S. 156.
68 *Adams*, A Manual of Style for Contract Drafting, S. 156.
69 *Adams*, A Manual of Style for Contract Drafting, S. 156 f.
70 *Adams*, A Manual of Style for Contract Drafting, S. 157.

iv. Bringdown Condition

Im Rahmen der *Closing Conditions* ist die Aufnahme einer sogenannten *Bringdown Condition* in der amerikanischen Vertragspraxis üblich.[71] Es handelt sich um eine *Closing Condition*, im Rahmen derer bestätigt wird, dass alle *representations/warranties* auch zum Zeitpunkt des *Closings* zutreffen:

> "[The Buyer's] obligation to consummate the transaction contemplated by this agreement is subject to satisfaction of the following conditions: [...] that the representations made by the Seller in [...] were accurate as of the date of this agreement and are accurate as of the Closing."[72]

Diese *Bringdown Condition* erlaubt es der anderen Partei, den Vertragsverpflichtungen nicht nachzukommen, wenn *representations/warranties* im Zeitraum zwischen *Signing* und *Closing* unrichtig werden. Daher ist die MAC-Klausel in den meisten amerikanischen Verträgen sowohl als *representation/warranty* als auch - durch die *Bringdown Condition* - als Bedingung für das *Closing* enthalten. Während regelmäßige Rechtsfolge bei Verletzung der *representations and warranties* die Verpflichtung zur Zahlung von Schadensersatz ist[73], hat die Nichterfüllung einer *Closing Condition* zur Folge, dass die Verpflichtung zum *Closing* entfällt und ein Rücktrittsrecht gewährt wird.[74] Bei Ausgestaltung der MAC-Klausel als *representation* oder *warranty* in Verbindung mit einer *Bringdown Condition* hat der Käufer daher sowohl die Möglichkeit vom Vertrag zurückzutreten als auch Schadensersatz zu fordern.

v. Weitere Möglichkeiten

Klauseln, die einen MAC zum Gegenstand haben, können auch außerhalb von gewährleistungsrechtlichen Erklärungen (*representations and warranties*) und *Closing Conditions* vorkommen. So kann zum Beispiel eine Pflicht zu unverzüglicher Benachrichtigung (*prompt notice*) im Falle einer wesentlichen nachteiligen

---

71 *Adams*, A Manual of Style for Contract Drafting, S. 158 f. Vgl. auch *American Bar Association, Mergers and Acquisitions Committee*, Model Stock Purchase Agreement with Commentary, S. 247 f.; *American Bar Association, Committee on Negotiated Acquisitions*, Model Asset Purchase Agreement with Commentary, S. 178. Beide Musterverträge der *American Bar Association* enthalten solche *Bringdown Conditions*.
72 *Adams*, A Manual of Style for Contract Drafting, S. 158 f.
73 *Adams*, A Manual of Style for Contract Drafting, S. 157.
74 *Adams*, A Manual of Style for Contract Drafting, S. 157.

Veränderung (MAC) bestehen.[75] Außerhalb des Unternehmenskaufs ist zum Beispiel bei einem Kreditvertrag eine Regelung möglich, die bestimmt, dass das Eintreten einer wesentlichen nachteiligen Veränderung (MAC), welche den Kreditnehmer beeinträchtigt, einen Verzugsfall (*event of default*) darstellt.[76]

Von den hier behandelten MAC-Klauseln zu unterscheiden sind Klauseln, die den Begriff der Wesentlichkeit generell und nicht im Zusammenhang mit einer nachteiligen Veränderung verwenden. Zum Beispiel:

> "[The company's] books and records contain no material inaccuracies."[77]

b) Definition des "Material Adverse Change"

Für die Definition des MAC gibt es im Grundsatz drei Möglichkeiten: Die Definition kann erstens generalklauselartig, also sehr allgemein formuliert sein oder zweitens eine Liste mit speziellen Anwendungsfällen enthalten. Die dritte, derzeit am meisten gebrauchte Variante ist eine Klausel, die im Tatbestand zwar den MAC allgemein definiert, jedoch seinen Anwendungsbereich durch eine Liste von Ausnahmen wieder einschränkt (*carve-outs*).

i. Allgemein gefasste Klausel

Eine gängige Version einer weit gefassten Definition der MAC-Klausel lautet wie folgt:

> "Material Adverse Change means any event, occurrence or development of a state of circumstances which has had [or is reasonably expected to have] a material adverse effect on the business, assets, condition (financial or otherwise), liabilities or results of operations [or prospects] of Target and its subsidiaries taken as a whole."[78]

---

75 *Adams*, 10 Fordham J. Corp. & Fin. L. 9, 12 (2004); *Adams*, A Manual of Style for Contract Drafting, S. 157.
76 *Adams*, A Manual of Style for Contract Drafting, S. 158.
77 *Adams*, 10 Fordham J. Corp. & Fin. L. 9 (2004); *Adams*, A Manual of Style for Contract Drafting, S. 158.
78 *West/Parel*, Revisiting Material Adverse Change Clauses, 09/2006 The Metropolitan Corporate Counsel 17 (2006), online: http://ccbjournal.com/articles/7194/revisiting-material-adverse-change-clauses (Abruf vom 09.04.2018). Die in eckigen Klammern stehenden Formulierungen können zusätzlich verhandelt werden.
Siehe auch die Definition in *IBP v. Tyson* (*in re IBP, Inc. Shareholders Litigation v. Tyson Foods, Inc. and Lasso Acquisition Corp.*, 789 A.2d 14, 65 (Del. Ch. 2001).

(1) Feld der Veränderung

Festgelegt werden muss zunächst, worauf sich die Veränderung beziehen soll, also auf welchem Gebiet die Veränderung eintreten muss. Die genaue Definition hängt von der Art der Transaktion ab. In den meisten MAC-Klauseln werden Veränderungen des Geschäfts (*business*), der Geschäftsergebnisse (*results of operations*), der Vermögenswerte (*assets*), der Verbindlichkeiten (*liabilities*) und der finanziellen Lage (*financial condition*) des Zielunternehmens umfasst.[79]

Statt nur die Formulierung "*changes in the Business*" in die Definition aufzunehmen, ist diese detaillierte Aufzählung der einzelnen Elemente sinnvoll, da eine enge Auslegung des Begriffes *Business* durch die Gerichte denkbar ist, welche zum Beispiel zur Folge hätte, dass Gewinne und Verluste von dem Begriff nicht umfasst wären.[80] Ob dagegen die zum Teil vorgenommene Aufzählung von *properties* neben den *assets* und von *operations* neben dem Begriff *business* einen eigenen Anwendungsbereich hat oder vielmehr überflüssig ist, wird unterschiedlich beurteilt.[81] Im Einzelfall kann eine Beschränkung des Anwendungsbereichs gewollt sein. So ist im Rahmen eines *Asset Deals* beispielsweise eine Beschränkung auf eine Veränderung der *properties* denkbar.[82]

---

79 Nixon Peabody's MAC Survey 2017 (dazu Fn. 2), S. 5f.: Danach enthielten im untersuchten Zeitraum (Juni 2016 bis Mai 2017) 89 % der untersuchten Verträge und 100 % der Deals mit einem Transaktionswert von mindestens 1 Milliarde Dollar diese MAC-Elemente (*MAC on business, operations, financial condition,* etc.).
80 *Adams*, 10 Fordham J. Corp. & Fin. L. 9, 32 (2004). Im Fall *Pine State Creamery Co. v. Land-O-Sun Dairies, Inc.* entschied der District Court, dass die *operating profits* und Verluste von *Pine State* von dem Begriff *business* nicht umfasst seien (No. 5:96-CV-170 BO, 1997 WL 33772600 (E.D.N.C. Dec. 22, 1997)). Zwar wurde diese Entscheidung aufgehoben (201 F.3d 437 (4th Cir. 1999)), die Entscheidung des District Court zeigt aber die Gefahr einer engen Auslegung des Begriffes *business*, eine Unsicherheit, die durch die oben genannte umfassende Aufzählung vermieden werden kann.
81 Dass diese Begriffe in der Aufzählung neben den anderen Begriffen überflüssig sind, wird beispielsweise vertreten von *Adams*, 10 Fordham J. Corp. & Fin. L. 9, 32 (2004).
82 Dies war beispielsweise im Fall *Esplanade Oil & Gas, Inc. v. Templeton Energy Income Corp.* (889 F. 2d 621, 624 (5th Circuit 1989)) der Fall. Das Gericht entschied in diesem Fall, dass das Fallen des Ölpreises nicht als Veränderung der *properties* anzusehen war.

Ein großer Teil der MAC-Klauseln bezieht sich auch auf die Leistungsfähigkeit des Verkäufers oder Käufers, den Vertrag durchzuführen[83]. Der MAC kann sich, je nach Vereinbarung, auf viele weitere Bereiche beziehen.[84]

(2) Zukunftsbezogene Formulierungen

Sofern die MAC-Klausel auch ein verändertes Gewinnpotential, also prognostizierte negative wirtschaftliche Auswirkungen erfassen soll, ist die Herstellung eines Zukunftsbezugs zum Beispiel durch Einfügung des Wortes "*prospects*" (Aussichten) möglich.[85] Dies erlaubt dem Käufer, von der Transaktion Abstand zu nehmen, wenn das künftige Gewinnpotential des Zielunternehmens sich zwischen *Signing* und *Closing* wesentlich nachteilig verändert, wenn also zukünftige Veränderungen vorhersehbar sind, ohne dass sich dies bereits in den Ergebnissen niedergeschlagen hat.

Der Begriff "*prospects*" wird in den meisten Fällen nicht definiert, teilweise enthält die Klausel aber folgende Definition: "'*Prospects' means, at any time, results of future operations that are reasonably foreseeable based on facts and circumstances in existence at that time.*"[86] Ob die Einbeziehung der Zukunftsaussichten im Rahmen der Klausel selbst oder im Rahmen der Definition erfolgt, wird unterschiedlich gehandhabt, dürfte im Ergebnis aber keinen Unterschied machen.

Die Einfügung von Erfolgsaussichten (*prospects*) in die Definition des MAC ist oft einer der streitigen Punkte zwischen den Parteien bei der Verhandlung

---

83 Nixon Peabody's MAC Survey 2017 (vgl. Fn. 2), S. 6: Danach enthielten im untersuchten Zeitraum (Juni 2016 bis Mai 2017) 61 % der untersuchten Verträge und 70 % der Deals ab einem Transaktionswert von 1 Millarde Dollar das MAC-Element "*MAC on target's ability to close the deal.*" Und 43 % aller und 58 % der Deals ab einem Transaktionswert von 1 Millarde Dollar enthielten das MAC-Element "*MAC on bidder's ability to close the deal*".

84 Vgl. dazu Nixon Peabody's MAC Survey 2017 (vgl. Fn. 2), S. 6, beispielsweise werden dort noch folgende (seltener in MAC-Klauseln) genannte Felder aufgelistet: "*Losses over a specified threshold deemed to be a MAC*", "*MAC on the benefits contemplated by the agreement*", "*Ability of target to continue to operate business immediately after closing in substantially same manner as immediately before closing*", "*Ability of bidder to continue to operate business immediately after closing in substantially same manner as immediately before closing*", "*MAC on prospects of target*", "*MAC on the securities or purchased assets*", "*MAC in validity or enforceability of agreement*".

85 Vgl. dazu *Adams*, 10 Fordham J. Corp. & Fin. L. 9, 35–36 (2004); *Adams*, A Manual of Style for Contract Drafting, S. 171 ff.; *Galil*, 2002 Colum. Bus. L. Rev. 846, 854 (2002).

86 *Adams*, A Manual of Style for Contract Drafting, S. 171.

von MAC-Klauseln.[87] Aus Sicht des Käufers stellen die Zukunftsaussichten des Unternehmens einen relevanten Faktor dar. Für den Verkäufer birgt diese Formulierung zusätzliche Risiken und Unsicherheiten. Da sich in den meisten Fällen der Verkäufer durchsetzt[88], ist die Zahl der Verträge, in denen *prospects* in die MAC-Klausel aufgenommen werden, gering.[89]

Zum Teil wird von Praktikern vertreten, dass der Begriff *"business"* immer auch die Erfolgsaussichten und -chancen des Unternehmens umfasse, unabhängig davon, ob der Begriff *"prospects"* in der Klausel enthalten ist.[90] Diese Argumentation wurde allerdings in den Gerichtsentscheidungen *Pacheco v. Cambridge Technology Partners*[91] und *Goodman Manufacturing Co. v. Raytheon Co.*[92] abgelehnt.

Eine Öffnung im Hinblick auf zukünftige Verschlechterungen kann auch durch den Zusatz erfolgen, dass kein Ereignis eingetreten ist, welches wesentliche nachteilige Veränderungen bzw. Auswirkungen vernünftigerweise erwarten lässt (*"could/would reasonably be expected to result in a material adverse change"*).[93] Beispielsweise könnte es Auswirkungen auf die Verkaufszahlen und Profite erwarten lassen (*"reasonably be expected to" result in a loss of sales and*

---

87 *Galil*, 2002 Colum. Bus. L. Rev. 846, 854–55 (2002).
88 *Adams*, A Manual of Style for Contract Drafting, S. 171.
89 Nixon Peabody's MAC Survey 2017 (vgl. Fn. 2), S. 6: Danach enthielten im untersuchten Zeitraum (Juni 2016 bis Mai 2017) nur 4 % der untersuchten Verträge und keiner der Deals ab einem Transaktionswert von 1 Millarde Dollar dieses "MAC-Element" (*MAC on prospects*).
90 Siehe *Howard*, Deal Risk, Announcement Risk and Interim Changes - Allocating Risks in Recent Technology M&A Agreements, 1219 PLI/Corp 217, 236 (2002).
91 *Pacheco v. Cambridge Technology Partners (Massachusetts), Inc., 85 F. Supp. 2d 69 (D. Mass. 2000)*. Bezüglich dieser Entscheidung könnte man aber der Auffassung sein, dass sie auf den Besonderheiten des konkreten Falles beruht. Denn hier bestand die Besonderheit, dass der Ausdruck *"prospects"* an anderer Stelle des Vertrages ausdrücklich genannt war, während dies an der für den Fall entscheidenden Stelle nicht der Fall war. Siehe *Adams*, 10 Fordham J. Corp. & Fin. L. 9, 37 (2004).
92 *Goodman Manufacturing Co. v. Raytheon Co., Civ. A. No. 98 Civ. 2774 (LAP), 1999 WL 681382 (S.D.N.Y. Aug. 31, 1999)*. Siehe zu der Entscheidung auch *Adams*, 10 Fordham J. Corp. & Fin. L. 9, 37 (2004).
93 Nixon Peabody's MAC Survey 2017 (vgl. Fn. 2), S. 7: Danach enthielten im untersuchten Zeitraum (Juni 2016 bis Mai 2017) 62 % der untersuchten Verträge und 60 % der Deals ab einem Transaktionswert von 1 Millarde Dollar dieses "MAC-Element" (*Reasonable expectation of event to have a material adverse effect/change*). *Adams*, A Manual of Style for Contract Drafting, S. 172 ff.

resulting profits)[94], wenn ein Hauptkunde ankündigt, dass er die Verträge beenden werde und nicht mehr vom Zielunternehmen kaufen möchte. Diese Formulierung wird häufiger verwendet als die "*prospects*"-Formulierung[95], hat aber wohl eine vergleichbare Wirkung.[96] Deshalb wird die Aufnahme der "*reasonably be expected to*"-Formulierung auch als eine Einfügung der "*prospects*"-Fomulierung durch die Hintertür angesehen.[97]

Es muss in diesem Zusammenhang jedoch darauf hingewiesen werden, dass das Gericht im Fall *Frontier Oil v. Holly* die zukunftsbezogene Formulierung als Argument dafür herangezogen hat, dass eine langfristige Betrachtung erforderlich sei und kurzfristige Veränderungen für den *material adverse effect* (MAE) nicht ausreichten.[98] Damit hat das Gericht statt der bezweckten Erweiterung des Anwendungsbereichs des MAE die Schwelle für das Vorliegen von *materiality* erhöht und die Formulierung nachteilig für den Käufer ausgelegt.[99]

(3) "material"

Eines der Hauptprobleme bei der Anwendung der MAC-Klausel liegt in der Auslegung des Begriffs "*material*". Daher kreisen die Entscheidungen der Rechtsprechung in der Hauptsache auch um die Bestimmung dieses

---

94 Vgl. Nixon Peabody's MAC Survey 2017 (vgl. Fn. 2) S. 7; *Galil*, 2002 Colum. Bus. L. Rev. 846, 856 (2002).
95 Die Häufigkeit dieser Formulierung in MAC-Klauseln schwankt. Gemäß der 2016er Nixon Peabody MAC-Studie enthielten 2016 54 % aller untersuchten Verträge die "*would reasonably expected to*"-Formulierung, 2015 waren es 61 %, 2014 56 %, 2013 53 %, 2012 42 % und 2011 29 % (vgl. Nixon Peabody's MAC Survey 2017 (Fn. 2), S. 5). Im Rahmen der 2010er MAC-Studie waren es sogar nur 13 % (vgl. Nixon Peabody's MAC Survey 2012, S. 5)).
96 So *Galil*, 2002 Colum. Bus. L. Rev. 846, 856 (2002); *Howard*, Deal Risk, Announcement Risk and Interim Changes - Allocating Risks in Recent Technology M&A Agreements, 1219 PLI/Corp 217, 236 (2002); zurückhaltender jedoch *Adams*, A Manual of Style for Contract Drafting, S. 173.
97 *Adams*, A Manual of Style for Contract Drafting, S. 173.
98 "*Holly, however, has not shown that [...] their payment would have had a significant effect if viewed over a longer term. The forward-looking basis for evaluating an MAE as chosen by Holly and Frontier does not allow the Court to look at just one year...*" (*Frontier Oil Corp. v. Holly Corp.*, No. Civ. A. 20502, 2005 WL 1039027, at *37 (Del. Ch. Apr. 29, 2005). Zum Begriff "*material adverse effect*" siehe genauer unten unter Ziffer 4.a).
99 Zu dieser Entscheidung genauer unter B. III. 2. Kritisch auch *Brooks*, 87 U. Det. Mercy L. Rev. 83, 95–96 (2009–2010).

Begriffes.¹⁰⁰ Anerkannt ist, dass die Bedeutung immer vom konkreten Einzelfall abhängig ist (*"Whatever the concept of materiality may mean, at the very least it is always relative to the situation"*).¹⁰¹ Die in anderen Rechtsgebieten anerkannten Definitionen des Begriffs *"materiality"* sind auf die MAC- Klausel nicht übertragbar.¹⁰²

Es stellt sich zunächst die Frage, ob bei der Bestimmung von *"materiality"* ein objektiver oder ein subjektiver Standard verfolgt werden sollte. Die Rechtsprechung stellt auf einen *"reasonable acquirer"* ab.¹⁰³ Auch in der Literatur wird argumentiert, dass ein objektiver Ansatz verfolgt werden müsse und dass es auf eine vernünftige Person in der Person des Erwerbers ankomme.¹⁰⁴ Im Einzelfall, wenn eine spezielle Regelung enthalten ist, kann aber auch ausnahmsweise die subjektive Perspektive des Erwerbers entscheidend sein.¹⁰⁵

Als möglicher Maßstab wird in der Literatur folgende, von der Vertragspraxis bisher allerdings noch nicht übernommene, Definition vorgeschlagen: *"'Material' and 'Materiality' refer to a level of significance that would have affected any decision of a reasonable person in the Buyer's position regarding whether to enter into this agreement or would affect any decision of a reasonable person in the Buyer's position regarding whether to consummate the transaction contemplated by this agreement."*¹⁰⁶

(4) "Taken as a whole"

Oft enthalten MAC-Klauseln die Formulierung *"material adverse effect on the business, operations, [...] of the company and its subsidiaries taken as a whole".*¹⁰⁷

---

100 Vgl. dazu die detaillierte Darstellung der Fälle *IBP v. Tyson* und *Hexion v. Huntsman* unter Ziffer III (Rechtsprechung).
101 *In re IBP, Inc. Shareholders Litigation v. Tyson Foods, Inc. and Lasso Acquisition Corp.*, 789 A.2d 14, 67 (Del. Ch. 2001).
102 *Cicarella*, 57 Case W. Res. L. Rev. 423, 431 (2007); *Sagraves/Talebian*, 9 Transactions: Tenn. J. Bus. L. 343, 348 (2007–2008).
103 *In re IBP, Inc. Shareholders Litigation v. Tyson Foods, Inc. and Lasso Acquisition Corp.*, 789 A.2d 14, 68 (Del. Ch. 2001).
104 *Adams*, A Manual of Style for Contract Drafting, S. 152.
105 Siehe zur möglichen subjektiven Perspektive ausführlich: *Howard*, Deal Risk, Announcement Risk and Interim Changes - Allocating Risks in Recent Technology M&A Agreements, 1219 PLI/Corp 217, 240 (2002).
106 *Adams*, A Manual of Style for Contract Drafting, S. 152.
107 *Howard*, Deal Risk, Announcement Risk and Interim Changes - Allocating Risks in Recent Technology M&A Agreements, 1219 PLI/Corp 217, 246 (2002).

Der Ausdruck "*taken as a whole*" macht deutlich, dass es auf eine Gesamtbewertung des Konzerns ankommt (konsolidierte Betrachtung).[108]

ii. Spezielle MAC-Klausel

(1) Inclusions

Das generelle Problem jeder weit formulierten Klausel besteht in ihrer Unbestimmtheit und dem damit einhergehenden Mangel an Rechtssicherheit. Um das Risiko weit formulierter MAC-Klauseln zu verringern und sicher zu gehen, dass bestimmte Ereignisse von der MAC-Klausel erfasst sind, können auch bestimmte Fallkonstellationen, welche einen MAC darstellen sollen, aufgelistet werden (sog. *Inclusions*).

Spezielle Klauseln bergen die Gefahr, dass ein Gericht im Falle eines Ereignisses, welches nicht genau unter einen der genannten speziellen Fälle passt, zu dem Ergebnis kommt, dass nicht explizit erfasste Fälle nicht von der MAC-Klausel erfasst seien, da insofern eine abschließende Regelung vorliege.[109]

(2) Quantitative Kriterien

Um den Begriff *material* näher zu konkretisieren, können die Parteien quantitative Kriterien vorgeben. Denkbar ist insbesondere die Festlegung bestimmter Schwellenwerte. Eine solche Klausel könnte zum Beispiel wie folgt lauten:

"*[...] any adverse effects [...] shall be considered material only if its financial impact exceeds € [...] in any individual instance or € [...] in the aggregate.*"[110]

oder:

"*a negative effect or a negative change in the operations, results of operations or condition (financial or otherwise) in an amount equal to $ [...] or more*"[111].

---

108 Vgl. ausführlicher *Howard,* Deal Risk, Announcement Risk and Interim Changes - Allocating Risks in Recent Technology M&A Agreements, 1219 PLI/Corp 217, 245–46 (2002).

109 *Galil,* 2002 Colum. Bus. L. Rev. 846, 857 (2002). Insofern ist beispielsweise der Fall *Borders v. KRLB* zu erwähnen (*Borders v. KRLB Inc.,* 727 S.W.2d 357, 359 (Tex. App. 1987)). Siehe dazu genauer unten (B. IV 1. und C.VI. 1.).

110 *Kästle/Oberbracht,* Unternehmenskauf - Share Purchase Agreement, S. 124.

111 So zum Beispiel im Kaufvertrag, der Gegenstand war im Fall *Great Lakes Chemical Corp. v. Pharmacia Corp.,* 788 A.2d 544, 557 (Del. Ch. 2001) ("*in an amount equal to $ 6,500,000 or more*").

oder:

> "An adverse change shall only be material in this sense, if it will lead [in the current business year] to a negative deviation of more than [...] % to the turnover, operating profit, assets or liabilities of the Company"[112]

Eine quantitative Bestimmung kann in Form von bestimmten Schwellenwerten für EBIT (*earnings before interest and taxes*)[113], EBITDA (*earnings before interest, taxes, depreciation and amortization*)[114] oder ähnlichen Kennziffern vergenommen werden, oder aber durch Festlegung konkreter Prozentpunkte, um die sich das Ergebnis verschlechtert haben muss. Einerseits kann der Schwellenwert wie in den Beispielen ausschließliches Kriterium zur Bestimmung der Wesentlichkeit der Veränderung sein. Es ist andererseits aber auch möglich, dass das quantitative Kriterium nur als Ergänzung einer MAC-Definition dient.[115]

Grundsätzlich kann die Bestimmung des Schwellenwertes schwierig sein. Es muss zunächst genau festgelegt werden, worauf sich der Schwellenwert bezieht, denkbar sind beispielsweise Schwellenwerte bezüglich der Umsätze in einem bestimmten Zeitraum oder in Bezug auf Schäden aus Gerichtsverfahren oder

---

112 *Picot/Duggal*, DB 2003, 2635, 2640 Fn. 47 (Die deutsche Version: „Eine nachteilige Veränderung ist nur dann wesentlich in diesem Sinne, wenn sie zu einer negativen Abweichung [im laufenden Geschäftsjahr] des Umsatzes, des Betriebsergebnisses, der Vermögenswerte oder der Verbindlichkeiten der Gesellschaft von mehr als …% führt.").

113 Die Abkürzung EBIT steht für *Earnings before interest and taxes* und bezeichnet den Gewinn vor Zinsen und Steuern und außerordentlichem Ergebnis. Es handelt sich daher um eine bereinigte Gewinngröße, die gerne auch als operatives Ergebnis oder Betriebsergebnis bezeichnet wird. Insbesondere im ersten Fall ist die Gleichsetzung nicht unumstritten, da im EBIT auch Ab- und Zuschreibungen auf das Anlagevermögen enthalten sind (FAZ.NET- Börsenlexikon, online unter http://boersenlexikon.faz.net/ebit.htm, Abruf vom 9.4.2018).

114 Die Bezeichnung EBITDA steht für Earnings Before Interests, Taxes, Depreciation and Amortisation und bezeichnet das Ergebnis vor Zinsen, Steuern, Abschreibungen auf Sachanlagen und Abschreibungen auf immaterielle Vermögenswerte. Die Kennzahl soll Vergleiche der operativen Ertragskraft von Gesellschaften ermöglichen, die unter verschiedenen Standards bilanzieren. Indes ist ihre Aussagekraft aufgrund der vielen ausgeklammerten Faktoren eingeschränkt, da die Kennzahl vergleichsweise leicht manipulierbar ist (FAZ.NET- Börsenlexikon, online unter http://boersenlexikon.faz.net/ebitda.htm, Abruf vom 9.4.2018).

115 *Acquisition Agreement* zwischen *Visioneer, Inc. and Scansoft, Inc.*, abgedruckt in: *Halloran/Rowland*, 2 No. 10 The M&A Lawyer 12 (1999).

Umwelthaftung.[116] Darüber hinaus kann die Festlegung der genauen Höhe die Verhandlungen kompliziert und langwierig machen, da sich die Parteien oft nicht auf einen konkreten Schwellenwert einigen können. Um einen Stillstand zu verhindern, sehen die Parteien deshalb häufig von der Festlegung eines Schwellenwertes ab.[117] Problematisch ist zudem, dass der Sinn und Zweck von MAC-Klauseln eigentlich in der Erfassung unbekannter und unvorhergesehener Fälle liegt. Wenn die Parteien aber schon bestimmte Fälle im Auge haben, könnten diese Fälle auch konkret außerhalb der MAC-Klausel geregelt werden.[118] Wohl aus den genannten Gründen werden quantitative Kriterien in amerikanischen MAC-Klauseln nur selten festgelegt.[119]

iii. MAC-Ausnahmen (Exceptions/Carve-outs)

Die Definition des MAC nimmt oft einzelne Fälle aus dem Anwendungsbereich der MAC-Klausel wieder heraus. Ausgeklammert werden oft externe Risiken und Ereignisse außerhalb des Unternehmens, über die der Verkäufer keine Kontrolle hat. Die Mehrzahl der Verträge enthält Ausnahmen bezüglich der Wirtschaft oder des Geschäfts generell (*"change in the economy or business in general"*)[120] oder der generellen Lage des Wirtschaftszweiges (*"changes in general conditions of the specific industry"*)[121]. Darüber hinaus können MAC-Klauseln auch verschiedene weitere Ausnahmen bezüglich wirtschaftlicher Entwicklungen der

---

116 *Acquisition Agreement* zwischen *Visioneer, Inc. and Scansoft, Inc.*, abgedruckt in: *Halloran/Rowland*, 2 No. 10 The M&A Lawyer 12 (1999).
117 *Cheng*, 2009 Colum. Bus. L. Rev. 564, 574 (2009).
118 *Adams*, 10 Fordham J. Corp. & Fin. L. 9, 28 (2004); *Adams*, 10 No. 6 The M&A Lawyer 3, 6 (2006).
119 *Adams*, 10 Fordham J. Corp. & Fin. L. 9, 28 (2004); *Adams*, 10 No. 6 The M&A Lawyer 3, 6 (2006); für eine Aufnahme bestimmter Schwellenwerte aber: *Rosenbloom/Hermann*, 25 No. 7 Westlaw Journal Mergers & Acquisitions 1, 3 (2015).
120 Nixon Peabody's MAC Survey 2017 (vgl. Fn. 2), S. 9: Danach enthielten 85 % der untersuchten Verträge und 96 % der Verträge mit einem Transaktionswert ab 1 Milliarde Dollar diese MAC-Ausnahme.
121 Nixon Peabody's MAC Survey 2017 (vgl. Fn. 2), S. 9: Danach enthielten 80 % der untersuchten Verträge und 95 % der Verträge mit einem Transaktionswert ab 1 Milliarde Dollar diese MAC-Ausnahme.

Märkte (beispielsweise der Entwicklung der Aktienmärkte[122]) enthalten.[123] Viele Verträge klammern auch rechtliche Entwicklungen aus dem Anwendungsbereich der MAC-Klausel aus, so insbesondere Änderungen von Gesetzen und Verordnungen[124] oder Änderungen der Gesetzesauslegung durch Gerichte oder Regierungsorgane[125]. Änderungen, die aufgrund von Insolvenz oder Maßnahmen eines Insolvenzgerichts auftreten[126] oder Änderungen im anzuwendenden Steuerrecht[127] werden hingegen eher selten aus dem Anwendungsbereich der MAC-Klausel ausgeklammert.

Die überwiegende Mehrheit der Verträge in den USA nennen in ihren MAC-Ausnahmen auch Kriegshandlungen[128] und Terrorakte.[129] Daneben werden auch häufig höhere Gewalt/Naturereignisse (*Acts of God*)[130] und Veränderungen der

---

[122] Nixon Peabody's MAC Survey 2017 (vgl. Fn. 2), S. 9: Danach enthielten 70 % der untersuchten Verträge und 84 % der Verträge mit einem Transaktionswert ab 1 Milliarde Dollar die MAC-Ausnahme "*change in securities market*".

[123] Üblich sind beispielsweise auch folgende Ausnahmen: *change in trading price or trading volume of target's stock, changes in interest rates, change in exchange rates,* siehe Nixon Peabody's MAC Survey 2017 (vgl. Fn. 2), S. 9.

[124] Nixon Peabody's MAC Survey 2017 (vgl. Fn. 2), S. 11: Danach enthielten 83 % der untersuchten Verträge und 98 % der Verträge mit einem Transaktionswert ab 1 Milliarde Dollar diese MAC-Ausnahme ("*Changes in laws or regulations*").

[125] Nixon Peabody's MAC Survey 2017 (vgl. Fn. 2), S. 11: Danach enthielten 57 % der untersuchten Verträge und 74 % der Verträge mit einem Transaktionswert ab 1 Milliarde Dollar diese MAC-Ausnahme ("*Changes in interpretation of laws by courts or government entities*").

[126] Nixon Peabody's MAC Survey 2017 (vgl. Fn. 2), S. 11: Danach enthielten 3 % der untersuchten Verträge und 7 % der Verträge mit einem Transaktionswert ab 1 Milliarde Dollar diese MAC-Ausnahme ("*Changes resulting from bankruptcy or actions of a bankruptcy court*").

[127] Nixon Peabody's MAC Survey 2017 (vgl. Fn. 2), S. 11: Danach enthielten 5 % der untersuchten Verträge und 4 % der Verträge mit einem Transaktionswert ab 1 Milliarde Dollar diese MAC-Ausnahme ("*Changes in applicable taxes/tax law*").

[128] Nixon Peabody's MAC Survey 2017 (vgl. Fn. 2), S. 10: Danach enthielten 81 % der untersuchten Verträge und 96 % der Verträge mit einem Transaktionswert ab 1 Milliarde Dollar diese MAC-Ausnahme ("*Acts of war or major hostilities*").

[129] Nixon Peabody's MAC Survey 2017 (vgl. Fn. 2), S. 10: Danach enthielten 80 % der untersuchten Verträge und 96 % der Verträge mit einem Transaktionswert ab 1 Milliarde Dollar diese MAC-Ausnahme ("*Acts of terrorism*").

[130] Nixon Peabody's MAC Survey 2017 (vgl. Fn. 2), S. 10: Danach enthielten 66 % der untersuchten Verträge und 96 % der Verträge mit einem Transaktionswert ab 1 Milliarde Dollar diese MAC-Ausnahme ("*Acts of God*").

politischen Lage[131] ausgeklammert. Weitere Ausnahmen betreffen beispielsweise den Rückgang von Kunden, Folgen der Bekanntmachung der Transaktion, die Verfehlung von Prognosen, einen Arbeitskräfteabgang oder, etwas seltener, die Kündigung von Aufträgen.[132]

iv. Beschränkung der "exclusions" ("disproportionate affect")

In den meisten Fällen sind die Ausnahmeregelungen (*carve-outs*) wiederum durch den Zusatz "*unless the event would have a [materially] disproportionate impact*" oder "*except to the extent that the event would have a [materially] disproportionate impact*" beschränkt.[133] Diese Einschränkung soll sicherstellen, dass die jeweiligen Ausnahmeregelungen (zum Beispiel Veränderungen der gesamten Wirtschaft oder der Branche) dann nicht greifen, wenn das Zielunternehmen deutlich stärker betroffen ist als der Rest der Branche. Im Fall *Hexion* hat das Gericht aber klargestellt, dass die übermäßige Betroffenheit nicht als Argument für das Vorliegen eines MAC angeführt werden kann, da die Ausnahmeregelung erst dann zur Anwendung komme, wenn zuvor der Tatbestand des *material adverse change* festgestellt worden sei.[134]

3. Entwicklung der MAC-Klausel und Einflussfaktoren

a) Entwicklung der MAC-Klausel

MAC-Klauseln haben in M&A- Verträgen in den USA schon die meiste Zeit des zwanzigsten Jahrhunderts existiert. Die MAC-Klausel stellte früher eine kurze Standardklausel dar, die aber in Verhandlungen kaum Bedeutung hatte.[135] Die traditionelle kurze Standard MAC-Klausel wurde mindestens seit 1947 benutzt.[136]

---

131 Nixon Peabody's MAC Survey 2017 (vgl. Fn. 2), S. 10: Danach enthielten 71 % der untersuchten Verträge und 86 % der Verträge mit einem Transaktionswert ab 1 Milliarde Dollar diese MAC-Ausnahme ("*Changes in political conditions*").

132 Eine Auflistung aller in den USA üblichen Ausnahmen befindet sich in Nixon Peabody's MAC Survey 2017.

133 Nixon Peabody's MAC Survey 2017 (vgl. Fn. 2), S. 8: Danach enthielten 76 % der untersuchten Verträge und 91 % der Verträge mit einem Transaktionswert ab 1 Milliarde Dollar diese "*disproportionate affect language*".

134 *Hexion Speciality Chemicals, Inc. v. Huntsman Corp.*, 965 A.2d 715, 737 (Del. Ch. 2008). Siehe dazu die Ausführungen unten (B.III. 3).

135 *Elken*, 82 S. Cal. L. Rev. 291, 293 (2009).

136 *Fuld,* 60 Harv. L. Rev. 1092, 1105 (1947), (erwähnt werden MAC-Klauseln in *Merger Agreements* in den 1940er Jahren. Es wird ausgeführt, dass *Closing Conditions* wie folgt formuliert werden können: "*There has been no material adverse change in*

Vor allem seit den 1990iger Jahren weitete sich die MAC-Klausel in der modernen Form mit ihren umfangreichen Definitionen und Ausnahmeregelungen stark aus.[137] Während 1993 nur 13 % der MAC-Klauseln Ausnahmeregelungen enthielten, waren es 2002 schon 83 %.[138] Kurz nach dem Platzen der Technologieblase im Jahr 2000 und nach den Ereignissen des 11. September 2001 gab es zwar insgesamt einen Trend zu käuferfreundlichen MAC-Klauseln, es wurden jedoch vermehrt terroristische Ereignisse und Marktschwankungen aus dem Anwendungsbereich ausgeklammert.[139] Mit der Verbesserung der Wirtschaftslage in den Jahren 2004 bis 2007 wurden die Klauseln verkäuferfreundlicher und die Liste der Ausnahmen stieg weiter an.[140].

---

the conditions of the Company from that set forth in its Proxy Statement, other than changes arising in the ordinary and normal course of business").

137 *Gilson/Schwartz*, 21 J.L. Econ. & Org. 330, 350 (2005).
138 *Gilson/Schwartz*, 21 J.L. Econ. & Org. 330, 350 (2005). 1993 enthielten nur etwa 18 % der MAC-Klauseln eine Ausnahmeregelung und die Durchschnitts-MAC-Klausel enthielt 1995 noch weniger als eine Ausnahme. 2002 enthielten schon ungefähr 83 % der MAC-Klauseln mindestens eine Ausnahme und die Durchschnitts-MAC-Klausel enthielt fast vier Ausnahmen.
139 Nixon Peabody's MAC Survey 2012, S. 1. Beispielsweise wurde bereits in einem *Merger Agreement* vom 28. September 2001 zwischen *Orion Power Holdings Inc.* und *Reliant Resources Inc.* reagiert und folgende Ausnahme in die MAC-Klausel aufgenommen: "*changes or developments in financial or securities markets or the economy in general to the extent causes by a material worsening of current conditions cause by acts of terrorism or war [...]*" (siehe *Marcus*, N.Y.L.J., Jan. 3, 2002, at 5).
140 Verträge enthielten zum Teil MAC-Klauseln mit elf verschiedenen Ausnahmeregelungen. So beispielsweise in dem Vertrag zwischen *Accredited Home Lenders* und *Lone Star Funds*. Die Vereinbarung zwischen *Accredited Home Lenders* and *Lone Star Funds* enthielt die folgende MAC-Klausel:
"*Material Adverse Effect" means, with respect to the Company, an effect, event, development or change that is materially adverse to the business, results of operations or financial condition of the Company and the Company Subsidiaries, taken as a whole; provided, however, that in no event shall any of the following, alone or in combination, be deemed to constitute, nor shall any of the following be taken into account in determining whether there has been, a Material Adverse Effect: (a) a decrease in the market price or trading volume of Company Common Shares (but not any effect, event, development or change underlying such decrease to the extent that such effect, event, development or change would otherwise constitute a Material Adverse Effect); (b) (i) changes in conditions in the U.S. or global economy or capital or financial markets generally, including changes in interest or exchange rates; (ii) changes in applicable Law or general legal, tax, regulatory or political conditions of a type and scope that, as of the date of this Agreement, could reasonably be expected to occur, based on information*

Der Trend zunehmender Ausnahmen in MAC-Klauseln wurde durch die Wirtschaftskrise, die im Jahr 2007 begann, unterbrochen. Im Jahr 2008 brach das M&A Geschäft ein, die Märkte waren von Unsicherheiten geprägt und die Verhandlungsmacht der Verkäufer war aufgrund der Marktbedingungen sehr

> *that is generally available to the public or has been Previously Disclosed; or (iii) changes generally affecting the industry in which the Company and the Company Subsidiaries operate; provided, in the case of clause (i), (ii) or (iii), that such changes do not disproportionately affect the Company and the Company Subsidiaries as compared to other companies operating in the industry in which the Company and the Company Subsidiaries operate; (c) changes in GAAP; (d) the negotiation, execution, announcement or pendency of this Agreement or the transactions contemplated hereby or the consummation of the transactions contemplated by this Agreement, including the impact thereof on relationships, contractual or otherwise, with customers, suppliers, vendors, lenders, mortgage brokers, investors, venture partners or employees; (e) earthquakes, hurricanes, floods, or other natural disasters; (f) any affirmative action knowingly taken by Parent or Purchaser that could reasonably be expected to give rise to a Material Adverse Effect (without giving effect to this clause (f) in the definition thereof); (g) any action taken by the Company at the request or with the express consent of any of the Buyer Parties; (h) failure by the Company or the Company Subsidiaries to meet any projections, estimates or budgets for any period prior to, on or after the dates of this Agreement (but not any effect, event, development or change underlying such failure to the extent such effect, event, development or change would otherwise constitute a Material Adverse Effect); (i) any deterioration in the business, results of operations, financial condition, liquidity, stockholders' equity and/or prospects of the Company and/or the Company Subsidiaries substantially resulting from circumstances or conditions existing as of the date of this Agreement that were generally publicly known as of the date of this Agreement or that were Previously Disclosed; (j) any litigation or regulatory proceeding set forth in Section 5.09 of the Company Disclosure Schedule (but only to the extent of the specific claims and allegations comprising such litigation or regulatory proceeding existing as of the date of this Agreement; and (k) any action, claim, audit, arbitration, mediation, investigation, proceeding or other legal proceeding (in each case whether threatened, pending or otherwise), or any penalties, sanctions, fines, injunctive relief, remediation or any other civil or criminal sanction solely resulting from, relating to or arising out of the failure by either the Company or the Reporting Subsidiary to file in a timely manner its Annual Report on Form 10-K for the fiscal year ended December 31, 2006, its Quarterly Report on Form 10-Q for the quarter ended March 31, 2007, and/or the Quarterly Report on Form 10-Q for the second and third quarters of 2007 (siehe Davidoff/Baiardi, Accredited Home Lenders v. Lone Star Funds: A MAC Case Study (February 11, 2008), Wayne State University Law School Legal Studies Reseach Papers Series, No. 8–16, (Exhibit C), online unter: http://papers.ssrn.com/sol3/papers.cfm?abstract_id=1092115 (Abruf vom 10.04.2018)).*

schwach.¹⁴¹ Die Finanzierung der Transaktionen wurde aufgrund der Finanzkrise schwieriger¹⁴² und regelmäßig standen sich mehrere Verkäufer in Konkurrenz um einen Käufer gegenüber.¹⁴³ Dies zwang die Verkäufer zu Eingeständnissen, was sich daran zeigt, dass in den Jahren 2008 und 2009 die Zahl der Ausnahmen zurückging.¹⁴⁴ In den Jahren nach der Wirtschaftskrise nahm die Zahl der MAC-Ausnahmen generell wieder zu.¹⁴⁵

b) Einflussfaktoren

Die unter a) dargestellte Entwicklung der MAC-Klausel zeigt, dass MAC-Klauseln häufig als Reaktion auf äußere Geschehnisse auftauchen bzw sich verändern.¹⁴⁶ Die Zahl der Verträge, die eine MAC-Ausnahme für Terrorakte enthielt, stieg im Jahr nach den Terroranschlägen vom 11. September um mehr als das Doppelte an.¹⁴⁷ Und in den Jahren nach den katastrophalen Hurrikans 2005, insbesondere Hurrikan Katrina, nahm die Zahl der Verträge, die MAC-Ausnahmen bezüglich *"events of weather and acts of God"* enthielten, stark zu.¹⁴⁸ Auch die Abnahme der Ausnahmeregelungen in den Krisenjahren 2008 und 2009 und der Anstieg in den Jahren 2010 und 2011 zeigen den deutlichen Einfluss aktueller Entwicklungen. In jüngster Zeit scheint beispielsweise der Brexit Einfluss

---

141 *Cheng*, 2009 Colum. Bus. L. Rev. 564, 565 (2009); *Somogie*, 108 Mich. L. Rev. 81, 88 (2009).
142 *Somogie*, 108 Mich. L. Rev. 81, 88 (2009); *Cheng*, 2009 Colum. Bus. L. Rev. 564, 565 (2009).
143 *Cheng*, 2009 Colum. Bus. L. Rev. 564, 565 (2009).
144 Nixon Peabody's MAC Survey 2012, S. 1 (siehe auch Nixon Peabody's Seventh Annual MAC Survey und Nixon Peabody's 2009 Annual MAC Survey).
145 Nixon Peabody's MAC Survey 2017 (vgl. Fn. 2), S. 3. Die im Rahmen des Nixon Peabody's MAC Survey 2017 untersuchten Verträge enthielten im Schnitt 12,6 Ausnahmen. Bei den Verträgen ab einem Transaktionswert von 1 Milliarde Dollar waren es durchschnittlich 16,4 Ausnahmen (Nixon Peabody's MAC Survey 2017 (vgl. Fn. 2), S. 8).
146 Nixon Peabody's Second Annual MAC Survey, S. 2.
147 Nixon Peabody's Second Annual MAC Survey, S. 2: Die Anzahl der MAC-Klauseln, die eine Ausnahme für *"acts of terrorism"* enthielten, erhöhte sich von 7 % auf 15 %.
148 Nach dem Nixon Peabody Annual MAC Survey von 3,1 % auf 23 Prozent innerhalb von zwei Jahren, vgl. Nixon Peabody's Sixth Annual MAC Survey, S. 7 f. und Nixon Peabody's Fourth Annual MAC Survey, S. 4.

auf einen Anstieg der MAC-Ausnahmen bezüglich *"changes arising from larger political conditions"* zu haben.[149]

Allerdings erklären diese externen Ereignisse nicht, warum der Trend zu detaillierteren Klauseln noch nicht vor den 1990iger Jahren begann. Ereignisse vor den 90iger Jahren wie der zweite Weltkrieg, der Vietnam- Krieg oder die Ölkrise in den 70iger Jahren, hatten sich nicht auf die Gestaltung der MAC-Klauseln ausgewirkt.[150]

Eine These geht dahin, dass die zunehmende Unbeständigkeit der Wirtschaftslage ein wesentlicher Faktor der Entwicklung ist.[151] Denn starke Schwankungen der Wirtschaftslage erhöhen die Risiken einer Transaktion, insbesondere das Risiko, dass der Wert des Zielunternehmens aufgrund von Faktoren, die außerhalb der Kontrolle des Verkäufers liegen, in der Zeit zwischen *Signing* und *Closing* einbricht. Das Bedürfnis nach ausdrücklicher Zuordnung externer Risiken wird umso größer je mehr diese externen Risiken zunehmen.[152] Wie *Gilson* und *Schwartz* auf der Grundlage des vom *Chicago Board Options Exchange* eingeführten *CBOE Volatility Index*, welcher anerkannter Maßstab für die *stock market volatility* ist, feststellten, stieg der *volatility index* erheblich im Zeitraum von 1994 bis 2003, also genau in dem Zeitraum, in dem die MAC-Ausnahmen üblicher Bestandteil der MAC-Klauseln wurden.[153] Allerdings fiel der *volatility index* im Zeitraum nach 2003 bis zum Beginn der Kreditkrise im Sommer 2007 wieder erheblich ab.[154] Und trotz der sich verringernden Volatilität stieg die Zahl der MAC-Ausnahmen, wie Untersuchungen zeigen, in diesem Zeitraum an.[155] Man kann hieraus verschiedene Schlussfolgerungen ziehen. Eine mögliche

---

149 So *Richard F. Langan,* Jr., partner in Nixon Peabody's Public Company Transactions practice: *"The increase in the exception for MAC changes arising from larger political conditions seems likely attributable to questions surrounding the effects of Brexit and the U.S. election."* (*McClain* (Nixon Peabody press releases, December 08, 2016), MAC Survey – Brexit and US Presidential Election affects MAC Clauses, online unter: https://www.nixonpeabody.com/en/news/press-releases/2016/12/08/mac-survey-brexit-and-us-presidential-election-affects-mac-clauses (Abruf vom 26.05.2018)).
150 *Elken,* 82 S. Cal. L. Rev. 291, 309 (2009).
151 *Gilson/Schwartz,* 21 J.L. Econ. & Org. 330, 339 (2005).
152 *Gilson/Schwartz,* 21 J.L. Econ. & Org. 330, 339 (2005).
153 *Gilson/Schwartz,* 21 J.L. Econ. & Org. 330, 339 (2005).
154 Chicago Board Options Exchange, Price Charts, http://www.cboe.com/micro/vix/pricecharts.aspx (Abruf vom 10.04.2018).
155 Nixon Peabody's Fifth Annual MAC Survey, S. 2: In dieser Untersuchung von 425 *asset purchase, stock purchase* und *merger agreements* im Zeitraum von Juni 2005 bis Juni 2006 wurde festgestellt, dass die Zahl der MAC-Ausnahmen anstieg. Auch

Schlussfolgerung besteht darin, dass die These, es bestehe ein Zusammenhang zwischen Volatilität der Wirtschaft und Zunahme von MAC-Ausnahmen, unzutreffend ist. Auf der anderen Seite wird aber auch argumentiert, dass der Prozess der zunehmenden MAC-Klauseln durch die zunehmende Volatilität der Wirtschaft angestoßen worden war und diese Entwicklung sich in der Folgezeit verselbständigte habe.[156] Denn Ausnahmeregelungen hätten sich in der Vertrgspraxis der Rechtsanwälte etabliert und im Gegensatz zur Ausweitung von Ausnahmen sei es schwierig gewesen, übliche Ausnahmen zu streichen.[157]

Ein Einflussfaktor auf die Entwicklung der MAC-Klausel in den USA war zudem, dass die Anzahl der Gerichtsverfahren anstieg und MAC-Klauseln immer mehr in den Vordergrund von Verhandlungen rückten. Daher hatte möglicherweise auch die Tatsache, dass MAC-Klauseln bei Verhandlungen immer heftiger umstritten waren zur Folge, dass die Klauseln immer umfangreicher wurden.[158] Die Rechtsprechung im Fall *Tyson* (2001), in dem das Gericht das Ziel geäußert hatte, die Verhandlung zunehmend detaillierter und umfangreicher MAC-Klauseln durch seine Rechtsprechung einzudämmen[159], hatte keine Auswirkungen auf die Ausgestaltung der MAC-Klausel in der Praxis gehabt.

4. Begriffliche Abgrenzungen

a) Material Adverse Change (MAC) und Material Adverse Effect (MAE)

Das Verhältnis der Begriffe *Material Adverse Change* und *Material Adverse Effect* wird nicht einheitlich beurteilt. Zum Teil wird vertreten, dass zwischen den Begriffen MAC und MAE kein Bedeutungsunterschied bestehe und dass die Begriffe austauschbar seien.[160] Auch in der amerikanischen Rechtsprechung ist bisher nicht zwischen den Begriffen differenziert worden.

---

     im darauffolgenden Jahr wurde ein *"increase across the board in MAC exceptions"* festgestellt (Nixon Peabody's Sixth Annual MAC Survey, S. 3).
156 *Elken*, 82 S. Cal. L. Rev. 291, 317–18 (2009).
157 *Elken*, 82 S. Cal. L. Rev. 291, 317–18 (2009).
158 Vgl. dazu *Gilson/Schwartz*, 21 J.L. Econ. & Org. 330, 331 (2005).
159 *"A contrary rule will encourage the negotiation of extremely detailed "MAC" clauses with numerous carve-outs or qualifiers. An approach that reads broad clauses as addressing fundamental events that would materially affect the value of a target to a reasonable acquiror eliminates the need for drafting of that sort."* (In re IBP, Inc. Shareholders Litigation v. Tyson Foods, Inc. and Lasso Acquisition Corp., 789 A.2d 14, 68 (Del. Ch. 2001)).
160 Beispielsweise *Gilson/Schwartz*, 21 J.L. Econ. & Org. 330, 330–31 (2005).; *Lange*, NZG 2005, 454, 458 (Fn. 2).

Zum Teil wird aber die Unterscheidung getroffen, dass der *Material Adverse Change* nur nachteilige Umstände betreffe, die im Zeitraum zwischen *Signing* und *Closing* eintreten, während der *Material Adverse Effect* auch Umstände erfasse, die schon vor Vertragsschluss existierten, aber erst nach Vertragsschluss offenbar werden.[161] Im Fall eines Rechtsstreits könnte eine Partei versuchen, eine Unterscheidung zwischen beiden Begriffen in ihrem Sinne zu begründen.

Andere sind der Auffassung, dass der Inhalt der Begriffe stets von der Formulierung im Einzelfall abhänge. Es handele sich nicht um klare Rechtsbegriffe mit einer feststehenden Definition.[162] Während der MAC (*material adverse change*) begrifflich eine erhebliche nachteilige Veränderung bezeichnet, steht der Begriff MAE (*material adverse effect*) für eine erhebliche nachteilige Auswirkung. Diese Auswirkung könne entweder Folge eines MAC sein oder der gegenüber dem MAC allgemeinere Begriff oder völlig identisch mit einem MAC sein. Dies hänge vom konkreten Fall ab. Oft sind die Begriffe in den Verträgen austauschbar: MAC-Klauseln werden beispielsweise so definiert, dass sie beides umfassen: "'Material Adverse Change' and 'Material Adverse Effect' mean any material adverse effect or any material adverse change in [...]".[163] Es ist aber auch möglich, dass unterschiedliche Definitionen bestehen. Der MAE ist dann oft weiter definiert als der MAC.[164] Abhängig davon wie MAC und MAE definiert sind, kann die Realisierung eines Risikos zwar eine nachteilige Auswirkung (*adverse effect*) darstellen, aber keine nachteilige Veränderung (*adverse change*), letzteres beispielsweise unter der Begründung, dass das Risiko schon vor dem *Signing* existierte und den Parteien bekannt war.[165]

Im Rahmen dieser Arbeit wird von der grundsätzlichen Austauschbarkeit der Begriffe ausgegangen und, soweit möglich, allein der Begriff *Material Adverse Change* (MAC) verwendet.

---

161 *Kästle/Oberbracht*, Unternehmenskauf - Share Purchase Agreement, S. 138; *Hanke/Socher*, NJW 2010, 1576, 1577.
162 *Schmittner*, M&A Review 2005, 322.
163 Vgl. zum Beispiel *Adams*, 10 Fordham J. Corp. & Fin. L. 9, 18 (2004).
164 *Adams*, 10 Fordham J. Corp. & Fin. L. 9, 19 (2004).
165 *Howard*, Deal Risk, Announcement Risk and Interim Changes - Allocating Risks in Recent Technology M&A Agreements, 1219 PLI/Corp 217, 244–45 (2002).

b) Unternehmensbezogener, branchenbezogener und gesamtwirtschaftlicher MAC

Begrifflich wird zum Teil zwischen *Company*, *Industry* und *Market MAC* unterschieden.[166] Der unternehmensbezogene MAC (*Company MAC*) bezieht sich auf Ereignisse, die das Unternehmen unmittelbar[167] bzw. ein verbundenes Unternehmen betreffen. Der *Market MAC* umfasst nachteilige Entwicklungen der allgemeinen Wirtschaftslage. Oft werden diese jedoch von den Parteien aus dem Anwendungsbereich der MAC-Klausel ausgeklammert (s.o.). Dazwischen liegen die *Industry-MACs*, sie betreffen nicht die gesamte Wirtschaft, sondern die gesamte Branche des Zielunternehmens.[168]

Daneben wird auch noch der Begriff des Finanzierungs-MAC gebraucht, er betrifft nachteilige Entwicklungen der für die Fremdfinanzierung der Transaktion erforderlichen Finanzmärkte.[169] Zu unterscheiden ist der Finanzierungs-MAC vom Finanzierungsvorbehalt. Letzterer ist noch einschneidender, da er dem Verkäufer sämtliche Finanzierungsrisiken, auch solche, die nur den Käufer betreffen, aufbürdet, während der Finanzierungs-MAC nur allgemeine Finanzmarktrisiken betrifft.[170]

Daneben wird teilweise auch zwischen internem MAC, externem wirtschaftlichen MAC und dem externen nicht-wirtschaftlichen MAC unterschieden.[171]

c) MAC-Klauseln und „Force Majeure-Klauseln"

In Verträgen enthaltende Force-Majeure-Klauseln entbinden eine Partei von ihren vertraglichen Verpflichtungen im Falle des Eintritts eines Ereignisses

---

166 Siehe zu dieser Unterscheidung beispielsweise *Schmittner*, M&A Review 2005, 322, 325.
167 Beispiel hierfür könnte die Zerstörung einer sehr wichtigen Produktionsstätte des Unternehmens sein.
168 Beispiele hierfür sind die Erhöhung von Verbrauchssteuern, die auf Produkte der Zielgesellschaft anfallen oder Preiserhöhungen für bestimmte für die Produktion benötigte Rohstoffe (siehe dazu *Schmittner*, M&A Review 2005, 322, 325).
169 Beispiel einer solchen MAC-Klausel: "*No Material Adverse Change in the domestic or international financial markets has occurred which would be likely to materially affect a successful arrangement or syndication of the bank financing to be arranged by or on behalf of the Purchaser to finance the transactions contemplated therein.*", vgl. *Kästle/Oberbracht*, Unternehmenskauf - Share Purchase Agreement, S. 137 mit weiteren Nachweisen.
170 *Kästle/Oberbracht*, Unternehmenskauf - Share Purchase Agreement, S. 137 f.
171 *Picot*, Unternehmenskauf und Restrukturierung, § 4 Rn. 466 (S. 259); *Picot/Duggal*, DB 2003, S. 2635, 2638 f.

höherer Gewalt. Solche Ereignisse können zum Beispiel Naturkatastrophen (Erdbeben, Überschwemmungen), politische Katastrophen (Kriege, Revolutionen), Eingriffe von hoher Hand (zum Beispiel Ausfuhrverbote) und auch terroristische Akte sein.[172]

Eine Force-Majeure-Klausel könnte beispielsweise wie folgt lauten: *"The Supplier shall not be liable for delay in performing or for failure to perform its obligations if the delay or failure results from any of the following: (i) Acts of God. (ii) outbreak of hostilities, riot, civil disturbance, acts of terrorism, (iii) the act of any government or authority (including refusal or revocation of any licence or consent), (iv) fire, explosion, flood, fog or bad weather, (v) power failure, failure of telecommunications lines, failure of breakdown of plant, machinery or vehicles, (vi) default of suppliers or sub-contractors, (vi) theft, malicious damage, strike, lock-out or industrial action of any kind, and viii) any cause or circumstance whatsoever beyond the Supplier's reasonable control."*[173]

Der Begriff „Force-Majeure-Klauseln" wird teilweise zu Unrecht synonym für MAC-Klauseln verwendet.[174] Unter dem Begriff Force-Majeure-Klausel versteht man meist eine Klausel zur Befreiung des Verkäufers von seiner Leistungspflicht. Die MAC-Klausel auf der anderen Seite betrifft im Regelfall eine Befreiung des Käufers, wobei die wesentliche Verschlechterung bei der MAC-Klausel nicht auf höherer Gewalt beruhen muss. Der Schutz vor Ereignissen höherer Gewalt ist lediglich ein Spezialfall der MAC-Klausel („Externer nicht-wirtschaftlicher *Material Adverse Change*").[175] Und in einer Vielzahl von Fällen wird dieser Spezialfall sogar aus dem Anwendungsbereich der MAC-Klausel ausgeklammert. Solche Ausnahmeregelungen für Ereignisse höherer Gewalt sind seit den Ereignissen des 11. September 2001 immer bedeutsamer bei Verhandlungen von MAC-Klauseln in M&A-Verträgen.[176]

d) Hardship-Klauseln

Die Hardship-Klausel regelt eine Befreiung von den Vertragspflichten im Fall einer für die betroffene Partei „unzumutbaren Überschreitung der wirtschaftlichen

---

172 *Bird/Haider*, NCMA GLASS-CLE 546, at *559 (Glasser Legal Works 2002, Westlaw).
173 *Cordero-Moss*, Boilerplate Clauses, International Commercial Contracts and the Applicable Law, S. 123).
174 Beispielsweise *Oechsler* in: Ehricke/Ekkenga/Oechsler, WpÜG, 2003, § 18 Rn. 6; *Hasselbach* in: Kölner Komm. WpÜG, § 18 Rn. 58.
175 *Picot/Duggal*, DB 2003, 2635, 2639.
176 *Bird/Haider*, NCMA GLASS-CLE 546, at *559 (Glasser Legal Works 2002, Westlaw).

Opfergrenze wegen fundamentaler Veränderung des wirtschaftlichen Gleichgewichts im Vertrag".[177] Eine Hardship-Klausel könnte beispielsweise wie folgt aussehen:

> "There is hardship where the occurrence of events fundamentally alters the equilibrium of the contract either because the cost of a party's performance has increased or because the value of the performance a party receives has diminished, and (a) the events occur or become known to the disadvantages party after the conclusion of the contract; (b) the events could not reasonably have been taken into account by the disadvantaged party at the time of the conclusion of the contract; (c) the events are beyond control of the disadvantaged party; and (d) the risk of the events was not assumed by the disadvantaged party."[178]

Die Hardship-Klausel regelt zwar wie die MAC-Klausel eine nach Vertragsschluss eintretende Änderung der Umstände, unterscheidet sich aber in Bezug auf Voraussetzungen, Anwendungsbereich und Rechtsfolge von der MAC-Klausel. Während die MAC-Klausel eine wesentliche nachteilige Veränderung voraussetzt, liegt ein Fall von *hardship* dann vor, wenn eine fundamentale Veränderung des vertraglichen Gleichgewichts eintritt. Hardship-Klauseln werden vor allem in Verträgen mit langer Laufzeit, beispielsweise in Warenlieferungsverträgen, gebraucht.[179] Rechtsfolge einer Hardship-Klausel ist regelmäßig die Neuverhandlung des Vertrages.[180]

II. Zwecke und Ziele der MAC-Klausel

Der grundsätzliche Zweck der MAC-Klausel besteht darin, dem Erwerber ein Mittel an die Hand zu geben, mit dem er unter bestimmten Umständen

---

177 *Berger*, RIW 2000, 1, 4 f.
178 Artikel 6.2.2 (*Definition of hardship*) Unidroit Principles of International Commercial Contracts 2004 (Schlechtriem/Schwenzer, Kommentar zum einheitlichen UN Kaufrecht, Anhang, Ziffer V.); ähnlich auch die Definition in *Cordero-Moss*, Boilerplate Clauses, International Commercial Contracts and the Applicable Law, S. 122 f. ("*Where the performance of a contract becomes more onerous for one of the parties, that party is nevertheless bound to perform its obligations subject to the following provisions on hardship. There is hardship where the occurrence of events fundamentally alters the equilibrium of the contract either because the cost of a party's performance has increased or because the value of the performance a party receives has diminished, and (a) the event was beyond its reasonable control and was one which it could not reasonably have been expected to have taken into account at the time of the conclusion of the contract; and that (b) the event or its consequences could not reasonably be avoided or overcome.*")
179 *Berger*, RIW 2000, 1.
180 *Berger*, RIW 2000, 1, 5.

berechtigt ist, das *Closing* zu verweigern. Sie dient der Zuordnung des Risikos, dass der Wert des verkauften Unternehmens sich in der Zeit zwischen *Signing* und *Closing* in erheblicher Weise verändert.[181]

Über diesen allgemeinen Zweck der Risikozuweisung hinausgehend hat sich die amerikanische Literatur mit der Frage der spezifischen Funktion der MAC-Klausel auseinandergesetzt und verschiedene Erklärungsansätze entwickelt. Diskutiert werden vor allem die nachfolgenden Zwecke:

1. "Symmetry Theory"

Im Schrifttum wird teilweise vertreten, die MAC-Klausel diene dazu, die Asymmetrie zwischen der Situation des Käufers und des Verkäufers zu verringern. Grundlage der *Symmetry Theory* ist die Tatsache, dass, sofern keine MAC-Klausel im Vertrag enthalten ist, das Risiko, dass sich der Wert des verkauften Unternehmens in der Zeit zwischen *Signing* und *Closing* verändert, nicht gleichmäßig zwischen Käufer und Verkäufer aufgeteilt ist.[182] Wenn der Wert des Unternehmens steigt, kann der Verkäufer aus verschiedenen Gründen nicht an den Vertrag gebunden sein. Beispielsweise können die Anteilseigner nach dem Recht des Staates Delaware die Zustimmung zu dem Verkauf verweigern, wenn der Verkauf von einer Zustimmung abhängig ist. Auch kann das *Board of Directors* aufgrund von Treuepflichten rechtlich verpflichtet sein, den Deal neu zu verhandeln oder von dem Geschäft Abstand zu nehmen, um ein höheres Gebot anzunehmen.[183] Für den Verkäufer bietet dies die Möglichkeit, den Verkauf im Fall einer Werterhöhung des Unternehmens abzulehnen. Auf der anderen Seite trägt der Käufer aber das Risiko, dass der Wert des Unternehmens abfällt. Diese Asymmetrie ist der Grund dafür, dass die Anhänger der *Symmetry Theory* den Zweck der MAC-Klausel in einer vertraglichen Neuverteilung dieses ungleichmäßig verteilten Risikos sehen.[184]

Gegen diese Theorie wird angeführt, dass es MAC-Klauseln schon gab, bevor sich in den achtziger Jahren das Fallrecht in Delaware entwickelte, welches dem Verkäufer die Pflicht auferlegte, von einem Verkauf Abstand zu nehmen, wenn

---

181 *Howard*, Deal Risk, Announcement Risk and Interim Changes - Allocating Risks in Recent Technology M&A Agreements, 1219 PLI/Corp 217, 221 (2002).
182 *Gilson/Schwartz*, 21 J.L. Econ. & Org. 330, 336 (2005).
183 *Gilson/Schwartz*, 21 J. L. Econ. & Org. 330, 335 (2005) mit Nachweisen aus der Rechtsprechung; siehe auch *Garrett*, 43 Colum. J. L. & Soc. Probs. 333, 339 (2009–2010); *Elken*, 82 S. Cal. L. Rev. 291, 296 (2009).
184 Dazu *Gilson/Schwartz*, 21 J. L. Econ. & Org. 330, 336 (2005); *Elken*, 82 S. Cal. L. Rev. 291, 297 (2009).

ein höheres Angebot vorlag.[185] Zudem wird angemerkt, dass MAC-Klauseln meist gar nicht geeignet seien, die asymmetrische Zuordnung des Risikos zu korrigieren. Während der Verkäufer vom Geschäft Abstand nehmen könne, wenn der Unternehmenswert aufgrund eines generellen Wirtschaftsaufschwungs steigt, könne der Käufer dies bei Sinken des Wertes in der Regel nicht.[186] Denn die meisten MAC-Klauseln enthalten eine Ausnahmeregelung, die einen Wertverlust, der auf Veränderungen der allgemeinen Wirtschaftslage oder Branche (*changes in the economy or business in general*) beruht, aus dem Anwendungsbereich der MAC-Klausel ausklammert.[187]

2. Informationsasymmetrie ("*information asymmetry*")

Auch eine weitere Literaturansicht sieht den Zweck der MAC-Klausel in einem Ausgleich der Asymmetrie zwischen Käufer und Verkäufer, wobei diese Ansicht allerdings an die Informationsasymmetrie anknüpft. Der Verkäufer verfügt über deutlich mehr Informationen über den Verkaufsgegenstand als der Käufer. Auch wenn die Käufer im Rahmen der *Due Diligence* versuchen, möglichst umfangreiche Kenntnisse über das Unternehmen zu erlangen, können Probleme des Unternehmens dabei unentdeckt bleiben. Dieses Risiko des Auftauchens unentdeckter Schwierigkeiten des Unternehmens solle durch die MAC-Klausel dem Verkäufer zugeordnet werden.[188] Insofern diene die MAC-Klausel auch dazu, dem Verkäufer einen Anreiz zu bieten, dem Käufer Informationen zur Lage des Unternehmens zur Verfügung zu stellen.[189]

3. "*Investment Theory*"

Eine weitere Erklärungsmöglichkeit bietet die *Investment Theory*. Der Verkäufer habe die Möglichkeit, in der Zeit vor dem *Closing* synergistische Investitionen zu tätigen, meist fehle ihm aber der Anreiz dafür. Dieser Anreiz solle durch die MAC-Klausel geschaffen werden, denn die MAC-Klausel fördere solche Investitionen,

---

185 *Elken*, 82 S. Cal. L. Rev. 291, 297 (2009).
186 *Elken*, 82 S. Cal. L. Rev. 291, 297–98 (2009).
187 Nixon Peabody's MAC Survey 2017 (vgl. Fn. 2), S. 9: Im untersuchten Zeitraum enthielten nach der Studie 85 % der untersuchten Verträge und 96 % der Verträge mit einem Transaktionsvolumen von mindestens 1 Milliarde Dollar diese Ausnahmeregelung.
188 *Galil*, 2002 Colum. Bus. L. Rev. 846, 849 (2002); *Cheng*, 2009 Colum. Bus. L. Rev. 564, 568 (2009).
189 *Brooks*, 87 U. Det. Mercy L. Rev. 83, 89 (2009–2010).

indem sie den Verkäufer quasi zu Investitionen zwinge, die einen Wertabfall des Unternehmens in dieser Zwischenzeit verhinderten.[190] Die Vertreter der *Investment Theory* sind der Auffassung, dass eine effektive MAC-Klausel endogene Risiken, also Risiken, die aus dem Einflussbereich bzw. der Sphäre des Verkäufers stammen, dem Verkäufer, exogene Risiken hingegen dem Käufer zuweisen solle.[191] In Bezug auf solche exogenen Risiken, welche keine der Parteien beeinflussen könne, sei der Käufer der effektivere Risikoträger.[192] Beispielsweise solle der Verkäufer das Risiko eines Wertverlusts, der auf einem Verlust eines Hauptkunden beruht, tragen, der Käufer hingegen das Risiko eines Wertverlusts aufgrund einer marktweiten Finanzkrise.

4. *"Renegotiation Leverage Theory"*

Ein weit verbreiteter Erklärungsversuch geht dahin, dass die Funktion der MAC-Klausel darin bestehe, ein Druckmittel bereitzustellen, um die Konditionen des Vertrages bei Eintritt eines MAC neu zu verhandeln.[193] Sie solle also nicht unbedingt tatsächlich zu einem Rücktritt vom Vertrag führen, sondern vielmehr als Hebel im Neuverhandlungsprozess, insbesondere bei der Neuverhandlung des Kaufpreises, dienen. Ein Rücktritt, wie er bei Eintritt eines MAC möglich wird, ist aufgrund der schon getätigten finanziellen Ausgaben im Zusammenhang mit der Transaktion oft nicht die vom Käufer gewünschte Rechtsfolge.[194] Und auch für einen Verkäufer ist es regelmäßig besser, einen geringeren Kaufpreis zu akzeptieren als hohe Kosten eines schwer vorhersehbaren Rechtsstreits auf sich zu nehmen und das Risiko einzugehen, dass die Transaktion gänzlich scheitert.[195]

---

190 *Gilson/Schwartz,* 21 J. L. Econ. & Org. 330, 337–38 (2005).
191 *Cicarella,* 57 Case W. Res. L. Rev. 423, 429 (2007); *Gilson/Schwartz,* 21 J.L. Econ. & Org. 330, 339–40 (2005).
192 *Gilson/Schwartz,* 21 J. L. Econ. & Org. 330, 345–46 (2005).
193 *Elken,* 82 S. Cal. L. Rev. 291, 299–300 (2009); *Toub,* 24 Cardozo L. Rev. 849, 889 (2003).
194 *Hall,* Scuttling deals? More a threat than reality, Reuters 18.07.2007 (online unter: http://www.reuters.com/article/reutersEdge/idUSN1845894020070918?sp=true; Abruf vom 10.04.2018); "*Knowledge@Wharton*", The Art of Walking Away from the Deal, January 11, 2006, abrufbar unter: http://knowledge.wharton.upenn.edu/article.cfm?articleid=1343 (Abruf vom 10.04.2018); *Elken,* 82 S. Cal. L. Rev. 291, 299–300 (2009).
195 *Davidoff,* The MAC is Back, but Does It Kill a Deal?, The New York Times (DealBook), August 23, 2011, online unter: http://dealbook.nytimes.com/2011/08/23/the-big-mac-is-back-but-does-it-kill-a-deal/ (Abruf vom 10.04.2018).

Die Unsicherheit, die mit dem unbestimmten Tatbestand der MAC-Klausel verbunden ist, ermöglicht den Prozess der Neuverhandlung, ohne dass die Verhandlungsmacht einseitig bei einer der Parteien liegt, denn keine der Parteien kann sich sicher sein, ob ein MAC tatsächlich vorliegt und wie ein Gericht entscheiden würde.[196]

5. *"Catchall Representation"*

Ein weiterer Ansatz sieht eine Hauptfunktion der MAC-Klausel darin, das vertragliche Gleichgewicht sicherzustellen und als eine Art Auffangtatbestand für nicht ausdrücklich in den Garantien aufgenommene nachteilige Veränderungen zu dienen (*"catchall representation"*).[197] Da es für den Käufer eines Unternehmens schwierig sei, bei Vertragsschluss alle möglichen nachteiligen Veränderungen in spezifischen Garantien zu erfassen, diene die MAC-Klausel dazu, diese unbeabsichtigten Lücken bei den Garantien (*representations, warranties*) zu schließen.[198] Die MAC-Klausel habe den Zweck, das vertragliche Gleichgewicht, wie es insbesondere in den Garantien zum Ausdruck gekommen ist, sicherzustellen. Daher stehe der Schutz vor internen Risiken als Zweck der MAC-Klausel im Vordergrund.[199] Die daneben bestehende zweite Funktion des Schutzes vor externen Risiken trete wegen der üblichen *carve-outs* in der Praxis eher in den Hintergrund.[200]

---

196 *Schweitzer,* 4 E.C.F.R. 79, 122 (2007); ähnlich *Chakrabarti/Brierly,* 24 (8) BJIB&FL 451, 452 (2009).
197 *Schweitzer,* 4 E.C.F.R. 79, 119 (2007) In diese Richtung auch *Garrett,* 43 Colum. J. L. & Soc. Probs. 333, 338 (2009–2010); Siehe auch den Fall *Tyson*, wo von einer "backstop"-Regel gesprochen wird (***"that provision is best read as a backstop** protecting the acquiror from the occurrence of unknown events that substantially threaten the overall earnings potential of the target in a durationally-significant manner"*, In re IBP, Inc. Shareholders Litigation v. Tyson Foods, Inc. and Lasso Acquisition Corp., 789 A.2d 14, 68 (Del. Ch. 2001) (Hervorhebung nicht im Original), zu diesem Fall genauer unten unter B. III, 1.
198 *Schweitzer,* 4 E.C.F.R. 79, 118–19 (2007).
199 *Schweitzer,* 4 E.C.F.R. 79, 118–19 (2007).
200 Der Schutz vor externen Risiken trete in den Hintergrund, weil externe Risiken (wie allgemeine wirtschaftliche Entwicklungen) häufig explizit aus dem Anwendungsbereich der MAC-Klausel ausgeschlossen seien. Und in den sonstigen Fällen führten die sehr strengen Maßstäbe der Rechtsprechung zu einem faktischen Ausschluss externer Entwicklungen aus dem Anwendungsbereich der MAC-Klausel (*Schweitzer,* 4 E.C.F.R. 79, 117 (2007)).

III. Rechtsprechung

Gerichtsverfahren, in denen über das Vorliegen eines MAC zu entscheiden war, traten vor allem seit Ende der der 1990er Jahre verstärkt auf.[201] Grundlegend war vor allem die Entscheidung des Delaware Chancery Court *IBP v. Tyson* aus dem Jahr 2001. Daneben haben vor allem auch zwei weitere wichtige Entscheidungen des Delaware Chancery Court, der Fall *Frontier Oil v. Holly* (2005) und der Fall *Hexion v. Huntsman* (2008), große Beachtung gefunden.

1. IBP v. Tyson

Am 15.06.2001 fällte der Delaware Chancery Court mit der Entscheidung *IBP, Inc. v. Tyson Foods, Inc.*[202] eine Grundlagenentscheidung in Bezug auf die Auslegung von MAC-Klauseln. *IBP* (national führende Rindfleischvertreiberin und Nummer zwei im Schweinefleischvertrieb) begehrte die Durchführung des mit *Tyson* (seinerseits führendes Unternehmen im Geflügelvertrieb) geschlossenen *Merger Agreements*.

a) Sachverhalt

IBP hatte nach den enttäuschenden Ergebnissen der Jahre 2000 und 2001 entschieden, die Möglichkeit einer fremdfinanzierten Übernahme (*Leveraged Buy-Out*) des Unternehmens zu verfolgen.[203] Auf Veranlassung einer an *IBP* interessierten Investorengruppe ("*Rawhide*") wurden im August 2000 Fünf-Jahres-Prognosen (die sogenannten *Rawhide Projections*) erstellt. Eine Übernahme für $ 22,25 pro Aktie wurde am 1. Oktober 2000 genehmigt und am folgenden Tag veröffentlicht.[204] Während des Auktionsprozesses wurden Probleme bei *IBP's* Tochtergesellschaft *DFG Foods* in Bezug auf deren Rechnungslegungsmethoden bekannt. Daraufhin wurde am 07.11.2000 der Gewinn vor Steuern für das dritte Quartal 2000 reduziert und dies der SEC mitgeteilt.[205] Nach Bekanntwerden des möglichen Verkaufs von *IBP* begann ein heftiger Konkurrenzkampf zwischen

---

201 Hall, 71 U. Cin. L. Rev. 1061, 1065 (2003).
202 *In re IBP, Inc. Shareholders Litigation v. Tyson Foods, Inc. and Lasso Acquisition Corp.*, 789 A.2d 14 (Del. Ch. 2001).
203 *In re IBP, Inc. Shareholders Litigation v. Tyson Foods, Inc. and Lasso Acquisition Corp.*, 789 A.2d 14, 25–27 (Del. Ch. 2001).
204 *In re IBP, Inc. Shareholders Litigation v. Tyson Foods, Inc. and Lasso Acquisition Corp.*, 789 A.2d 14, 27 (Del. Ch. 2001).
205 *In re IBP, Inc. Shareholders Litigation v. Tyson Foods, Inc. and Lasso Acquisition Corp.*, 789 A.2d 14, 27–28 (Del. Ch. 2001).

Smithfield (national führendes Unternehmen in der Schweinefleischverarbeitung) und *Tyson* um den Erwerb von *IBP*.[206] Da *Tyson* das Ziel verfolgte, weltweit größter Fleischproduzent zu werden, hatte *Tyson* großes Interesse am Erwerb von *IBP* und gleichzeitig an der Verhinderung des Erwerbs durch *Smithsfield*. Am 28.11.2000 wurden die sog. "*Rawhide Projections*" (5-Jahrespläne) veröffentlicht. Es wurde dabei darauf hingewiesen, dass die Pläne bereits im August 2000 erstellt worden waren und daher im Lichte der aktuellen finanziellen Erklärungen zu lesen seien. Es wurde betont, dass solche Prognosen normalerweise nicht abgegeben würden und dass sie keine Garantien darstellten. Zudem wurde auf die Risiken, die dazu führen könnten, dass die Erwartungen sich nicht realisierten, insbesondere auf die dem Geschäft innewohnenden konjunkturellen Schwankungen, hingewiesen.[207] Am 04.12.2000 gab *Tyson* im Rahmen eines Auktionsverfahrens ein Übernahmeangebot über $ 26 pro Aktie ab.[208] Im Rahmen der *Due Diligence*, bei der *Tyson* Zugang zu nicht öffentlichen Informationen über *IBP* erhielt, wurden Probleme bei der Tochtergesellschaft DFG von *Tyson* als Risiko identifiziert.[209] Außerdem fanden Gespräche zwischen *IBP* und *Tyson* statt, in denen unter anderem auch über die Probleme bei *DFG* gesprochen wurde.[210] Die Rawhide Prognosen (*Rawhide projections*) wurden am 20. Dezember aktualisiert und der erwartete Gewinn vor Steuern um $ 70 Mio auf $ 472 Mio. reduziert.[211] Die aktualisierten Prognosen erhielt *Tyson* am 28.12.2000 und erhöhte sein Angebot dennoch um einen Dollar auf $ 27 pro Aktie.[212] Am 29.12.2000 kontaktierte *IBP Tyson*, um einige der in den Prognosen gemachten Angaben zu korrigieren und auf das gewachsene DFG-Problem hinzuweisen.[213] Obwohl

---

206 *In re IBP, Inc. Shareholders Litigation v. Tyson Foods, Inc. and Lasso Acquisition Corp.*, 789 A.2d 14, 28–30 (Del. Ch. 2001).
207 *In re IBP, Inc. Shareholders Litigation v. Tyson Foods, Inc. and Lasso Acquisition Corp.*, 789 A.2d 14, 30–31 (Del. Ch. 2001).
208 *In re IBP, Inc. Shareholders Litigation v. Tyson Foods, Inc. and Lasso Acquisition Corp.*, 789 A.2d 14, 31–32 (Del. Ch. 2001).
209 *In re IBP, Inc. Shareholders Litigation v. Tyson Foods, Inc. and Lasso Acquisition Corp.*, 789 A.2d 14, 33 (Del. Ch. 2001).
210 *In re IBP, Inc. Shareholders Litigation v. Tyson Foods, Inc. and Lasso Acquisition Corp.*, 789 A.2d 14, 33–34 (Del. Ch. 2001).
211 *In re IBP, Inc. Shareholders Litigation v. Tyson Foods, Inc. and Lasso Acquisition Corp.*, 789 A.2d 14, 36 (Del. Ch. 2001).
212 *In re IBP, Inc. Shareholders Litigation v. Tyson Foods, Inc. and Lasso Acquisition Corp.*, 789 A.2d 14, 37 (Del. Ch. 2001).
213 *In re IBP, Inc. Shareholders Litigation v. Tyson Foods, Inc. and Lasso Acquisition Corp.*, 789 A.2d 14, 37–38 (Del. Ch. 2001).

Tyson begann, das Vertrauen in *IBP*s Angaben zu verlieren und aufgrund des Abfallens der Erwartungen gegenüber den Prognosen beunruhigt war[214], erhöhte Tyson sein Gebot nochmals auf zuletzt $ 30, um das Gebot von Smithfield zu überbieten.[215] Ein *Merger Agreement* wurde am 1. Januar 2001 unterschrieben. Der Vertrag enthielt in § 5.10 folgende Klausel:

> "Section 5.10. Absence of Certain Changes. Except as set forth in […], since the Balance Sheet Date [25.12.1999], the Company and the Subisidiaries have conducted their business in the ordinary course consistent with the past practice and there has not been:
>
> (a) any event, occurrence, or development of a state of circumstances or facts which has had or reasonably could be expected to have a Material Adverse Effect[…] on the condition (financial or otherwise), business, assets, liabilities, or results of opinions of [IBP] and [its] Subsidiaries taken as a whole[…]"[216]

Eine bereits am 29. Dezember an die Berater von IBP versandte Email der *SEC*, in der die *Rawhide Projections* und die garantierten finanziellen Erklärungen (*warranted financials*) kommentiert wurden, erreichte IBP am 8. Januar 2001 und Tyson erst am 10. Januar 2001.[217] *Tyson's* Board und seine Aktionäre genehmigten das *Merger Agreement* mit IBP am 12. Januar 2001. Über den *Comment Letter* der *SEC* und die darin geäußerten Bedenken der *SEC* waren die Aktionäre vor der Entscheidung nicht in Kenntnis gesetzt worden, da davon ausgegangen worden war, dass die für die Kaufentscheidung relevanten Tatsachen bereits bekannt waren.[218]

Auf Aufforderung der *SEC*, mit der *IBP* im Januar und Februar 2001 in Korrespondenz gestanden hatte, verkündete IBP am 22. Februar 2001, dass die garantierten finanziellen Erklärungen (*warranted financials*) berichtigt werden müssten, da es eine zusätzliche Belastung (*charge*) von ca. $ 40 Mio. in Bezug auf das Tochterunternehmen *DFG* gebe.[219]

---

214 *In re IBP, Inc. Shareholders Litigation v. Tyson Foods, Inc. and Lasso Acquisition Corp.*, 789 A.2d 14, 38 (Del. Ch. 2001).

215 *In re IBP, Inc. Shareholders Litigation v. Tyson Foods, Inc. and Lasso Acquisition Corp.*, 789 A.2d 14, 39 (Del. Ch. 2001).

216 Siehe *In re IBP, Inc. Shareholders Litigation v. Tyson Foods, Inc. and Lasso Acquisition Corp.*, 789 A.2d 14, 42–43, 65 (Del. Ch. 2001).

217 *In re IBP, Inc. Shareholders Litigation v. Tyson Foods, Inc. and Lasso Acquisition Corp.*, 789 A.2d 14, 43–44 (Del. Ch. 2001).

218 *In re IBP, Inc. Shareholders Litigation v. Tyson Foods, Inc. and Lasso Acquisition Corp.*, 789 A.2d 14, 44–45 (Del. Ch. 2001).

219 *In re IBP, Inc. Shareholders Litigation v. Tyson Foods, Inc. and Lasso Acquisition Corp.*, 789 A.2d 14, 45–47 (Del. Ch. 2001).

Tyson wurde in Bezug auf die Transaktion zunehmend nervös, was noch dadurch verstärkt wurde, dass aufgrund eines strengen Winters, der sich negativ auf den Viehbestand auswirkte, die operativen Gewinne von IBP im 1. Quartal 2001 um 64 % und der Gewinn pro Aktie bei Tyson um 50 % im Vergleich zum Vorjahr zurück gingen. Die Enttäuschung über die schwachen Gewinne im ersten Quartal und die Probleme bei DFG führten dazu, dass Tyson begann, den Deal zu bereuen und die Durchführung der Transaktion zu verlangsamen.[220]

Mit Schreiben vom 29. März 2001 teilte Tyson seinen Rücktritt vom *Merger Agreement* mit. Es wurde argumentiert, dass IBP Tyson durch falsche Angaben getäuscht und so zum Vertragsschluss veranlasst habe. Außerdem würden die finanziellen Erklärungen gegen die Garantien des *Merger Agreements* verstoßen. In dem Brief berief sich Tyson aber nicht auf einen *Material Adverse Change*.[221] Tyson erhob am gleichen Tag Klage gegen IBP auf Entschädigung. Und am darauffolgenden Tag erhob IBP Klage auf Vollzug des *Merger Agreements*[222], über welche das Gericht im hier dargestellten Fall IBP v. Tyson zu entscheiden hatte.

b) Die Entscheidung des Gerichts

Das Gericht stellte vorab die Grundsätze dar, die für die Auslegung von Verträgen nach dem hier anwendbaren Recht des Staates New York gelten. Die Aufgabe des Gerichts bestehe darin, den Vertrag so auszulegen, dass die vernünftigen Erwartungen der Parteien erfüllt würden. In erster Linie müssten die Vertragsbestimmungen selbst als objektive Manifestation des Willens der Parteien herangezogen werden. Um die Absichten der Parteien zu bestimmen, müsse das *Merger Agreement* als Ganzes betrachtet werden und wenn die Absichten der Parteien aus dem *Merger Agreement* selbst nicht erkennbar würden bzw. wenn mehr als eine Interpretationsmöglichkeit bestehe, müssten auch Umstände außerhalb des Vertrages berücksichtigt werden (*extrinsic evidence*).[223]

In Bezug auf die Frage, ob ein MAC vorgelegen habe, betonte das Gericht zunächst, dass Tyson sich bei Beendigung des *Merger Agreement* in seiner Begründung nicht auf einen MAC berufen hatte, sondern erst nachträglich mit

---

220 *In re IBP, Inc. Shareholders Litigation v. Tyson Foods, Inc. and Lasso Acquisition Corp.*, 789 A.2d 14, 47 (Del. Ch. 2001).
221 *In re IBP, Inc. Shareholders Litigation v. Tyson Foods, Inc. and Lasso Acquisition Corp.*, 789 A.2d 14, 50–51 (Del. Ch. 2001).
222 *In re IBP, Inc. Shareholders Litigation v. Tyson Foods, Inc. and Lasso Acquisition Corp.*, 789 A.2d 14, 51 (Del. Ch. 2001).
223 *In re IBP, Inc. Shareholders Litigation v. Tyson Foods, Inc. and Lasso Acquisition Corp.*, 789 A.2d 14, 54–55 (Del. Ch. 2001).

einem *material adverse change* argumentierte.[224] Dies zeige, dass ein kurzfristiger Rückgang nicht als ausreichend angesehen wurde, um einen MAC auszulösen. Auch sei relevant, dass *Tyson DFG* während der Verhandlungen kein großes Gewicht beigemessen hatte.[225]

Bei der in Frage stehenden Klausel handele es sich um eine weite und umfassende Klausel, die, obwohl dies sonst üblich sei, keine Ausnahmeregelung in Bezug auf Verschlechterungen der allgemeinen Wirtschaftslage oder eines bestimmten Sektors enthalte.[226] Stillschweigende Ausnahmen bestünden ebenfalls nicht, denn wenn eine Partei einen Ausnahmetatbestand wünsche, müsse sie diesen verhandeln.[227] Auch wenn Rückgänge in der Gesamtwirtschaft somit grundsätzlich umfasst sein könnten, bedeute dies aber nicht, dass dies im konkreten Fall automatisch auch der Fall sei, vielmehr müsse die erforderliche Wesentlichkeit der Veränderung gegeben sein.[228]

Im vorliegenden Fall wurde der Verlust im Ergebnis nicht als MAC eingestuft, denn aus der Perspektive eines langfristig handelnden Erwerbers sei mangels Langzeitauswirkungen die erforderliche Wesentlichkeit nicht gegeben:

> *"[…] the contractual language must be read in the **larger context** in which the parties were transacting. To a short-term speculator, the failure of a company to meet analysts' projected earnings for a quarter could be highly material. Such a failure is less important to an acquirer who seeks to purchase the company as part of a **long-term strategy**. To such an acquirer, the important thing is whether the company has suffered a Material Adverse Effect in its business or results of operations that is consequential to the company's earnings power over a **commercially reasonable period**, which one would think would be measured in years rather than months. It is odd to think that a strategic buyer would view a short-term blip in earnings as material, so long as the target's earnings-generating potential is not materially affected by that blip or the blip's cause."*[229]

---

224 *In re IBP, Inc. Shareholders Litigation v. Tyson Foods, Inc. and Lasso Acquisition Corp.*, 789 A.2d 14, 65 (Del. Ch. 2001).

225 *In re IBP, Inc. Shareholders Litigation v. Tyson Foods, Inc. and Lasso Acquisition Corp.*, 789 A.2d 14, 65 (Del. Ch. 2001).

226 *In re IBP, Inc. Shareholders Litigation v. Tyson Foods, Inc. and Lasso Acquisition Corp.*, 789 A.2d 14, 65–66 (Del. Ch. 2001).

227 *In re IBP, Inc. Shareholders Litigation v. Tyson Foods, Inc. and Lasso Acquisition Corp.*, 789 A.2d 14, 66 (Del. Ch. 2001).

228 *In re IBP, Inc. Shareholders Litigation v. Tyson Foods, Inc. and Lasso Acquisition Corp.*, 789 A.2d 14, 66 (Del. Ch. 2001).

229 *In re IBP, Inc. Shareholders Litigation v. Tyson Foods, Inc. and Lasso Acquisition Corp.*, 789 A.2d 14, 67 (Del. Ch. 2001) (Hervorhebungen nicht im Original).

Das Gericht bezieht also in seine Beurteilung die konkreten Umstände mit ein und ist der Ansicht, dass für einen strategischen Investor, der eine Langzeitstrategie verfolgt, eine nachteilige Veränderung nur dann wesentlich sei, wenn sie langfristig ist. Das Gericht betont, dass die Bedeutung des Begriffs "*material*" immer von der jeweiligen Situation abhänge.[230]

Nach den vom Gericht aufgestellten Voraussetzungen ist neben der Langfristigkeit der Auswirkungen auch relevant, ob der Käufer Kenntnis von den die andere Partei negativ beeinflussenden Tatsachen hatte ("*...protecting the acquirer from the occurrence of **unknown** events [...]*"[231]). In diesem Zusammenhang berücksichtigt das Gericht alle dem Käufer zugänglichen Informationen, insbesondere aus der *Due Diligence* und den Vertragsdokumenten. Das Gericht ist der Auffassung, dass die im Vergleich zu früheren Jahren schlechteren Unternehmenszahlen von *IBP* einem vernünftigen Erwerber bei entsprechender Analyse erkennbar gewesen sein müssten. So zeigten beispielsweise die veröffentlichten Fünf-Jahreszahlen, dass es sich um ein konstant profitables Unternehmen handele, das infolge des saisonalen Geschäfts starken konjunkturellen Schwankungen unterworfen sei.[232] Auch aus den finanziellen Erklärungen für das Jahr 2000 ergebe sich, dass Schwankungen dem Geschäft des Unternehmens immanent seien.[233] Darüber hinaus sei aus den *Rawhide Projections* erkennbar gewesen,

---

[230] In re IBP, Inc. Shareholders Litigation v. Tyson Foods, Inc. and Lasso Acquisition Corp., 789 A.2d 14, 67 (Del. Ch. 2001) unter Verweis auf *Freund*, Anatomy Of A Merger: Strategies and Techniques for Negotiating Corporate Acquisitions, S. 246 "*[...] whatever the concept of materiality may mean, at the very least it is always relative to the situation.*"

[231] In re IBP, Inc. Shareholders Litigation v. Tyson Foods, Inc. and Lasso Acquisition Corp., 789 A.2d 14, 68 (Del. Ch. 2001) (Hervorhebung nicht im Original).

[232] In re IBP, Inc. Shareholders Litigation v. Tyson Foods, Inc. and Lasso Acquisition Corp., 789 A.2d 14, 67 (Del. Ch. 2001).
Vgl. Veröffentlichte Erklärung IBP 10-K für 1999 (*In re IBP, Inc. Shareholders Litigation v. Tyson Foods, Inc. and Lasso Acquisition Corp.*, 789 A.2d 14, 66 (Del. Ch. 2001).

	1999	1998	1997	1996	1995
Earnings from Operations $ (in thousands)	528,47	373,73	226,71	322,90	480,09
Net Earnings Per Share $	3,39	2,21	1,26	2,10	2,96

[233] Bis zum Ende des dritten Quartals 2000 betrug der Jahresgewinn vor Steuern $ 462 Mio. gegenüber $ 528 Mio. für das gesamte Jahr 1999 (*In re IBP, Inc. Shareholders Litigation v. Tyson Foods, Inc. and Lasso Acquisition Corp.*, 789 A.2d 14, 67 (Del. Ch. 2001)).

dass ein profitables Geschäft aufgrund der prognostizierten Krise im Viehzyklus erst wieder ab dem Jahr 2004 zu erwarten war.[234]

In Bezug auf die Frage, wer die wesentliche Veränderung beweisen müsse, kommt das Gericht, nachdem es festgestellt hat, dass das Fallrecht von New York hierzu keinen Aufschluss gibt, aus praktischen Erwägungen zu dem Schluss, dass der Käufer darlegen müsse, dass die Veränderung wesentlich sei. Der Käufer müsse hohen Anforderungen gerecht werden:

> "[...] a **buyer ought to make a strong showing to invoke a Material Adverse Effect exception to its obligation to close**. Merger contracts are heavily negotiated and cover a large number of specific risks explicitly. As a result, even where a Material Adverse Effect condition is **broadly written** as the one in the Merger Agreement, **that provision is best read as a backstop** protecting the acquirer from the occurrence of **unknown events** that **substantially threaten** the overall earnings potential of the target in a **durationally-significant manner**. A short-term hiccup in earnings should not suffice; rather the Material Adverse Effect should be material when viewed from the **longer-term perspective** of a **reasonable acquirer**."[235]

Das Gericht weist weiter darauf hin, dass eine gegenteilige Regel zur Verhandlung extrem detaillierter MAC-Klauseln mit zahlreichen Ausnahmen ermutigen würde.[236] Im Gegensatz dazu führe der vom Gericht verfolgte Ansatz, bei weit gefassten Klauseln hohe Anforderungen an das Vorliegen eines MAC zu stellen, dazu, dass kein Bedarf für extrem detaillierte Ausnahmeregelungen bestehe.

Im konkreten Fall gelang es dem Käufer nicht, die hohen Anforderungen des Gerichts zu erfüllen. Das Gericht räumt zwar ein, dass es den Fall als knappe Entscheidung einordnet (*"[...] the question of whether IBP has suffered a Material Adverse Change remains a close one"*[237]). Nach Untersuchung der Umstände gelangt das Gericht aber zu der Auffassung, dass mit einem Aufschwung und einer Steigerung des Unternehmenswerts zu rechnen war[238] und es dem Käufer

---

234 *In re IBP, Inc. Shareholders Litigation v. Tyson Foods, Inc. and Lasso Acquisition Corp.*, 789 A.2d 14, 67 (Del. Ch. 2001).

235 *In re IBP, Inc. Shareholders Litigation v. Tyson Foods, Inc. and Lasso Acquisition Corp.*, 789 A.2d 14, 68 (Del. Ch. 2001) (Hervorhebungen nicht im Original).

236 *In re IBP, Inc. Shareholders Litigation v. Tyson Foods, Inc. and Lasso Acquisition Corp.*, 789 A.2d 14, 68 (Del. Ch. 2001).

237 *In re IBP, Inc. Shareholders Litigation v. Tyson Foods, Inc. and Lasso Acquisition Corp.*, 789 A.2d 14, 68 (Del. Ch. 2001). Siehe auch *In re IBP, Inc. Shareholders Litigation v. Tyson Foods, Inc. and Lasso Acquisition Corp.*, 789 A.2d 14, 71 (Del. Ch. 2001): "*I am confessedly torn about the correct outcome.*"

238 *In re IBP, Inc. Shareholders Litigation v. Tyson Foods, Inc. and Lasso Acquisition Corp.*, 789 A.2d 14, 71 (Del. Ch. 2001). Zu der erwarteten Steigerung führte das Gericht aus, dass Analysten im April 2001 eine Gewinnsteigerung für 2002 erwarteten und

nicht gelungen war darzulegen, dass der Einbruch langfristig und nicht lediglich von kurzfristiger Natur war.

Auch die Vorkommnisse bei *DFG* führen nach Ansicht des Gerichts nicht zu einer langfristigen Minderung der Unternehmensleistung, denn es handele sich um eine einmalige Belastung und *DFG* mache nur einen geringen Bruchteil von *IBP*'s Gesamtgeschäft aus. Die Belastung würde nur geringe Auswirkungen auf ein gemeinsames Unternehmen *Tyson/IBP* haben.[239]

c) Wesentliche Punkte

Die wesentlichen Punkte der Entscheidung können wie folgt zusammengefasst werden:

- Eine stillschweigende Ausnahme für allgemeine wirtschaftliche Entwicklungen besteht nicht. Weit gefasste MAC-Klauseln ohne Ausnahmeregelung erfassen grundsätzlich auch allgemeine wirtschaftliche Entwicklungen, jedoch müssen insofern strenge Voraussetzungen erfüllt sein.
- Die Beurteilung der Wesentlichkeit ist immer vom Kontext des Einzelfalls abhängig.
- Die Partei, die sich auf den MAC (als Ausnahme von seiner Vertragspflicht) beruft, trägt die Darlegungs- und Beweislast.
- Für die Bestimmung der Wesentlichkeit kommt es bei einem strategischen Erwerber auf die Langzeitperspektive eines vernünftigen Erwerbers an.
- Das Problem, auf der die Veränderung beruht, darf nicht bekannt gewesen sein (Unvorhersehbarkeit der Veränderung).

---

dass diese Zahlen und die Gewinne im Mai 2001 vergleichbar seien mit früheren Zahlen in entsprechenden Zyklusstadien. (Der durchschnittliche Gewinn vor Steuern (EBIT) betrug in den Jahren 1995–1999 ca. $ 386 Mio. und der durchschnittliche Nettogewinn pro Aktie $ 2,38. Im Mai wurden Gewinne zwischen $ 1,50 und $ 1,74 sowie für 2002 ein Gewinn von $2, 33 bis $ 2,42 prognostiziert.) Auch seien bereits zwei Wochen vor der Rücktrittserklärung starke Gewinne zu verzeichnen gewesen, die auf eine Erholung hindeuten konnten. Zudem habe auch die Investmentbank von *Tyson* Merrill Lynch im Hinblick auf den Langzeitwert einen Kaufpreis von $ 30 pro Aktie immer noch für angemessen gehalten.

239 *In re IBP, Inc. Shareholders Litigation v. Tyson Foods, Inc. and Lasso Acquisition Corp.*, 789 A.2d 14, 70 (Del. Ch. 2001).

2. Frontier Oil v. Holly

In der Entscheidung *Frontier Oil Corp. v. Holly Corp.*[240] übertrug das Gericht die Rechtsprechung des Falles *IBP*, welcher nach dem Recht von New York entschieden worden war, auf das Recht des Staates Delaware.

Holly und *Frontier*, zwei mittelgroße Ölraffinerien, verkündeten im Mai 2003 den Abschluss eines 450 Mio. Dollar-*Merger Agreements*. Im Vorfeld des Vertrages war über das Risiko eines Umwelthaftungsfalles in Kalifornien, in den eine Tochtergesellschaft von *Frontier* verwickelt war, diskutiert worden. *Frontier* ging aber nicht davon aus, dass es wesentlich davon betroffen sein würde und versicherte, dass es keine drohenden Rechtsstreitigkeiten gebe, abgesehen von weniger bedeutenden Streitigkeiten, welche nicht zu einem Material Adverse Effect beim Unternehmen führen würden. Der Vertrag enthielt folgende Garantie: *"Except as set forth […], there are no actions, suits or proceedings […], to Frontier's knowledge, threatened against Frontier or any of its Subsidiaries […], other than those that would not have or reasonably be expected to have, individually or in the aggregate, a Frontier Material Adverse Effect."*[241] Die Richtigkeit dieser Garantie war eine Bedingung für *Hollys* Verpflichtung zum Closing.[242] Die Definition des MAC lautete: *"'Material Adverse Effect' with respect to Holly or Frontier shall mean a material adverse effect with respect to (A) the business, assets and liabilities (taken together), results of operations, conditions (financial or otherwise) or prospects of a party and its Subsidiaries on a consolidated basis […]".*[243]

Vor Vollzug der Verschmelzung erfuhr *Holly*, dass wegen des Umwelthaftungsfalles Klage eingereicht worden war und diese Klage nicht nur gegen eine Tochtergesellschaft von *Frontier*, sondern überraschenderweise auch gegen *Frontier* selbst gerichtet war.[244] *Holly* befürchtete, dass die Klage zu einer wesentlichen nachteiligen Veränderung bei *Frontier* führen würde und versuchte, den Vertrag nachzuverhandeln. Daraufhin verklagte *Frontier Holly* auf Schadensersatz wegen

---

240 *Frontier Oil Corp. v. Holly Corp., No. Civ.A. 20502,* 2005 WL 1039027 (Del. Ch. Apr. 29, 2005).
241 *Warranties* in Section 4.8 des *Merger Agreements*, siehe *Frontier Oil Corp. v. Holly Corp., No. Civ.A. 20502,* 2005 WL 1039027, at *33 (Del. Ch. Apr. 29, 2005).
242 *Frontier Oil Corp. v. Holly Corp., No. Civ.A. 20502,* 2005 WL 1039027, at *33 (Del. Ch. Apr. 29, 2005).
243 *Frontier Oil Corp. v. Holly Corp., No. Civ.A. 20502,* 2005 WL 1039027, at *33 (Del. Ch. Apr. 29, 2005).
244 *Frontier Oil Corp. v. Holly Corp., No. Civ.A. 20502,* 2005 WL 1039027, at *11 (Del. Ch. Apr. 29, 2005).

Vertragsbruchs.[245] *Holly* hingegen war der Ansicht, dass kein Vertragsbruch vorlag, da aufgrund der Umwelthaftungsklage gegen Frontier ein *Material Adverse Effect* bei *Frontier* eingetreten sei[246] und somit keine Verpflichtung zum Vollzug des Vertrages bestand.

Das Gericht folgte dieser Ansicht nicht und verneinte im Ergebnis das Vorliegen eines MAC. Zunächst ging das Gericht auf die Frage der Darlegungs- und Beweislast ein. *Holly* hatte argumentiert, dass *Frontier* aufgrund der konkreten Struktur der Garantie die Beweislast bezüglich des MAE trage. *Frontier* hatte garantiert, dass keine drohenden Gerichtsverfahren bestünden. Diese Garantie war dann durch eine Ausnahme eingeschränkt worden, welche drohende Gerichtsverfahren, die nicht zu einem MAC führen würden, aus der Garantie herausnahm.[247] Daher war *Holly* der Ansicht, dass es nur die drohende Klage, *Frontier* hingegen die Ausnahme, dass die drohende Klage nicht zu einem MAE führe, darlegen müsse.[248] Dem folgte das Gericht nicht. Das Nichtvorliegen eines MAE sei Voraussetzung für *Hollys* Ansprüche und das Verständnis des Vertrages sei, dass *Holly* die Darlegungslast dafür trage.[249] Wie im Fall *IBP v. Tyson* hat also auch in der vorliegenden Konstellation die Partei, die sich auf einen MAE beruft, die Beweislast zu tragen.

Bezüglich der drohenden Verurteilung *Frontiers* verneinte das Gericht das Vorliegen eines MAE. Zwar räumte das Gericht ein, dass der Rechtsstreit katastrophale Folgen für *Frontier* haben könne, da nicht auszuschließen sei, dass *Frontier* Schadensersatzansprüchen in Höhe von mehreren hundert Mio. Dollar ausgesetzt sei. Jedoch habe *Holly* die Wahrscheinlichkeit einer Verurteilung nicht dargelegt und dies noch nicht einmal ernsthaft versucht.[250] Das Gericht fügt aber hinzu, dass in vergleichbaren Fällen durchaus ein MAE vorliegen könne: "It is

---

245 Für die Details von Klage und Gegenklage und die insbesondere auf Schadensersatz gerichteten Klageanträge vgl. *Frontier Oil Corp. v. Holly Corp., No. Civ.A. 20502*, 2005 WL 1039027 (Del. Ch. Apr. 29, 2005). Aus Gründen der Übersichtlichkeit wird auf eine detailliertere Darstellung verzichtet.
246 *Frontier Oil Corp. v. Holly Corp., No. Civ.A. 20502*, 2005 WL 1039027, at *26 (Del. Ch. Apr. 29, 2005).
247 *Frontier Oil Corp. v. Holly Corp., No. Civ.A. 20502*, 2005 WL 1039027, at *34 (Del. Ch. Apr. 29, 2005).
248 *Frontier Oil Corp. v. Holly Corp., No. Civ.A. 20502*, 2005 WL 1039027, at *34 (Del. Ch. Apr. 29, 2005).
249 *Frontier Oil Corp. v. Holly Corp., No. Civ.A. 20502*, 2005 WL 1039027, at *34–35 (Del. Ch. Apr. 29, 2005).
250 *Frontier Oil Corp. v. Holly Corp., No. Civ.A. 20502*, 2005 WL 1039027, at *36 (Del. Ch. Apr. 29, 2005).

possible, in the right case, for a party in a position comparable to Holly's, to come forward with factual and opinion testimony that would provide a court with the basis to make a reasonable and an informed judgment of the probability of an outcome on the merits. Holly simply has not provided that foundation."[251]

In Bezug auf die Kosten für die Verteidigung gegen die Klage, welche das Gericht auf zwischen 15 und 20 Mio. Dollar schätzte, verneinte das Gericht ebenfalls einen MAE. *Holly* habe nicht dargelegt, dass diese Kosten ernsthafte langfristige Folgen für *Frontier* haben würden. "*Holly [...] has not shown that Frontier could not pay [the costs] or that their payment would have had a significant effect if viewed over a longer term. The forward-looking basis for evaluating an MAE [...] does not allow the Court to look at just one year.*"[252] Es wird auf die Langzeitperspektive abgestellt, aber anders als im Fall *Tyson* wird dies allein aus dem zukunftsbezogenen Wortlaut der Klausel abgeleitet ("*reasonably expected to have a [...] MAE*"). Das Gericht zieht die zukunftsbezogene Sprache als Begründung heran, um die Anforderungen an das Vorliegen eines MAC zu verschärfen. Dies dürfte der Intention des Käufers widersprechen, da mit dieser Formulierung regelmäßig eine Erweiterung und keine Begrenzung seines Schutzes bezweckt ist (dazu bereits oben[253]).

Abschließend stellt das Gericht fest: "*Holly has not met its burden of proving by a preponderance of the evidence that the [litigation] [...] does have, would have, or would reasonably be expected to have a [...] MAE.*"[254]

3. Hexion v. Huntsman

Eine weitere vielbeachtete Entscheidung des Delaware Chancery Court erging im Jahr 2008 im Fall *Hexion Specialty Chemicals, Inc. v. Huntsman Corp.*[255].

a) Sachverhalt/Hintergrund

Im Mai 2007 begann *Huntsman*, ein weltweiter Hersteller und Vertreiber von Chemieprodukten, Angebote für den Verkauf des Unternehmens einzuholen.

---

251 *Frontier Oil Corp. v. Holly Corp.*, No. Civ.A. 20502, 2005 WL 1039027, at *36 (Del. Ch. Apr. 29, 2005).
252 *Frontier Oil Corp. v. Holly Corp.*, No. Civ.A. 20502, 2005 WL 1039027, at *37 (Del. Ch. Apr. 29, 2005).
253 Siehe oben unter Ziffer I, 2. b.) i (2) „Zukunfsbezogene Formulierungen".
254 *Frontier Oil Corp. v. Holly Corp.*, No. Civ.A. 20502, 2005 WL 1039027, at *37 (Del. Ch. Apr. 29, 2005).
255 *Hexion Speciality Chemicals, Inc. v. Huntsman Corp.*, 965 A.2d 715 (Del. Ch. 2008).

Zwischen den interessierten Käufern waren *Hexion* und *Basell*. *Huntsman* verhandelte mit beiden Interessenten, unterschrieb aber letztlich einen Vertrag mit *Basell* über $ 25.25 pro Aktie, nachdem es das Angebot von *Hexion* über $ 26 pro Aktie abgelehnt hatte. Die Muttergesellschaft von *Hexion*[256], *Apollo Global Management LLC*, hatte jedoch ein großes Interesse an einer Fusion von *Hexion* und *Huntsman*, da *Apollo* das langfristige strategische Ziel hatte, ein im Chemiesektor marktführendes Unternehmen zu schaffen. Aus diesem Grund erhöhte *Hexion* sein Angebot zunächst auf $ 27, dann auf $ 27,25 und zuletzt auf $ 28 pro Aktie. Dieses Angebot nahm *Huntsman* an und beendete den Vertrag mit *Basell*. Wegen der Vertragsbeendigung musste *Huntsman* 200 Mio. Dollar an *Basell* zahlen, wovon *Hexion* die Hälfte übernahm.[257]

Hexion und die finanzierenden Banken unterzeichneten eine Verpflichtungserklärung (*Commitment Letter*) zur Sicherung der Finanzierung des Deals, welcher als Voraussetzung für die Finanzierungsverpflichtung der Banken ein "solvency certificate" verlangte.[258]

Ein *Merger Agreement* zwischen *Hexion* und *Huntsman* im Wert von ca. $ 10,6 Mrd. wurde am 12. Juli 2007, also kurz vor Beginn der Kreditkrise, geschlossen.[259] Insgesamt begünstigten die Bestimmungen des Vertrages *Huntsman*. So wurde von *Hexion* gefordert, "to exercise its reasonable best efforts" um die nötige Finanzierung zu bekommen. Der Vertrag enthielt keine sogenannte "*financing out*"-Klausel, welche es dem Käufer erlaubt hätte, von der Transaktion Abstand zu nehmen, also zurückzutreten, falls es keine geeignete Finanzierung bis zum Tag des *Closings* erhielte. Auch wenn für bestimmte Vertragsbrüche eine Schadensersatzhöchstgrenze von $ 325 Mio. (*Cap*) vorgesehen war, bestand eine theoretisch unbegrenzte Schadensersatzpflicht bei "*knowing and intentional breach of any of its contractual covenants*".[260] Die im Vertrag enthaltene MAC-Klausel war eine der wenigen theoretischen Möglichkeiten für *Hexion*, ohne

---

256 *Apollo Global Management LLC* hielt 92 % der Anteile an *Hexion Specialty Chemicals, Inc.*

257 Zu den Verhandlungen, die zum Abschluss des *Merger Agreements* führten, siehe *Hexion Speciality Chemicals, Inc. v. Huntsman Corp.*, 965 A.2d 715, 724 (Del. Ch. 2008).

258 Zur Finanzierung siehe *Hexion Speciality Chemicals, Inc. v. Huntsman Corp.*, 965 A.2d 715, 724 (Del. Ch. 2008).

259 *Hexion Speciality Chemicals, Inc. v. Huntsman Corp.*, 965 A.2d 715, 722 (Del. Ch. 2008).

260 *Hexion Speciality Chemicals, Inc. v. Huntsman Corp.*, 965 A.2d 715, 724 (Del. Ch. 2008).

Schadensersatzpflicht vom Vertrag Abstand zu nehmen.²⁶¹ Die relativ standardmäßige MAC-Klausel sah Ausnahmen (*carve-outs*) für Veränderungen der generellen Wirtschaftslage, der Finanzmarktbedingungen und des Chemiesektors vor, sofern die Auswirkungen auf *Huntsman* nicht überproportianal im Verhältnis zu anderen im Chemiesektor tätigen Personen waren. "*Material Adverse Effect*" wurde im Vertrag definiert als

> "*[...] any occurrence, condition, change, event or effect that is materially adverse to the financial condition, business, or results of operations of the Company and its Subsidiaries, taken as a whole; provided, however, that in no event shall any of the following constitute a Company Material Adverse Effect: (A) any occurrence, condition, change, event or effect resulting from or relating to changes in general economic or financial market conditions, except in the event, and only to the extent, that such occurrence, condition, change, event or effect has a disproportionate effect on the Company and its Subsidiaries, taken as a whole, as compared to other Persons engaged in the chemical industry; (B) any occurrence, condition, event or effect that affects the chemical industry generally (including changes in commodity prices, general market prices and regulatory changes affecting the chemical industry generally) except in the event, and only to the extent, that such occurrence, condition, change, event or effect has had a **disproportionate effect** on the Company and its Subsidiaries, taken as a whole, **as compared to other Persons engaged in the chemical industry** [...]*".²⁶²

Nachdem die Zahlen für das erste Quartal 2008 enttäuschend gewesen waren, begannen *Hexion* und *Apollo* darüber nachzudenken, ob ein MAC bei *Huntsman* gegeben sein könnte.²⁶³ Ab Mai 2008 begann *Apollo* dann, sich auf die Frage der Insolvenz zu konzentrieren. Von *Apollo* (ohne Wissen *Huntsmans*) beauftragte Berater kamen nach einer Untersuchung der Daten beider Unternehmen zu dem Ergebnis, dass das verbundene Unternehmen beim *Closing* insolvent sein würde.²⁶⁴ Eine entsprechende Pressemitteilung wurde am 18. Juni 2008 veröffentlicht.²⁶⁵

Am selben Tag erhob *Hexion* Klage mit dem Antrag festzustellen, dass wegen der erwarteten Insolvenz des vereinigten Unternehmens keine Verpflichtung zur Durchführung der Transaktion bestehe und dass beim Unterlassen des *Closings* keine Schadensersatzansprüche über $ 325 Mio. drohen könnten (weil die

---

261 *Hexion Speciality Chemicals, Inc. v. Huntsman Corp.*, 965 A.2d 715, 724 (Del. Ch. 2008).
262 Section 3.1 (a) (ii) des Vertrages, siehe *Hexion Speciality Chemicals, Inc. v. Huntsman Corp.*, 965 A.2d 715, 736–37 (Del. Ch. 2008) (Hervorhebungen nicht im Original).
263 *Hexion Speciality Chemicals, Inc. v. Huntsman Corp.*, 965 A.2d 715, 725 (Del. Ch. 2008).
264 *Hexion Speciality Chemicals, Inc. v. Huntsman Corp.*, 965 A.2d 715, 726–27 (Del. Ch. 2008).
265 *Hexion Speciality Chemicals, Inc. v. Huntsman Corp.*, 965 A.2d 715, 730 (Del. Ch. 2008).

vertraglich vereinbarte Obergrenze (*Cap*) im vorliegenden Fall anwendbar, also kein *knowing and intentional breach* gegeben sei).[266]

Darüber hinaus wurde die Feststellung beantragt, dass ein *material adverse effect vorliege*.[267] Diesbezüglich war *Hexion* der Ansicht, dass ein MAE schon deshalb eingetreten sei, weil *Huntsmans* Ergebnis seit Vertragsschluss im Juli 2007 schlechter gewesen sei als das der restlichen im Chemiesektor tätigen Unternehmen.[268] Alternativ argumentierte *Hexion* damit, dass *Huntsman* seine eigenen Prognosen verfehlt habe und dass die Unternehmenszahlen gegenüber den Vorjahren eingebrochen seien.

b) Entscheidung des Gerichts

Das Gericht verurteilte *Hexion,* seine vertraglichen Verpflichtungen, abgesehen von der Verpflichtung zum *Closing,* zu erfüllen (*"to specifically perform its obligations under the merger agreement, other than the ultimate obligation to close"*[269]) und entschied, dass *Hexion* bewusst und willentlich (*knowingly and intentionally*) gegen seine vertraglichen Verpflichtungen verstoßen habe, insbesondere gegen die Verpflichtung, sich angemessen um die Finanzierung der Transaktion zu bemühen. Bezüglich des Teils der Entscheidung, in welchem das Gericht begründet, dass ein *"knowing and intentional breach"* des Vertrages vorliege, wird auf die Urteilsbegründung verwiesen.[270]

In Bezug auf die Frage, ob ein *material adverse effect* bei *Huntsman* eingetreten sei, teilt das Gericht die Auffassung *Hexions* nicht, sondern kommt zu dem Ergebnis, dass kein *material adverse effect* vorliege.[271] *Hexion* hatte seine Argumentation, wie bereits erwähnt, zunächst auf einen Vergleich zwischen der Entwicklung *Huntsmans* und anderen im Chemiesektor tätigen Unternehmen gestützt. Weil von der MAE-Klausel im Rahmen der *carve-outs* solche Ereignisse ausgenommen waren, die die gesamte Branche betrafen, sofern das Unternehmen im Vergleich zu anderen in der Branche tätigen Unternehmen nicht übermäßig stark betroffen war[272], hatte *Hexion* die Ansicht vertreten, dass es für das

---

266 Zu den Anträgen siehe *Hexion Speciality Chemicals, Inc. v. Huntsman Corp.*, 965 A.2d 715, 721–22 (Del. Ch. 2008).
267 *Hexion Speciality Chemicals, Inc. v. Huntsman Corp.*, 965 A.2d 715, 722 (Del. Ch. 2008).
268 *Hexion Speciality Chemicals, Inc. v. Huntsman Corp.*, 965 A.2d 715, 736 (Del. Ch. 2008).
269 *Hexion Speciality Chemicals, Inc. v. Huntsman Corp.*, 965 A.2d 715, 762 (Del. Ch. 2008).
270 *Hexion Speciality Chemicals, Inc. v. Huntsman Corp.*, 965 A.2d 715, 746 (Del. Ch. 2008).
271 *Hexion Speciality Chemicals, Inc. v. Huntsman Corp.*, 965 A.2d 715, 736 (Del. Ch. 2008).
272 Die Ausnahme (*carve-out*) lautete: *"provided, however, that in no event shall any of the following constitute a Company Material Adverse Effect: (A) (…) (B) any occurrence,*

Vorliegen eines MAE darauf ankomme, ob *Huntsman* im Vergleich zu anderen in der Branche tätigen Unternehmen übermäßig stark betroffen sei. Nach Auffassung des Gerichts kommt es jedoch bei der Frage, ob ein MAE vorliege, auf diesen Vergleich nicht an, da die Ausnahmeregelung erst dann zum Zuge komme, wenn zunächst ein MAE festgestellt worden sei.[273]

Das Gericht betont in seiner Entscheidung, dass hohe Anforderungen erfüllt werden müssten, damit sich der Käufer auf einen MAC stützen könne und merkt zudem an, dass bisher noch kein Gericht in Delaware zugunsten eines Käufers in einem MAC-Verfahren entschieden habe.[274] Die Entscheidung stützt sich im Wesentlichen auf die im Fall *IBP v. Tyson* aufgestellten Grundsätze und wendet dessen Maßstab an. Wie im Fall *IBP v. Tyson* untersucht das Gericht die Umstände des Vertragsschlusses (*"the context in which the parties were transacting"*[275]). Wenn keine gegenteiligen Anhaltspunkte vorliegen, werde vermutet, dass der Erwerb Teil einer langfristigen Strategie sei (*"In the absence of evidence to the contrary, a corporate acquiror may be assumed to be purchasing the target as part of a long-term strategy"*[276]). Die relevante Frage sei daher, ob eine nachteilige Veränderung vorliege, die sich über eine wirtschaftlich angemessene Zeit auf das Gewinnpotential des Unternehmens auswirke, wobei dies eher in Jahren als in Monaten zu messen sei (*"company's long-term earning power over a commercially reasonable period which one would expect to be measured in years rather than months."*).[277] Eine MAE-Klausel sei *"a backstop protecting the acquiror from the occurence of unknown events that substantially threaten the overall earnings potential of the target in a durationally-significant manner. A short-term hiccup in earnings should not suffice; rather [an adverse change] should be material when viewed from the longer-term perspective of a reasonable acquiror."*[278] Damit eine Verschlechterung im Zeitraum zwischen *Signing* und *Closing* diese Anforderungen erfüllen könne, müsse erwartet werden,

---

    condition, change, event or effect that affects the chemical industry generally (including changes in commodity prices, general market prices and regulatory changes affecting the chemical industry generally) except in the event, and only to the extent, that such occurrence, condition, change, event or effect has had a disproportionate effect on the Company and its Subsidiaries, taken as a whole, as compared to other Persons engaged in the chemical industry[…]" (Hexion Speciality Chemicals, Inc. v. Huntsman Corp., 965 A.2d 715, 737 (Del. Ch. 2008)).

273 *Hexion Speciality Chemicals, Inc. v. Huntsman Corp.*, 965 A.2d 715, 737 (Del. Ch. 2008).
274 *Hexion Speciality Chemicals, Inc. v. Huntsman Corp.*, 965 A.2d 715, 738 (Del. Ch. 2008).
275 *Hexion Speciality Chemicals, Inc. v. Huntsman Corp.*, 965 A.2d 715, 738 (Del. Ch. 2008).
276 *Hexion Speciality Chemicals, Inc. v. Huntsman Corp.*, 965 A.2d 715, 738 (Del. Ch. 2008).
277 *Hexion Speciality Chemicals, Inc. v. Huntsman Corp.*, 965 A.2d 715, 738 (Del. Ch. 2008).
278 *Hexion Speciality Chemicals, Inc. v. Huntsman Corp.*, 965 A.2d 715, 738 (Del. Ch. 2008).

dass die schlechten Ergebnisse in der Zukunft andauern werden.[279] Diese Anforderungen entsprechen der Entscheidung im Fall *IBP v. Tyson*, neu ist insofern lediglich die Klarstellung, dass die Vermutung einer langfristigen Strategie des Erwerbers durch gegenteilige Anhaltspunkte widerlegt werden kann.

Auch in Bezug auf die Beweislastverteilung wird an der Entscheidung *IPB v. Tyson* festgehalten. Sofern im Vertrag nichts Gegenteiliges geregelt sei, trage der Käufer, der sich auf den MAE berufe, die Beweislast. *Hexion* hatte versucht, den vorliegenden Fall vom Fall *IBP v. Tyson* zu unterscheiden. Vorliegend sei das Nichtvorliegen eines MAE eine Vollzugsbedingung (*condition precedent*) und es sei grundsätzlich anerkannt, dass der Verkäufer das Vorliegen von Vollzugsbedingungen nachweisen müsse.[280] Das Gericht folgt dieser Argumentation nicht. Zwar sei richtig, dass der Verkäufer normalerweise das Vorliegen von Vollzugsbedingungen nachweisen müsse, jedoch seien Vollzugsbedingungen im Regelfall leicht feststellbare objektive Fakten. Bei der MAE-Klausel sei dies anders und sie müsse daher nicht genauso behandelt werden. Es handle sich um ein Institut *sui generis*.[281] Das Gericht kommt daher zu dem Schluss, dass die Beweislast, sofern nichts Gegenteiliges vereinbart sei, aus den gleichen praktischen Erwägungen wie im Fall *IBP v. Tyson* bei der Partei liege, die sich auf den MAE berufe.[282]

Geeigneter Maßstab für die Beurteilung sei die Kennzahl *EBITDA*, der Ertrag vor Zinsen, Steuern, Abschreibungen auf Sachanlagen und Abschreibungen auf immaterielle Vermögensgegenstände (*Earnings Before Interest, Taxes, Depreciation and Amortization*). Diese Größe sei geeigneter als die Kennzahl *EPS* (*Earnings Per Share*/Gewinn je Aktie), weil sie unabhängig von der Kapitalstruktur und somit besser geeignet sei, das Betriebsergebnis zu messen.[283]

Das Gericht lehnte es ab, für die Beurteilung, ob ein MAE vorliege, auf die verfehlten Prognosen[284] abzustellen. Denn das *Merger Agreement* klammere die

---

279 *Hexion Speciality Chemicals, Inc. v. Huntsman Corp.*, 965 A.2d 715, 738 (Del. Ch. 2008).
280 *Hexion Speciality Chemicals, Inc. v. Huntsman Corp.*, 965 A.2d 715, 738–39 (Del. Ch. 2008).
281 *Hexion Speciality Chemicals, Inc. v. Huntsman Corp.*, 965 A.2d 715, 739 (Del. Ch. 2008).
282 "…*absent clear language to the contrary, the burden of proof with respect to a material adverse effect rests on the party seeking to excuse its performance under the contracts.*" (*Hexion Speciality Chemicals, Inc. v. Huntsman Corp.*, 965 A.2d 715, 739 (Del. Ch. 2008)).
283 *Hexion Speciality Chemicals, Inc. v. Huntsman Corp.*, 965 A.2d 715, 740 (Del. Ch. 2008).
284 Das EBITDA der ersten Hälfte von 2008 war im Vergleich zur ersten Hälfte des Vorjahres um 19,9 % gesunken. Das EBITDA der zweiten Hälfte von 2007 lag 22 % unter den diesbezüglichen Vorhersagen, welche Huntsman im Juni 2007 den Bietern

Prognosen ausdrücklich aus den Garantien aus. Dadurch hätten die Parteien das Risiko, dass das Geschäftsergebnis *Huntsmans* unter den Erwartungen der Unternehmensleitung liege, *Hexion* zugewiesen. Wenn *Hexion* eine Garantie in Bezug auf die kurzfristigen Prognosen gewollt hätte, hätte dies verhandelt werden können.[285]

Zur Beurteilung der Wesentlichkeit einer Veränderung müssten Ergebnisse eines Jahres mit den Ergebnissen des entsprechenden Zeitraums des Vorjahres verglichen werden. *Huntsmans* EBITDA im Jahr 2007 lag nur 3 % unter dem Wert des Vorjahres, und das EBITDA im Jahr 2008 würde, je nach Vorhersage, 7 bis 11 % unter dem Wert von 2007 liegen. Auf Grundlage dieser Vergleichsdaten kam das Gericht zu dem Schluss, dass noch kein MAE eingetreten war.[286]

Auch berücksichtigte das Gericht die Zukunftsprognose für die Zielgesellschaft.[287] Diese sei erstens deshalb relevant, weil der in Zukunft erwartete *Cash-Flow* den Wert der Gesellschaft ausmache.[288] Zudem enthielt die Klausel die Formulierung "*reasonably expected to have [...] a Company Material Adverse Effect*".[289] Das Gericht entschied, dass auch die zukünftig erwarteten Ergebnisse und Folgen keinen MAE darstellen würden.[290] Der Entscheidung lag eine Schätzung des Gerichts zugrunde, dass das EBITDA von 2006 bis 2009 nur um ca. 3,6 % sinken würde.[291]

Hexion hatte zudem geltend gemacht, dass auch der Anstieg der Nettoverschuldung berücksichtigt werden müsse. Denn während *Huntsman* eine Senkung der Verschuldung von $ 4.116 Mrd. auf $ 2.953 Mrd. bis Ende 2008 vorhergesagt hatte, hatte sich die Verschuldung tatsächlich um eine Viertelmilliarde

---

gegenüber für den Rest des Jahres 2007 gemacht hatte (*Hexion Speciality Chemicals, Inc. v. Huntsman Corp.*, 965 A.2d 715, 740 (Del. Ch. 2008)).
285 *Hexion Speciality Chemicals, Inc. v. Huntsman Corp.*, 965 A.2d 715, 741 (Del. Ch. 2008).
286 *Hexion Speciality Chemicals, Inc. v. Huntsman Corp.*, 965 A.2d 715, 742 (Del. Ch. 2008).
287 *Hexion Speciality Chemicals, Inc. v. Huntsman Corp.*, 965 A.2d 715, 742–43 (Del. Ch. 2008).
288 *Hexion Speciality Chemicals, Inc. v. Huntsman Corp.*, 965 A.2d 715, 743 (Del. Ch. 2008).
289 Section 6.2 (e) des *Merger Agreement* enthielt folgende Formulierung: "*There shall not have occurred after the date of this Agreement any event, change, effect, or development that has had or is reasonably expected to have, individually or in the aggregate, a Company Material Adverse Effect.*" (siehe *Hexion Speciality Chemicals, Inc. v. Huntsman Corp.*, 965 A.2d 715, 743 (Del. Ch. 2008)).
290 *Hexion Speciality Chemicals, Inc. v. Huntsman Corp.*, 965 A.2d 715, 743 (Del. Ch. 2008).
291 *Hexion Speciality Chemicals, Inc. v. Huntsman Corp.*, 965 A.2d 715, 743 (Del. Ch. 2008).

erhöht.²⁹² Allerdings war *Hexion* bei Vertragsschluss nach eigenen Schätzungen von einer Verschuldung in Höhe von $ 4,1 Mrd. zum Zeitpunkt des *Closing* ausgegangen. Die Erhöhung wich somit nur 5 % von *Hexions* eigenen Erwartungen ab. Das Gericht sah darin, auch zusammen mit den reduzierten Gewinnen, keinen MAE.²⁹³

Auch die Argumentation *Hexions*, die sich auf die Verschlechterung zweier Unternehmensbereiche stützte, lehnte das Gericht (ähnlich wie im Fall *IBP v. Tyson*) mit der Begründung ab, dass eine kurzfristige Verschlechterung eines kleinen Teils des Zielunternehmens keinen MAE für das gesamte Unternehmen darstellen könne²⁹⁴ (*"Huntsman as a whole is not materially impaired [...]"*²⁹⁵).

c) Zusammenfassung

- Die MAC-Ausnahmen spielen erst dann eine Rolle, wenn im ersten Schritt das Vorliegen eines MAC festgestellt wurde.
- Es müssen hohe Anforderungen erfüllt sein.
- Die Beweislast trägt die Partei, die sich auf einen MAE beruft.
- Es werden alle Umstände des konkreten Vertrages berücksichtigt.
- Sofern keine gegenteiligen Hinweise vorliegen, wird vermutet, dass der Käufer eine Langzeitstrategie verfolgt. Für das Vorliegen eines MAE muss das langfristige Gewinnpotential beeinträchtigt sein.
- Das Unternehmen muss als Ganzes betrachtet werden.
- Wenn im Vertrag ausdrücklich Garantien in Bezug auf Schätzungen und Prognosen ausgeklammert werden, haben die Parteien das Risiko, dass diese Vorhersagen verfehlt werden, dem Käufer zugewiesen und folglich können in diesem Fall verfehlte Prognosen keinen MAE begründen.
- EBITDA ist die geeignete Kennzahl, um Veränderungen zu messen, da diese Kennzahl unabhängig von der Kapitalstruktur des Unternehmens ist.
- Wenn das EBITDA in einem Jahr 3 % unter dem Vorjahr liegt und die Prognose für das nächste Jahr einen Einbruch von 7 % vorhersagt, genügt dies

---

292 *Hexion Speciality Chemicals, Inc. v. Huntsman Corp.*, 965 A.2d 715, 743–44 (Del. Ch. 2008).
293 *Hexion Speciality Chemicals, Inc. v. Huntsman Corp.*, 965 A.2d 715, 744 (Del. Ch. 2008).
294 *Hexion Speciality Chemicals, Inc. v. Huntsman Corp.*, 965 A.2d 715, 744–45 (Del. Ch. 2008). Es wurde erwartet, dass diese zwei Geschäftsbereiche zusammen nur ein Viertel von *Huntsmans* EBITDA im Jahr 2008 erwirtschaften würden. Zudem wurde festgestellt, dass die Probleme dieser beiden Geschäftsbereiche von kurzfristiger Natur waren.
295 *Hexion Speciality Chemicals, Inc. v. Huntsman Corp.*, 965 A.2d 715, 745 (Del. Ch. 2008).

nicht für einen MAC, auch nicht zusammen mit einem Anstieg der Nettoverbindlichkeiten in Höhe von 5 %.

4. Weitere Entscheidungen (Fallgruppen)
a) Veränderungen der rechtlichen Lage

Veränderungen der Situation eines Unternehmens können auf einer Veränderung der rechtlichen, insbesondere der gesetzlichen Lage beruhen. Da gesetzliche Regelungen allerdings häufig alle Unternehmen einer Branche in ähnlicher Weise betreffen, wird im Rahmen einer MAC-Klausel häufig eine besondere Betroffenheit des Zielunternehmens gefordert.

Dementsprechend wird im Fall *Allegheny Energy, Inc. v. DQE, Inc.* folgende (im Zusammenhang mit der Änderung der gesetzlichen Lage stehende) einschränkende Voraussetzung für das Vorliegen eines *material adverse effect* genannt: "*provided, however, that any such effect resulting from [...] the application of the Pennsylvania Restructuring Legislation [...] shall only be considered when determining if a Material Adverse Effect has occurred to the extent that such effect on one such party exceeds such effect on the other party.*"[296] Nach Untersuchung aller Fakten des Falles, insbesondere auch der Größe und Natur der Transaktion und des Geschäfts der Parteien kam das Gericht zu dem Ergebnis, dass die Auswirkungen auf *Allegheny* größer waren als die Auswirkungen auf den Käufer *DQE* und dass diese größeren Auswirkungen "*materially adverse*" waren.[297]

b) Anhängige Gerichtsverfahren als MAC

Eine weitere Fallgruppe betrifft Fälle, in denen zwischen *Signing* und *Closing* eine Klage gegen das Zielunternehmen bzw. ein mit dem Zeilunternehmen verbundenes Unternehmen eingereicht wird. In diesem Zusammenhang ist der bereits oben dargestellte Fall *Frontier Oil v. Holly* (*Delaware Chancery Court*) zu nennen.

Auch im Fall *S.C. Johnson & Son, Inc. v. DowBrands, Inc.*[298] ging es um die Frage, ob eine drohende Gerichtsentscheidung einen MAC zur Folge hat. Hier

---

296   *Allegheny Energy, Inc. v. DQE, Inc.*, 74 F. Supp. 2d 482, 491 (W.D. Pa. 1999).
297   *Allegheny Energy, Inc. v. DQE, Inc.*, 74 F. Supp. 2d 482, 518 (W.D. Pa. 1999): "*After [...] taking into account the size and nature of the transaction and the business of the parties, we hold that [...] the effect of Allegheny's stand-alone restructuring order on Allegheny was greater than the effect of DQE's stand-alone restructuring order on DQE, and that such greater effect was materially adverse.*".
298   *S.C. Johnson & Son, Inc. v. DowBrands, Inc.*, 167 F. Supp. 2d 657 (D. Del. 2001).

entschied das Gericht, dass ein anhängiges Verfahren, das eine mögliche Patentrechtsverletzung durch das Zielunternehmen betraf, keinen MAC darstellte, da der Ausgang des Verfahren noch nicht feststand ("*a final judgment in Tenneco's favor still has not occurred to date and may, in fact, never occur*"[299]). Sofern die Definition des MAC nicht eine zukunftsorientierte Formulierung (wie beispielsweise "*pending litigation that is reasonably likely to exceed [...]*" oder einen MAC der "*prospects*") enthalte, könnten Ereignisse, deren Auswirkungen noch nicht feststehen, nicht durch die MAC-Klausel erfasst werden: "*[T]he sole decision by a third party to bring a lawsuit does not bring about any change in the company's assets, unless and until a court adjudicates the claim in favor of the third party and decides that the asset can no longer be used in the business.*"[300]

c) Marktveränderungen

Viele öffentlich diskutierte MAC-Fälle betreffen Veränderungen aufgrund externer Entwicklungen, entweder allgemeiner wirtschaftlicher Entwicklungen oder Entwicklungen eines branchenspezifischen Marktes. Auch die oben dargestellten Fälle *IBP v. Tyson* und *Hexion v. Huntsman* sind dieser Fallgruppe zuzuordnen. Darüber hinaus gibt es verschiedene weitere Gerichtsentscheidungen, die sich mit der Frage befassen, ob Veränderungen, die nicht aus dem Geschäft des Verkäufers selbst stammen, sondern die die gesamte Branche betreffen, einen MAC darstellen können. Allgemeine Veränderungen in der Branche können sich beispielsweise aus der veränderten Nachfrage oder dem veränderten Angebot eines bestimmten Produktes oder aber aufgrund des Eintritts neuer Konkurrenten in den Markt ergeben. Im Fall *Pittsburgh Coke & Chemical Co. v. Bollo*[301] waren voraussichtliche Vertragspartner des Zielunternehmens aufgrund von Veränderungen in der Branche weggefallen. Das Gericht lehnte das Vorliegen eines MAC beim Zielunternehmen mit der Begründung ab, die wirtschaftlichen und technologischen Veränderungen dieses Industriezweiges beträfen unzweifelhaft alle Unternehmen, die mit Unternehmen dieses Industriezweiges Geschäftsbeziehungen hätten.[302] Das Gericht fügte hinzu: "*[...] to say that these extrinsic developments*

---

299 *S.C. Johnson & Son, Inc. v. DowBrands, Inc.*, 167 F. Supp. 2d 657, 670 (D. Del. 2001).
300 *S.C. Johnson & Son, Inc. v. DowBrands, Inc.*, 167 F. Supp. 2d 657, 670 (D. Del. 2001).
301 *Pittsburgh Coke & Chemical Co. v. Bollo*, 421 F. Supp. 908 (E.D.N.Y. 1976), aff'd, 560 F.2d 1089 (2d Cir. 1977).
302 *Pittsburgh Coke & Chemical Co. v. Bollo*, 421 F. Supp. 908, 930 (E.D.N.Y. 1976).

constituted material adverse changes in [target's] existing business or financial condition is patently unreasonable."³⁰³

Diese Entscheidung steht im Widerspruch zu der Entscheidung im Fall *IBP v. Tyson*, denn dort hatte das Gericht die Auffassung vertreten, dass branchenweite Veränderungen nicht automatisch ausgeschlossen sind ("*Had IBP wished such an exclusion from the broad language, [...] IBP should have bargained for it.*"³⁰⁴).

Auch das Gericht in *Great Lakes Chemical Corp. v. Pharmacia Corp.*³⁰⁵ war der Ansicht, dass externe Marktveränderungen einen MAC im Geschäft des Zielunternehmens darstellen können.³⁰⁶ "One *reasonable inference from such a broadly worded definition is that price cutting in the market, patent infringement by a competitor, diminished sales that resulted from these events, and the loss of a major customer due to market forces, could fall within the scope of the term "business of the Company". The reason is that those specific events directly affected [the target's] business.*"³⁰⁷ Zudem äußerte das Gericht, dass die Parteien, wenn sie einen Ausschluss dieser externen Ereignisse gewollt hätten, diesbezüglich eine Ausnahme in die MAC-Klausel hätten aufnehmen können.³⁰⁸

Eine Ausnahme in Bezug auf allgemeine wirtschaftliche Entwicklungen enthielt der Vertrag beispielsweise im Fall *Genesco v. Finish Line*³⁰⁹, was dazu führte, dass das Gericht das Vorliegen eines MAC im Ergebnis ablehnte.³¹⁰

---

303 *Pittsburgh Coke & Chemical Co. v. Bollo*, 421 F. Supp. 908, 930 (E.D.N.Y. 1976).
304 *In re IBP, Inc. Shareholders Litigation v. Tyson Foods, Inc. and Lasso Acquisition Corp.*, 789 A.2d 14, 66 (Del. Ch. 2001).
305 *Great Lakes Chemical Corp. v. Pharmacia Corp.*, 788 A.2d 544 (Del. Ch. 2001).
306 *Great Lakes Chemical Corp. v. Pharmacia Corp.*, 788 A.2d 544, 557 (Del. Ch. 2001).
307 *Great Lakes Chemical Corp. v. Pharmacia Corp.*, 788 A.2d 544, 557 (Del. Ch. 2001).
308 *Great Lakes Chemical Corp. v. Pharmacia Corp.*, 788 A.2d 544, 557 (Del. Ch. 2001): "*Had the parties intended to exclude from that provision's scope all external events that materially affect the Company's business, they could have included such an express limitation in their Agreement*".
309 *Genesco, Inc. v. Finish Line, Inc.*, No. 07-2137-II(III), 2007 WL 4698244, at *13(Tenn. Ch. Dec. 27, 2007) ("*changes in the national or world economy or financial markets*").
310 *Genesco, Inc. v. Finish Line, Inc.*, No. 07-2137-II(III), 2007 WL 4698244, at *13(Tenn. Ch. Dec. 27, 2007). Obwohl im Ergebnis die Ausnahmeregelung eingriff, äußerte sich das Gericht aus Gründen der Vollständigkeit zu der Frage, ob die Voraussetzungen eines MAE ansonsten gegeben waren (2007 WL 4698244, 15 f.). Dazu ausführlicher unter B. III. 5 b) v.

d) Weitere Entscheidungen: Auftragsrückgang, Anstieg der Verbindlichkeiten, Gewinnrückgang

Zunächst betreffen mehrere Entscheidungen die Frage, ob ein Auftrags- bzw. Kundenrückgang einen MAC darstellen kann.

Im Fall *Pan Am Corp. v. Delta Air Lines, Inc.*[311] entschied das Gericht, dass die nachteilige Geschäftsentwicklung von *Pan Am*, mit Rückgängen bei den Vorabbuchungen von 20 % bis 40 %, einen MAC darstellte. Der Fall betrifft allerdings keinen Unternehmenskaufvertrag, vielmehr berief sich *Delta Air Lines* auf einen MAC, um von einem Finanzierungsvertrag mit *Pan Am* (zur Bereitstellung einer Restrukturierungsfinanzierung) Abstand zu nehmen.

Im Zusammenhang mit Kundenverlusten ist auch der Fall *Borders v. KLRB* zu erwähnen, in dem zu entscheiden war, ob ein 50 %iger Rückgang der Hörerquote eines Radiosenders einen MAC begründen konnte.[312] Da der Fall des Verlusts von Hörern nicht ausdrücklich in den Konkretisierungen der MAC-Klausel genannt war, verneinte das Gericht das Vorliegen eines MAC.[313] Aus der konkreten Formulierung der Klausel leitete das Gericht ab, dass von der MAC-Klausel keine Ereignisse erfasst waren, die außerhalb der Kontrolle des Managements lagen.[314]

Einen ähnlichen Themenkreis betrifft auch die US-amerikanische Entscheidung *Polycast Technology Corp. v. Uniroyal, Inc.* In diesem Fall war ein Vertrag mit einem profitablen Hauptkunden gekündigt und dies als möglicher MAC bezeichnet worden.[315]

Auch ein Anstieg von Verbindlichkeiten kann als MAC relevant sein. Im Fall *Rudman v. Cowles Communications, Inc.* konnte ein Anstieg von Steuerschulden um $ 1,347.42 (gegenüber den garantierten Schulden in Höhe von $ 9,013.81) in Anbetracht der gegenwärtigen Schulden des Verkäufers allerdings keinen MAC begründen.[316]

---

311 *Pan Am Corp. v. Delta Air Lines, Inc.*, 175 B.R. 438, 493 (S.D.N.Y.1994).
312 *Borders v. KRLB Inc.*, 727 S.W.2d 357 (Tex. App. 1987). Siehe zu diesem Fall ausführlicher unter B. IV. 1.
313 *Borders v. KRLB Inc.*, 727 S.W.2d 357, 359 (Tex. App. 1987). Zu der Argumentation siehe ausführlicher unter B. IV.1.
314 *Borders v. KRLB Inc.*, 727 S.W.2d 357, 359 (Tex. App. 1987). Siehe dazu unten (B. IV. 1).
315 792 F.Supp. 244, 253, 274 (S.D.N.Y. 1992). Über das Vorliegen eines MAC musste in diesem Fall nicht entschieden werden. In der Entscheidung heißt es aber: "*Arguably that cancellation constituted a "material adverse change in the business [...]*"" (792 F.Supp. 244, 253, 274).
316 *Rudman v. Cowles Communications, Inc.*, 315 N.Y.S.2d 409, 413 (App. Div. 1970).

Zu der Frage, ob ein Verlust in Höhe von $ 400.000 innerhalb zweier aufeinanderfolgender Monate einen MAC darstelle, merkte das Gericht im Fall *Pine State Creamery Co. v. Land-O-Sun Dairies* an, dass dieser Verlust auf den ersten Blick zwar "*substantial*" erscheine, dass das Unternehmen aber möglicherweise konjunkturellen Schwankungen unterworfen sei.[317]

Und im Fall *Raskin v. Birmingham Steel Corp* äußert das Gericht: "*While it is possible that on a full record and placed in a larger context one might conclude that a reported 50 % decline in earnings over two consecutive quarters might not be held to constitute a material adverse development, it is, I believe unlikely to think that that might happen*"[318] Das Gericht betont, dass es auf den konkreten Kontext ankomme und deutet an, dass die Argumente für das Vorliegen eines MAC in diesem Fall stark und das Vorliegen eines MAC wahrscheinlich sei.

Klare Leitlinien, beispielsweise quantitativer Art, lassen sich diesen Entscheidungen nicht entnehmen. Es handelt sich um Einzelfallentscheidungen, die vom spezifischen Gesamtzusammenhang des konkreten Falles abhängig sind. Zudem sind einheitliche Maßstäbe, anders als bei den Entscheidungen des *Delaware Chancery Court*, nicht erkennbar.

5. Kritik an der Rechtsprechung des *Delaware Chancery Court* und alternative Auslegungsstandards

a) Kritische Stimmen in der Literatur (Überblick)

Insbesondere die Entscheidungen des *Delaware Chancery Court* sind in der Literatur vermehrt auf Kritik gestoßen. Kritisiert wird insbesondere, dass es nach den Anforderungen der Rechtsprechung nahezu unmöglich sei, sich erfolgreich auf einen MAC zu berufen.[319] Beispielsweise hätte der Käufer in *Frontier Oil* die Wahrscheinlichkeit des Ausgangs eines Gerichtsverfahrens, in das eine Tochtergesellschaft verwickelt war, darlegen und beweisen und somit faktisch das

---

317 *Pine State Creamery Co. v. Land-O Sun Dairies, Inc.*, 201 F.3d 437 (4th Cir. 1999), No. 98-2441, 1999 WL 1082539, at *6 (4th Cir. Dec. 2, 1999). Das Gericht konnte den Fall wegen der offenen Tatsachenfragen aber nicht im Rahmen des beantragten *Summary Judgement* entscheiden. Vielmehr sei die Frage von einer Jury zu entscheiden. Siehe dazu unter C.V.4.b) ("*Jury-Trial*"?).

318 *Raskin v. Birmingham Steel Corp.*, Civ. A. No. 11365, 1990 WL 193326, at * 5 (Del. Ch. Dec. 4, 1990).

319 *Cicarella*, 57 Case W. Res. L. Rev. 423, 447 (2007); *Garrett*, 43 Colum. J. L. & Soc. Probs. 333, 355–56 (2009–2010); *Brooks*, 87 U. Det. Mercy L. Rev. 83, 103 (2009–2010); *Somogie*, 108 Mich. L. Rev. 81, 85, 92 (2009).

Verfahren einer anderen Partei führen müssen, um das Vorliegen von *materiality* zu beweisen.[320] Auch seien die in den Fällen *Tyson* und *Hexion* geforderten langfristigen Erwerbseinbrüche kaum beweisbar. Die Möglichkeit, anhand eines Sachverständigengutachtens zu beweisen, dass das Gewinnpotential des Unternehmens langfristig, also über Jahre beeinträchtigt werde, sei wenig Erfolg versprechend, da zukünftige Entwicklungen schwer beweisbar seien.[321] Auf der Gegenseite werde meist ein Sachverständiger Indizien für das Gegenteil, nämlich, dass der Gewinneinbruch nicht über Jahre anhalten wird, vorbringen können.[322] Wegen des strengen Maßstabs verwundere es auch nicht, dass (wie das Gericht im Fall *Hexion* angemerkt hat[323]) bisher noch kein Gericht in Delaware das Vorliegen eines MAC bejaht hat.[324]

Es wird sogar vertreten, dass die allgemein gefasste (traditionelle) MAC-Klausel in ihrer weiten und oft unbestimmten Sprache (nach der Rechtsprechung) überflüssig sei, weil sie nicht spezifisch genug sei, um eine über die allgemeinen Regelungen (*Impracticability, Frustration of Purpose*) hinausgehende Regelung zu treffen.[325]

Generell wird in der Literatur auch der Verkäufer-freundliche Ansatz der Gerichte ("*seller-friendly perspective*"[326]) in Frage gestellt.[327] Die Entscheidungen und insbesondere der automatische Ausschluss kurzfristiger Änderungen spiegelten oft nicht die Intentionen der Parteien und die Entwicklungen im Verhandlungsprozess wider.[328] Insbesondere werde nicht berücksichtigt, dass der Käufer die MAC-Klausel (vor allem in Krisenzeiten) aufgrund seiner Verhandlungsmacht gerade zu seinem Schutz verhandelt habe.[329] Die verkäuferfreundliche Auslegung missachte die (objektiven) Intentionen der Parteien und verletze

---

320 *Cicarella*, 57 Case W. Res. L. Rev. 423, 447 (2007).
321 *Cicarella*, 57 Case W. Res. L. Rev. 423, 447 (2007); Harvard Law Review Association, 115 Harv. L. Rev. 1737, 1742–43 (2002) (ohne Nennung des Autors).
322 *Cicarella*, 57 Case W. Res. L. Rev. 423, 447 (2007).
323 *Hexion Speciality Chemicals, Inc. v. Huntsman Corp.*, 965 A.2d 715, 738 (Del. Ch. 2008).
324 *Brooks,* 87 U. Det. Mercy L. Rev. 83, 84 (2009–2010).
325 *Somogie,* 108 Mich. L. Rev. 81, 85 (2009).
326 *In re IBP, Inc. Shareholders Litigation v. Tyson Foods, Inc. and Lasso Acquisition Corp.*, 789 A.2d 14, 68 (Del. Ch. 2001).
327 *Gilson/Schwartz,* 21 J.L.Econ. & Org. 330, 356–57 (2005); *Brooks,* 87 U. Det. Mercy L. Rev. 83, 100 (2009–2010).
328 *Brooks,* 87 U. Det. Mercy L. Rev. 83, 103 (2009–2010).
329 *Gottschalk,* 47 Hous. L. Rev. 1051, 1070 (2010–2011).

damit die Grundsätze des Vertragsrechts.[330] Es bestehe zudem die Gefahr, dass wichtige Umstände unberücksichtigt blieben.[331]

Häufig werde der Wille der Parteien bei der Auslegung durch die Gerichte missachtet. Beispielsweise die Begründung des Gerichts im Fall *Frontier v. Holly*, dass aus der zukunftsbezogenen Formulierung (*"prospects"* und *"would reasonably be expected to have"*) folge, dass es auf die langfristige Perspektive ankomme und kurzfristige Veränderungen nicht ausreichten, stehe im Gegensatz zum mit der Formulierung verfolgten Zweck. Durch zukunftsbezogene Formulierungen sollen neben bereits geschehenen Ereignissen auch zukünftige Ereignisse einen MAC darstellen können. Der Käufer versucht die Aufnahme dieses zukunftsbezogenen Zusatzes in die Klausel zu verhandeln, um den Anwendungsbereich der MAC-Klausel zu erweitern und nicht um ihn zu verengen.[332]

Es wird vor allem auch problematisiert, dass unter der gegenwärtigen Rechtsprechung keine rechtssichere Gestaltung möglich sei.[333] Denn wenn die Klausel spezifisch formuliert sei, bestehe das Risiko, dass wegen der Tendenz der Rechtsprechung zur engen Auslegung nicht explizit aufgelisteten Fälle (wie im Fall *Borders*[334]) von der Klausel nicht erfasst würden. Auf der anderen Seite würden die Anforderungen bei weiten Klauseln so hoch angesetzt, dass sie kaum vorliegen könnten.[335]

Zudem wird vielfach kritisiert, dass die Rechtsprechung bei der Erörterung der Frage, ob ein MAC vorliege, die Ziele und Zwecke der MAC-Klausel außer

---

330 *Gottschalk*, 47 Hous. L. Rev. 1051, 1068 (2010–2011) (*"Simply put, a strict MAC standard cuts against the fundamentals of contract law."*).
331 *Brooks,* 87 U. Det. Mercy L. Rev. 83, 102 (2009–2010).
332 Siehe dazu oben (B. I. 2.b) (2) Zukunftsbezogene Formulierungen; Dies kritisiert auch *Brooks,* 87 U. Det. Mercy L. Rev. 83, 95–96 (2009–2010).
333 *Somogie,* 108 Mich. L. Rev. 81, 83–84 (2009) (Den Entscheidungen fehle es an Kriterien, die eine gewisse Vorhersehbarkeit und Rechtssicherheit ermöglichen); *Henssler,* FS Huber, 739, 742; *Greenberg/Haddad,* N.Y.L.J., April 23, 2001, at 5 (col. 1) (Gerichtsentscheidungen werden als *"sometimes counterintuitive"* und *"difficult to predict"* bezeichnet).
334 *Borders v. KRLB Inc.*, 727 S.W.2d 357 (Tex. App. 1987). Zur Tendenz der engen Vertragsauslegung im US-Recht und zum Fall *Borders v. KRLB Inc.* siehe unten (B, IV, 1.).
335 *Cicarella,* 57 Case W. Res. L. Rev. 423, 447 (2007); *Garrett,* 43 Colum. J. L. & Soc. Probs. 333, 355–56 (2009–2010); *Brooks,* 87 U. Det. Mercy L. Rev. 83, 103 (2009–2010); *Somogie,* 108 Mich. L. Rev. 81, 85, 92 (2009); *Henssler,* FS Huber, 739, 743.

Acht lasse.[336] Beispielsweise berücksichtige die Rechtsprechung nur den Grad, nicht aber den Grund der Veränderung.[337]

b) Alternative Ansätze

i. Exogene und endogene Risiken

Wie bereits dargestellt, wird der Zweck der MAC-Klausel in der Literatur unter anderem darin gesehen, dem Verkäufer einen Anreiz zu bieten, auch nach dem *Signing* noch Investitionen zu tätigen, um eine Verschlechterung des Zielunternehmens zu verhindern (*Investment Theory*). Nach weiterer Ansicht soll die MAC-Klausel vor unentdeckten Problemen des Unternehmens schützen und habe ihren Grund in der Informationsasymmetrie in Bezug auf den Zustand des Unternehmens (*Information Asymmetry*). MAC-Klauseln dienten dazu, die endogenen Risiken, die dem Käufer nicht offengelegt worden sind, zu erfassen.[338] Nach beiden Theorien soll die MAC-Klausel den Erwerber vor Risiken schützen, die dem Unternehmen innewohnen. Diese Risiken sollten durch die MAC-Klausel dem Verkäufer zugewiesen werden. Auf der anderen Seite solle er aber nicht die exogenen Risiken tragen. Erstens könne der Verkäufer externe Risiken nicht beeinflussen und zweitens bestehe in Bezug auf diese Risiken kein überlegenes Wissen des Verkäufers und damit keine *Information Asymmetry*, da beispielsweise Risiken, die die gesamte Wirtschaft betreffen, von Verkäufer und Käufer gleichermaßen identifiziert werden können.[339] Zwar könne der Käufer diese externen Risiken ebenso wenig beeinflussen, die Risikozuweisung zum Käufer entspreche aber dem im amerikanischen Recht geltenden Grundprinzip *caveat emptor* und stelle somit gar keine abweichende Risikoverteilung dar.[340] Auch bei völliger Unvorhersehbarkeit der externen Risiken für den Käufer sei eine Zuweisung des Risikos zum Verkäufer nicht gerechtfertigt, da diese externen Ereignisse gleichermaßen auch für den Verkäufer nicht vorhersehbar seien.[341] Während die nicht offengelegten endogenen Risiken von der MAC-Klausel

---

336 *Cicarella*, 57 Case W. Res. L. Rev. 423 (2007); *Garrett*, 43 Colum. J.L. & Soc. Probs. 333, 355–56 (2009–2010); *Gilson/Schwartz*, 21 J.L.Econ. & Org 330, 355–56 (2005). Siehe dazu genauer nachfolgend unter b).
337 *Cicarella*, 57 Case W. Res. L. Rev. 423, 447 (2007); *Gilson/Schwartz*, 21 J.L.Econ. & Org. 330, 355–56 (2005).
338 *Cheng*, 2009 Colum. Bus. L. Rev. 564, 599–600 (2009).
339 *Cheng*, 2009 Colum. Bus. L. Rev. 564, 599 (2009).
340 *Cicarella*, 57 Case W. Res. L. Rev. 423, 447–48 (2007); *Cheng*, 2009 Colum. Bus. L. Rev. 564, 601 (2009).
341 *Cheng*, 2009 Colum. Bus. L. Rev. 564, 601 (2009).

erfasst würden, spiegelten sich die exogenen Risiken, die der Käufer zu tragen habe, im Kaufpreis wieder.[342]

Aus dieser Unterscheidung zwischen endogenen und exogenen Risiken sollte aber nicht allgemein gefolgert werden, dass externe Risiken grundsätzlich immer implizit aus dem Anwendungsbereich der MAC-Klausel ausgeschlossen sind. Solange die MAC-Klausel entgegen der allgemein üblichen Praxis ausnahmsweise keine Ausnahmeregelung enthält, sind nach dem Wortlaut der Klausel auch externe Ereignisse grundsätzlich umfasst. Dies entspricht dem Ansatz des Gerichts im Fall *IBP v. Tyson*, wo das Gericht feststellt, dass nicht automatisch von einem Ausschluss exogener Umstände ausgegangen werden könne.[343] Gleichzeitig kann aber im Rahmen der Anforderungen an die Wesentlichkeit (*materiality*) die Unterscheidung zwischen externen und internen Faktoren eine Rolle spielen. Bei externen Veränderungen werden sehr hohe Anforderungen an das Vorliegen und die Unvorhersehbarkeit eines MAC gestellt.[344] Generell sind die US-Gerichte auch dann, wenn die MAC-Klausel keine Ausnahmeregelung enthält, sehr zurückhaltend, externe Ereignisse, die nicht direkt die Führung des Unternehmens betreffen, als von der MAC-Klausel umfasst anzusehen.[345] Dies

---

342 *Cheng*, 2009 Colum. Bus. L. Rev. 564, 599–600 (2009).
343 Die Parteien müssen einen solchen Ausschluss ausdrücklich vereinbaren (*In re IBP, Inc. Shareholders Litigation v. Tyson Foods, Inc. and Lasso Acquisition Corp.*, 789 A.2d 14, 66 (Del. Ch. 2001).
344 *Galil*, 2002 Colum. Bus. L. Rev. 846, 850 (2002). Auch das Gericht im Fall *Tyson* verlangt, dass die Veränderung unvorhersehbar gewesen sein muss (*In re IBP, Inc. Shareholders Litigation v. Tyson Foods, Inc. and Lasso Acquisition Corp.*, 789 A.2d 14, 68 (Del. Ch. 2001): "*protecting the acquiror from the occurrence of **unknown** events that substantially threaten the overall earnings potential in a durationally-significant manner*" (Hervorhebung nicht im Original)).
345 *West/Parel*, Revisiting Material Adverse Change Clauses, 09/2006 The Metropolitan Corporate Counsel 17 (2006) ("*Even in the absence of these specific exclusions, courts have been reluctant in the past to read a material adverse change clause such that it would cover external factors that did not directly relate to the conduct of the target company's business*"). Siehe auch *Schweitzer*, 4 E.C.F.R. 79, 118 (2007) ("*Even in the absence of carve-outs, courts will sometimes interpret MAC-clauses narrowly, so as to exclude changes in the firm induced by external events*") oder *Block/Hoff*, N.Y.L.J., August 23, 2001, at 5 (col. 1) ("*[…] courts are reluctant to apply a MAC to negative events affecting the market or industry that are extrinsic to the specific parties to the agreement*"). Siehe auch *Miller*, 31 Cardozo L. Rev. 99, 128 (2009–2010) ("*That is, the adverse effect resulted from factors affecting the industry generally, then it would not be a MAC. Thus we again find courts understanding the undefined term "material*

zeigen insbesondere die oben dargestellten Fälle *IBP v. Tyson*, *Hexion v. Huntsman* oder auch der Fall *Pittsburgh Coke & Chemical Company v. Bollo*[346].

ii. Kriterium der Verursachung

Mit der Unterscheidung zwischen exogenen und endogenen Ursachen im Zusammenhang steht auch das Kriterium der Verursachung. Im Schrifttum wird zum Teil gefordert, dass die Gerichte, statt allein auf den Wertverlust des Zielunternehmens abzustellen, auch die Verursachung berücksichtigen und fragen sollten, ob die Ereignisse, die zu der Veränderung geführt haben, vom Verkäufer beeinflusst werden konnten.[347] Die Erheblichkeit und der Grad des Wertverlusts sei zwar eine notwendige Voraussetzung eines MAE, die Erheblichkeit sollte aber erst im zweiten Schritt, nach der Untersuchung der Verursachung, berücksichtigt werden.[348]

Insofern sollten auch Fehler im *Due Diligence*-Prozess eine Rolle spielen. Es könne berücksichtigt werden, ob einerseits der Käufer eine vollumfängliche *Due Diligence* durchgeführt und auf der anderen Seite, ob das Zielunternehmen alle wesentlichen Informationen zur Verfügung gestellt hat.[349]

Es wird zudem vorgeschlagen, den Aspekt der Verursachung auch bei der Frage der Beweislastverteilung zu berücksichtigen. Denn die Partei, die den MAE verursacht hat, habe in der Regel überlegenes Wissen bezüglich der Ursachen der nachteiligen Entwicklung und auch bessere Beweise in Bezug auf langfristige Entwicklungen. Daher solle die verursachende Partei nach dieser Ansicht auch die Beweislast tragen.[350] Das Gericht solle in einem ersten Schritt die Verursachung der Veränderung prüfen. Wenn es zu dem Ergebnis komme, dass das Zielunternehmen durch seine Handlungen oder Unterlassungen die Veränderung

---

       adverse change" as if it were already qualified by some of the MAC Exceptions of the kind we commonly find in contemporary merger agreements.").
346 *Pittsburgh Coke & Chemical Co. v. Bollo*, 421 F. Supp. 908, 930 (E.D.N.Y. 1976): "[...] *to say that these extrinsic developments constituted material adverse changes in Standard's existing business or financial condition is patently unreasonable".*
347 *Gilson/Schwartz*, 21 J. L. Econ. & Org. 330, 355–56 (2005) (*"the court should ask whether the event was within the seller's ability to affect"*); *Cicarella*, 57 Case W. Res. L. Rev. 423, 448–49 (2007); *Gottschalk*, 47 Hous. L. Rev. 1051, 1079 (2010–2011) ; *Steele*, Supreme Court of Delaware, November 2008 IBA International Leveraged Buyouts Symposium, Handout S. 5.
348 *Cicarella*, 57 Case W. Res. L. Rev. 423, 449 (2007).
349 *Cicarella*, 57 Case W. Res. L. Rev. 423, 448 (2007).
350 *Cicarella*, 57 Case W. Res. L. Rev. 423, 448 (2007); *Gottschalk*, 47 Hous. L. Rev. 1051, 1079 (2010–2011).

beeinflusst habe, müsse das Zielunternehmen dann im nächsten Schritt beweisen, dass die Veränderung oder Auswirkung nicht wesentlich ("*material*") sei. Eine solche Beweislastumkehr könnte in Fällen, in denen wie beispielsweise im Fall *IBP v. Tyson* nach der Beweislast entschieden wird, entscheidend für den Ausgang des Verfahrens sein. Vorgeschlagen wird in diesem Zusammenhang, in Bezug auf die Prüfung der Verursachung auf den *"substantial factor"-Test*, der im Zusammenhang mit einer Haftung von Verkäufern von Wertpapieren gemäß Ziffer 12(a)(1) *Securities Act* (Wertpapiergesetz) Anwendung findet, und auf das hierzu ergangene Fallrecht zurückzugreifen. Nach diesem Test ist eine Partei dann Verursacher eines geltend gemachten MAE, wenn seine Beteiligung an den Ereignissen, die zu dem MAE geführt haben, nicht nur *de minimis* ist (Bagatellgrenze).[351]

Der Ansicht ist insofern zuzustimmen, als das Kriterium der Verursachung ein relevantes Kriterium sein kann. Wenn der Verkäufer selbst die Ereignisse ausgelöst hat, wird die nachteilige Entwicklung regelmäßig in seinen Risikobereich fallen. Auch kann die Tatsache, dass die Veränderung in seinem Einflussbereich lag, für eine Risikozuordnung zum Verkäufer sprechen. Allerdings bietet die Ansicht keine Lösung für die Fälle, in denen, wie bei externen Veränderungen, keine der Parteien die Veränderung verursacht hat, wie beispielsweise im Fall *IBP v. Tyson*. Die Veränderung beruhte in diesem Fall in erster Linie auf externen Veränderungen, die nicht im Einflussbereich der Parteien lagen. Das Kriterium der Verursachung sollte daher nicht als absolutes Kriterium, sondern vielmehr als eines von vielen Kriterien im Rahmen einer Gesamtwürdigung berücksichtigt werden. Ein Risiko wird eher der Partei zuzuordnen sein, die Einfluss auf das Risiko hatte.

iii. Material im Sinne von "de minimis"?

Eine Möglichkeit geht dahin, den Begriff *material* als Gegenteil von *de minimis* zu verstehen. Als nicht *material* auszuscheiden sei ein Ereignis nur dann, wenn es so unbedeutend sei, dass ein Erwerber es nicht berücksichtigen würde und es als bloßer Vorwand des Erwerbers für seine bereute Kaufentscheidung angesehen werden müsste.[352]

---

[351] *Cicarella,* 57 Case W. Res. L. Rev. 423, 448–49 (2007); *Steele* (Chief Justice Supreme Court of Delaware), November 2008 IBA International Leveraged Buyouts Symposium, Handout S. 5.

[352] *Cicarella,* 57 Case W. Res. L. Rev. 423, 449 (2007).

Dieser Ansatz entspricht einer der verschiedenen möglichen Bedeutungen des Wortes "*material*" gemäß der Definition von *Black's Law Dictionary*, nämlich der Bedeutung im Sinne von "*important enough to merit attention*".

Als eine andere mögliche Bedeutung des Begriffes "*material*" nennt *Black's Law Dictionary* auch die Folgende: "*of such a nature that knowledge of the item would affect a person's decision-making*". Im Sinne dieser Definition wäre *materiality* also nur gegeben, wenn die Kenntnis des Ereignisses dazu geführt hätte, dass der Käufer den Vertrag so nicht abgeschlossen hätte. In dieser Bedeutung sind die Anforderungen höher als in der erstgenannten Bedeutung. Das Ereignis muss die Qualität eines "*Deal-Breakers*" haben.[353] Dieses Verständnis von "*materiality*" scheint den Entscheidungen *IBP v. Tyson* und *Hexion v. Huntsman* mit ihren strengen Anforderungen zugrunde zu liegen ("*substantially threaten the overall earnings potential*").[354] Noch klarer wird dies im Fall *Pine State Creamery v. Land-O Sun Dairies*, wo es als entscheidend angesehen wird "*whether, at the time the APA was signed, the parties contemplated that a sudden downturn in [Target's] profitability would be a material factor in [Purchaser's] decision to follow through with the purchase one month later.*"[355] Dieser Prüfungsmaßstab macht deutlich, dass das Gericht die "*affects a decision*"-Bedeutung des Begriffs "*material*" zu Grunde legt und steht klar der *de minimis*-Bedeutung entgegen. Im Zusammenhang mit einer MAC-Klausel, die einen Rücktritt vom Vertrag als Rechtsfolge vorsieht, widerspräche es den Intentionen der Parteien, wenn jede nicht völlig unbedeutende Veränderung eine Lösung vom Vertrag rechtfertigen könnte. Die Ansicht, die unter *material* im Zusammenhang mit der MAC-Klausel lediglich das Gegenteil von *de minimis* versteht, ist daher abzulehnen.[356]

---

353 *Adams*, A Manual of Style for Contract Drafting, S. 149.
354 *Adams*, A Manual of Style for Contract Drafting, S. 149, 151 f.
355 *Pine State Creamery Co. v. Land-O Sun Dairies, Inc.*, 201 F.3d 437 (4th Cir. 1999), No. 98-2441, 1999 WL 1082539, at *6 (4th Cir. Dec. 2, 1999).
356 Siehe dazu *Adams*, A Manual of Style for Contract Drafting, S. 152, der, wie bereits oben erwähnt, zur Klarstellung folgende Definition vorschlägt: "'*Material*' and '*Materiality*' *refer to a level of significance that would have affected any decision of a reasonable person in the Buyer's position regarding whether to enter into this agreement or would affect any decision of a reasonable person in the Buyer's position regarding whether to consummate the transaction contemplated by this agreement.*"

iv. Auslegung in Anlehnung an Impracticability/Frustration of purpose ("Basic Assumption Test")

Mit dem Ziel, das Problem der Rechtssicherheit zu eliminieren, ist auch vorgeschlagen worden, als Auslegungshilfe die im Zusammenhang mit den Lehren der *Impracticability* und der *Frustration of Purpose* entwickelten Grundsätze heranzuziehen, denn zwischen diesen Lehren und MAC-Klauseln bestünden viele Parallelen.[357] Die Gerichte müssten fragen, ob das Eintreten des Ereignisses bzw. die Veränderung den Wegfall einer wesentlichen bzw. grundlegenden Annahme (*failure of a basic assumption*) zur Folge habe.[358] Da eine kritische Auseinandersetzung mit dieser Ansicht eine Erörterung der amerikanischen Lehren der *frustration of purpose* und der *impracticablity* voraussetzt, wird auf diese Ansicht an anderer Stelle dieser Arbeit noch einmal zurückzukommen sein.[359]

v. Genesco v. Finish Line

Sehr lehrreich für die Interpretation von MAC-Klauseln ist der Ansatz des Gerichts im Fall *Genesco v. Finish Line*[360], welcher sich von den Entscheidungen des *Delaware Chancery Court* teilweise unterscheidet.

Nachdem *Finish Line*, Händler im Bereich Sportbekleidung und -schuhe, ein *Merger Agreement* für den Erwerb von *Genesco*, Händler im Bereich Bekleidung und Schuhe, abgeschlossen hatte, wurde bekannt, dass *Genesco* seine Prognosen für die vergangen Monate deutlich verfehlt hatte.[361] Im zweiten und dritten Quartal war der Gewinn um 61 % im Vergleich zum Vorjahr zurückgegangen.[362] *Finish Line* und die finanzierende Bank *UBS* beriefen sich auf einen MAE und verweigerten das Closing. *Genesco* erhob daraufhin Klage.[363]

---

357 *Somogie*, 108 Mich. L. Rev. 81, 84 (2009).
358 *Somogie*, 108 Mich. L. Rev. 81, 105–106 (2009).
359 Unter Ziffer B. V.
360 *Genesco, Inc. v. Finish Line, Inc.*, No. 07-2137-II(III), 2007 WL 4698244 (Tenn. Ch. Dec. 27, 2007).
361 *Genesco, Inc. v. Finish Line, Inc.*, No. 07-2137-II(III), 2007 WL 4698244, at *2, 4 (Tenn. Ch. Dec. 27, 2007).
362 *Genesco, Inc. v. Finish Line, Inc.*, No. 07-2137-II(III), 2007 WL 4698244, at *4–5 (Tenn. Ch. Dec. 27, 2007).
363 *Genesco, Inc. v. Finish Line, Inc.*, No. 07-2137-II(III), 2007 WL 4698244, at *4 (Tenn. Ch. Dec. 27, 2007).

Das Gericht untersucht zunächst die einzelnen Elemente der MAC-Klausel und folgert aus dem Wortlaut, dass die Veränderung *"significant"* sein müsse.[364] Berücksichtigung finden müssten die Dauer der Veränderung, das Ausmaß der Veränderung und ob die Veränderung einen wesentlichen Zweck oder Zwecke, die die Parteien bei Vertragsabschluss verfolgten, betreffe (*"the duration of the change, the measure of the change and whether the change relates to an essential purpose or purposes the parties sought to achieve by entering into the merger"*).[365] Ob eine Veränderung wesentlich sei, sei nicht isoliert, sondern unter Berücksichtigung der konkreten Umstände der Transaktion zu bestimmen.[366]

Das Gericht betrachtet dementsprechend das Maß der Veränderung im Kontext der Ergebnisse der letzten Jahre und stellt fest, dass das Ergebnis eines der schlechtesten der letzten zehn Jahre sei.

In Bezug auf die Dauer der Veränderung weicht das Gericht bewusst und offen von der Entscheidung im Fall *Tyson* ab (*"This court uses a somewhat different analysis [...]"*[367]). Das Gericht ist der Ansicht, dass im konkreten Fall trotz langfristiger strategischer Ziele des Käufers auch kurzfristige Veränderungen wesentlich sein könnten (*"in the context of this merger an MAE can occur in three or four months"*[368]). Dies schließt das Gericht aus folgender Bestimmung im Verschmelzungsvertrag: *"Since the date of this Agreement, there shall not have occurred a Company Material Adverse Effect with respect to the Company and the Company Subsidiaries, considered as a whole, that has not been cured prior to the Termination Date."* Mit dieser Regelung hätten die Parteien implizit anerkannt, dass ein MAC auch innerhalb von drei oder vier Monaten auftreten könne.

Anschließend untersucht das Gericht die Zwecke des Käufers. Langfristige Ziele der Transaktion seien Diversifizierung, Kostenreduzierung durch Synergien und Wachstumsmöglichkeiten des Unternehmens. Zwar sei es richtig, dass diese langfristigen Ziele durch den Rückgang der Gewinne nicht beeinträchtigt

---

364 *"The words 'material', 'adverse', and 'as a whole' in the text plainly convey that the change in the target company's business must be siginificant."* (Genesco, Inc. v. Finish Line, Inc., No. 07-2137-II(III), 2007 WL 4698244, at *15 (Tenn. Ch. Dec. 27, 2007)).
365 *Genesco, Inc. v. Finish Line, Inc.*, No. 07-2137-II(III), 2007 WL 4698244, at *15 (Tenn. Ch. Dec. 27, 2007).
366 *Genesco, Inc. v. Finish Line, Inc.*, No. 07-2137-II(III), 2007 WL 4698244, at *15 (Tenn. Ch. Dec. 27, 2007).
367 *Genesco, Inc. v. Finish Line, Inc.*, No. 07-2137-II(III), 2007 WL 4698244, at *15 (Tenn. Ch. Dec. 27, 2007).
368 *Genesco, Inc. v. Finish Line, Inc.*, No. 07-2137-II(III), 2007 WL 4698244, at *16 (Tenn. Ch. Dec. 27, 2007).

würden. Das Gericht folgt aber nicht der Ansicht von *Genesco*, dass deshalb kein wesentlicher Zweck der Transaktion weggefallen sei, da diese Auffasssung die Umstände des konkreten Falles außer Acht lasse.[369] Das Gericht berücksichtigt vielmehr auch die Tatsache, dass die Transaktion zu 100 % fremdfinanziert war und dass aufgrund der Verschlechterung keine finanziellen Resourcen zur Förderung des Wachstums des Unternehmens bestünden. Die Förderung des Wachstums sei zwar kein primärer Zweck der Transaktion, aber die primären langfristigen strategischen Ziele könnten nur durch Wachstumsförderung erreicht werden. Die Finanzierung des Deals sollte zu 70 % aus den erwarteten Gewinnen des erworbenen Unternehmens erfolgen. Die nachteilige Veränderung des Unternehmens beeinträchtige die Fähigkeit, die Kredite zurückzubezahlen und führe dazu, dass kein Geld zur Förderung des Wachstums übrig sei.[370] Das Gericht kommt also zu dem Ergebnis, dass auch die Beeinträchtigung dieses sekundären Zwecks eine wesentliche nachteilige Veränderung darstellen könne. *"[…] the Court finds that a secondary purpose of the Merger Agreement - paying the financing costs - has been affected by the change in Genesco's performance; the measurable change in earnings – one of the lowest in 10 years - to generate cash to pay the financing and grow the company is a significant change, and that the change in Genesco's earnings from May 2007 to the present is durationally significant. The Court, therefore, concludes that an MAE has occurred."*[371]

Das Gericht bejaht zwar die Wesentlichkeit im Sinne der MAC-Klausel, lehnt aber im Ergebnis das Vorliegen eines MAE ab, da die Veränderung auf allgemeinen wirtschaftlichen Entwicklungen beruhe und somit in den Bereich der Ausnahmeregelung falle (*changes in general economic conditions*[372]).

---

369   *Genesco, Inc. v. Finish Line, Inc.*, No. 07-2137-II(III), 2007 WL 4698244, at *16 (Tenn. Ch. Dec. 27, 2007).

370   *Genesco, Inc. v. Finish Line, Inc.*, No. 07-2137-II(III), 2007 WL 4698244, at *16 (Tenn. Ch. Dec. 27, 2007).

371   *Genesco, Inc. v. Finish Line, Inc.*, No. 07-2137-II(III), 2007 WL 4698244, at *16 (Tenn. Ch. Dec. 27, 2007).

372   Die Ausnahmeregelung in § 3.1 (a) (B) lautete wie folgt: *"[C]hanges in the national or world economy or financial markets as a whole or changes in general economic conditions that affect the industries in which the Company and the Company Subsidiaries conduct their business, so long as such changes or conditions do not adversely affect the Company and the Company Subsidiaries, taken as a whole, in a materially disproportionate manner relative to other similarly situated participants in the industries or markets in which they operate […]"*, vgl. *Genesco, Inc. v. Finish Line, Inc.*, No. 07-2137-II(III), 2007 WL 4698244, at *13 (Tenn. Ch. Dec. 27, 2007).

Die Entscheidung ist ein Beispiel dafür, wie ein Gericht die Intentionen der Parteien im Einzelfall ermittelt und Beweise gründlich untersucht und ist daher auch in der amerikanischen Literatur auf Zustimmung gestoßen. Insbesondere ist die Entscheidung als weniger verkäuferfreundlich als die Entscheidungen des *Delaware Chancery Court* angesehen worden.[373]

c) Abweichende Vertragsgestaltung

Wenn die Parteien nicht wollen, dass nur bei Beweisbarkeit von Langzeitfolgen eine wesentliche nachteilige Veränderung bejaht wird, sollten sie dies im Vertrag im Rahmen einer MAC-Definition entsprechend regeln. Als Reakion auf das durch den *Delaware Chancery Court* aufgestellte Kriterium, dass die Veränderung über Jahre andauern müsse, könnte eine MAC-Klausel den MAE beispielsweise abweichend definieren als *"any event that individually or in the aggregate has had or would reasonably be expected in the [...] months following the Closing Date to have a MAC"*.[374] Auch die Beweislast können die Parteien abweichend regeln.[375]

IV. Vertragsauslegung und MAC-Klausel

1. Auslegung der MAC-Klausel nach Grundsätzen des allgemeinen Vertragsrechts

Ob aufgrund einer MAC-Klausel die Abstandnahme von einer Transaktion möglich ist, ist durch Auslegung nach den allgemeinen Grundsätzen des Vertragsrechts des jeweiligen Bundesstaates zu ermitteln.[376] Öffentliche Belange wie

---

373 In der amerikanischen Literatur ist teilweise gefordert worden, dass dieser flexiblere und neutralere Ansatz bei der Auslegung von MAC-Klauseln grundsätzlich angewandt werden sollte. Siehe dazu ausführlich *Brooks,* 87 U. Det. Mercy L. Rev. 83, 110 (2009–2010) (*Brooks* ist der Auffassung, dass das Gericht bei Anwendung dieses Maßstabs beispielsweise im Fall *Frontier Oil v. Holly* zu einem anderen Ergebnis gelangt wäre.); siehe auch *Garrett,* 43 Colum. J. L. & Soc. Probs. 333, 349–50 (2009–2010).
374 *Cicarella,* 57 Case W. Res. L. Rev. 423, 449 (2007).
375 Dazu *Toub,* 24 Cardozo L. Rev. 849, 890 (2003); *Threet,* 18 Transactions: Tenn. J. Bus. L. 1007, 1018–20 (2017).
376 *Cline/Trobman,* 21 Int'l Fin. L. Rev. 20 (2002); *Taylor,* 37 U. Rich. L. Rev. 577 (2002–2003).

Anlegerschutz oder Schutz der Integrität der Märkte spielen in den USA generell keine Rolle, auch nicht bei öffentlichen Transaktionen.[377]

Ziel der Interpretation von MAC-Klauseln ist, den Willen der Parteien, wie er durch die Sprache des Vertrages zum Ausdruck gekommen ist, zu verwirklichen (*"Our primary goal when construing an instrument is to give effect to the intent of the parties [...]. We ascertain that intent from the language of the contract"*[378]). Dass auf die Intentionen der Parteien abgestellt wird, darf aber nicht stets im Sinne einer rein subjektiven Sicht verstanden werden, denn auf das, was die Parteien subjektiv gemeint haben, kommt es nur bei gleichem Verständnis der Parteien an.[379] Wenn die Parteien mit einer Bestimmung unterschiedliche Ziele verfolgt haben, muss nach einem *"standard of reasonableness"* bestimmt werden, welches der unterschiedlichen Verständnisse der Parteien von der vertraglichen Regelung (zulasten der anderen Partei) entscheidend sein soll.[380] Bei umstrittenen Vertragsklauseln wird zur Interpretation grundsätzlich ein objektiver Ansatz verfolgt[381], wobei auch die Grundsätze von *good faith* und *fair dealing* beachtet werden.[382] Dementsprechend heißt es im Fall *IBP v. Tyson*: *"[...] New York law follows traditional contract law principles that give great weight to the parties' objective manifestation of their intent in the written language of the agreement."*[383] Weiter heißt es: *"[...] the subjective beliefs of the parties about the meaning of the contractual language are generally irrelevant. Where one of the parties, however, expresses its beliefs to the other side during the negotiation process or in the course*

---

377 Bei öffentlichen Transaktionen gilt in Deutschland das WpÜG. Zur Problematik öffentlicher Transaktionen siehe einerseits unter Ziffer B.V. (amerikanisches und englisches Recht), andererseits unter C. II (deutsches Recht).
378 *Borders v. KRLB Inc.*, 727 S.W.2d 357, 359 (Tex. App. 1987).
379 *Farnsworth*, Contracts, § 7.9 (S. 452).
380 *Farnsworth*, Contracts, § 7.9 (S. 452).
381 Vgl. Restatement (Second) of Contracts (1981) § 201; *Taylor*, 37 U. Rich. L. Rev. 577, 589 (Fn. 58) (2002–2003) (*"Interpretive rules of contract state that the objective approach shall be used to interpret disputed terms except in special circumstances, such as when one party knows or has reason to know of a different meaning attached by the other party."*).
382 Restatement (Second) of Contracts (1981), § 205: *"Duty of Good Faith and Fair Dealing. Every contract imposes upon each party a duty of good faith and fair dealing in its performance and its enforcement."*; vgl auch *Reimann*, Einführung in das US-amerikanische Privatrecht, § 13.1 (S. 44).
383 *In re IBP, Inc. Shareholders Litigation v. Tyson Foods, Inc. and Lasso Acquisition Corp.*, 789 A.2d 14, 54 (Del. Ch. 2001).

of dealing after consummation, such expressions may be probative of the meaning that the parties attached to the contractual language in dispute."[384]

Bei der Auslegung der MAC-Klausel stellt das Gericht im Fall *IBP v. Tyson* auf die Perpektive eines verständigen Erwerbers (*"perspective of a reasonable acquirer"*) ab.[385] Um klarzustellen, dass es nicht auf die subjektive Sicht des Erwerbers ankommt, wird in der Literatur vorgeschlagen, die klarstellende Formulierung *"perspective of a reasonable person in the position of the [purchaser]"*[386] in die MAC-Klausel aufzunehmen.

Der Wortlaut der MAC-Klausel spielt bei der Bestimmung des Inhalts eine entscheidende Rolle. Nach der *"plain meaning rule"* muss im ersten Schritt bestimmt werden, ob der Wortlaut der Regelung unklar und mehrdeutig ist und erst dann darf im nächsten Schritt zur Interpretation übergegangen werden. Wenn der Wortlaut jedoch eindeutig ist, darf ein Gericht keine Interpretation durch Hinzuziehung weiterer Umstände vornehmen.[387]

Damit im Zusammenhang steht auch die bereits erwähnte *parol evidence rule*, wonach bei schriftlichen Verträgen außerhalb der Urkunde liegende Umstände nicht gegen das schriftlich Festgelegte vorgebracht werden können.[388] Von dieser Regel werden aber Ausnahmen zugelassen.[389] Eine Ausnahme besteht darin, dass bei mehrdeutigen schriftlichen Regelungen auch außerhalb der Urkunde liegende Umstände berücksichtigt werden können.[390]

---

384 In re IBP, Inc. Shareholders Litigation v. Tyson Foods, Inc. and Lasso Acquisition Corp., 789 A.2d 14, 55 (Del. Ch. 2001).

385 In re IBP, Inc. Shareholders Litigation v. Tyson Foods, Inc. and Lasso Acquisition Corp., 789 A.2d 14, 68 (Del. Ch. 2001): *"[...] the Material Adverse Effect should be material when viewed from the longer-term perspective of a reasonable acquiror".*

386 *Adams*, A Manual of Style for Contract Drafting, S. 152.

387 *Farnsworth*, Contracts, § 7.12 (S. 463).

388 Vgl. *Farnsworth*, Contracts, S. 414 ff. (insbesondere §§ 7.2 bis § 7.5); *Reimann*, Einführung in das US-amerikanische Privatrecht, § 13.2 (S. 44 f.).

389 Vgl. § 214 Restatement (Second) of Contracts (1981): *"Agreements and negotiations prior to or contemporaneous with the adoption of a writing are admissible in evidence to establish (a) that the writing is or is not an integrated agreement; (b) that the integrated agreement, if any, is completely or partially integrated; (c) the meaning of the writing, whether or not integrated; (d) illegality, fraud, duress, mistake, lack of consideration, or other invalidating cause; (e) ground for granting or denying rescission, reformation, specific performance, or other remedy."*

390 Restatement (Second) of Contracts, § 214 (c); *Reimann*, Einführung in das US-amerikanische Privatrecht, § 13.2 (S. 45).

Für die Interpretation der MAC-Klausel bedeutet dies, dass zunächst der Wortlaut der Klausel und der Wortlaut des gesamten Vertrages analysiert werden müssen.[391] Wenn dann festgestellt wird, dass die Sprache des Vertrages unklar und mehrdeutig ist, muss ein Gericht versuchen herauszufinden, was die Intentionen der Parteien waren. Dabei dürfen auch außerhalb der Urkunde liegende Umstände herangezogen werden: "*If a contract's meaning is plain and unambiguous, it will be given effect. Parol evidence may not be used to create a contractual ambiguity; rather, such ambiguity must be discerned by the court from its consideration of the contract as an entire text.*[392] *[...] When, however, the contract is susceptible to more than one reasonable interpretation, the court may consider extrinsic evidence to resolve the ambiguity.*[393]"

Von der Mehrdeutigkeit einer vertraglichen Regelung geht die Rechtsprechung aus, wenn zwei vernünftig begründbare Auslegungsvarianten bestehen.[394] Dies ist normalerweise dann nicht der Fall, wenn eine MAC-Klausel konkrete Schwellenwerte nennt. In diesem Fall ist die Klausel regelmäßig eindeutig, sodass

---

391 Farnsworth, Contracts, § 7.11 (S. 458) ("*The agreement is [...] to be read as a whole. [...] words used repeatedly have a meaning that is the same throughout the contract and that is consistent with the sense of the contract as a whole.*").

392 In re IBP, Inc. Shareholders Litigation v. Tyson Foods, Inc. and Lasso Acquisition Corp., 789 A.2d 14, 54–55 (Del. Ch. 2001). Vgl. auch Borders v. KLRB: "*We ascertain that intent [of the parties] from the language of the contract [...] as a matter of law and without resort to parol evidence unless the contract is ambiguous.*" (Borders v. KRLB Inc., 727 S.W.2d 357, 359 (Tex. App. 1987)).

393 In re IBP, Inc. Shareholders Litigation v. Tyson Foods, Inc. and Lasso Acquisition Corp., 789 A.2d 14, 55 (Del. Ch. 2001). Siehe auch Frontier Oil Corp. v. Holly Corp., No. Civ.A. 20502, 2005 WL 1039027, at *26 (Del. Ch. Apr. 29, 2005): "*The court first looks to the express terms of the contract to see whether the parties intent can be discerned from those terms. If the terms of the contract are clear on their face, they will give those terns the meaning that would be ascribed to [them] by a reasonable third party. If, however, the contract is reasonably or fairly susceptible of different interpretations or may have two or mire different meanings, it is ambiguous, and the court will resort to extrinsic evidence to ascertain the reasonable shared expectations of the parties at the time of contracting. The extrinsic evidence may include the overt statements and acts of the parties, the business context, prior dealings between the parties, and other business customs and usage in the industry. In addition, the Court must strive to interpret contractual provisions in a way that gives effect to every term of the instrument, and that, if possible, reconciles all of the provisions of the instrument when read as a whole.*"

394 "*A contract provision is ambiguous if it is susceptible of two reasonable alternative interpretations.*" (Allegheny Energy, Inc. v. DQE, Inc., 74 F. Supp. 2d 482, 512 (W.D. Pa. 1999)).

die *plain meaning rule* eingreift und kein Spielraum für Interpretation besteht. Es dürfen dann auch keine außerhalb des Vertrages liegenden Umstände berücksichtigt werden (*parol evidence rule*).

Meist wird man den Wortlaut einer MAC-Klausel, insbesondere das Wort "*material*" im Rahmen einer allgemein gefassten Klausel, aber als mehrdeutig ansehen können und mindestens zwei verschiedene Ansichten zu seiner Auslegung vertreten können. Im Fall *Allegheny* heißt es: "*Although there is a common understanding of what the term "material" encompasses, the inherent relativity of this word makes it ambiguous in the absence of any qualifying language. Here the Agreement provides no further explanation as to how "material" is to be interpreted. Nor does the Agreement provide any financial benchmarks from which to measure materiality.*"[395] Und auch das Gericht im Fall *IBP v. Tyson* stellt fest: "*[…] the application of those words is dauntingly complex*", "*[…] the resolution requires the court to engage in an exercise that is quite imprecise*".[396]

Allerdings ist es auch in diesen Fällen nicht ausgeschlossen, dass ein Gericht mangels Mehrdeutigkeit die Berücksichtigung äußerer Umstände ausschließt. Im Fall *Borders*[397] stellte das Gericht fest, dass keine der Parteien die Mehrdeutigkeit der MAC-Klausel behauptet habe und aus diesem Grund kein Rückgriff auf *parol evidence* möglich sei: "*We ascertain that intent from the language of the contract, as a matter of law and without resort to parol evidence unless the contract is ambiguous. […] we observe that when, as here, neither party contends the instrument is ambiguous, its construction must be resolved as a question of law.*"[398] Allerdings düfte der Fall *Borders* als Sonderkonstellation einzuordnen und die Mehrdeutigkeit der allgemein gefassten MAC-Klausel der Regelfall sein.

Nach Feststellung der Mehrdeutigkeit können bei der Interpretation alle Umstände des konkreten Falles Berücksichtigung finden: "*The court is free to look to all the relevant circumstances surrounding the transaction. This includes the state of the world, including the state of the law, at the time. It also includes all writings, oral statements, and other conduct by which the parties manifested their assent, together with any prior negotiations between them and any applicable course of dealing, course of performance, or usage. The entire agreement, including all writings, should be read together in the light of all the circumstances.*"[399]

---

395 *Allegheny Energy, Inc. v. DQE, Inc.*, 74 F. Supp. 2d 482, 517 (W.D. Pa. 1999).
396 *In re IBP, Inc. Shareholders Litigation v. Tyson Foods, Inc. and Lasso Acquisition Corp.*, 789 A.2d 14, 65 (Del. Ch. 2001).
397 *Borders v. KRLB Inc.*, 727 S.W.2d 357 (Tex. App. 1987).
398 *Borders v. KRLB Inc.*, 727 S.W.2d 357, 359 (Tex. App. 1987).
399 *Farnsworth*, Contracts, § 7.10 (S. 453).

Im amerikanischen Recht gilt der Grundsatz, dass Verträge als Ganzes betrachtet werden müssen.[400] Im Fall *IBP v. Tyson* untersucht das Gericht dementsprechend beispielsweise die garantierten Bilanzen und verschiedene Anhänge zum Vertrag.[401] Aus den Bilanzen, so das Gericht, gehe hervor, dass *IBP* ein konstant profitables Unternehmen sei, dessen Gewinne jedoch starken Schwankungen unterlägen.[402]

Darüber hinaus berücksichtigt das Gericht auch sonstige Umstände des konkreten Falles (*"circumstances surrounding the transaction"*[403]): *"negotiating realities […] suggest that contractual language must be read in the larger context in which the parties were transacting"*.[404] In diesem Zusammenhang äußert das Gericht: *"To a short-term speculator, the failure of a company to meet analyst's projected earnings for a quarter could be highly material."*[405] Das Gericht stellt aber fest, dass *Tyson* kein *"short-term speculator"* sei, sondern ein Erwerber, der das Unternehmen im Rahmen einer Langzeitstrategie erworben habe, sodass kurzfristige Veränderungen nicht als wesentlich angesehen werden könnten.[406]

Hiermit im Zusammenhang steht der im Vertragsrecht geltende Grundsatz, dass bei der Vertragsauslegung der Vertragszweck berücksichtigt werden muss. In § 202 (1) des *Restatement (Second) of Contracts* heißt es: *"Words and other conduct are to be interpreted in the light of all the circumstances, and if the principal purpose of the parties is ascertainable it is given great weight."* Um den Vertragszweck der Parteien bestimmen zu können, kann das Gericht Umstände außerhalb der Vertragsurkunde berücksichtigen.[407] Den Vertragszweck untersucht auch das Gericht im Fall *IBP v. Tyson*, indem es ausführt, dass der Zweck eines strategischen Investors sei, ein langfristig profitables Unternehmen zu erwerben.

---

400 *Farnsworth*, Contracts, § 7.11 (S. 458).
401 *In re IBP, Inc. Shareholders Litigation v. Tyson Foods, Inc. and Lasso Acquisition Corp.*, 789 A.2d 14, 56–57 (Del. Ch. 2001).
402 *In re IBP, Inc. Shareholders Litigation v. Tyson Foods, Inc. and Lasso Acquisition Corp.*, 789 A.2d 14, 67 (Del. Ch. 2001): *"The picture that is revealed from this data is of a company that is consistently profitable, but subject to strong swings in annual EBIT and net earnings".*
403 *Farnsworth*, Contracts, Fourth Edition, § 7.10 (S. 453).
404 *In re IBP, Inc. Shareholders Litigation v. Tyson Foods, Inc. and Lasso Acquisition Corp.*, 789 A.2d 14, 67 (Del. Ch. 2001).
405 *In re IBP, Inc. Shareholders Litigation v. Tyson Foods, Inc. and Lasso Acquisition Corp.*, 789 A.2d 14, 67 (Del. Ch. 2001).
406 *In re IBP, Inc. Shareholders Litigation v. Tyson Foods, Inc. and Lasso Acquisition Corp.*, 789 A.2d 14, 67 (Del. Ch. 2001).
407 *Farnsworth*, Contracts, § 7.10 (S. 454 f.).

("*To such an acquiror, the important thing is whether the company has suffered a Material Adverse Effect in its business or results of operations that is consequential to the company's earnings power over a commercially reasonable period.*")

Wenn die *parol evidence rule* wegen Mehrdeutigkeit der Klausel nicht greift, kann ein Gericht auch die Entstehung der Klausel und die diesbezüglichen Vertragsverhandlungen zur Interpretation heranziehen. In einem MAC-Fall hat das Gericht beispielsweise festgestellt, dass der Wortlaut der Klausel einen Kompromiss zwischen den verschiedenen Positionen der Parteien im Verhandlungsprozess darstelle ("*after serveral backs and forths, the parties agreed on the existing language which the court finds to be a compromise which did not adopt the position of either party.*"[408]). In einem anderen Fall hörte das Gericht den CEO des Käufers als Zeugen, um herauszufinden, ob die Bilanzen für die Entscheidung des Käufers, das Unternehmen zu erwerben, relevant waren.[409]

Zudem gibt es im amerikanischen Vertragsrecht die Auslegungsregel, dass eine Klausel bei Mehrdeutigkeit im Zweifel so gelesen werden muss, dass jeder Bestimmung des Vertrages eine Bedeutung zukommt. Im Fall *Hexion v. Huntsman* führt das Gericht aus: "*An interpretation which gives effect to all provisions of the contract is preferred to one which renders a portion of the writing superfluous, useless or inexplicable. A court will interpret a contract in a manner that gives reasonable meaning to all of its provisions, if possible*".[410] Da der relevante Vertrag im Fall *Hexion/Huntsman* die Prognosen explizit aus den *representations/warranties* ausnahm, lehnte es das Gericht ab, einen MAE mit der Verfehlung dieser Prognosen zu begründen. Durch den Ausschluss der Prognosen aus den

---

408 *Allegheny Energy, Inc. v. DQE, Inc.*, 74 F. Supp. 2d 482, 514 (W.D. Pa. 1999).
409 *Pine State Creamery Co. v. Land-O Sun Dairies, Inc.*, 201 F.3d 437 (4th Cir. 1999), No. 98-2441, 1999 WL 1082539, at *6 (4th Cir. Dec. 2, 1999).
410 *Hexion Speciality Chemicals, Inc. v. Huntsman Corp.*, 965 A.2d 715, 742 (Del. Ch. 2008). Vgl. auch Restatement (Second) of Contracts, § 203: "*In the interpretation of a promise or agreement or a term thereof, the following standards of preference are generally applicable: (a) an interpretation which gives a reasonable, lawful, and effective meaning to all the terms is preferred to an interpretation which leaves a part unreasonable, unlawful, or off no effect.[…]*". Siehe auch im Fall *Frontier Oil Corp. v. Holly Corp.*, No. Civ.A. 20502, 2005 WL 1039027, at *26 (Del. Ch. Apr. 29, 2005): "*In addition, the Court must strive to interpret contractual provisions in a way that gives effect to every term of the instrument, and that, if possible, reconciles all of the provisions of the instrument when read as a whole.*".

Zusicherungen bzw. Garantien des Vertrages hätten die Parteien das Risiko, dass das Zielunternehmen nicht die Erwartungen erfülle, dem Käufer zugeordnet.[411]

Insgesamt zeigen die Gerichtsentscheidungen, dass die Auslegung der MAC-Klausel und insbesondere des Begriffs "*material*" immer von den Umständen des konkreten Einzelfalles abhängig ist.[412]

Grundsätzlich ist in Entscheidungen der Rechtsprechung zu MAC-Klauseln auch die im amerikanischen Recht generell vorhandene Tendenz erkennbar, Vertragsklauseln restriktiv auszulegen. Insbesondere bei eng gefassten Klauseln mit speziellen Anwendungsfällen werden unter Anwendung des Auslegungsgrundsatzes *inclusio unius est exclusio alterius* solche Fälle aus dem Anwendungsbereich der Klausel herausgenommen, die nicht explizit genannt worden sind. Beispielsweise im Fall *Borders v. KLRB* enthielt die MAC-Klausel neben der allgemeinen Definition des MAC neun konkretisierte Beispiele. Das Gericht entschied, dass ein 50 %iger Rückgang der Hörerquote eines Radiosenders keinen MAC darstelle, da dieser Fall des Verlusts der Hörerquote nicht ausdrücklich in den Konkretisierungen der MAC-Klausel genannt sei.[413] Wenn der Vertrag keine Regelung zu einer bestimmten Veränderung enthalte, sei es nicht Aufgabe des Gerichts, eine Regelung in den Vertrag hineinzulesen ("*[...] examining the entire contract, we find no mention of Arbitron ratings and no language guaranteeing or*

---

411   *Hexion Speciality Chemicals, Inc. v. Huntsman Corp.*, 965 A.2d 715, 740–41 (Del. Ch. 2008); "*The parties specifically allocated the risk to Hexion that Huntsman's performance would not live up to management's expectations at the time. If Hexion wanted the short-term forecasts of Huntsman warranted, it could have negotiated for that*" (*Hexion Speciality Chemicals, Inc. v. Huntsman Corp.*, 965 A.2d 715, 741 (Del. Ch. 2008)). Siehe auch *Frontier Oil Corp. v. Holly Corp.*, No. Civ.A. 20502, 2005 WL 1039027, at *34 (Del. Ch. Apr. 29, 2005): "*The parties could have expressly allocated the burdens as a matter of contract, but they did not do so*".

412   *In re IBP, Inc. Shareholders Litigation v. Tyson Foods, Inc. and Lasso Acquisition Corp.*, 789 A.2d 14, 67 (Del. Ch. 2001): "*Whatever the concept of materiality may mean, at the very least it is always relative to the situation*" (unter Verweis auf *Freund*, Anatomy Of A Merger: Strategies and Techniques for Negotiating Corporate Acquisitions, 246).

413   Die Klausel lautete: "*Since November 3, 1983, there have not been any material adverse changes in the business, operations, properties and other assets of KRLB which would impair the operation of radio station KRLB-FM and KRLB-AM and since such date the business of KRLB has been conducted in the usual, regular and ordinary manner and shall continue, through and including the Closing Date, to be conducted in such manner, unless prior written approval for any variation therefrom shall first been secured from Borders.*"

promising Borders that the station would maintain its audience share [...]."⁴¹⁴ "*We find no such agreement and to supply one would be to make a new contract for the parties.*"⁴¹⁵). Die enge Auslegung des Gerichts im Fall *Borders* ergab, dass aus den in der Klausel genannten Beispielen folge, dass unter die MAC-Klausel keine Ereignisse fielen, die außerhalb der Kontrolle des Managements lagen.⁴¹⁶ Auch in anderen Fällen haben Gerichte die Tatsache, dass ein bestimmtes Ereignis in einer spezifischen Klausel nicht genannt war, als Ausschluss dieses Ereignisses gewertet: "*Had the parties deemed average daily production important ('material' to the deal), surely an appropriate reference would have been included*".⁴¹⁷

2. Einfluss allgemeiner Wertungen

Bei der Auslegung der Tatbestandsmerkmale der MAC-Klausel, aber auch bei der Frage der Beweislastverteilung, sind die Entscheidungsergebnisse der Rechtsprechung immer auch von Wertungen des Gerichts und von allgemeinen Wertentscheidungen des Rechtssystems beeinflusst. So heißt es im Fall *IBP v. Tyson*: "*[...] the resolution [...] turns on a difficult policy question. In what direction does the burden of this sort of uncertainty fall: on an acquirer or on the seller?*"⁴¹⁸

Diese "*policy question*" entscheidet das Gericht im Fall *Tyson* zugunsten einer "*seller-friendly perspective*", indem es verlangt, dass der Käufer "*ought to have to make a strong showing to invoke a Material Adverse Effect exception to its obligation to close*" und sodann strenge Voraussetzungen für das Vorliegen eines MAC aufstellt.⁴¹⁹ Für die verkäuferfreundliche Perspektive führt das Gericht „praktische Gründe" (*practical reasons*) an: Eine weite Auslegung der allgemein

---

414 *Borders v. KRLB Inc.*, 727 S.W.2d 357, 359 (Tex. App. 1987).
415 *Borders v. KRLB Inc.*, 727 S.W.2d 357, 359–360 (Tex. App. 1987).
416 "*We cannot reasonably construe the paragraph to include an event over which the management has little control. Certainly there is nothing to indicate that KRLB aided, abetted, or encourages the ratings decline.*" (*Borders v. KRLB Inc.*, 727 S.W.2d 357, 359 (Tex. App. 1987)).
417 *Northern Heel Corp. v. Compo Industries, Inc.*, 851 F.2d 456, (1ˢᵗ Cir. 1988), 466.
418 *In re IBP, Inc. Shareholders Litigation v. Tyson Foods, Inc. and Lasso Acquisition Corp.*, 789 A.2d 14, 68 (Del. Ch. 2001) (Hervorhebung nicht im Original).
419 "*[...] the provision is best read as a back-stop protecting the acquiror from the occurrence of unknown events that substantially threaten the overall earning potential of the target in a durationally significant manner. A short-term hiccup in earnings should not suffice; rather the Material Adverse Effect should be material when viewed from the longer-term perspective of a reasonable acquiror.*" (*In re IBP, Inc. Shareholders Litigation v. Tyson Foods, Inc. and Lasso Acquisition Corp.*, 789 A.2d 14, 68 (Del. Ch. 2001). Siehe dazu oben unter Ziffer III 1 b).

gefassten MAC-Klausel würde die Verhandlung extrem detaillierter Klauseln zur Folge haben und dies könne nur durch eine enge Auslegung der Klausel vermieden werden.[420] Auch nach Untersuchung des Falles aus dieser verkäuferfreundlichen Perspektive[421] gesteht das Gericht ein, dass es sich bezüglich des Ergebnisses nicht sicher ist (*"When examined from this seller-friendly perspective, the question [...] remains a close one"*), kommt aber zu dem Ergebnis, dass es *Tyson* nicht gelungen ist, die Anforderungen zu erfüllen.[422] Das Gericht fügt jedoch hinzu: *"If a different policy decision is the correct one, a contrary conclusion could be reached"*.[423] Mit dieser Äußerung macht das Gericht deutlich, dass der Ausgang der Entscheidung maßgeblich von Wertungen abhängig sein kann.

Auch die allgemeine Wertung des US-Rechts, dass es Sache des Käufers ist, sich zu schützen (*caveat emptor*) kann Einfluss auf die Entscheidung haben. Das Gericht verweist an anderer Stelle seiner Entscheidung auf den Grundsatz *caveat emptor* (*"Caveat emptor is still the basic law of New York, and applies in force in these circumstances"*) und äußert, dass *Tyson* unter den gegebenen Umständen sehr vorsichtig hätte sein müssen.[424] In diesem Zusammenhang ist auch die

---

420 *"A contrary rule will encourage the negotiation of extremely detailed "MAC" clauses with numerous carve-outs or qualifiers. An approach that reads broad clauses as addressing fundamental events that would materially affect the value of a target to a reasonable acquiror eliminates the need for drafting of that sort."* (*In re IBP, Inc. Shareholders Litigation v. Tyson Foods, Inc. and Lasso Acquisition Corp.*, 789 A.2d 14, 68 (Del. Ch. 2001).

421 *In re IBP, Inc. Shareholders Litigation v. Tyson Foods, Inc. and Lasso Acquisition Corp.*, 789 A.2d 14, 68 (Del. Ch. 2001): *"When viewed from this seller-friendly perspective…"*.

422 *In re IBP, Inc. Shareholders Litigation v. Tyson Foods, Inc. and Lasso Acquisition Corp.*, 789 A.2d 14, 71 (Del. Ch. 2001): *"…Tyson has not met its burden"*.

423 *In re IBP, Inc. Shareholders Litigation v. Tyson Foods, Inc. and Lasso Acquisition Corp.*, 789 A.2d 14, 71 (Del. Ch. 2001). Diesbezüglich führt das Gericht aus: *"If I am incorrect and IBP bore the burden to prove the absence of a Material Adverse Effect by clear and convincing evidence in order to obtain an order of specific performance, it would not have met that burden. It would prevail under a preponderance standard, regardless of whether it bore the burden of persuasion."*

424 *In re IBP, Inc. Shareholders Litigation v. Tyson Foods, Inc. and Lasso Acquisition Corp.*, 789 A.2d 14, 73 (Del. Ch. 2001) (*"Caveat emptor is still the basic law of New York, and applies in full force in these circumstances."*; *"Given these factors, Tyson should have been very cautious, indeed."*). Diesen Zusammenhang sieht auch *Taylor*, 37 U. Rich. L. Rev. 577, 595 (2002–2003) (*"The court reasoned that, generally, MAE clauses should be interpreted from a seller-friendly perspective, reasoning that in a heavily negotiated contract, as merger agreements invariably are, and with the advice of highly skilled experts, the long standing notion of caveat emptor applies in full force."*).

Aussage des Gerichts zu sehen, dass die Parteien die Beweislast vertraglich ausdrücklich anders hätten zuweisen können.[425] Diese Aussage entpricht der allgemeinen Tendenz im Common Law, dass der Käufer vertragliche Regelungen zu seinem Schutz selbst verhandeln muss.

Zudem zeigt der Fall *Hexion*, dass auch bei der Frage der Zuweisung der Beweislast eine Wertungsentscheidung in Bezug auf den Spezialfall der MAC-Klausel getroffen wurde. Das Gericht weicht in seiner Entscheidung von dem sonst geltenden Grundsatz, dass der Verkäufer das Vorliegen einer *condition precedent* nachweisen muss, ab. Begründet wird dies damit, dass die MAC-Klausel eine Rechtsform *sui generis* sei.[426] Unabhängig von der Ausgestaltung der Klausel als *condition precedent* trage diejenige Partei die Beweislast, die eine Befreiung vom Vertrag begehre. Diese Zuordnung der Beweislast wird (wie im Fall *Tyson*) als "*policy decision*" bezeichnet und statt allgemeiner Beweislastregeln werden praktische Gründe ("*practical reasons*") angeführt.[427]

Insgesamt kann somit festgehalten werden, dass allgemeinen Wertungen im Rahmen der Entscheidung von MAC-Fällen eine große Bedeutung zukommen kann.

V. MAC-Klausel als Abweichung von den "Default Rules"

Standardklauseln wie die MAC-Klausel dienen dazu, Regelungen zu schaffen, weil das dispositive Recht diesen Bereich nicht, nur unzureichend oder in einer von den Parteien nicht gewollten Weise regelt. Zwar fehlt es in dem Bereich des US-Rechts, in dem sich das Recht des Unternehmenskaufs entwickelt hat, größtenteils an gesetzlich kodifizierten Regelungen des dispositiven Rechts[428] und anglo-amerikanische Verträge sind aus diesem Grund meist viel ausführlicher

---

425 *Hexion Speciality Chemicals, Inc. v. Huntsman Corp.*, 965 A.2d 715, 739–40 (Del. Ch. 2008); *Frontier Oil Corp. v. Holly Corp.,* No. Civ.A. 20502, 2005 WL 1039027, at *34 (Del. Ch. Apr. 29, 2005).
426 *Hexion Speciality Chemicals, Inc. v. Huntsman Corp.*, 965 A.2d 715, 739 (Del. Ch. 2008).
427 "*A material adverse change clause does not easily fit into such a mold, and it is not at all clear that it ought to be treated the same for this purpose. Rather, for the same practical reasons that the court in IBP cites, it seems the preferable view (…), that absent clear language to the contrary, the burden of proof with respect to a material adverse effect rests on the party seeking to excuse its performance under the contract*" (*Hexion Speciality Chemicals, Inc. v. Huntsman Corp.*, 965 A.2d 715, 739 (Del. Ch. 2008)).
428 *Merkt,* FS Sandrock, S. 657, 662.

als deutsche Verträge.[429] Jedoch sind auch dem amerikanischen *Common Law* Regeln des dispositiven Rechts nicht völlig fremd.[430] So wird auch in der amerikanischen juristischen Literatur die Funktion des *Contract Law* darin gesehen, Regelungen für den Fall bereitzustellen, dass die Vertragsparteien bezüglich eines bestimmten Punktes keine ausdrückliche Regelung getroffen haben. Wenn ein Vertrag zu einem bestimmten Punkt keine Regelungen enthält, sollen die sogenannten *default rules* diese Lücken schließen.[431] Dies heißt aber auch, dass die Vertragsparteien, wenn sie wollen, von diesen *default rules* durch vertragliche Regelungen abweichen können. Vertragliche Gestaltung stellt eine Reaktion auf einen konkreten Regelungsbedarf dar. Aus ökonomischer Sicht werden die Parteien umso mehr Zeit und Geld in Vertragsverhandlungen und Vertragsentwürfe investieren, je höher der wirtschaftliche Wert und das auf dem Spiel stehende Risiko des Vertrages ist.[432] Um die hohen Kosten der Vertragsgestaltung bei Wirtschaftsverträgen dennoch zu reduzieren, haben Rechtsanwälte Vertragsmuster mit Standardklauseln wie beispielsweise der MAC-Klausel entwickelt. Da solche Standard-Klauseln eine Abweichung von den *default rules* darstellen, können Bedeutung und Zweck solcher Standard-Vertragsklauseln nur dann richtig verstanden werden, wenn auch das (dispositive) Recht, von dem abgewichen wird, berücksichtigt wird.[433] Als Ausgangspunkt der Analyse der MAC-Klausel ist daher zu untersuchen, wie das *Common Law* mit nach Vertragsschluss eintretenden Umständen umgeht:

---

429 Da im amerikanischen Recht eine Bezugnahme auf das positive Recht nur selten möglich ist, ist es stärker als im deutschen Recht nötig, Verträge möglichst ausführlich, umfassend und aus sich selbst verständlich auszuhandeln und zu formulieren (vgl. *Merkt*, FS Sandrock, S. 657, 662).
430 Wie das deutsche Recht unterscheidet auch das amerikanische Recht zwischen dispositivem Recht (*default rules*) und zwingendem Recht (*"immutable" rules*), vgl. zum Beispiel *Ayres/Gertner*, 99 Yale L. J. 87 (1989–1990).
431 *Ayres/Gertner*, 99 Yale L. J. 87 (1989–1990).
432 *Fairfield*, 58 Emory L. J. 1401, 1405 (2008): *"In individuated, customized contracts, the parties themselves clearly believe that the cost in time and money of dickering terms is lower than the potential damage caused by deviation from one or both parties' expectations."*
433 *Schwartz*, 57 UCLA L. Rev. 789, 799 (2009–2010); *Band/Anderson*, 26 Int'l Fin. L. Rev. 57 (2007).

1. Lehre von der absoluten Vertragsgeltung und Entwicklung der "Doctrine of Frustration" in England

Einer der grundlegenden Grundsätze des Vertragsrechts ist der Grundsatz „*pacta sunt servanda*", Verträge sind einzuhalten. Über die Jahrhunderte hat das *Common Law* jedoch eine Reihe Ausnahmen von diesem Grundsatz entwickelt. Ihren Ursprung haben diese Entwicklungen im englischen Recht:

Bis ins 18. Jahrhundert galt im *Common Law* der Grundsatz, dass eine Änderung von Umständen nach Vertragsschluss den Schuldner selbst bei Unmöglichkeit der Leistung nicht befreit. Diese Regel der absoluten Vertragsgeltung[434] wurde in der Entscheidung *Paradine v. Jane*[435] entwickelt. Zur Begründung wird unter anderem angeführt, dass die Parteien, wenn sie eine Berücksichtigung nachträglich eintretender Umstände gewollt hätten, sich im Vertrag vor solchen Veränderungen hätten schützen können.[436]

Im Laufe des 19. Jahrhunderts wurde der Grundsatz der strikten Bindungswirkung relativiert und im Fall "*Taylor v. Caldwell*" (1863)[437] eine Leistungsbefreiung für Fälle der Unmöglichkeit anerkannt. Nach Auffassung des Gerichts unterliege ein Vertrag der stillschweigenden Bedingung (*implied condition*), dass die Parteien von der Leistungspflicht befreit werden, wenn die Leistung ohne Verschulden der Vertragspartei durch Untergang der Sache unmöglich werde.[438] Dieses Konzept der stillschweigenden Bedingung wurde später auch auf Fälle tatsächlicher und rechtlicher Unmöglichkeit angewandt.[439]

Darüber hinaus wurde die *Doctrine of Frustration* schließlich auch auf Fälle ausgeweitet, in denen der Vertragszweck vereitelt wurde. Im Fall *Krell v. Henry*[440] mietete der Beklagte eine Wohnung, um die Krönungszeremonie von König Edward VII sehen zu können. Die Zeremonie wurde wegen Krankheit des Königs abgesagt und es stellte sich die Frage, ob der Beklagte dennoch zur Entrichtung des Mietzinses verpflichtet war. Das Gericht entschied, dass wegen *frustration of contract* keine Zahlungsverpflichtung bestand, da die Grundlage des Vertrages

---

434 Vgl. zur Lehre von den "*absolute contracts*" Treitel, Unmöglichkeit, "Impracticability" und "Frustration" im anglo-amerikanischen Recht, S. 3 ff.; *Hay,* AcP 164, 233 f.
435 *Paradine v Jane* (1646) Aleyn 26 (= 82 E.R. 897).
436 (1946) Aleyn 26, 27 (= 82 E.R. 897, 897).
437 (1893) 3 B & S 826 (QB).
438 (1893) 3 B & S 826 (QB), 833. Ausführlich *Farnsworth*, Contracts, § 9.5 (S. 621 ff.); siehe auch *Hay,* AcP 164, 231, 234.
439 Siehe hierzu: *Hay,* AcP 164, 231, 234 f.
440 *Krell v. Henry* (1903) 2 K.B.740.

entfallen war.⁴⁴¹ Der Mieter wurde von seinen Vertragpflichten befreit, obwohl die Vermietung der Räume weiterhin möglich gewesen wäre.⁴⁴²

Die englischen Gerichte weigerten sich aber, die *Doctrine of Frustration* in der Folgezeit noch weiter auszuweiten. Die Parteien sollten nicht schon deshalb von der Vertragsverpflichtung frei werden, weil nachträgliche Veränderungen dazu führten, dass der Vertrag sich im Nachhinein als ein schlechtes Geschäft darstellte.⁴⁴³ Die englischen Gerichte wandten die *Doctrine of Frustration* in der Folgezeit nur sehr zögerlich an.⁴⁴⁴ Beispielsweise wurde in einem Fall, in dem ein Grundstück nachträglich mit einem Bebauungsverbot belastet wurde und demzufolge der Wert von 1.500.000 auf 200.000 Pfund sank, eine *Frustration* des Vertrages verneint. Dieses Risiko des Wertverlusts sei dem Käufer zugewiesen und die nachträgliche Veränderung habe auch nicht zur Folge, dass eine völlig andere Leistung vorliege.⁴⁴⁵

Die Regel der absoluten Vertragsgeltung gilt in der ursprünglichen Absolutheit somit zwar nicht mehr, sie wird aber immer noch angewendet, wenn unter Berücksichtigung der Natur des Vertrages und der Umstände, unter denen er

---

441 (1903) 2 K.B. 740, 751.
442 Vgl. ausführlicher *Farnsworth*, Contracts, § 9.7 (S. 634 ff.); *Ulrich-Erber*, Äquivalenzstörungen und Leistungserschwernisse im deutschen und englischen Recht sowie in den Principles of European Contract Law, S. 176 ff; *Hay*, AcP 164, 231, 236 ff.
443 *Treitel/Peel*, The law of contract, S. 926 (19-005).
444 *Treitel*, Unmöglichkeit, "Impracticability" und "Frustration" im anglo-amerikanischen Recht, S. 119.
445 Im Fall *Amalgamated Investment & Property Co Ltd v John Walker & Sons Ltd* ([1977] 1 WLR 164) ging es um einen Grundstückskauf. Das gekaufte Grundstück wurde nach Vertragsschluss aus Gründen des Denkmalschutzes mit einem Bebauungsverbot belastet. Aus diesem Grund sank der Wert von 1.500.000 auf 200.000 Pfund. Trotz dieses erheblichen Wertverlustes wurde die *Frustration* des Vertrages verneint. Während zwei der Richter fragten, wer das Risiko zu tragen habe, dass das Gebäude auf die Liste für denkmalgeschützte Gebäude gesetzt werde (und dieses Risiko dem Käufer zuwiesen), fragt Sir John Pennycuick (Court of Appeal), ob durch die Veränderung eine grundsätzlich völlig andere Leistung vorliege und verneint dies (*"One cannot say that the circumstances in which performance, i. e. completion, will be called for would render that performance a thing radically different from that which was undertaken by the contract. On the contrary, completion, according to the terms of the contract, would be exactly what the purchaser promised to do, and of course the vendor"*). Siehe dazu *Ulrich-Erber*, Äquivalenzstörungen und Leistungserschwernisse im deutschen und englischen Recht sowie in den Principles of European Contract Law, S. 229 f.

geschlossen wurde, von den Parteien vernünftigerweise erwartet werden konnte, vertragliche Vorkehrungen für diesen Fall zu treffen.[446]

2. Frustration of purpose und Impracticability im amerikanischen Recht

Mittlerweile erkennt auch das US-amerikanische Recht, welches durch die Entwicklung in England beeinflusst wurde, an, dass es Situationen gibt, in denen eine Partei beim Eintreten nachträglicher nachteiliger Veränderungen von seiner Vertragspflicht befreit werden kann. Im amerikanischen Recht wird unterschieden zwischen erheblicher Erschwerung der Leistung (*Impracticability*) und Sinn- bzw. Zwecklosigkeit der Leistung (*Frustration of purpose*).[447] Der Begriff "*frustration*" hat im amerikanischen Recht nicht die gleiche Bedeutung wie im englischen Recht. Anders als im englischen Recht, wo sich der Begriff "*frustration of contract*" auf alle Fälle bezieht, in denen der Vertrag durch nachträgliche Ereignisse aufgelöst wird (also sowohl auf Fälle der Unmöglichkeit bzw. erheblichen Leistungserschwerung als auch auf Fälle der Zweckverfehlung), wird im amerikanischen Recht "*frustration of purpose*" nur in den Fällen gebraucht, in denen die Leistung zwar noch erbracht werden kann, aber zwecklos geworden ist.[448]

a) Impracticability

i. Allgemeines/Voraussetzungen

Die *doctrine of commercial impracticability* geht aus der englischen Common Law *doctrine of impossibility* hervor.[449] Trotz anfangs kritischer Haltung gegenüber der *impossibility doctrine*, wurde sie schließlich zögerlich anerkannt und später als "*impracticability doctrine*" im Anwendungsbereich noch erweitert.[450] Eine Auflösung aufgrund von *impracticability* kann auch dann erfolgen, wenn die Erfüllung des Vertrages zwar nicht unmöglich, aber erheblich erschwert wird. Die *doctrine of impracticability* wird im amerikanischen Recht auf den Fall *Mineral Park Land Co.*

---

446   *Treitel/Peel*, The law of contract, S. 925 (19-002).
447   Die Fälle der Unmöglichkeit (*Impossibility*) werden in der nachfolgenden Betrachtung außer Acht gelassen, da es im Anwendungsbereich der MAC-Klausel um nachteilige Veränderungen, nicht jedoch um Fälle der Unmöglichkeit geht.
448   Dazu *Treitel*, Unmöglichkeit, "Impracticability" und "Frustration" im anglo-amerikanischen Recht, S. 17 ff.
449   *Farnsworth,* Contracts, § 9.5 und § 9.6.
450   *Constantini,* 42 Sw. L. J. 1047, 1053 (1988).

v. Howard[451] zurückgeführt ("*a thing is impossible in legal contemplation when it is not practicable*"[452]). In § 261 des Restatement (Second) on Contracts (1981)[453] wird die Lehre von der *Impracticability* wie folgt zusammengefasst:

> Where, after a contract is made, a party's performance is made impracticable without his fault by the occurrence of an event, the non-occurrence of which was a basic assumption on which the contract was made, his duty to render that performance is discharged, unless the language or the circumstances indicate the contrary.

Aus diesem Paragraphen ergeben sich im Wesentlichen vier Voraussetzungen. Die Leistung muss erstens "*impracticable*" geworden sein. Das Ereignis darf zweitens nicht auf ein Verschulden der Partei, welche Befreiung von der Verpflichtung verlangt, zurückzuführen sein ("*without his fault*"). Drittens muss der Nichteintritt des die Leistung erschwerenden Ereignisses eine wesentliche Annahme gewesen sein, auf der der Vertrag beruhte ("*basic assumption*"). Und viertens darf sich aus dem Vertrag oder den Umständen nichts Abweichendes ergeben ("*unless the language or the circumstances indicate the contrary*").[454]

Erste Voraussetzung ist also, dass die Leistung der einen Partei "*impracticable*" geworden ist. Der Begriff "*Impracticability*" ist einerseits von der Unmöglichkeit (*Impossibility*) abzugrenzen, denn die Leistung ist in Fällen der Impracticability nicht völlig unmöglich.[455] Andererseits bedeutet "*impracticable*" aber auch mehr als nur "*impractical*", es muss ein bestimmtes Ausmaß erreicht sein. Nur extreme

---

451 *Mineral Park Land County v Howard*, 172 Cal. 289, 156 P. 458 (1916).
452 156 P. 458 (1916), S. 459. In diesem Fall ging es um eine Abbauverpflichtung von Kies im Rahmen eines Bauprojekts. Es stellte sich im Nachhinein heraus, dass die Kosten der Förderung zehn oder zwölf mal so hoch waren wie üblich, da der Kies sich, was nicht bekannt war, unter dem Grundwasserspiegel befand. Zudem hätte der Kies vor Verwendung noch getrocknet werden müssen, was zu Verzögerungen des Bauprojektes geführt hätte. Dazu ausführlich *Treitel*, Unmöglichkeit, "Impracticability" und "Frustration" im anglo-amerikanischen Recht, S. 57 ff.
453 § 261 ist die Generalklausel, die folgenden drei Paragraphen befassen sich mit den drei Fällen, in denen die Lehre traditionell angewandt wurde (s.o.): § 262 betrifft Unmöglichkeit in der Person des Schuldners, § 263 den Untergang einer Sache und § 264 regelt die nachträgliche rechtliche Unmöglichkeit (durch ein Verbot etc.).
454 Diese Voraussetzungen ergeben sich in ähnlicher Form auch aus dem Uniform Commercial Code, der auf den Verkauf von Waren (*sales of goods*) anwendbar ist. In UCC 2-615 (a) heißt es: "*Except so far as a seller may have assumed a greater obligation […] (a) non-delivery […] is not a breach of his duty under a contract for sale if performance as agreed has been made impracticable by the occurrence of a contingency the non-occurrence of which was a basic assumption on which the contract was made […]*."
455 *Restatement (Second) of Contracts* (1981), comment d zu § 261.

Fälle sollen erfasst werden. Da Risiko von Kostensteigerungen ist in Wirtschaftsverträgen mit fest vereinbartem Preis in der Regel umfasst.[456] US-Gerichte haben wiederholt entschieden, dass der bloße Anstieg der Kosten der Leistungserbringung nicht von der Leistungspflicht befreit.[457] Es wird von den Vertragspartnern erwartet, gewisse Anstrengungen auf sich zu nehmen.[458]

Zweite Voraussetzung ist, dass die *Impracticability* nicht auf ein Verschulden der Partei, welche Befreiung von ihrer Leistungsverpflichtung verlangt, zurückzuführen ist (*without his fault*).[459]

Der sogenannte "*Basic Assumption Test*" ist Kernstück der Prüfung. Wesentliche Frage des *Basic Assumption*-Tests ist, welcher Partei nach dem Vertrag das Risiko des nachteiligen Ereignisses zugeordnet ist.[460] Bei der "*basic assumption*"-Voraussetzung handelt es sich um ein flexibles Kriterium. Um zu bestimmen, welches Risiko der Schuldner übernommen hat, berücksichtigen die Gerichte eine Vielzahl von Faktoren, welche implizit in dem Begriff "*basic assumption*" enthalten sind.[461]

Ein relevanter Faktor ist die Frage, ob die Ereignisse zum Zeitpunkt des Vertragsschlusses vorhersehbar waren.[462] Wenn die Ereignisse vernünftigerweise nicht vorhergesehen werden konnten, kann nicht angenommen werden, dass die Partei, die Befreiung von ihrer Vertragspflicht verlangt, das Risiko des Eintritts dieses Ereignisses übernommen hat.[463] Umgekehrt spricht die Vorhersehbarkeit des Ereignisses aber nicht zwingend für die Annahme, dass sein Nichteintreten eine wesentliche Annahme (*basic assumption*) war bzw. für die Übernahme des Risikos.[464] Zwar legt die Tatsache, dass eine Partei trotz vorhersehbaren Risikos keine vertragliche Regelung für diesen Fall getroffen hat, nahe, dass sie dieses Risiko übernommen hat. Jedoch können andere Faktoren wie der Verlauf der

---

456 *Restatement (Second) of Contracts* (1981), comment d zu § 261.
457 Dazu ausführlich und mit Rechtsprechungsnachweisen *Farnsworth*, Contracts, S. 627 f.
458 *Restatement (Second) of Contracts* (1981), comment d zu § 261.
459 Vgl. Rechtsprechungsnachweise bei *Farnsworth*, Contracts, S. 630.
460 *Restatement (Second) of Contracts* (1981), *Introductory Note, Chapter 11*: "Determining whether the non-occurrence of a particular event was or was not a basic assumption involves a judgment as to which party assumed the risk of its occurrence"; siehe hierzu auch *Farnsworth*, Contracts, Fourth Edition, S. 628 ff.
461 *Restatement (Second) of Contracts* (1981), comment b zu § 261.
462 Zum Kriterium der Vorhersehbarkeit *Farnsworth,* Contracts, S. 631 (§ 9.6); *Somogie*, 108 Mich. L. Rev. 81, 101 (2009).
463 *Restatement (Second) of Contracts* (1981), comment c zu § 261.
464 *Restatement (Second) of Contracts* (1981), comment b zu § 261.

Vertragsverhandlungen und die jeweilige Verhandlungsmacht der Parteien auf das Gegenteil hindeuten.[465] Die Vorhersehbarkeit des Ereignisses ist damit nur einer von mehreren Faktoren, der bei Bestimmung der wesentlichen Annahme, auf deren Grundlage der Vertrag geschlossen wurde, relevant sein kann.[466]

Darüber hinaus berücksichtigen die Gerichte, ob das nachteilige Ereignis innerhalb der Kontrolle bzw. innerhalb des Einflussbereiches der Partei lag.[467] Parteien tragen in der Regel die Verantwortung für die sich in ihrer Sphäre verwirklichenden Risiken. Auch werden Gerichte einer Partei eher die Verantwortung für Risiken zuweisen, gegen die sie sich versichern konnte oder die sie vertraglich einer dritten Partei zuweisen konnte.[468]

Ob bei der Bestimmung, welche Annahmen der Parteien dem Vertrag zugrundelagen, alle relevanten Umstände berücksichtigt werden können, oder ob die *parol evidene rule* die Heranziehung außervertraglicher Umstände (*extrinsic evidence*) verbietet, wird nicht einheitlich beantwortet.[469] Nach richtiger Ansicht sollten alle Umstände berücksichtigt werden können.[470]

Die Annahmen können stillschweigend sein, müssen aber von beiden Parteien geteilt werden. Die nicht zum Ausdruck gebrachten stillschweigenden Annahmen lediglich einer der Parteien werden nicht berücksichtigt.[471] Keine wesentliche Annahme der Parteien ist normalerweise das Weiterbestehen von vorhandenen Marktbedingungen oder der finanziellen Situation der Parteien.[472] Die Möglichkeit einer Auflösung wegen Marktschwankungen ist zwar theoretisch anerkannt, führt praktisch aber nur selten zum Erfolg.[473]

Vierte Voraussetzung ist, dass sich aus dem Vertrag oder den Umständen nichts Abweichendes ergibt (*"unless the language or the circumstances indicate the contrary"*). Der Schulder kann von den *default rules* abweichende Vereinbarungen treffen und sich auch für die Fälle verpflichten, in denen er nach den *default rules* von seiner Leistungspflicht befreit wäre (*"except so far as a seller*

---

465 *Farnsworth,* Contracts, S. 631 f. (§ 9.6); *Somogie,* 108 Mich. L. Rev. 81, 101 (2009).
466 *Farnsworth,* Contracts, S. 632.
467 *Farnsworth,* Contracts, S. 632.
468 *Farnsworth,* Contracts, S. 632.
469 Dazu mit Nachweisen aus der Rechtsprechung *Farnsworth*, Contracts, S. 629.
470 Siehe *Farnsworth*, Contracts, S. 629.
471 *Farnsworth,* Contracts, S. 629.
472 *Comment b to sec. 261 Restatement (Second) of Contracts* (1981).
473 *Treitel*, Unmöglichkeit, "Impracticability" und "Frustration" im anglo-amerikanischen Recht, S. 73.

may have assumed a greater obligation"[474]). Dies ist beispielsweise dann der Fall, wenn der Schuldner - statt einer einfachen vertraglichen Verpflichtung - eine Garantie für seine Leistung übernommen hat.[475] Auch kann sich aus den Umständen, beispielsweise aus der Diskussion eines Problems vor Vertragsschluss oder der besonderen Expertise eines Vertragspartners, ergeben, dass ein Problem bekannt war und die damit verbundenen Schwierigkeiten bzw. Risiken übernommen worden sind.[476]

Die Beweislast trägt in Fällen der *Impracticability* die Partei, die eine Befreiung begehrt.[477]

ii. Impracticability bei Wertverlust des Kaufgegenstands?

In Bezug auf die hier untersuchte Problematik stellt sich die Frage, ob die *Impracticability* unter Umständen einen Befreiungsgrund zugunsten des Käufers darstellen kann, wenn sich der Wert des Unternehmens im Zeitraum zwischen *Signing* und *Closing* verschlechtert. Generell ist im Fall des Wertverlusts der Leistung die Anwendbarkeit der *Impracticability Doctrine* problematisch. Im Restatement (Second) on Contracts heißt es in § 261: "*Where [...] a party's performance is made impracticable [...] his duty to render that performance is discharged [...]*". Diese Formulierung (wie auch die Formulierung in UCC s. 2 615) entspricht der herrschenden Ansicht, dass sich nur der Leistende auf den Befreiungsgrund der *Impracticability* berufen kann.[478] Allerdings zeigen Fälle wie "*Hancock Paper*"[479], dass es auch Fälle gibt, in denen sich der Käufer wegen sinkender Marktpreise für die gekaufte Ware auf die Lehre der *Impracticability* berief. In diesem Fall erklärte das Gericht aber, dass der Wertverlust nicht "*the level of severity required to excuse performance*" erreicht hatte.[480] Im Ergebnis ist kein Fall bekannt, in dem eine Wertminderung des Kaufgegenstands dem Käufer eine Befreiung nach den Regeln der *Impracticability* ermöglicht hat. Dies scheint darauf hinzudeuten,

---

474 So die Formulierung in UCC § 2–615 (2004).
475 *Farnsworth*, Contracts, S. 630 mit Rechtsprechungsnachweisen.
476 *Farnsworth*, Contracts, S. 630 mit Rechtsprechungsnachweisen.
477 *White/Summers*, Uniform Commercial Code, § 3–10 (S. 144 f.); *Somogie*, 108 Mich. L. Rev. 81, 101 (2009).
478 Vgl. Wortlaut des Restatement (Second) on Contracts (§ 261); *Schwartz*, A "Standard Clause Analysis" of the Frustration Doctrine and the Material Adverse Change Clause, 57 UCLA L. Rev. 789, 801–802 (2009–2010) mit weiteren Nachweisen (Fn. 47).
479 *Hancock Paper Co. v. Champion International Corp.* 424 F. Supp. 285 (E.D. Pa. 1976).
480 *Hancock Paper Co. v. Champion International Corp.* 424 F. Supp. 285, 290 (E.D. Pa. 1976).

dass bei einem Wertverlust der Leistung eine Befreiung des Käufers nach den Grundsätzen der *Impracticability* nicht möglich ist. Diese faktische Einschränkung der Lehre der *Impracticability* erklärt sich wohl daraus, dass, während der Verlust des Verkäufers theoretisch unbegrenzt sein kann, der Verlust des Käufers im Regelfall durch den vereinbarten Kaufpreis beschränkt ist.[481] Die Lehre von der *Impracticability* würde dem Unternehmenskäufer somit kein Recht einräumen, vom Vertrag Abstand zu nehmen, wenn sich der Wert des Unternehmens im Zeitraum zwischen *Signing* und *Closing* verschlechtert.

b) *Frustration of purpose*

i. *Allgemeines/Voraussetzungen*

Die *Frustration Doctrine* ist mit der *Impracticability Doctrine* verwandt, da beide eine Auflösung eines Vertrages wegen nachträglicher Veränderung der Umstände ermöglichen, aber in beiden Fällen keine Unmöglichkeit der Leistung vorliegt. Die Lehre der *frustration of purpose* geht auf den bereits erwähnten englischen „Krönungsfall" *Krell v. Henry* zurück und betrifft die Lösung vom Vertrag wegen Fortfalls des Vertragszwecks. Die *Frustration Doctrine* ist grundsätzlich auch von den amerikanischen Gerichten anerkannt worden. Sie ist in Amerika insbesondere in Verträgen zur Bereitstellung von beleuchteten Werbetafeln (im Zusammenhang mit dem Verbot der Beleuchtung), in Kneipenpachtverträgen (im Zusammenhang mit dem Verbot von Alkohol) und im Fall von Nutzungsbeschränkungen von Grundstücken angewandt und entwickelt worden.[482] In allen diesen Fällen war der Vertragszweck wegen nachträglicher Beschränkungen weggefallen. Das nachträgliche Verbot bezog sich jeweils auf die mit dem Vertrag bezweckte Handlung, nicht aber auf die vertraglich geschuldete Leistungshandlung, sodass kein Fall der *Impracticability* vorlag.

In § 265 des Restatement (Second) of Contracts (*Discharge bei Supervening Frustration*) werden die Voraussetzungen der *frustration of purpose* wie folgt zusammengefasst:

> Where, after a contract is made, a party's principal purpose is substantially frustrated without his fault by the occurrence of an event the non-occurrence of which was a basic assumption on which the contract was made, his remaining duties to render performance are discharged, unless the language or the circumstances indicate the contrary.

---

481 *Treitel*, Unmöglichkeit, "Impracticability" und "Frustration" im anglo-amerikanischen Recht, S. 73.

482 Siehe *Treitel*, Unmöglichkeit, "Impracticability" und "Frustration" im anglo-amerikanischen Recht, S. 92 ff.

Hieraus ergeben sich folgende Voraussetzungen: Der vereitelte Zweck muss der Hauptzweck (*principal purpose*) der Partei, die eine Befreiung von ihren Vertragspflichten verlangt, für den Vertragsschluss gewesen sein. Zweitens muss der Vertragszweck "*substantially frustrated*" sein. Drittens darf kein Verschulden (*without his fault*) vorliegen. Viertens muss das Nichteintreten des den Zweck vereitelnden Ereignisses eine wesentliche Annahme für den Vertragsschluss (*basic assumption*) gewesen sein. Und fünftens darf sich aus dem Vertrag und den Umständen nichts Gegenteiliges ergeben (*unless the language or the circumstances indicate the contrary*).

In Bezug auf die letzten drei Prüfungspunkte kann auf die vorstehenden Ausführungen zur *Impracticablity*, insbesondere zum *Basic-Assumption*-Test, verwiesen werden. Lediglich die ersten zwei Voraussetzungen unterscheiden sich von den Voraussetzungen der *Impracticability*.

Erste Voraussetzung ist, dass der Hauptzweck (*principal purpose*) des Vertrages vereitelt wurde. Es muss sich um den primären Zweck und nicht lediglich um einen sekundären Zweck handeln.[483] Für beide Vertragspartner muss der Zweck die Basis des Vertrages gewesen sein, ohne den die Partei den Vertrag nicht abgeschlossen hätte und ohne den der Vertrag keinen Sinn machen würde.[484] Beispielsweise ist in den bereits erwähnten Alkoholverbotsfällen eine Auflösung des Pachtvertrags mit dem Kneipenwirt dann abgelehnt worden, wenn das Lokal neben dem (nun verbotenen) Alkoholausschank noch für weitere Zwecke genutzt werden konnte.[485]

Zweitens muss die Zweckvereitelung substantiell sein (*substantially frustrated*). Dass der Vertrag zu einem (auch signifikanten) Verlust führt, genügt allein noch nicht.[486] Die Zweckvereitelung muss so schwer wiegen, dass nicht angenommen werden kann, dass sie von den im Vertrag übernommenen Risiken umfasst sein soll.[487] Die veränderten Umstände müssen den Wert der Gegenleistung vollständig oder fast vollständig zerstört haben.[488] Da fast jede Leistung

---

483 *Restatement (Second) of Contracts* (1981), comment a. zu § 265.
484 *Restatement (Second) of Contracts* (1981), comment a. zu § 265.
485 Dazu mit Rechtsprechungsnachweisen *Treitel,* Unmöglichkeit, "Impracticability" und "Frustration" im anglo-amerikanischen Recht, S. 110 f.
486 *Farnsworth,* Contracts, S. 636; *Restatement (Second) of Contracts* (1981), *comment a.* zu § 265; *Schwartz,* 57 UCLA L. Rev. 789, 806–807 (2009–2010).
487 *Restatement (Second) of Contracts* (1981), Comment a. zu § 265.
488 *Schwartz,* 57 UCLA L. Rev. 789, 806 (2009–2010) mit weiteren Nachweisen.

trotz Veränderung noch irgendeinen Wert behält, wird die *frustration doctrine* fast nie bejaht.[489]

ii. Frustration of purpose bei Verschlechterungen des Unternehmens?

In Fällen der Verschlechterung der Unternehmenslage zwischen *Signing* und *Closing* scheidet eine Berufung des Käufers auf die Lehre der *Frustration of purpose* aufgrund der strengen Voraussetzungen fast immer aus. Durch die nachteilige Veränderung wird regelmäßig nicht der primäre Vertragszweck betroffen sein. Insbesondere wird man das Ziel, ein profitables Unternehmen zu erwerben, nicht als primären Vertragszweck in diesem Sinne ansehen können. Aber auch die Voraussetzung, dass der Vertragszweck wesentlich vereitelt (*substantially frustrated*) sein muss, wird kaum vorliegen können. Der Begriff "*substantially*", wie er im *Restatement (Second) on Contracts* verwendet wird, ist von der Rechtsprechung dahingehend ausgelegt worden, dass damit "*totally*" oder "*nearly totally*" gemeint sei.[490] Das nachträgliche Ereignis muss den Wert der Gegenleistung vollständig oder fast vollständig zerstört haben.[491] Der primäre Vertragszweck muss derart vereitelt worden sein, dass die Leistung für ihn völlig wertlos geworden ist.[492] Ein bloßer (wenn auch signifikanter) Verlust genügt nicht.[493] Da selbst bei gravierenden nachteiligen Verschlechterungen regelmäßig ein gewisser Wert des Unternehmens verbleiben wird, sind die Anforderungen der *frustration of purpose* bei Verschlechterungen eines Unternehmens kaum zu erfüllen.

3. MAC-Klausel und *Frustration*

Es bestehen einige Parallelen zwischen den *default rules* (*Frustration* und *Impracticability Doctrine*) auf der einen und der MAC-Klausel auf der anderen Seite. Beide betreffen die Frage, ob bzw. wann durch nachträgliche Ereignisse eine Befreiung vom Vertrag erreicht werden kann. Die Frage nach dem Verhältnis beider Rechtsinstitute hatte das englische *Takeover Panel* in der bereits dargestellten

---

489 *Schwartz*, 57 UCLA L. Rev. 789, 807 (2009–2010) mit weiteren Nachweisen. Im Fall der Alkoholverbotsfälle bedeutete dies beispielsweise, dass, sofern es in der Kneipe noch Alternativen zum Verkauf von Alkohol gibt, kein Fall von *Frustration* gegeben war (*Treitel*, Unmöglichkeit, "*Impracticability*" und "*Frustration*" im anglo-amerikanischen Recht, S. 110 f.).
490 *Schwartz*, 57 UCLA L. Rev. 789, 807 (Fn. 90) (2009–2010).
491 *Schwartz*, 57 UCLA L. Rev. 789, 806. (2009–2010).
492 Mit Nachweisen *Schwartz*, 57 UCLA L. Rev. 789, 806 (2009–2010).
493 *Schwartz*, 57 UCLA L. Rev. 789, 806 (2009–2010).

Entscheidung *WPP/Tempus*[494] in Bezug auf das englische Recht aufgeworfen. Im Fall *WPP/Tempus* führte das *Takeover Panel* aus, die Berufung auf eine MAC-Klausel erfordere "*an adverse change of very considerable significance striking at the heart of the purpose of the transaction in question, analogous [...] to something that would justify frustration of a legal contract.*"[495] In der Folge dieser Entscheidung, die inzwischen korrigiert worden ist, war sowohl in der englischen akademischen Literatur als auch in der englischen Praxis vielfach die Auffassung vertreten worden, dass für das Vorliegen eines MAC die Voraussetzungen der "*legal frustration*" vorliegen müssten.[496] Auch Äußerungen in der amerikanischen Literatur (wie "*[...] the courts' interpretation of materiality [...] renders the MAC clause nothing more than a mere restatement of the common law*"[497] oder "*[...] most MAE provisions are effectively superfluous because they are not specific enough to override the default rules*"[498]) geben Anlass, das Verhältnis zwischen den Anforderungen der *default rules* und der MAC-Klausel genauer zu betrachten.

a) MAC-Klausel als Abweichung von den Default Rules

Wie bereits dargestellt, bietet weder die *Impracticablity* noch die *Frustration of Purpose* in Fällen, in denen es zu einer nachteiligen Veränderung des Unternehmens kommt, eine Möglichkeit, sich vom Vertrag zu lösen.

Käufer, die sich vor Verschlechterungen des Unternehmens im Zeitraum zwischen *Signing* und *Closing* schützen wollen, sind daher auf weitergehende vertragliche Regelungen angewiesen. Die MAC-Klausel stellt eine solche abweichende Regelung (auch "*standard clause analog*"[499] genannt) dar. Sie soll dem Käufer, ohne

---

[494] Offer by WPP Group PLC („WPP") for Tempus Group PLC ("Tempus"), Takeover Panel Statement 2001/15.

[495] Offer by WPP Group PLC („WPP") for Tempus Group PLC ("Tempus"), Takeover Panel Statement 2001/15, Paragraph 16.

[496] Dazu mit Nachweisen: *Ogowewo,* 23 Int'l Fin. L. Rev. 43 (2004).

[497] *Schwartz,* 57 UCLA L. Rev. 789, 828 (2009–2010). Sie auch *Ferera,* Some Differences in Law and Practice Between U.K. and U.S. Stock Purchase Agreements, Jonesday Comment April 2007, S. 8: "*The consequence [of such an interpretation is] that a MAC clause gives a buyer no protection beyond what is generally available to it under contract law*" (betreffend die Auslegung des Takeover Panel im Fall *WPP/Tempus*).

[498] *Somogie,* 108 Mich. L. Rev. 81, 85 (2009).

[499] Als "*standard clause analog*" werden Standardklauseln bezeichnet, die von einer bestimmten *default rule* des Common Law abweichen. Beispielsweise wird die *force majeure*-Klausel als "*standard clause analog*" zur *Impracticability Doctrine* bezeichnet. Siehe *Schwartz,* 57 UCLA L. Rev. 789, 797 (2009–2010) mit weiteren Beispielen.

dass die strengen Voraussetzungen der *default rules* vorliegen müssen, eine Lösung vom Vertrag ermöglichen.[500] Wie weit die MAC-Klausel aber tatsächlich von den einzelnen Voraussetzungen der *frustration* abweicht, ist noch ungeklärt.

Die Auslegung der MAC-Klausel durch die Rechtsprechung ist mit der Begründung kritisiert worden, dass sie die Anforderungen an die wesentliche Veränderung überspanne und mit ihren strengen Voraussetzungen (*"substantially threaten the overall earnings potential of the target in a durationally-significant manner"*[501]) im Ergebnis die gleichen Anforderungen stelle wie im Rahmen der *frustration of purpose*.[502] Eine wesentliche nachteilige Veränderung im Sinne der MAC-Klausel liege nach der Rechtsprechung nur vor, wenn die nachteilige Veränderung den primären Zweck der Transaktion treffe (*"striking at the heart of the purpose of the transaction"*[503]) und der Hauptzweck des Erwerbers, ein Unternehmen *"with long-term earnings potential"* zu erwerben[504], vereitelt sei.[505] Damit fordere die Rechtsprechung quasi wie im Rahmen der *frustration of purpose*, dass ein *"principal purpose"* (*"heart of the purpose"*) des Vertrages *"substantially frustrated"* (*"substantially threaten[ed]"*) sein müsse[506], sodass die MAC-Klausel in der Auslegung durch die Rechtsprechung kaum über die *default rules* hinausgehenden Schutz biete (*"The existing case law fails to recognize the relationship between the MAC clause and the Frustration doctrine, and unwittingly conflates the two by requiring the same strong showing to trigger a MAC clause as it would under the default frustration doctrine"*.[507] Und: *"As currently drafted, most MAE*

---

500 Siehe bezogen auf das englische Institut der *Frustration* auch *Strong*, 21 April 2010, Mondaq Business Briefing.
501 *In re IBP, Inc. Shareholders Litigation v. Tyson Foods, Inc. and Lasso Acquisition Corp.*, 789 A.2d 14, 68 (Del. Ch. 2001).
502 Der Begriff *"substantially"* in § 265 des *Restatement (Second) on Contracts* ist von der Rechtsprechung so ausgelegt worden, dass der Begriff *"totally or near totally"* bedeute; *Schwartz*, 57 UCLA L. Rev. 789, 825 (2009–2010) (siehe auch S. 807 Fn. 90).
503 Siehe den englischen Fall *WPP/Tempus*: Offer by WPP Group PLC („WPP") for Tempus Group PLC ("Tempus"), Takeover Panel Statement 2001/15, Paragraph 16. Dazu ausführlicher unten (Ziffer B. VI).
504 *In re IBP, Inc. Shareholders Litigation v. Tyson Foods, Inc. and Lasso Acquisition Corp.*, 789 A.2d 14, 68 (Del. Ch. 2001); siehe dazu: *Schwartz*, 57 UCLA L. Rev. 789, 830 (2009–2010).
505 Zu einer Berücksichtigung auch sekundärer Zwecke im Fall *Genesco v. Finish Line* siehe *Schwartz*, 57 UCLA L. Rev. 789, 831 (2009–2010).
506 *Somogie*, 108 Mich. L. Rev. 81, 109 (2009).
507 *Schwartz*, 57 UCLA L. Rev. 789, 793 (2009–2010).

*provisions are effectively superfluous because they are not specific enough to override the default rules."*⁵⁰⁸).

Diese Kritik an der Rechtsprechung kann nicht in vollem Maß geteilt werden. Die Entscheidungen dürfen meines Erachtens nicht so verstanden werden, dass vom *Delaware Chancery Court* die Vereitelung eines primären Zwecks im Sinne des *frustration doctrine* gefordert würde. Vielmehr wird aus den Entscheidungen lediglich deutlich, dass das Gericht dem Zweck der Transaktion im Rahmen der Vertragsauslegung große Bedeutung beimisst und dass ein wesentliches Ziel der Transaktion betroffen sein muss, um von einer wesentlichen nachteiligen Veränderung ausgehen zu können. Überzeugender und klarer als in den Entscheidungen des *Delaware Chancery Court* wird dies in der Entscheidung *Genesco v. Finish Line* formuliert, wo klargestellt wird, dass auch die Vereitelung eines sekundären Zwecks einen MAC auslösen kann (*"[…] the Court finds that a secondary purpose of the Merger Agreement – paying the financing costs - has been affected by the change in Genesco's performance; the measurable change in earnings [...] is durationally significant. The Court, therefore, concludes that an MAE has occurred"*⁵⁰⁹).

Darüber hinaus zeigen die Entscheidungen des *Delaware Chancery Court* aber auch insgesamt, dass die Anforderungen des Gerichts an einen MAC deutlich niedriger sind als im Rahmen der *default rules*. Beispielsweise ordnet das Gericht den Fall *Tyson* als „knappe Entscheidung" ein und gibt zu, dass es sich in Bezug auf den Ausgang der Entscheidung unsicher ist. Unter dem Gesichtspunkt der *default rules* wäre der *Tyson*-Fall hingegen ganz eindeutig nicht erfasst, denn der Wertverlust des Kaufgegenstands ist ein Risiko, das grundsätzlich der Käufer zu tragen hat. Von einer Zweckvereitelung und dem Vorliegen der oben dargestellten Voraussetzungen der *frustration doctrine* ist der Fall *Tyson* weit entfernt, da der Vertragszweck nicht derart vereitelt worden ist, dass das erworbene Unternehmen für ihn völlig wertlos wurde.

Es bleibt festzuhalten, dass bei der Auslegung der MAC-Klausel berücksichtigt werden muss, dass durch die MAC-Klausel gerade eine Abweichung von und Erweiterung der *default rules* getroffen werden soll und daher nicht dieselben Anforderungen gestellt werden dürfen wie im Rahmen der *frustration doctrine*. Insbesondere der strenge Maßstab im Rahmen der *frustration,* dass die Leistung (fast) völlig wertlos geworden sein müsse, muss auf das Erfordernis einer wesentlichen Verschlechterung (*material adverse change*) abgemildert werden.

---

508 *Somogie*, 108 Mich. L. Rev. 81, 85 (2009).
509 *Genesco, Inc. v. Finish Line, Inc.*, No. 07-2137-II (III), 2007 WL 4698244, at *16 (Tenn. Ch. Dec. 27, 2007).

Der Begriff "*material*" muss so ausgelegt werden, dass zwar eine schwerwiegende Entwicklung, aber kein totaler Verlust verlangt wird.[510] "*Material*" muss weniger bedeuten als "*catastrophic*".[511]

b) Default Rules und Auslegung der MAC-Klausel

Es stellt sich aber die Frage, ob und inwiefern die Wertungen der *Default Rules* im Rahmen der Auslegung der MAC-Klausel dennoch Berücksichtigung finden können.

i. Lückenfüllender Rückgriff auf Default Rules bei Auslegung der MAC-Klausel

In der amerikanischen Literatur ist vorgeschlagen worden, in Fällen, in denen sich dem Vertrag keine Entscheidung zur Risikoverteilung entnehmen lasse, auf die *default rules* zurückzugreifen.[512] Wenn die Parteien ihren Willen nicht im Vertrag niedergelegt hätten, bestünde eine Lücke im Vertrag, die die Gerichte durch Anwendung der allgemeinen *default rules* schließen müssten. Die Standard- MAC-Klausel sei so allgemein gehalten, dass sie die Absichten der Parteien hinsichtlich der Risikoverteilung meist nicht oder nur unzureichend zum Ausdruck bringe. Aus dem unbestimmten Begriff "*material*" könne das Gericht die Absichten der Parteien oft nicht herleiten, wenn sich aus dem Vertrag keine weiteren Hinweise ergeben. In diesen Fällen sei die Aufgabe der Gerichte weniger die Durchsetzung bestehender Regelungen, sondern vielmehr die Schließung von Vertragslücken.[513] Durch den Rückgriff auf die Grundsätze, die im Rahmen der Lehren der *Impracticability* und der *Frustration of purpose* seit Jahrhunderten entwickelt worden sind, könne ein höheres Maß an Vorhersehbarkeit und Rechtssicherheit erreicht werden.[514] Die *default rules* kämen allerdings nur dann zur Anwendung, wenn der jeweilige Vertrag keine abweichende Risikozuordnung vorgenommen habe. Soweit die Parteien die Risiken eindeutig aufgeteilt hätten, müsse diese Risikoverteilung und der Wille der Vertragsparteien, wie er im Vertrag Ausdruck gefunden habe, beachtet und durchgesetzt werden. Eine Prüfung habe daher in mehreren Schritten zu erfolgen.[515] Im ersten Schritt

---

510 *Schwartz*, 57 UCLA L. Rev. 789, 825 (2009–2010).
511 *Schwartz*, 57 UCLA L. Rev. 789, 829 (2009–2010).
512 *Somogie*, 108 Mich. L. Rev. 81, 103 (2009).
513 *Somogie*, 108 Mich. L. Rev. 81, 103 (2009).
514 *Somogie*, 108 Mich. L. Rev. 81, 104 (2009).
515 *Somogie*, 108 Mich. L. Rev. 81, 105–106 (2009).

würden die Gerichte danach fragen, ob sich aus dem Vertrag Hinweise ergeben, wem das Risiko der konkret aufgetauchten nachträglichen Veränderung oder des Eintritts des bestimmten Ereignisses zugewiesen werden sollte. Im nächsten Schritt würden äußere Umstände in die Auslegung mit einzubezogen, die die Absichten der Parteien erkennen lassen. Anschließend würde eine Risikozuweisung durch den Richter anhand des *"basic assumption"* Tests erfolgen. Die Gerichte müssten fragen, ob es eine wesentliche Annahme bei Vertragsschluss war, dass eine bestimmte Veränderung nicht eintreten werde. Auf Grundlage dieser Testfrage würde dann entschieden, ob eine Veränderung wesentlich (*"material"*) sei. Ein *material change* läge nur vor, wenn dessen Nichteintritt eine wesentliche Annahme (*basic assumption*) bei Vertragsschluss war.[516]

ii. Stellungnahme

Schon das Ziel dieser Ansicht, durch Anwendung der *default rules* größere Vorhersehbarkeit und Klarheit über die Voraussetzungen der MAC-Klausel zu erzielen, scheint sehr fraglich. Gegen die Ansicht spricht aber vor allem, dass sie unberücksichtigt lässt, dass auch durch eine allgemein gefasste MAC-Klausel eine von den *default rules* abweichende Risikoverteilung getroffen wird. Es liegt mit der allgemein gefassten MAC-Klausel zwar eine auslegungsbedürftige Klausel, aber keine Lücke im Vertrag, welche durch Anwendung des allgemeinen Vertragsrechts zu schließen wäre, vor. Eine Lücke im Vertrag würde voraussetzen, dass es an einer Regelung fehlt, was bei einer allgemein gefassten MAC-Klausel aber nicht der Fall ist. Denn trotz der Unbestimmtheit des Begriffs *"material"* wird durch die Aufnahme einer MAC-Klausel in den Vertrag geregelt, dass in Fällen des wesentlichen Wertverlusts der Sachleistung (hier: des Unternehmens) eine Befreiung vom Vertrag in Betracht kommen kann und dass statt eines totalen Wertverlusts eine wesentliche Verschlechterung genügen soll. Zudem kann auf Grundlage der MAC-Klausel in Fällen von Äquivalenzstörungen - anders als nach den *default rules* - auch der Käufer vom Vertrag Abstand nehmen, und zwar auch dann, wenn kein primärer Zweck, der eine wesentliche Annahme bei Vertragsschluss war, weggefallen ist. Es kommt also auch durch die allgemein gefasste MAC-Klausel, welche keinerlei Präzisierungen enthält, der Wille der Parteien zum Ausdruck, eine von den *default rules* abweichende Risikoverteilung vorzunehmen. Wenn man dennoch die *default rules* anwenden würde, würde dieser

---

516 *Somogie*, 108 Mich. L. Rev. 81, 103–104 (2009).

Wille missachtet und zudem gegen das allgemeine Prinzip[517] im amerikanischen Vertragsrecht verstoßen, dass Vertragsbestimmungen so ausgelegt werden müssen, dass jeder Begriff der Bestimmung Beachtung findet und Wirkung entfaltet.

iii. Allgemeine Wertungen und Risikoverteilung

Dies bedeutet aber nicht, dass im Rahmen der Auslegung der MAC-Klausel nicht ähnliche Wertungen zum Tragen kommen können wie bei der Anwendung der *default rules*. Wie bereits oben dargestellt[518], wird ein Gericht bei der Auslegung der MAC-Klausel immer auch von allgemeinen Wertungen beeinflusst sein. Zu den Wertungen des Vertragsrechts gehören auch der Grundsatz *pacta sunt servanda*[519] und die im Rahmen der *default rules* getroffenen Wertungen. Sowohl bei der Auslegung der MAC-Klausel als auch im Rahmen der Anwendung der *default rules* ist anerkannt, dass es im Ergebnis um die Frage der Risikozuordnung zwischen den Parteien geht. Da in beiden Fällen die Frage beantwortet werden muss, welcher Partei nach dem Vertrag das Risiko nachteiliger Veränderungen zugewiesen ist, werden einige der Kriterien, die im Rahmen der Risikozuweisung nach den *default rules* eine Rolle spielen, auch im Rahmen der Auslegung der MAC-Klausel Berücksichtigung finden können. Als Kriterien zur Bestimmung der Risikozuordnung kommen insbesondere Kriterien wie Vorhersehbarkeit, Kontrolle über das Ereignis, Verursachung und Verschulden (wie im Rahmen der Prüfung der "*basic assumption*") in Betracht. Dies wird durch die Rechtsprechung bestätigt, denn die genannten Kriterien werden von der Rechtsprechung teilweise auch in Entscheidungen, die sich mit MAC-Klauseln befassen, berücksichtigt. Insbesondere das Kriterium der Vorhersehbarkeit spielte in zahlreichen Fällen eine Rolle. Beispielsweise war im Fall *Hexion/Huntsman* der Abschwung als vorhersehbar eingeordnet worden, da die Zyklizität des Geschäfts bekannt war.[520] Auch im englischen Fall *WPP/Tempus* werden für das Vorliegen eines MAC "*exceptional circumstances*" verlangt, "*which could not have*

---

[517] Zu diesem Vertragsprinzip siehe zum Beispiel: *Frontier Oil Corp. v. Holly Corp., No. Civ.A. 20502,* 2005 WL 1039027, at *26 (Del. Ch. Apr. 29, 2005) weiteren Nachweisen: "[…] *the Court must strive to 'interpret contractual provisions in a way that gives effect to every term of the instrument* […]'".

[518] Ziffer B. IV. 2.

[519] "[…] *courts - appearing to rely more or less on their intuition that contractual obligations ought to be observed -* […]" (*Somogie,* 108 Mich. L. Rev. 81, 91 (2009)).

[520] Zum Fall *Hexion v. Huntsman* siehe oben unter III.3.

reasonably been foreseen".[521] Das Kriterium der Kontrolle über das Ereignis war im Fall *Borders v. KLRB* von Bedeutung.[522] In die gleiche Richtung gehen auch Entscheidungen, nach denen Verschlechterungen, die durch externe Faktoren oder allgemeine wirtschaftliche Entwicklungen verursacht worden sind (und damit außerhalb der Kontrolle und des Einflussbereichs der Parteien liegen), nicht von der MAC-Klausel umfasst waren.[523] Auch in Bezug auf die Frage der Beweislast lassen sich Parallelen erkennen. Im Rahmen der *default rules* trägt die Beweislast diejenige Partei, die Befreiung von ihren Verpflichtungen begehrt.[524] Damit übereinstimmend haben die Gerichte dem Käufer die Beweislast für das Vorliegen eines MAC zugewiesen.[525]

VI. Exkurs: Der englische Fall WPP v. Tempus und die Besonderheiten bei öffentlichen Übernahmen

Neben den Entscheidungen des *Delaware Chancery Court* hat auch die Entscheidung des englischen *Takeover Panel* im Fall *WPP v. Tempus*[526] große Beachtung in der juristischen Literatur gefunden. Diese auch in der amerikanischen und deutschen Literatur im Zusammenhang mit MAC-Klauseln oft zitierte Entscheidung ist jedoch vor dem besonderen Hintergrund des öffentlichen Übernahmerechts in England zu sehen. Die besonderen rechtlichen Grundlagen der Entscheidung und die gegenüber dem US-Recht bestehenden Unterschiede sind in den Darstellungen der Literatur nur selten herausgearbeitet worden.

---

521 *WPP/Tempus* (*The Takeover Panel, Offer by WPP Group Plc. for Tempus Group Plc.* 2001/15 (6. November 2001), abrufbar unter: www.thetakeoverpanel.org.uk/wp-content/uploads/2008/12/2001-15.pdf), Paragraph 35. Siehe zu diesem Fall nachfolgend unter Ziffer VI.

522 Allerdings ergibt sich das Kriterium der Kontrolle im konkreten Fall hauptsächlich aufgrund der in der MAC-Klausel genannten Spezifizierungen (dazu oben unter IV 1.).

523 "*Extrinsic developments*" werden beispielsweise im Fall *Pittsburgh Coke & Chemical Co. v. Bollo* ausgeschlossen (421 F. Supp. 908, 930 (E.D.N.Y. 1976)).

524 *White/Summers*, Uniform Commercial Code, § 3–10 (S. 144 f.).

525 Siehe insbesondere die Fälle *IBP v. Tyson* und *Hexion v. Huntsman* (dazu oben unter Ziffer III, 1. und 3.).

526 *The Takeover Panel, Offer by WPP Group Plc. for Tempus Group Plc.* 2001/15 (6. November 2001), online unter: www.thetakeoverpanel.org.uk/wp-content/uploads/2008/12/2001-15.pdf (Abruf vom 13.04.2018).

1. Rechtlicher Rahmen bei öffentlichen Übernahmeangeboten in England

Anders als in den USA, wo sich die Frage, ob sich eine Partei auf eine MAC-Klausel berufen kann, auch bei öffentlichen Übernahmen allein nach den Regeln des Vertragsrechts richtet[527] und Streitigkeiten in Bezug auf das Vorliegen von MAC-Klauseln in Übernahmeangeboten durch die staatlichen Gerichte nach allgemeinen Prinzipien des Vertragsrechts entschieden werden[528], gibt es im englischen Recht insofern Besonderheiten.

Im englischen Recht gilt für öffentliche Transaktionen der *City Code on Takeovers and Mergers (City Code)*. Der *City Code* hat zum Ziel, die Integrität der Finanzmärkte sicherzustellen und die Anleger zu schützen. Da Unsicherheiten darüber, ob es bei einer Transaktion zum *Closing* kommt, schädliche Auswirkungen für den Markt haben können, muss zum Schutz der Märkte Klarheit über den Vollzug einer Transaktion herrschen.[529]

Aus diesem Grund enthält der *City Code* in *Rule 13* auch Regeln über Bedingungen in öffentlichen M&A Verträgen. Nach *Rule* 13 sind solche Bedingungen unzulässig, die allein von der subjektiven Beurteilung des *board of directors* abhängen.[530]

Ebenfalls direkt auf MAC-Bedingungen anwendbar ist *Note 2 on Rule 13*, wonach eine Bedingung nur dann zum Wegfall des Angebots führen kann, wenn die Umstände, die dazu führen, dass die Bedingung eintritt, von wesentlicher Bedeutung (*"material significance"*) sind.[531] Die Entscheidungsbefugnis darüber hat das *Takeover Panel*.[532]

---

527 Die Vorschriften der amerikanischen Börsenaufsicht *SEC* (*Security and Exchange Commission*) betreffen im Wesentlichen formelle Aspekte von Übernahmeangeboten. Materielle Bestimmungen werden hingegen nicht getroffen (*Cline/Trobman*, 21 Int'l Fin. L. Rev. 20 (2002)). Die Börsenaufsicht *SEC* hat lediglich in einem *Comment Letter* die Auffassung vertreten, dass die MAC-Bedingung so ausreichend klar und bestimmt sein müsse, dass die Anteilseigner in der Lage seien zu beurteilen, ob diese Bedingung eingetreten sei (The Royal Bank of Scotland Group plc, SEC Comment Letter, http://sec.gov/Archives/edgar/data/844150/000104746907006817/filename1.htm (Sept. 4, 2007) (Abruf vom 12.04.2018)).

528 *Cline/Trobman*, 21 Int'l Fin. L. Rev. 20 (2002).

529 *Elken*, 82 S. Cal. L. Rev. 291, 302–303 (2009).

530 Rule 13 "*An offer must not be subject to conditions which depend solely on subjective judgements by the directors of the offeror or the fulfilment of which is in their hands.*"

531 Note 2 on Rule 13: "*An offeror should not invoke any condition so as to cause the offer to lapse unless the circumstances which give rise to the right to invoke the condition or precondition are of material significance to the offeror in the context of the offer.*"

532 *Elken*, 82 S. Cal. L. Rev. 291, 321 (2009).

Aufgrund der Anforderungen des *City Codes* und der durch das *Takeover Panel* aufgestellten Voraussetzungen unterscheiden sich MAC-Klauseln in öffentlichen Transaktionen nach englischem Recht in der Struktur von MAC-Klauseln in den USA.[533] Ein wichtiger Unterschied bei der Ausgestaltung der MAC-Klausel im Vergleich zum US-Recht ist, dass eine MAC-Klausel bei einer öffentlichen Transaktion nach englischem Recht keine Ausnahmeregeln (*carve-outs*) enthalten darf.[534] Dies ist anders als in privaten Verträgen, wo die Vertragsparteien auch nach englischem Recht den Inhalt der MAC-Klausel aufgrund der geltenden Vertragsfreiheit frei gestalten können und insbesondere auch MAC-Ausnahmen verhandeln können.[535]

Neben den Vorschriften für Bedingungen in Übernahmeangeboten enthält der *City Code* auch Vorschriften, die grundsätzlich - unabhängig vom Vorliegen einer Bedingung - die Bindung an ein öffentliches Angebot vorschreiben, insbesondere Rule 2.7 wonach der Käufer an ein bekanntgegebenes Angebot gebunden ist, sofern dieses keine Bedingungen enthält.

2. Der Fall WPP/Tempus

a) *Sachverhalt und Entscheidung*

Das Unternehmen *WPP* (*WPP Group Plc.*), das bereits 25 % der Aktien an der börsennotierten Gesellschaft *Tempus* (*Tempus Group Plc.*) hielt, hatte am 20. August 2001 ein öffentliches Barübernahmeangebot für alle verbleibenden Anteile an *Tempus* bekannt gegeben und es am 10. September 2001 an die Aktionäre von *Tempus* verschickt. Im Oktober 2001 versuchte *WPP* sich von dem Angebot auf Grundlage der MAC-Klausel[536] zu lösen und war der Ansicht, dass nach der Veröffentlichung des Angebots und insbesondere nach den Terrorangriffen des 11. September 2001 ein *material adverse change* der Geschäftsaussichten von

---

533 *Elken,* 82 S. Cal. L. Rev. 291, 319–20 (2009).
534 *Elken,* 82 S. Cal. L. Rev. 291, 321 (2009).
535 *Elken,* 82 S. Cal. L. Rev. 291, 319 (2009); *Thompson/Kamya*, Mondaq Business Briefing, 13 May 2011.
536 Die MAC-Bedingung im Übernahmeangebot (Anhang 1, Teil A) lautete:
"*(g) since 31 December 2000 and save as disclosed in the accounts for the year then ended and save as publicly announced in accordance with the Listing Rules by Tempus prior to 20 August 2001 and save as disclosed in this announcement or as otherwise fairly disclosed in writing to WPP prior to that date by Tempus:*
(i) No material adverse change or deterioration having occurred in the business, assets financial or trading position or profits or prospects of any member of the widener Tempus Group."

Tempus aufgetreten sei. Das *Takeover Panel* verneinte jedoch das Vorliegen eines *material adverse change* und verlangte

> "an adverse change of very considerable significance striking at the heart of the purpose of the transaction in question, analogous [...] to something that would justify frustration of a legal contract."[537]

Grundlage dieses *"materiality"*-Tests des *Takeover Panel* ist die bereits erwähnte *Note 2 on Rule 13*, wonach eine Bedingung nur dann zum Wegfall des Angebots führen kann, wenn die Umstände, die dazu führen, dass die Bedingung eintritt, von wesentlicher Bedeutung (*"material significance"*) sind.[538] Zur Auslegung (*"materiality test"*) zieht das Panel *Rule 2.7* und ein *Panel Statement* aus dem Jahr 1974 (1974/2) heran.

Nach der bereits erwähnten *Rule 2.7* ist der Käufer grundsätzlich an ein bekanntgegebenes Angebot gebunden: *"When there has been an announcement of a firm intention to make an offer, the offeror must, except with the consent of the Panel, proceed with the offer unless the position of the offer is subject to the prior fulfilment of a specific condition and that condition has not been met."*

In *Note 2* zu *Rule 2.7* heißt es: *"A change in general economic, industrial or political circumstances will not justify failure to proceed with an announced offer: to justify a decision not to proceed, circumstances of an exceptional and specific nature are required."* Hierzu war in einem *Panel Statement* aus dem Jahr 1974 ausgeführt worden: *"The Panel considers that a change in economic, industrial or political circumstances will not normally justify the withdrawal of an announced offer. To justify unilateral withdrawal, the Panel would normally require some circumstance of an entirely exceptional nature and amounting to something of the kind which would frustrate a legal contract."*

Da *Rule 2.7* Fälle betrifft, in denen das Angebot keine Bedingung enthält, ist diese Regelung auf Angebote mit MAC-Bedingungen eigentlich nicht anwendbar. Auch das *Takeover Panel* erkennt im Fall *WPP/Tempus* an, dass *Rule 2.7* auf den Fall, in dem auf Grundlage einer MAC-Bedingung eine Befreiung vom

---

537 The Takeover Panel, Offer by WPP Group Plc. for Tempus Group Plc. 2001/15 (6. November 2001), online unter: www.thetakeoverpanel.org.uk/wp-content/uploads/2008/12/2001-15.pdf (Abruf vom 13.04.2018), Paragraph 16.

538 Note 2 on Rule 13: "An offeror should not invoke any condition so as to cause the offer to lapse unless the circumstances which give rise to the right to invoke the condition or precondition are of material significance to the offeror in the context of the offer."

Übernahmeangebot begehrt wird, nicht direkt anwendbar ist.[539] Dennoch ist das *Panel* der Auffassung, dass der hinter *Rule 2.7* stehende Gedanke im Rahmen des "*materiality*"-Tests nach *Rule 13* Berücksichtigung finden müsse, sodass auf Grundlage von *Rule 13* in Verbindung mit *Rule 2.7* und dem *Panel Statement 1974/2* der strenge Maßstab für das Vorliegen eines *material adverse change* entwickelt wurde ("*[...] meeting this [materiality test] requires an adverse change of very considerable significance striking at the heart of the purpose of the transaction in question, analogous, as the 1974 Panel Statement put it, to something that would justify frustration of a legal contract.*").

Unter Anwendung dieses "*materiality*"-Tests stellt das *Panel* fest, dass bei einem strategischen Investor nur langfristige Auswirkungen von wesentlicher Bedeutung sein könnten ("*The adverse change had to be long lasting since a purchaser of 100 percent of a company for strategic reasons was clearly investing for the long term and therefore something of material significance to such an offeror "in the context of the offer" has to be long term*"[540]). Die Umstände ergaben, dass im konkreten Fall langfristige Erfolgsaussichten der strategische Grund für den Erwerb waren und die langfristigen Erfolgsaussichten (der Vereinigung von *WPP* und *Tempus*) auch den Wert von *Tempus* ausmachten.[541]

In der abschließenden Erklärung des Gerichts heißt es:

"*For an offeror to invoke a material adverse change condition and to withdraw its offer requires, in the opinion of the Panel, the offeror to demonstrate to the Panel that exceptional circumstances have arisen affecting the offeree company which could not have reasonably been foreseen at the time of the announcement of the offer. The effect of the circumstances in point must be sufficiently adverse to meet the high test of materiality described [...] above and judged, at least in the present type of case, not in terms of short term profitability but on their effect on longer term prospects of the offeree company.*"[542]

---

539 *The Takeover Panel, Offer by WPP Group Plc. for Tempus Group Plc.* 2001/15 (6. November 2001), online unter: www.thetakeoverpanel.org.uk/wp-content/uploads/2008/12/2001-15.pdf (Abruf vom 13.04.2018), Paragraph 16.
540 *The Takeover Panel, Offer by WPP Group Plc. for Tempus Group Plc.* 2001/15 (6. November 2001), online unter: www.thetakeoverpanel.org.uk/wp-content/uploads/2008/12/2001-15.pdf (Abruf vom 13.04.2018), Paragraph 31.
541 *The Takeover Panel, Offer by WPP Group Plc. for Tempus Group Plc.* 2001/15 (6. November 2001), online unter: www.thetakeoverpanel.org.uk/wp-content/uploads/2008/12/2001-15.pdf (Abruf vom 13.04.2018), Paragraph 33 und 35.
542 *The Takeover Panel, Offer by WPP Group Plc. for Tempus Group Plc.* 2001/15 (6. November 2001), online unter: www.thetakeoverpanel.org.uk/wp-content/uploads/2008/12/2001-15.pdf (Abruf vom 13.04.2018), Paragraph 35.

Die Anforderungen des *Takeover Panel* an das Vorliegen eines MAC sind sehr hoch. Gefordert werden außergewöhnliche und nicht vorhersehbare Ereignisse. Vergleichbar mit der amerikanischen Rechtsprechung geht auch das *Takeover Panel* davon aus, dass es bei einem strategischen Investor auf die langfristigen Geschäftsaussichten ankomme.

b) Practice Statement No. 5

Vor allem die durch das *Takeover Panel* aufgestellte Voraussetzung, dass die nachteiligen Veränderungen einen Grad erreichen müssten, der eine Befreiung nach den Grundsätzen der *frustration* rechtfertigen würde (*"analogous [...] to something that would justify frustration of a legal contract"*), ist im Schrifttum auf viel Kritik gestoßen.[543] Denn würde dieser Maßstab gelten, wäre die MAC-Klausel überflüssig. Zudem wird angemerkt, dass *Rule 2.7* und das *Panel Statement 1974/2* auf den Fall einer im Angebot enthaltenen Bedingung nicht, auch nicht indirekt, anwendbar seien. Dies ergebe sich schon aus dem *Panel Statement* selbst.[544]

In seinem *Practice Statement No. 5* (2004) hat das *Takeover Panel* auf diese Kritik reagiert und klargestellt, dass von demjenigen, der sich auf eine MAC-Klausel beruft, nicht verlangt werde, dass er die Voraussetzungen der *frustration* darlege. Die Anforderungen des *"materiality"*-Tests wurden wie folgt neu formuliert:

"In the case of a MAC [...], whether the test is satisfied will depend on the offeror demonstrating that the relevant circumstances are of very considerable significance striking at the heart of the purpose of the transaction; and whilst the standard required to invoke such a condition is therefore a high one, the test does not require the offeror to demonstrate frustration in the legal sense."[545]

Trotz dieser Korrektur hat das *Takeover Panel* aber klargestellt, dass die Anforderungen für das Vorliegen eines MAC hoch bleiben.

---

543 Siehe zum Beispiel *Ogowewo*, 20 Int'l Fin. L. Rev. 13 (2001); *Birkett*, Untying the knot: material adverse change clauses, PLC March 2002, 17, 22 f.; *Jones Day Commentary*, Some Differences in Law and Practice between U.K. and U.S. Stock Purchase Agreements, April 2007, S. 8.
544 *Ogowewo*, 20 Int'l Fin. L. Rev. 13, 14–15 (2001); *Ogowewo*, 23 Int'l Fin. L. Rev. 43, 43–44 (2004).
545 *Takeover Panel*, Panel Executive Practice Statement No. 5 vom 28.04.2004.

c) Zusammenfassende Abgrenzung der Entscheidung des Takeover Panel

Auch wenn die Entscheidung des *Takeover Panel* im Ergebnis den dargestellten Entscheidungen der US-Gerichte ähnelt, ist die Entscheidungsgrundlage und -begründung jedoch sehr verschieden.[546] Der durch das Panel aufgestellte "*materiality*"-Test beruht nicht auf einer Auslegung der MAC-Klausel nach allgemeinem Vertragsrecht, sondern auf den Vorschriften und Wertungen des *City Code on Takeovers and Mergers*. Entscheidend ist bei öffentlichen Übernahmen nach englischem Recht also nicht nur die durch die Parteien vorgenommene Risikoverteilung, sondern es spielen vor allem auch rechtspolitische Wertungen und Ziele, insbesondere der Anlegerschutz und die Integrität der Märkte, eine Rolle.[547]

Auf die Besonderheiten von MAC-Klauseln in öffentlichen Übernahmeverträgen nach dem deutschen Wertpapier- und Übernahmegesetz (WpÜG) wird nachfolgend (unter Ziffer C. II.) noch eingegangen.

---

546 Für eine ausführlichere vergleichende Darstellung siehe: *Wai Yee Wan*, 2011 J.B.L. 1, 64 (2011).

547 Diese Wertungen liegen auch den Übernahmegesetzen anderer EU-Staaten zu Grunde. Die allgemeinen Prinzipien des Vertragsrechts sind bei MAC-Klauseln im Bereich öffentlicher Transaktionen weniger entscheidend, sodass sich insofern der gemeinsame Ansatz der europäischen Staaten im Umgang mit MAC-Klauseln in öffentlichen Transaktionen insgesamt vom US-Recht unterscheidet (*Ferguson/French*, 1316 PLI/Corp 531, 554 (2002)).

C. MAC-Klausel als Legal Transplant in Deutschland

I. „MAC-Praxis" in Deutschland

Das grundsätzliche Bedürfnis einer Risikoverteilung zwischen *Signing* und *Closing* besteht, sofern *Signing* und *Closing* zu unterschiedlichen Zeitpunkten erfolgen[548], auch bei Transaktionen nach deutschem Recht. Das *Closing* erfordert oft die Vornahme mehrerer Maßnahmen, die ohne einen zeitlich vorgelagerten verbindlichen Vertrag nicht sinnvoll vorbereitet werden können. Dazu gehören insbesondere die kartellrechtliche Freigabe[549] und behördliche Genehmigungen[550]. Aber auch die Sicherstellung der Finanzierung durch den Käufer[551], die Genehmigung durch Gesellschafter[552] oder die Zustimmung der Aufsichtsgremien[553] können *Closing*

---

[548] Gemäß der gesamteuropäischen CMS European M&A Study 2012, S. 19, erfolgten bei 58 % der ausgewerteten europäischen Transaktionen aus dem Jahr 2011 *Signing* und *Closing* zu unterschiedlichen Zeitpunkten, während es 2010 noch 72 % der Transaktionen waren. Gemäß der gesamteuropäischen CMS European M&A Study 2012, S. 19, enthielten in den Fällen, in denen *Signing* und *Closing* auseinanderfiel, 96 % dieser Verträge *Closing Conditions* (Es sei angemerkt, dass die aktuellere CMS European M&A Study 2018 diesbezüglich keine Zahlen mehr nennt). Gemäß der European M&A Deal Points Study erfolgten bei 78 % der insgesamt 81 untersuchten europäischen privaten Transaktionen aus den Jahren 2012 und 2013 Signing und Closing zu unterschiedlichen Zeitpunkten (European Deal Points Study, Slide 4).

[549] Gemäß der gesamteuropäischen CMS European M&A Study 2012, S. 19, enthielten 2011 22 % der untersuchten europäischen Verträge diese Closing Condition (2007–2010: 24 %), im deutschsprachigen Raum waren es sogar 49 % der Verträge (Es wird angemerkt, dass die aktuellere CMS European M&A Study 2018 diesbezüglich keine Zahlen mehr nennt).

[550] Gemäß der gesamteuropäischen CMS European M&A Study 2012, S. 19, enthielten 2011 16 % der untersuchten europäischen Verträge diese Closing Condition (2007–2010: 15 %).

[551] Gemäß der gesamteuropäischen CMS European M&A Study 2012, S. 19, enthielten 2011 11 % der untersuchten europäischen Verträge diese Closing Condition (2007–2010: 10 %).

[552] Gemäß der gesamteuropäischen CMS European M&A Study 2012, S. 19, enthielten 2011 7 % der untersuchten europäischen Verträge diese Closing Condition (2007–2010: 13 %).

[553] Gemäß der gesamteuropäischen CMS European M&A Study 2012, S. 19, enthielten 2011 6 % der untersuchten europäischen Verträge diese Closing Condition (2007–2010: 10 %).

Conditions sein. Wegen des zeitlich nachgelagerten *Closings* haben Käufer auch bei deutschen Transaktionen ein Interesse, sich vor nachteiligen Veränderungen im Zeitraum zwischen *Signing* und *Closing* zu schützen.

Aus diesem Grund werden MAC-Klauseln seit Anfang der 90iger Jahre auch in deutschen Unternehmenskaufverträgen gebraucht und sind mittlerweile vermehrt in privaten Transaktionsverträgen enthalten.[554] Generell bleibt aber der Anteil deutscher und europäischer Transaktionen, in denen MAC-Klauseln verwendet werden, aktuell noch deutlich hinter dem Anteil in den USA zurück. Nach einer Studie der Kanzlei CMS (CMS European M&A Study 2018) enthielten von den 438 untersuchten privaten Transaktionen in Europa im Jahr 2017 nur 13 % der Verträge eine MAC-Klausel, im Vergleich zu 93 % in den USA.[555] Im deutschsprachigen Raum lag nach dieser Studie der Anteil im Jahr 2017 bei 12 %.[556] Andere Untersuchungen der vergangenen Jahre deuten aber insbesondere bei größeren Transaktionen auf eine größere Verbreitung hin.[557] Vor allem während der Finanzkrise hatten MAC-Klauseln in der

---

554 *Birkett*, Untying the knot: material adverse change clauses, PLC March 2002, S. 17, 27 unter Verweis auf Rechtsanwalt Dr. Maximilian Schiessl (Hengeler Mueller).

555 Gemäß der Studie der Kanzlei CMS (CMS European M&A Study 2018, S. 43), im Rahmen derer mehr als 3.650 M&A-Verträge (privater, also nicht öffentlicher Transaktionen) im Zeitraum zwischen 2010 bis 2017 untersucht worden sind (davon 438 aus dem Jahr 2017) enthielten nur 13 % der europäischen Abschlüsse aus dem Jahr 2017 eine MAC-Klausel. Der Anteil in den USA lag mit 93 % deutlich höher (CMS European M&A Study 2018, S. 45). In den vorhergehenden sieben Jahren lag der Durchschnitt bei europäischen Verträgen nach der Studie bei 15 % (CMS European M&A Study 2018, S. 43.). Teilweise wird der Unterschied zu den USA unter anderem damit erklärt, dass es in Europa mehr Transaktionen gibt, bei denen der Zeitpunkt des Signings und Closings zusammenfällt (CMS European M&A Study 2018, S. 45 oben).

556 CMS European M&A Study 2018, S. 44 (die Studie bezieht sich auf private Transaktionen).

557 Gemäß der European M&A Deal Points Study, im Rahmen derer 81 private Transaktionen aus den Jahren 2012 und 2013 untersucht wurden, enthielten 30 % aller Transaktionen ab einem Transaktionswert von mindestens 15 Millionen Euro eine MAC-Klausel (European M&A Deal Points Study, slide 21). Gemäß der CMS European M&A Study 2018, im Rahmen derer die Kanzlei europaweit 423 CMS Deals aus dem Jahr 2017 und 2488 CMS Deals aus den Jahren 2010 bis 2016 untersucht hat, enthielten im Jahr 2016 22 % aller untersuchten Verträge ab einem Transaktionswert von mindestens 100 Millionen Euro eine MAC- Klausel (CMS European M&A Study 2018, S. 45). Nach Schätzung von Rechtsanwalt Dr. Maximilian Schiessl (Hengeler Müller) versuchten Käufer schon 2002 in einer von zwei grenzüberschreitenden privaten Transaktionen

deutschen Praxis an Bedeutung gewonnen.[558] Da in dieser Zeit die Bedingungen für Käufer sehr günstig waren, konnten Käufer weitgehende MAC-Klauseln aushandeln, die sie vor potentiellen Risiken umfassend schützen sollten.[559] In den Jahren 2010 und 2011, als die Märkte sich wieder erholten, verloren MAC-Klauseln in Deutschland wieder ein wenig an Bedeutung.[560] Wegen der zunehmenden Internationalisierung und des zunehmenden Einflusses international agierender Finanzinvestoren ist aber mit einer zunehmenden Verbreitung von MAC-Klauseln zu rechnen.[561]

MAC-Klauseln in deutschen Verträgen enthalten wie in den USA Ausnahmeregelungen (*carve-outs*).[562] Aus dem Anwendungsbereich der MAC-Klausel ausgeschlossen werden häufig insbesondere gesamtwirtschaftliche Entwicklungen[563], unvorhersehbare wirtschaftliche Entwicklungen in der Zielbranche[564] und Fälle

---

ab 100 Mio. Dollar Transaktioneswert eine MAC-Klausel in den Vertrag aufzunehmen (*Birkett*, Untying the knot: material adverse change clauses, PLC March 2002, 17, 27). Siehe dazu auch *Picot*, Unternehmenskauf und Restrukturierung, § 4 Rn. 459 (S. 285); *Klockenbrink*, M&A Review 2009, 233; *Picot/Duggal*, DB 2003, 2635; *Schmittner*, M&A Review 2005, 322; *Schlößer*, RIW 2006, 889.

558 *Thaeter/Schulze*, The 2011 guide to Mergers and Acquisitions, Int'l Fin. L. Rev. Mergers and Acquisitions 44, 45 (2011); *Meyding/Grub*, AG 2009, R332 (R333) (Im Jahr 2008 war die Verwendungshäufigkeit der MAC-Klausel in europäischen Verträgen wie folgt: Q 1 2008: 9 %, Q 2 2008: 11 %, Q 3 2008: 22 %, Q 4 2008: 20 %, unter Bezugnahme auf CMS European M&A Survey für das Jahr 2008); Siehe auch CMS European M&A Study 2012, S. 20.

559 *Thaeter/Schulze*, The 2011 Guide to Mergers ans Acquisitions, Int'l Fin. L. Rev. Mergers and Acquisitions 44, 45 (2011).

560 *Thaeter/Schulze*, The 2011 guide to Mergers and Acquisitions, Int'l Fin. L. Rev. Mergers and Acquisitions 44, 45 (2011); CMS European M&A Study 2012, S. 20.

561 So beispielsweise *Schlößer*, RIW 2006, 889, 890; *Picot/Duggal*, DB 2003, 2635.

562 *Thaeter/Schulze*, The 2011 guide to Mergers and Acquisitions, Int'l Fin. L. Rev. Mergers and Acquisitions 44, 44 (2011). *Schweitzer* stellt im Jahr 2007 fest, dass carve-outs in Deutschland nicht so häufig verwendet werden wie in den USA (*Schweitzer*, 4 E.C.F.R. 79, 120 (footnote 131) (2007).

563 Gemäß der gesamteuropäischen CMS European M&A Study 2018, S. 43, enthielten 2017 22 % der untersuchten europäischen Verträge mit MAC-Klausel diese Ausnahmeregelung (2016: 31 %). Eine Studie in Bezug auf rein deutsche Verträge existiert, soweit ersichtlich, bisher nicht. Da die Studie aber keine Hinweise auf starke länderspezifische Abweichungen in diesem Bereich enthält, kann aus diesen Zahlen jedenfalls eine grobe Größenordnung abgeleitet werden.

564 Gemäß der gesamteuropäischen CMS European M&A Study 2018, S. 43, enthielten 2017 22 % der untersuchten europäischen Verträge mit MAC-Klausel diese Ausnahmeregelung (2016: 31 %). Eine Studie in Bezug auf rein deutsche Verträge existiert,

höherer Gewalt (*force majeure*)[565]. Im Vergleich zur US-Praxis, wo die weit überwiegende Zahl der Verträge Ausnahmen in Bezug auf allgemeine wirtschaftliche Entwicklungen enthält[566], ist die Zahl der Verträge mit dieser Ausnahmeregelung in Europa aber geringer.[567] Die Frage, ob gesamtwirtschaftliche und branchenspezifische Entwicklungen ausgeschlossen werden sollen, ist in Vertragsverhandlungen oft Gegenstand von Diskussionen.[568] Insgesamt enthalten MAC-Klauseln in deutschen Verträgen aber weniger *carve-outs* als in den USA.[569]

Unterschiede bestehen auch in Bezug auf die Häufigkeit der Aufnahme von Konkretisierungen und Schwellenwerten in MAC-Klauseln. Während die Anzahl der Verträge, in denen in den USA solche Schwellenwerte enthalten sind, verschwindend gering ist[570], wird in Deutschland sehr häufig zur

---

soweit ersichtlich, bisher nicht. Da die Studie aber keine Hinweise auf starke länderspezifische Abweichungen in diesem Bereich enthält, kann aus diesen Zahlen jedenfalls eine grobe Größenordnung abgeleitet werden.

565 Gemäß der gesamteuropäischen CMS European M&A Study 2018, S. 43, enthielten 2017 18 % der untersuchten europäischen Verträge mit MAC-Klausel diese Ausnahmeregelung (2016: 16 %). Eine Studie in Bezug auf rein deutsche Verträge existiert, soweit ersichtlich, bisher nicht. Da die Studie aber keine Hinweise auf starke länderspezifische Abweichungen in diesem Bereich enthält, kann aus diesen Zahlen jedenfalls eine grobe Größenordnung abgeleitet werden.

566 Gemäß Nixon Peabody's MAC Survey 2017 (vgl. Fn. 2), S. 9 war die Ausnahme bezüglich der allgemeinen Wirtschaft (*changes in the economy or business in general*) in 85 % aller untersuchten und in 96 % der Deals ab einem Transaktionswert von 1 Mrd. Dollar enthalten, eine Ausnahme in Bezug auf allgemeine Entwicklungen der Branche war in 80 % aller untersuchten Verträge und 95 % der Deals ab einem Transaktionswert von 1 Mrd. Dollar enthalten. Siehe dazu auch unter B. I, 2. b.) iii.

567 Gemäß der gesamteuropäischen CMS European M&A Study 2018, S. 43, enthielten 2017 22 % der untersuchten europäischen Verträge mit MAC-Klausel diese Ausnahmeregelung (2016: 31 %). Eine Studie in Bezug auf rein deutsche Verträge existiert, soweit ersichtlich, bisher nicht. Da die Studie aber keine Hinweise auf starke länderspezifische Abweichungen in diesem Bereich enthält, kann aus diesen Zahlen jedenfalls eine grobe Größenordnung abgeleitet werden.

568 *Kästle/Oberbracht*, Unternehmenskauf - Share Purchase Agreement, S. 216.

569 *Schweitzer,* 4 E.C.F.R. 79, 120 (2007).

570 So enthielten gemäß Nixon Peabody's MAC Survey 2017 nur 1 % aller im Rahmen der Studie untersuchten Verträge das "MAC-Element" "*Losses over a specified threshold deemed to be a MAC*" (Nixon Peabody's MAC Survey 2017 (vgl. Fn. 2), S. 6).

Einfügung konkreter Schwellenwerte in die MAC-Klausel geraten.[571] Darüber hinaus werden im Rahmen der MAC-Klausel beispielsweise die Eröffnung eines Insolvenzverfahrens und die Verschlechterungen der Zukunftsaussichten spezifiziert.[572]

Auch bezüglich der Rechtsfolgen der MAC-Klausel können sich Unterschiede ergeben. Während in den USA die regelmäßige Rechtsfolge ist, dass die Verpflichtung zum *Closing* entfällt, sind die in der deutschen Literatur vorgeschlagenen Rechtsfolgen vielfältiger:

Eine MAC-Klausel als *Closing Condition* wird man häufiger im Zusammenhang mit der Aufnahme konkreter Schwellenwerte finden, weil Bedingungen aus Gründen der Rechtssicherheit traditionell klar und bestimmt formuliert werden.[573] Bei Ausgestaltung als *Closing Condition* ist die Rechtsfolge das Entfallen der Verpflichtung zum Closing.

MAC-Klauseln werden häufig auch als selbständige, vom Gewährleistungsrecht unabhängige Garantien nach § 311 Abs. 1 BGB ausgestaltet.[574] Garantien werden jedoch in der deutschen Praxis - insofern anders als die *representations and warranties* in der US-Praxis - in der Regel nicht durch die *Bringdown Condition*[575] (und das damit verbundene Rücktrittsrecht) ergänzt.[576] Typische

---

571 *Kästle/Oberbracht*, Unternehmenskauf - Share Purchase Agreement, S. 124 (Mustervertrag Ziffer 6.1 (v) des Mustervertrags) und S. 139 f.; *Picot/Duggal*, DB 2003, 2635, 2640 (Vorschlag unter c)); *Picot,* Unternehmenskauf und Restrukturierung, § 4 Rn. 476 (S. 261). Ausführlich zur Frage der Konkretisierung der MAC-Klausel siehe unten unter Ziffer C. VI 1.

572 Jedenfalls bei öffentlichen Übernahmeangeboten (*Hornuf/Zancanato,* ZBB 2011, 412, 416).

573 Dies gilt insbesondere für Verträge, die kein *Closing* nach anlgoamerikanischem Vorbild vorsehen, sondern in denen eine aufschiebend bedingte Übertragung des Erwerbsgegenstands gemäß § 158 Abs. 1 BGB erfolgt (*Schweitzer,* 4 E.C.F.R. 79, 122 (2007)). Allerdings ist fraglich, ob die Aussage *Schweitzers*, dass im deutschen Recht MAC-Klauseln generell nicht als Vollzugsbedingungen ausgestaltet werden, in dieser Allgemeinheit zutreffend ist; vgl. dazu zum Beispiel das Muster bei *Kästle/Oberbracht*, Unternehmenskauf - Share Purchase Agreement, S. 124 (Mustervertrag Ziffer 6.1 (v) des Mustervertrags).

574 *Kästle/Oberbracht*, Unternehmenskauf – Share Purchase Agreement, S. 213f. (zur Rechtsnatur der *representations* im deutschen Recht siehe allgemein S. 157 f.).

575 Zur *Bringdown Condition* siehe B. I., 2.a.) iv.

576 *Schweitzer,* 4 E.C.F.R. 79, 122 (2007).

Rechtsfolge bei Unrichtigkeit einer Garantie sind vielmehr Schadensersatzforderungen.[577]

Als mögliche Rechtsfolge der MAC-Klausel genannt wird neben Rücktritt und Schadensersatz auch die Vertragsanpassung nach dem Vorbild des § 313 BGB. Allerdings sind MAC-Klauseln mit Recht zur Kaufpreisanpassung aufgrund der praktischen Probleme in der Praxis eher selten.[578] Auch die Bedingung nach § 158 BGB und das Recht zur Minderung sind als Rechtsfolgen möglich.[579] Darüber hinaus sind auch kombinierte Klauseln denkbar, wonach grundsätzlich Schadensersatz verlangt werden kann, aber bei schweren Äquivalenzstörungen bzw. bei Überschreitung eines bestimmten Schwellenwertes (zusätzlich) ein Rücktrittsrecht gewährt wird.[580]

Schadensersatzregelungen sind eine verbreitete Rechtsfolge, vor allem wenn die Parteien die Durchführung der Transaktion in keinem Fall gefährden wollen.[581] Gegenüber der Gewährung eines Rücktrittsrechts im Falle eines MAC bestehen in der deutschen Praxis grundsätzlich größere Vorbehalte als im US-Recht.[582] Die Zurückhaltung gegenüber Rücktrittsrechten steht im Einklang damit, dass das deutsche Rechtssystem die Rechtssicherheit in Bezug auf die Durchführung einer Transaktion viel stärker fördert als das US-Recht.[583] Das amerikanische Recht fördert bei Transaktionen ein eher kompetitives Umfeld. Zum Ausdruck kommt dieses kompetitive Umfeld besonders auch dadurch, dass Neuverhandlungen zwischen den Parteien nach dem *Signing* üblich sind. Dieser Neuverhandlungsprozess wird oft einen konfrontativen Ton in die Verhandlung bringen, wogegen in der deutschen Rechtspraxis ein stärker auf Konsens beruhender Ansatz üblich ist.[584]

Soweit ersichtlich, gibt es in Deutschland noch keine Entscheidung ordentlicher Gerichte zu MAC-Klauseln. Mögliche Gründe dafür sind, dass MAC-Klauseln noch nicht so verbreitet sind wie in den USA, dass es in MAC-Fällen häufig

---

577 Siehe zum Beispiel *Kästle/Oberbracht*, Unternehmenskauf - Share Purchase Agreement, S. 220 ff. (Ziffer 8. *Remedies for Breach of Representations*).
578 *Picot/Duggal*, DB 2003, 2635, 2641.
579 Dazu ausführlicher *Picot/Duggal*, DB 2003, 2635, 2640 f.; *Picot*, Unternehmenskauf und Restrukturierung, § 4 Rn. 482f. (S. 263).
580 *Picot*, Unternehmenskauf und Restrukturierung, § 4 Rn. 484 (S. 263f.).
581 *Picot/Duggal*, DB 2003, 2635, 2641; *Picot*, Unternehmenskauf und Restrukturierung, § 4 Rn. 481 (S. 263).
582 *Merkt*, FS Sandrock, S. 657, 682; *Schweitzer*, 4 E.C.F.R. 79, 122 (2007).
583 *Schweitzer*, 4 E.C.F.R. 79, 124 (2007).
584 *Schweitzer*, 4 E.C.F.R. 79, 123 (2007).

zu einer Neuverhandlung zwischen den Parteien kommt und dass Unternehmenskaufverträge im Regelfall eine Schiedsklausel enthalten und dadurch die ordentliche Gerichtsbarkeit für Streitfälle ausgeschlossen wird.[585]

Da Streitigkeiten über MAC-Klauseln zu langen Schwebezuständen führen können und es dadurch zu einem erheblichen Wertverlust des Unternehmens kommen kann, ist beiden Vertragsparteien in der Regel an einer schnellen Streitentscheidung gelegen.[586] Aus diesem Grund wird für MAC-Streitigkeiten die Vereinbarung eines beschleunigten Ad-hoc-Schiedsverfahrens[587] (sog. „Fast-Track-Schiedsverfahren") vorgeschlagen.[588] Die Schiedsvereinbarung kann in diesem Fall verschiedene Elemente zur Beschleunigung des Verfahrens - von der schon vorab konkret vereinbarten Besetzung des Schiedsgerichts bis zur Vereinbarung knapper Fristen - vorsehen.[589] Alternativ zur Ad-hoc-Schiedsgerichtsbarkeit kann auch ein Schiedsverfahren nach den Ergänzenden Regeln für Beschleunigte Verfahren der DIS (Deutsche Institution für Schiedsgerichtsbarkeit e.V.) in Betracht kommen.[590]

II. Sonderfall: MAC-Klauseln in Öffentlichen Übernahmeangeboten nach dem WpÜG

Ein spezielles Problemfeld ist die Verwendung von MAC-Klauseln in Angeboten im Sinne des Wertpapiererwerbs- und Übernahmegesetzes (WpÜG). Es geht dabei um Angebote eines Bieters an eine Vielzahl von Aktionären einer börsennotierten Gesellschaft.[591] Angebote nach dem WpÜG erstrecken sich regelmäßig

---

585 *Picot/Duggal*, DB 2003, 2635, 2641.
586 *Borris*, BB 2007, 294, 295.
587 Bei einem Ad-hoc-Schiedsverfahren vereinbaren die Parteien – anders als beim institutionell administrierten Schiedsverfahren - die Regeln für das Schiedsverfahren (insbesondere Verfahrensregeln und die Schiedsrichterbenennung) eigenständig.
588 Vgl. zu den möglichen Ausgestaltungen eines Fast-Track-Schiedsverfahrens ausführlich *Borris*, BB 2007, 294, 295 ff.; siehe auch *Kästle/Oberbracht*, Unternehmenskauf - Share Purchase Agreement, S. 140.
589 Ausführlich *Borris*, BB 2007, 294, 296 ff.. Anstelle eines Fast-Track-Schiedsverfahrens schlagen *Kästle/Haller* eine MAC-Feststellung durch einen Schiedsgutachter vor (*Kästle/Haller*, NZG 2016, 926, 931 ff.).
590 *Meyer-Sparenberg* in: Beck'sches Formularbuch Bürgerliches, Handels- und Wirtschaftsrecht 2016, III. Schuldrecht, Besonderer Teil, Ziffer 17 (Unternehmenskaufvertrag (GmbH-Anteile)), Anm. 12.
591 *Hasselbach/Wirtz*, BB 2005, 842. Zum Anwendungsbereich des WpÜG siehe genauer in § 1 WpÜG. Der Begriff des Übernahmeangebots ist in § 29 WpÜG definiert.

über einen längeren Zeitraum, die Angebotsfrist beträgt gemäß § 16 Abs. 1 WpÜG zwischen vier und 10 Wochen. In dieser Zeit können (ähnlich wie bei privaten Verträgen zwischen *Signing* und *Closing*) Änderungen der Vermögens-, Finanz- oder Ertragslage oder der Geschäftstätigkeit der Zielgesellschaft eintreten, die dazu führen, dass der Bieter nicht mehr an sein Angebot gebunden sein möchte. Aus diesem Grund hat der Bieter ein Interesse daran, eine MAC-Klausel in das Angebot aufzunehmen.

Die kurze überblicksmäßige Darstellung der Besonderheiten der MAC-Klausel bei öffentlichen Übernahmen dient vor allem der Abgrenzung von dem im Rahmen dieser Arbeit schwerpunktmäßig untersuchten Themenkreis der MAC-Klausel in privaten Verträgen.

1. Besondere Interessenlage

Die Interessenlage ist bei Angeboten, die unter das WpÜG fallen, anders als bei nicht reglementierten privatrechtlichen Verträgen. In Verträgen, in denen keine öffentlichen Interessen berührt werden, gilt die Vertragsfreiheit und es bestehen keine Beschränkungen für die Ausgestaltung von MAC-Klauseln. Bei Übernahmeangeboten nach dem WpÜG hingegen wird die Vertragsfreiheit beschränkt. Es werden öffentliche Interessen berührt, denn Übernahmeangebote „lösen in aller Regel gravierende Folgen für das Zielunternehmen, dessen Management und die Wertpapierinhaber der Zielgesellschaft aus. So verändert sich der Börsenkurs des Zielunternehmens bei einem Angebot häufig erheblich. Zudem ist das Management des Zielunternehmens besonderen Anforderungen ausgesetzt."[592] So müssen Vorstand und Aufsichtsrat des Zielunternehmens gemäß § 27 Abs. 1 WpÜG eine begründete Stellungnahme zu dem Angebot sowie zu jedem seiner Änderungen abgeben, in der unter anderem auch auf die voraussichtlichen Folgen für das Unternehmen eingegangen werden muss. Gemäß § 14 Abs. 4 S. 2 WpÜG hat der Vorstand dem Betriebsrat, oder, sofern ein solcher nicht existiert, den Arbeitnehmern, die Angebotsunterlage zu übermitteln. § 33 WpÜG enthält Vorgaben für das Verhalten des Vorstands der Zielgesellschaft nach Veröffentlichung der Entscheidungen zur Abgabe eines Angebots im Falle von Übernahmen. Die Zielgesellschaft hat folglich ein Interesse an der Verbindlichkeit des Angebots, damit sie nicht durch Angebote, an die der Bieter im Ergebnis nicht gebunden ist, in ihrer Geschäftstätigkeit behindert wird.[593]

---

592 RegE BT- Drucksachen 14/7034, S. 47 zu § 17.
593 RegE BT- Drucksachen 14/7034, S. 47 zu § 17; *Berger/Filgut*, WM 2005, 253, 254; siehe auch *Geibel*/Süßmann in: Angerer/Geibel/Süßmann, WpÜG, § 18 Rn. 3.

Auch die Anleger haben ein Interesse an der Verbindlichkeit des Angebots, damit sie ihre Entscheidungen zu Kauf oder Verkauf von Aktien im Vertrauen auf die Durchführung des Angebots treffen können.[594] Durch die Festlegung klarer Regelungen über die Verbindlichkeit eines Angebots sollen Kursmanipulationen möglichst ausgeschlossen werden und damit liegen klare Regelungen auch im Interesse der Allgemeinheit an einem funktionsfähigen Kapitalmarkt.[595] Vor dem Hintergrund dieser Interessenlage sind auch die Regelungen des WpÜG, insbesondere § 18 WpÜG, zu sehen, wonach ein Angebot nur unter engen Voraussetzungen an eine Bedingung geknüpft oder geändert werden kann.

2. Besondere Anforderungen an MAC-Klauseln nach dem WpÜG

a) MAC-Klauseln und Voraussetzungen gemäß § 18 Abs. 1 WpÜG

i. Kein Ermessensspielraum

Aus § 11 Abs. 2 Satz 2 Nr. 5 WpÜG, wo Bedingungen ausdrücklich als möglicher Inhalt eines Angebots genannt werden, folgt, dass Bedingungen in Angeboten grundsätzlich zulässig sind. Jedoch darf ein Angebot gemäß § 18 Abs. 1 WpÜG nicht von Bedingungen abhängig gemacht werden, deren Eintritt der Bieter, mit ihm gemeinsam handelnde Personen oder deren Tochterunternehmen oder im Zusammenhang mit dem Angebot für diese Personen oder Unternehmen tätige Berater ausschließlich selbst herbeiführen können. Die Bieterseite darf die Bedingungen also nicht selbst herbeiführen können und ihr darf auch kein Ermessensspielraum verbleiben, ob die Bedingung eingetreten ist oder nicht.[596] § 18 Abs. 1 WpÜG betrifft aber nur ein Ermessen beim Bieter, ein Ermessen der Zielgesellschaft in Bezug auf den Bedingungseintritt ist hingegen nicht ausgeschlossen.[597] Eine ausnahmsweise zulässige Bedingung ist die Bedingung eines Beschlusses

---

594 *Berger/Filgut,* WM 2005, 253, 254; siehe auch *Geibel/Süßmann* in: Angerer/Geibel/Süßmann, WpÜG, § 18 Rn. 3.
595 *Berger/Filgut,* WM 2005, 253, 254.
596 *Geibel//Süßmann* in: Angerer/Geibel/Süßmann WpÜG, § 18 Rn. 8.
597 *Hopt,* FS Karsten Schmidt, S. 681, 694 f. Die Bedingung kann unter Umständen jedoch aufgrund anderer Vorschriften des WpÜG unzulässig sein: Beispielsweise wäre eine MAC-Klausel, die das Angebot von der positiven Stellungnahme des Vorstands der Zielgesellschaft abhängig macht, unzulässig (dazu *Hopt,* FS Karsten Schmidt, S. 681, 694).

der Gesellschafterversammlung des Bieters gem. § 25 WpÜG. Grundsätzlich unzulässig sind Bedingungen bei Pflichtangeboten.[598]

§ 18 WpÜG ist auch bei MAC-Klauseln, die als Bedingung formuliert sind, zu beachten. Deshalb sind MAC-Bedingungen, welche die Bieterseite ausschließlich selbst herbeiführen kann oder die einen Ermessensspielraum der Bieterseite eröffnen, abgesehen von den genannten Ausnahmen, unzulässig.[599]

ii. Bestimmtheitsgrundsatz

Eine weitere Frage ist, ob über den Ausschluss des Ermessens der Bieterseite hinaus weitere Anforderungen an die Ausgestaltung der MAC-Klausel zu stellen sind, insbesondere, ob generalklauselartige Formulierungen eines MAC zulässig sind.

Der Wortlaut des § 18 WpÜG enthält dazu zwar keine Regelung, aber Zweck und Systematik des § 18 WpÜG fordern die Beachtung des Bestimmtheitsgebots.[600] Im Interesse des Funktionierens des Kapitalmarktes und zum Schutz der Anleger muss der Eintritt eines MAC eindeutig feststellbar sein. Verschiedenen Vorschriften des WpÜG (§§ 17, 18, 21 und 25 WpÜG) liegt der Gedanke zugrunde, dass der Bieter möglichst weitgehend an sein Angebot gebunden und Rechtsunsicherheit und Schwebezustände vermieden werden sollen:[601] Gemäß § 17 WpÜG ist die öffentliche Aufforderung zur Abgabe von Angeboten unzulässig. Damit soll sichergestellt werden, dass der Bieter, anders als bei der *invitatio ad offerendum*, Rechtsbindungswillen hat und an sein Angebot gebunden ist.[602] Denn die oben genannten Verhaltenspflichten von Vorstand und Aufsichtsrat sind sachlich nur gerechtfertigt, wenn sichergestellt ist, dass der Bieter an sein Angebot gebunden ist.[603] § 21 WpÜG zeigt ebenfalls, dass das Gesetz vom Grundsatz eines verbindlichen Angebots ausgeht. Änderungen sind danach

---

598 *Geibel/Süßmann* in: Angerer/Geibel/Süßmann, WpÜG, § 18 Rn. 5; *Berger/Filgut*, WM 2005, 253, 254.
599 *Hopt*, FS Karsten Schmidt, S. 681, 692 f; *Krause /Favoccia* in: Assmann/Pötsch/Schneider, WpÜG, § 18 Rn. 89 f. *Hasselbach* spricht jedoch von „kein (oder jedenfalls ein geringer) Einschätzungs- und Beurteilungsspielraum" (*Hasselbach* in: Kölner Komm. WpÜG, § 18 Rn. 58; *Geibel* in: Angerer/Geibel/Süßmann WpÜG, § 18 Rn. 8.
600 *Hopt*, FS Karsten Schmidt, S. 681, 696; *Berger/Filgut*, WM 2005, 253, 254 ff; *Krause* in: Assman/Pötzsch/Schneider, § 18 WpÜG Rn. 90 und allgemein Rn. 31.
601 Dazu *Berger/Filgut*, WM 2005, 253, 254; *Geibel/Süßmann* in: Angerer/Geibel/Süßmann, WpÜG, § 17 Rn. 1.
602 *Oechsler* in: Ehricke/Ekkenga/Oechsler, § 17 Rn. 1.
603 *Geibel/Süßmann* in: Angerer/Geibel/Süßmann, WpÜG, § 17 Rn. 4; a.A. *Wackerbarth* in: MüKo AktG, § 17 WpÜG Rn. 4.

zwar zulässig, aber nur, wenn die Änderung im Ergebnis eine Verbesserung des Angebots aus der Sicht des Wertpapierinhabers darstellt[604] bzw. sofern die Modifikation zu einer verstärkten rechtlichen Bindung des Bieters an sein Angebot führt.[605] So kann beispielsweise der Bieter gemäß § 21 Abs. 1 S. 1 Nr. 4 WpÜG auf eine Bedingung verzichten. Dadurch werden rechtliche Schwebezustände aber gerade beseitigt, da sich der Bieter durch die Erklärung des Verzichts endgültig an sein Angebot bindet. Auch § 18 Abs. 1 WpÜG, der ein Ermessen des Bieters bezüglich des Vorliegens der Voraussetzungen von Bedingungen in Angeboten ausschließt (s.o.), und § 18 Abs. 2 WpÜG, wonach Widerrufs- und Rücktrittsvorbehalte unzulässig sind, haben das Ziel, den Bieter möglichst weitgehend an sein Angebot zu binden.[606]

Die genannten Vorschriften lassen Ausnahmen vom Grundsatz des bindenden Angebots nur in einzelnen Fällen zu (vgl. § 25 und § 21).[607] Insgesamt sollen die Interessen von Bieter, Zielgesellschaft und Anlegern in einen angemessenen Ausgleich gebracht werden, wobei das WpÜG dem Interesse des Bieters, sich von seinem Angebot zu lösen, geringere Bedeutung beimisst als den Interessen von Zielgesellschaft und Anlegern an Rechtssicherheit.[608]

Diese gesetzgeberische Wertung, im Interesse der Zielgesellschaft und der Anleger größtmögliche Rechtssicherheit zu erreichen, spricht gegen die Verwendung generalklauselartiger MAC-Klauseln, da allgemein gefasste Klauseln auslegungsbedürftig sind und meist große Unsicherheiten bestehen, ob ein Ereignis eine „wesentliche nachteilige Veränderung" bzw. einen MAC darstellt.[609] Auch dauern Rechtsstreitigkeiten meist sehr lange und in dem Zeitraum bis zur gerichtlichen Klärung bestehen Schwebezustände, die das WpÜG gerade vermeiden will. Aus diesen Gründen ist zu fordern, dass MAC-Klauseln in Angeboten nach dem

---

604 *Thun* in: Angerer/Geibel/Süßmann, WpÜG, § 21 Rn. 8.
605 *Berger/Filgut,* WM 2005, 253, 257.
606 *Berger/Filgut,* WM 2005, 253, 255.
607 Als Ausnahme von § 18 Abs. 1 WpÜG wird gem. § 25 WpÜG ein positiver Beschluss der Gesellschafterversammlung als Bedingung zugelassen, in § 21 WpÜG sind weitere Ausnahmen genannt.
608 RegE BT- Drucks. 14/7034; S. 47: „Angebote lösen gravierende Folgen für das Zielunternehmen, dessen Management und die Wertpapierinhaber der Zielgesellschaft aus. […] Vor diesem Hintergrund ist es sachgerecht, den Bieter zur Abgabe eines rechtlich verbindlichen Angebots zu verpflichten, das nur unter den engen Voraussetzungen der §§ 18 und 21 WpÜG mit Bedingungen versehen oder geändert werden kann."; vgl auch *Berger/Filgut,* WM 2005, 253, 255.
609 *Berger/Filgut,* WM 2005, 253, 255 f.

WpÜG präzise formuliert sind.[610] Weit gefasste MAC-Klauseln sind daher nach den Vorschriften des WpÜG unzulässig.

b) Rücktrittsvorbehalt bei Eintritt eines MAC, § 18 Abs. 2 WpÜG

Gemäß § 18 Abs. 2 WpÜG ist auch ein Angebot, das unter einem Widerrufs- oder Rücktrittsvorbehalt abgegeben wird, unzulässig. Dem Wortlaut der Vorschrift folgend ist mit der herrschenden Meinung davon auszugehen, dass Rücktrittsvorbehalte immer unzulässig sind.[611] Die teilweise vertretene Gegenansicht, ein Rücktrittsvorbehalt sei zulässig, wenn die Voraussetzungen des § 18 Abs. 1 WpÜG vorliegen[612], ist abzulehnen. Denn erstens wird aus der Gesetzesbegründung zu § 18 Abs. 2 WpÜG deutlich, dass der Gesetzgeber von einem eigenen Anwendungsbereich des § 18 Abs. 2 WpUG ausging und nicht nur eine Umgehung von § 18 Abs. 1 WpÜG verhindern wollte.[613] Und zweitens spricht auch der Zweck des WpÜG für diese Auffassung, denn durch einen Rücktrittsvorbehalt entstehen stets Schwebezustände und somit Rechtsunsicherheit, was dem Grundgedanken des WpÜG widerspricht. Sowohl § 18 Abs. 1 WpÜG als auch § 18 Abs. 2 WpÜG wollen verhindern, dass der Bieter nach Abgabe des Angebots noch einmal über die Durchführung des Angebots entscheidet. Da ein Rücktrittsvorbehalt dem Bieter nach Eintritt des Rücktrittsgrundes ein Ermessen einräumt, ob er sich von dem Angebot lösen will, schafft er Handlungsspielräume und erweitert somit rechtliche Schwebezustände. Darin liegt auch der Unterschied zum Verzicht auf eine Bedingung gemäß § 21 Abs. 1 S. 1 Nr. 4 WpÜG, denn durch den Verzicht auf die Bedingung bindet sich der Bieter endgültig an sein Angebot und beseitigt

---

610 Ausführlich und mit weiteren Nachweisen *Berger/Filgut*, WM 2005, 253, 254 ff. und *Hopt* in: FS K. Schmidt, S. 681, 696 ff.

611 *Geibel/Süßmann* in: Angerer/Geibel/Süßmann, § 18 Rn. 67; *Krause/Favoccia* in: Assmann/Pötzsch/Schneider, WpÜG, § 18 Rn. 118; *Hasselbach* in: Kölner Komm. WpÜG, § 18 Rn. 97; *Noack/Holzborn* in: Schwark/Zimmer, Kapitalmarktrecht, § 18 WpÜG Rn. 23; *Thaeter/Baker*, WpÜG, § 18 Rn. 1; *Wackerbarth* in: MüKo AktG, § 18 Rn. 54.

612 *Oechsler* in: Ehricke/Ekkenga/Oechsler, WpÜG, § 18 Rn. 13; *Stöcker*, NZG 2003, 993, 994.

613 ReE BT-Drucksachen 14/7034, S. 48 (zu § 18 Absatz 2): „Neben der Vereinbarung von Bedingungen stellen Widerrufs- und Rücktrittsvorbehalte eine einfache Möglichkeit für den Bieter dar, sich von seinem Angebot zu lösen. Absatz 2 schließt daher Angebote aus, die mit entsprechenden Vorbehalten versehen sind. Hierdurch wird *zugleich* verhindert, dass eine nach Absatz 1 unzulässige Bedingung als Rücktritts- oder Widerrufsvorbehalt ausgestaltet wird und so die in Absatz 1 genannten Anforderungen umgangen werden." (Hervorhebung nicht im Original).

damit bestehende Schwebezustände. Da die Einräumung eines Handlungsspielraums in Bezug auf die Ausübung des Rücktrittsrechts dem Zweck des WpÜG widerspricht, sind Rücktrittsvorbehalte in Angeboten nach dem WpÜG stets unzulässig.

c) Spätester Zeitpunkt

Auch wenn § 18 WpÜG dies nicht regelt, besteht weitgehend Einigkeit darüber, dass über den Eintritt oder Ausfall der Bedingung spätestens am Ende der Annahmefrist Sicherheit bestehen muss.[614] Während bei Unternehmenskäufen der späteste relevante Zeitpunkt das *Closing* ist, muss bei Übernahmeangeboten die Bedingung bzw. der MAC bis zum Ende der Annahmefrist nach § 16 Abs. 1 WpÜG eingetreten sein. Der Zweck der §§ 17, 18, 21 und § 25 WpÜG, wonach Schwebezustände möglichst vermieden werden sollen, und auch § 3 Abs. 4 WpÜG, wonach Angebotsverfahren zügig durchgeführt werden sollen, sprechen für eine enge zeitliche Begrenzung.

III. Grundsatz der Vertragsfreiheit in privaten Verträgen

Die Interessenlage bei Angeboten, die unter das WpÜG fallen, unterscheidet sich von den im Rahmen dieser Arbeit im Fokus stehenden nicht reglementierten privatrechtlichen Verträgen. Während bei Übernahmeangeboten nach dem WpÜG rechtspolitische Wertungen die Vertragsfreiheit beschränken, gilt bei privaten Verträgen, in denen keine öffentlichen Interessen berührt werden, der Grundsatz der Privatautonomie. Im Bereich privater Unternehmenskaufverträge sind die Parteien daher grundsätzlich frei in der Ausgestaltung der MAC-Klausel. Die Beschränkungen des AGB-Rechts werden im Regelfall nicht anwendbar sein, da die Verträge regelmäßig im Einzelnen verhandelt und nicht einseitig gestellt werden (§ 305 Abs. 1 BGB). Zudem stellt die Klausel grundsätzlich eine legitime Regelung zur Risikozuweisung dar, die weder eine unangemessene Benachteiligung im Sinne von § 307 BGB noch einen sachlich nicht gerechtfertigten Rücktrittsvorbehalt im Sinne des § 308 Nr. 3 BGB darstellt.[615]

---

614 *Berger/Filgut*, WM 2005, 253, 257; *Hopt*, FS Karsten Schmidt, S. 681, 699; *Geibel/Süßmann* in: Angerer/Geibel/Süßmann, WpÜG § 18 Rn. 58; *Hasselbach/Wirtz*, BB 2005, 842, 846. Weitergehend *Wackerbarth* in: MüKo AktG, § 18 WpÜG Rn. 52, der auf den Zeitpunkt des Vollzugs abstellt.

615 Siehe dazu für den Bereich öffentlicher Übernahmeangebote *Badura*, MAC-Klauseln in Angeboten nach dem Wertpapiererwerbs- und Übernahmegesetz, S. 44 ff.

Grundsätzlich sind auch eine generalklauselartige Formulierung der MAC-Klausel und die Einräumung eines Ermessensspielraums nach den Vorschriften des BGB nicht ausgeschlossen. Zulässig sind, anders als bei Angeboten nach dem WpÜG, beispielsweise auch Bedingungen, nach der das freie Ermessen einer Partei zur Bedingung gemacht wird (Potestativbedingungen).[616] Die grundsätzliche Zulässigkeit solcher Bedingungen ergibt sich aus § 454 BGB.

Dass dies im Bereich privater Verträge aber nicht zwingend so sein muss, zeigt ein vergleichender Blick auf das französiche Recht. Gemäß Artikel 1174 des Code Civil[617] ist eine vertragliche Bedingung nichtig, wenn die verpflichtete und durch die Bedingung begünstigte Partei Einfluss auf das Vorliegen der Bedingung hat. Daher ist nach französischem Recht bei der Ausgestaltung der MAC-Klausel darauf zu achten, dass keine Potestativbedindung (*condition potestative*) vorliegt.[618] Die Klausel darf nicht von einem Ermessen des Käufers abhängen. Bei Geltung französischen Rechts wird deshalb oft zu einer detaillierten Bestimmung des *material adverse change* geraten, die das Vorliegen des MAC an objektive Kriterien knüpft.[619] Insbesondere wenn die MAC-Klausel an allgemeine wirtschaftliche Risiken anknüpft, wird im französischen Recht die Gefahr gesehen, dass die Klausel als Potestativbedingung gewertet und damit als unwirksam angesehen wird.[620] Aus diesem Grund sind MAC-Klauseln in französischen Verträgen meist relativ detailliert und enthalten oft Schwellenwerte.[621]

---

616 Zur Zulässigkeit von Potestativbedingungen: *Ellenberger* in: Palandt, vor § 158 Rn. 10.; BGH NJW 1967, 1605, 1607; BGH NJW-RR 1996, 1167.

617 Article 1174 Code Civil: *Toute obligation est nulle lorsqu'elle a été contractée sous une condition potestative des la part de celui qui s'oblige.*

618 *Gontard/Nevzi*, Les aspects corporate, Revue Lamy Droit Civil 2009 n° 62 (2009/07/01), unter Punkt B.2 ("*En matière de MAC clause, deux elements pourraient être retenues pour caratériser la potestativité: la faculté unilatérale réservée à l'acquéreur de se prévaloir d'un changement significatif défavorable; et le fait que le fait générateur, à savoir le changement significatif défavorable, procède du bon vouloir de l'acquéreur*"); *Eltvedt/Franceschi*, International Law Office, March 10, 2010.

619 *Gontard/Nevzi*, Les aspects corporate, Revue Lamy Droit Civil 2009 n° 62 (2009/07/01), unter Punkt B.2 (*validité jurdique*).; *Lagarde/Méheut/Reversac* in: Cordero-Moss, Boilerplate Clauses, International Commercial Contracts and the Applicable Law, S. 221 f; *Sonnenblick/Cohn*, N.Y.L.J., October 25, 2010, 2.

620 *Lagarde/Méheut/Reversac* in: Cordero-Moss, Boilerplate Clauses, International Commercial Contracts and the Applicable Law, S. 222.

621 *Sonnenblick/Cohn*, N.Y.L.J., October 25, 2010, 2. An einem konkreten Schwellenwert scheiterte unter anderem auch der bisher einzige durch ein französisches Gericht

Da im deutschen Recht im Bereich privater Unternehmenskaufverträge keine solchen Beschränkungen gelten, sind unbestimmte Klauseln, wie auch im US-Recht, zulässig.

Grenzen der Berufung des Käufers auf eine unbestimmte MAC-Klausel können sich aber aus dem Grundsatz von Treu und Glauben ergeben. Die Unbestimmtheit der MAC-Klausel kann den Käufer dazu verleiten, die MAC-Klausel als Vorwand vorzuschieben, wenn er den Kauf nach Abschluss des Vertrags bereut. Die Berufung auf einen MAC kann in diesem Fall von einem Gericht als Verstoß gegen den Grundsatz von Treu und Glauben und gegen vertragliche Treuepflichten eingeordnet werden. Diese Gefahr im Zusammenhang mit der Berufung auf eine MAC-Klausel ist beispielsweise in verschiedenen nordischen Rechtsordnungen[622] und auch im französischen Recht[623] gesehen worden. Aber auch im deutschen Recht ist denkbar, dass eine Berufung auf die MAC-Klausel im Einzelfall als rechtsmissbräuchlich und als Verstoß gegen § 242 BGB eingeordnet werden kann.[624]

IV. Umgang des deutschen Vertragsrechts mit nachteiligen Veränderungen nach Vertragsschluss

1. Problemaufriss

Die MAC-Klausel hat sich im amerikanischen Recht vor allem deshalb entwickelt, weil die Regelungen des *Common Law* den Bereich nachträglich eintretender Veränderungen und Äquivalenzstörungen nur sehr unzureichend regeln.

---

entschiedene Fall des cour d'appel de Paris (Cour d'appel Paris, 3ᵉ chambre, section A, 24 mai 2005, RG n° 2004/865).

622 Zum finnischen Recht *Möller* in: Cordero-Moss, Boilerplate Clauses, International Commercial Contracts and the Applicable Law, S. 260. Zum norwegischen Recht: *Hagstrøm* in: Cordero-Moss, Boilerplate Clauses, International Commercial Contracts and the Applicable Law, S. 272.

623 Siehe *Julien/Lamontagne-Defriez*, 19 (6) J.I.B.L.R. 193, 197 (2004), (Es sei denkbar, dass französische Gerichte eine Verpflichtung der Parteien, zunächst alle zur Aufrechterhaltung des Vertrages möglichen Maßnahmen zu ergreifen, begründen könnten. Zu den im Zusammenhang mit MAC-Klauseln relevanten Vorschriften siehe auch *Julien/Lamontagne-Defriez*, 19 (5) J.I.B.L.R. 172, 173 (2004), ("*French law finds much to criticise in a MAC clause*"), wo unter anderem auf Artikel 1134 des *Code Civil* verwiesen wird.

624 *Cordero-Moss*, Boilerplate Clauses, International Commercial Contracts and the Applicable Law, S. 362.

Welchen Zweck die MAC-Klausel in Deutschland erfüllt und wie sie sich in das deutsche Rechtssystem einordnet, ist noch weitgehend ungeklärt, wohl vor allem auch deshalb weil die Klausel nicht in Deutschland entwickelt, sondern aus dem US-Recht übernommen wurde. Die Funktion der Klausel innerhalb des deutschen Rechtssystems kann nur dann richtig verstanden werden, wenn das Recht, von dem abgewichen wird, berücksichtigt wird. Daher muss untersucht werden, wie das BGB mit wesentlichen nachteiligen Veränderungen zwischen Vertragsschluss und Gefahrübergang umgeht.

Die wenigen Stimmen in der Literatur, die sich bisher mit nachteiligen Veränderungen im Zeitraum zwischen *Signing* und *Closing* beschäftigt haben, bieten ein sehr uneinheitliches Bild. Schon die Frage, ob das Risiko nachteiliger Veränderungen nach den Vorschriften des BGB dem Verkäufer oder dem Käufer zugeordnet sei, wird nicht einheitlich beantwortet. Auch die Funktion und der Inhalt der Vorschrift des § 446 BGB wird in diesem Zusammenhang unterschiedlich beurteilt.

Zum Teil heißt es, dass nach §§ 446 S. 1, 447 BGB sämtliche Risiken, insbesondere zufällige Veränderungen vor dem *Closing* aufgrund externer Faktoren (wie beispielsweise der Finanzkrise), auch ohne MAC-Klausel sowieso schon dem Verkäufer zugewiesen würden.[625] Die allgemeine MAC-Klausel regele also nur, was ohnehin aus der Risikoverteilung gemäß §§ 446 S. 1, 447 Abs. 1 BGB folge und weise auf eine „bloße Übernahme der gesetzlichen Entscheidung hin".[626] Eine von der gesetzlichen Risikoverteilung abweichende Regelung würde lediglich durch die Ausnahmeregelungen in der MAC-Klausel getroffen. Durch die *carve-outs* verzichte der Käufer auf eine ihn begünstigende gesetzliche Risikoverteilung und übernehme daher das Risiko, das ansonsten der Verkäufer zu tragen hätte.[627]

Andere sehen den Kern der Regelung der MAC-Klausel in der „Verlagerung der sogenannten Preisgefahr von der Käuferin auf die Verkäuferin"[628], was im Gegensatz zu der vorgenannten Ansicht voraussetzen würde, dass die Preisgefahr laut gesetzlicher Risikoverteilung nach dem BGB auch vor Gefahrübergang grundsätzlich dem Käufer zugewiesen wäre.

---

625 *Kuntz*, DStR 2009, 377, 380 f. (sowohl interne als auch externe Risiken); siehe auch *Kindt/Stanek*, BB 2010, 1490, 1491.
626 *Kuntz*, DStR 2009, 377, 380.
627 *Kuntz*, DStR 2009, 377, 382.
628 *Schrader* in: *Eilers/Koffka/Mackensen*, Private Equity, S. 67 (I., Rn. 15); *Kindt/Stanek*, BB 2010, 1490.

Differenzierter ist die Ansicht, nach der es bei der MAC-Klausel um die Frage der „Verlagerung des Verwendungs- und Entwertungsrisikos vom Sachleistungsgläubiger auf den Schuldner"[629] gehe.

Als rechtlicher Anknüpfungspunkt für eine Lösung der im Zusammenhang der MAC-Klausel relevanten Fälle nach den Vorschriften des BGB ist in der Literatur bisher ausschließlich § 313 BGB gesehen worden.[630] So wird § 313 BGB als „gesetzliches Gegenstück" zur MAC-Klausel bezeichnet[631] oder geäußert, dass die MAC-Klausel in den Regelungsbereich des § 313 BGB eingreife.[632]

Inwiefern bzw. ob sich die Voraussetzungen der allgemeinen MAC-Klausel von denen der Geschäftsgrundlage nach § 313 BGB unterscheiden und wie das Verhältnis zueinander ist, wird nicht einheitlich beurteilt. Zum Teil wird vertreten, die allgemein gefasste Standard-MAC-Klausel sei „lediglich eine vertragliche Version der in § 313 BGB niederlegten Regeln zur Störung der Geschäftsgrundlage."[633] Eine inhaltliche Änderung der Gesetzeslage werde durch die allgemein formulierte MAC-Klausel, abgesehen von der Rechtsfolge, nicht getroffen.[634] Die Klausel werde im Zweifel so ausgelegt werden, „dass sie lediglich vertraglich wiedergibt, was § 313 BGB ohnehin vorsieht."[635] Auf der anderen Seite wird im Schrifttum auch die Ansicht vertreten, dass die Voraussetzungen des § 313 BGB deutlich strenger seien als die der MAC-Klausel, denn bei § 313 BGB sei nicht ausreichend, dass die Umstände sich wesentlich geändert hätten, sondern die Umstände müssten auch durch beide Parteien unvorhersehbar gewesen sein.[636] Andere wiederum sind der Ansicht, dass ein MAC verlange, dass eine Verschlechterung der wirtschaftlichen Lage eingetreten sein muss, welche einem Fall der Störung der Geschäftsgrundlage gemäß § 313 BGB zumindest nahekomme.[637]

---

629 *Henssler,* FS Huber, S. 739, 748.
630 Die wenigen Autoren, die sich überhaupt im Rahmen der Behandlung der MAC-Klausel mit der Frage der Risikoverteilung vor Gefahrübergang befassen, konzentrieren sich ausschließlich auf § 313 BGB: *Kuntz,* DStR 2009, 377, 380 ff; *Henssler,* FS Huber, S. 739, 746; *Schweitzer,* 4 E.C.F.R. 79, 120 (2007); *Picot/Duggal,* DB 2003, 2635, 2637 f.; *Göthel* in: Merkt/Göthel, Internationaler Unternehmenskauf, § 2 Rn. 145 (S. 79).
631 *Picot,* Unternehmenskauf und Restrukturierung, § 4 Rn. 460 (S. 258).
632 *Göthel* in: *Merkt/Göthel,* Internationaler Unternehmenskauf, § 2 Rn. 145 (S. 79).
633 *Kuntz,* DStR 2009, 377, 381.
634 *Kuntz,* DStR 2009, 377, 381.
635 *Kindt/Stanek,* BB 2010, 1490, 1491.
636 *Thaeter/Schulze,* The 2011 guide to Mergers and Acquisitions, Int'l Fin. L. Rev. Mergers and Acquisitions 44 (2011).
637 So im Zusammenhang der Übernahmeangebote *Hasselbach* in: Kölner Komm. WpÜG, § 18 Rn. 62.

Die gegensätzlichen Äußerungen in der Literatur zeigen, dass die Einordnung und Funktion der MAC-Klausel im deutschen Rechtssystem noch völlig ungeklärt ist. Die Fälle, in denen die Anwendung der MAC-Klausel diskutiert wird, sind vielfältig. Denkbar sind beispielsweise folgende „MAC-Konstellationen":

Fall 1: Nach dem *Signing* muss das Zielunternehmen Insolvenz anmelden.[638]
Fall 2: Nach dem *Signing* erhöhen sich die Verbindlichkeiten des Unternehmens unerwartet.[639]
Fall 3: Der Verkäufer hat in Bezug auf das Zielunternehmen Prognosen abgegeben, die sich noch vor dem *Closing* als unzutreffend herausstellen.[640]

---

638 Im US-Recht wird die Insolvenz als ein möglicher und als relativ sicher eingestufter MAC-Fall genannt (*Davidoff*, The MAC is Back, but Does It Kill a Deal?, The New York Times (DealBook), August 23, 2011, 3:45 PM). Auch in den Spezifizierungen der MAC-Klauseln wird der Fall der Insolvenz zum Teil ausdrücklich erfasst (vgl. in Bezug auf MAC-Klauseln in Übernahmeangeboten *Hornuf/Zancanato*, MAC-Klauseln in deutschen Übernahmeangeboten: Eine rechtstatsächliche Untersuchung, ZBB 2011, 412, 416). Das Thema der Insolvenz kam auch im Fall *Hexion v. Huntsman* auf, wo ein MAC mit der Begründung behauptet worden war, dass das verschmolzene Unternehmen insolvent sein würde und deswegen keine Finanzierung des Deals erhältlich sei (*Hexion Speciality Chemicals, Inc. v. Huntsman Corp.*, 965 A.2d 715, 721–22 (Del. Ch. 2008).

639 Beispielsweise ging es im Fall *Rudman v. Cowles Communications, Inc.* (315 N.Y.S.2d 409, 413 (App. Div. 1970)) um die Frage, ob ein Anstieg der Steuerschulden nach dem Signing einen MAC darstellte. Auch im Fall *Hexion v. Huntsman* war untersucht worden, ob ein Anstieg der Nettoverbindlichkeiten einen MAC darstellte. Da es sich jedoch lediglich um einen Anstieg in Höhe von 5 % gegenüber den Erwartungen handelte, konnte dieser Anstieg keinen MAC begründen.

640 Um die Verfehlung von Prognosen ging es beispielsweise im US-amerikanischen Fall *Hexion v. Hutnsman*: "*Hexion [...] claims that Huntsman's failure to live up to its projections are key to the MAE analysis*" (*Hexion Speciality Chemicals, Inc. v. Huntsman Corp.*, 965 A.2d 715, 740 (Del. Ch. 2008)). Der MAC wird vom Gericht aber abgelehnt, insbesondere weil im konkreten Fall die Prognosen explizit aus dem Anwendungsbereich der *represenations and warranties* ausgeklammert worden waren (*Hexion Speciality Chemicals, Inc. v. Huntsman Corp.*, 965 A.2d 715, 740–41 (Del. Ch. 2008)).

Fall 4: Nach dem *Signing* kommt es zu einem erheblichen Auftragsrückgang[641] (oder ein wichtiger Kundenvertrag wird aufgelöst[642]).

Fall 5: Nach dem *Signing* wird eine starke Umweltbelastung der zum Unternehmen gehörenden Grundstücke festgestellt. Ein kostspieliges Eingreifen der Umweltbehörden ist erforderlich, Produktionseinschränkungen und verminderte Absatzchancen sind zu befürchten.

Fall 6: Nach dem *Signing* werden wichtige Produktionsanlagen durch eine Naturkatastrophe erheblich beschädigt. Diese Produktionsanlagen stellen ein Produkt her, das über 50 % der Gewinne des Unternehmens ausmacht.[643]

Fall 7: Nach dem *Signing* ergeht ein Urteil gegen das Zielunternehmen, in dem eine Patentrechtsverletzung festgestellt und ein Untersagungsrecht eines Dritten gegen das Unternehmen bezüglich der Nutzung des Patents gewährt wird.[644]

Fall 8: Aufgrund eines allgemeinen wirtschaftlichen Abschwungs (Wirtschaftskrise) verschlechtert sich die wirtschaftliche Lage des Unternehmens erheblich.[645]

---

641 Ein Buchungsrückgang war unter anderem Gegenstand im Fall *Pan Am Corp. v. Delta Air Lines* (175 B.R. 438, 493 (S.D.N.Y. 1994)). In diesem Fall war eine Verschlechterung des Geschäfts, insbesondere ein Rückgang der Vorab-Buchungen von 20 % bis 40 % als MAC eingestuft worden. Im Fall *Borders* (*Borders v. KRLB Inc.*, 727 S.W.2d 357 (Tex. App. 1987)) ging es um die Frage, ob ein erheblicher Verlust der Hörerschaft einen MAC begründen konnte.

642 Siehe beispielsweise den US-amerikanischen Fall *Polycast Technology Corp. v. Uniroyal, Inc.* (792 F.Supp. 244, 253, 274 (S.D.N.Y. 1992)). Dort war ein Vertrag mit einem profitablen Hauptkunden gekündigt und dies als möglicher MAC bezeichnet worden.

643 Ein ähnlicher Fall wurde im Rahmen einer Konferenz von Bankern bei der Kanzlei *Clifford Chance* erörtert. Im Rahmen einer Abstimmung herrschte Uneinigkeit bezüglich der Frage, ob eine Explosion in einer Fabrik, welche ein Produkt herstellte, das 20 % des Umsatzes des Unternehmens ausmachte, einen MAC darstellte (siehe *Chertok*, 19 U. Miami Int'l & Comp. L. Rev. 99, 121–22 (2011–2012)).

644 Um ein drohendes Urteil in Bezug auf eine Patentrechtsverletzung ging es beispielsweise im Fall *S.C. Johnson & Son, Inc. v. DowBrands, Inc.*, 167 F. Supp. 2d 657 (D. Del. 2001). Allerdings wurde der MAC abgelehnt, da noch keine Gerichtsentscheidung vorlag.

645 Diese Konstellation liegt vielen MAC-Fällen zugrunde. Im Fall *IBP v. Tyson* beruhte die nachteilige Veränderung auf allgemeinen konjunkturellen und saisonalen Entwicklungen, im Fall *Hexion v. Huntsman* stand die Verschlechterung im Zusammenhang mit der allgemeinen Wirtschaftskrise ab Ende 2007 und im englischen Fall *WPP v. Tempus* hing die Verschlechterung mit der allgemeinen wirtschaftlichen

Es soll im Folgenden untersucht werden, wie das deutsche dispositive Recht mit solchen typischen „MAC-Konstellationen" umgeht, wenn der Vertrag keine MAC-Klausel enthält.

2. Gegenüber § 313 BGB vorrangige gesetzliche Regelungen

Über die Vorschrift des § 313 BGB hinaus enthält das deutsche Recht eine Reihe von Vorschriften, die sich mit der vertraglichen Risikoverteilung beschäftigen und in deren Regelungsbereiche die MAC-Klausel daher möglicherweise eingreift.

Insbesondere sind die Regelungen zur Unverhältnismäßigkeit der Leistung in § 275 Abs. 2 BGB, die gesetzliche Mängelhaftung der §§ 434 ff. BGB und die Haftung aufgrund Verschuldens bei Vertragsschluss (§ 311 Abs. 2 BGB) vorrangig zu prüfen.

a) Unverhältnismäßigkeit der Leistung gemäß § 275 Abs. 2 BGB

Zunächst stellt sich die Frage, ob wegen eines erheblichen Wertverlusts des Unternehmens eine Befreiung nach § 275 Abs. 2 BGB in Betracht kommen kann. Gemäß § 275 Abs. 2 BGB kann der Schuldner die Leistung verweigern, soweit diese einen Aufwand erfordert, der unter Beachtung des Inhalts des Schuldverhältnisses und der Gebote von Treu und Glauben in einem groben Missverhältnis zu dem Leistungsinteresse des Gläubigers steht. § 275 Abs. 2 BGB erfasst Fälle, in denen sich aus dem Kosten-Nutzen-Vergleich die grobe Unverhältnismäßigkeit der Leistung ergibt.[646] Auf das Verhältnis von Leistung und Gegenleistung kommt es im Rahmen von § 275 Abs. 2 BGB aber nicht an[647], dafür spricht schon der Wortlaut der Norm („Leistungsinteresse"). Nach herrschender Ansicht werden Äquivalenzstörungen durch das Institut des Wegfalls der Geschäftsgrundlage gemäß § 313 BGB erfasst.[648] Unabhängig von der (umstrittenen) Frage des Verhältnisses zu § 313 BGB setzt § 275 Abs. 2 BGB jedenfalls voraus, dass eine Leistungserschwerung bzw. Erhöhung des Leistungsaufwands vorliegt. Wenn das Unternehmen im Zeitraum zwischen *Signing* und *Closing* an Wert verliert,

---

Situation nach dem 11. September zusammen. Siehe zu diesen Fällen ausführlich oben unter B. III, 1 und 3 und VI, 2.
646 *Ernst* in: MüKo BGB, § 275 Rn. 70.
647 So auch die herrschende Meinung: *Ernst* in: MüKo BGB, § 275 Rn. 76; *Grüneberg* in: Palandt, § 275 Rn. 29; *Unberath* in: Bamberger/Roth, BGB, § 275 Rn. 55; *Kuntz*, WM 2009, 1257, 1257 f.; a.A. *Caspers* in: Staudinger BGB, § 275 Rn. 105.
648 *Ernst* in: MüKo BGB, § 275 Rn. 21, 74; *Grüneberg* in: Palandt, § 275 Rn. 29.

verändert sich der Kaufpreis des Unternehmens im Regelfall jedoch nicht. Daher fehlt es in Fällen der Verschlechterung des Unternehmens regelmäßig schon an einer Erhöhung des Leistungsaufwands des Käufers[649], sodass § 275 Abs. 2 BGB schon aus diesem Grund nicht einschlägig ist.

Der Leistungsaufwand des Käufers kann sich jedoch dann erhöhen, wenn durch nachträglich eintretende Umstände die Kosten der Beschaffung eines Darlehens ansteigen. Es ist aber fraglich, ob dies zu einer Unverhältnismäßigkeit des Verhältnisses zwischen Schuldneraufwand und Leistungsinteresse führen kann. Denn durch die Kreditverteuerung steigt in der Regel auch das Leistungsinteresse des Gläubigers an der Zahlung des Kaufpreises.[650] Da dem erhöhten Leistungsaufwand des Unternehmenskäufers somit auch ein erhöhtes Leistungsinteresse des Unternehmensverkäufers gegenübersteht, liegt in diesem Fall keine Unverhältnismäßigkeit im Sinne von § 275 Abs. 2 BGB vor.[651]

Auch wenn durch nachträgliche Ereignisse die Finanzierung der Transaktion scheitert, ist eine Berufung auf § 275 BGB wegen übermäßiger Erschwerung bzw. Unmöglichkeit der Kaufpreiszahlung ausgeschlossen. Nachteilige Veränderungen von Umständen, die zur finanziellen Leistungsunfähigkeit des Geldleistungsschuldners führen, können diesen nicht von seiner Verpflichtung zur Leistung befreien. Denn es gilt im deutschen Recht das aus dem Zwangsvollstreckungs- und Insolvenzrecht abgeleitete Prinzip der unbeschränkten Vermögenshaftung.[652]

§ 275 Abs. 2 BGB ist folglich in den hier untersuchten Fällen nachteiliger Veränderungen im Zeitraum zwischen *Signing* und *Closing* nicht einschlägig.

b) *Abgrenzung zu Fällen der Culpa in Contrahendo*

Nachteilige negative Veränderungen des Unternehmens vor dem *Closing* können sich auch aus Umständen entwickeln, die schon vor dem *Signing* bestanden, die dem Käufer aber nicht bekannt waren. In diesen Fällen stellt sich die Frage, ob der Verkäufer dem Käufer vor Vertragsschluss hätte mitteilen müssen, wenn ihm schon Informationen bezüglich einer drohenden Verschlechterung des Unternehmens vorlagen. Denn wenn die Unkenntnis des Käufers von Risiken, die

---

649 So beispielsweise auch *Kuntz,* WM 2009, 1257, 1258.
650 Bei Preissteigerungen auf dem Beschaffungsmarkt steigt das Gläubigerinteresse mit der Preissteigerung in der Regel mit an (*Ernst* in: MüKo BGB, § 275 Rn. 21), bei Geldschulden kann insofern nichts anderes gelten als bei geschuldeten Sachleistungen. So auch *Kuntz,* WM 2009, 1257, 1258.
651 Siehe auch *Kuntz,* WM 2009, 1257, 1258.
652 Statt aller *Grüneberg* in: Palandt, § 276 Rn. 28 mit weiteren Nachweisen.

zu einer nachteiligen Entwicklung des Unternehmens führen, auf einer vorvertraglichen Aufklärungspflichtverletzung des Verkäufers beruht, kann dies eine Haftung des Verkäufers aus *culpa in contrahendo* gemäß § 280 Abs. 1 BGB i.V.m. § 311 Abs. 2 BGB begründen.[653] In diesem Fall kann der Käufer gemäß §§ 311 Abs. 2, 280 Abs. 1, 249 Abs. 1 BGB verlangen, so gestellt zu werden, wie er bei vollständiger und richtiger Offenbarung der für seinen Kaufentschluss erheblichen Umstände stünde.[654] Er kann - je nach Ursächlichkeit der Informationspflichtverletzung - Rückgängigmachung des Vertrages verlangen oder aber am Vertrag festhalten und zusätzlich Schadensersatz fordern.[655] Als Vertrauensschaden kann Ersatz des Betrages verlangt werden, um den der Kaufgegenstand zu teuer erworben wurde.[656]

Bei Verhandlungen über einen Unternehmenskauf hat der Verkäufer den Käufer auch ungefragt über solche Umstände aufzuklären, die den Vertragszweck des anderen vereiteln können und daher für seinen Entschluss von wesentlicher

---

653 Im Bereich der Verletzung vorvertraglicher Aufklärungspflichtverletzungen liegt nach der Schuldrechtsreform ein Hauptanwendungsbereich der Haftung aus *cic*. Bei pflichtwidrigem Verhalten des Verkäufers im Rahmen der Vertragsverhandlungen ist im Grundsatz das Mängelrecht ab Gefahrübergang vorrangig anwendbar, da dieses insofern abschließend ist. Eine Ausnahme erkennt die Rechtsprechung bei Vorsatz an (BGH NJW 2009, 2120, 2121 f., mit zahlreichen Nachweisen und ausführlicher Darstellung des Meinungsstands); Die auch nach der Schuldrechtsreform noch unbeschränkte Anwendung der *culpa in contrahendo* auf Sachmängel befürwortet *Huber* (in: AcP 202 (2002), 179 ff.), was jedoch insgesamt auf massiven Widerstand gestoßen ist. Seit der Schuldrechtsreform können beispielsweise auch unrichtige Angaben über Unternehmensverbindlichkeiten Mängelrechte begründen, sodass typische Fälle, die vor der Reform über die cic gelöst wurden, fortan dem (vorrangigen) Mängelgewährleistungsrecht unterfallen *(s.* zum dazu auch *Beckmann* in: Staudinger BGB, § 453 Rn. 130 ff. mit weiteren Nachweisen). Vor Gefahrübergang findet im Grundsatz aber das allgemeine Leistungsstörungsrecht und somit auch die *cic* Anwendung (*Grüneberg* in: Palandt, § 311 Rn. 14).
654 BGH NJW-RR 1989, 306, 307.
655 BGH NJW-RR 1989, 306, 307.
656 BGH NJW 2006, 3139, 3141. Ein Anspruch auf Vertragsanpassung im engeren Sinne besteht aber nicht. Der Geschädigte hat lediglich das Recht den Vertrauensschaden zu liquidieren. Er ist so zu behandeln als wäre ihm bei Kenntnis der wahren Sachlage gelungen, den Vertrag zu einem niedrigeren Preis abzuschließen; ihm ist dann der Betrag zu ersetzen, um den er den Kaufgegenstand zu teuer erworben hat. Es geht nicht darum, den Vertrag an die neue Situation anzupassen, sondern nur darum, den reduzierten Vertrauensschaden anzupassen (BGH NJW 2006, 3139, 3141). Siehe *Grüneberg* in: Palandt, § 311 Rn. 57; BGH NJW-RR 1989, 307.

Bedeutung sind, sofern er die Mitteilung nach der Verkehrsauffassung erwarten konnte.[657] Im Hinblick auf die wirtschaftliche Tragweite des Geschäfts und die regelmäßig erschwerte Bewertung des Kaufobjekts durch den Kaufinteressenten trifft den Verkäufer eine gesteigerte Sorgfalts- und Aufklärungspflicht.[658] Ein Verkäufer kann beispielsweise auch ungefragt dazu verpflichtet sein, im Zuge der Vertragsverhandlungen auf Verluste der vergangenen Jahre hinzuweisen, wenn dies für den Vertragszweck des Käufers von Bedeutung ist.[659] Das Ergebnis ist immer von einer Abwägung aller Umstände des Einzelfalles abhängig. Die Pflicht zur Wahrung der Interessen der Gegenpartei muss im konkreten Fall schwerer wiegen als das berechtigte Gewinnstreben des Verkäufers.[660]

c) Gesetzliche Mängelhaftung

Nachteilige Veränderungen können in bestimmten Fällen auch zur Mangelhaftigkeit des Unternehmens führen. Insofern ist aber zunächst zu klären, inwiefern Mängelrechte überhaupt im Zeitraum zwischen *Signing* und *Closing* von Bedeutung sein können.

---

657   In ständiger Rechtsprechung zum Beispiel BGH NZG 2002, 298, 300 mit weiteren Rechtsprechungsnachweisen.
658   BGH NZG 2002, 298, 300. Je nach konkreter Vertragsgestaltung kann sich die Aufklärungspflicht aber wiederum reduzieren, beispielsweise wenn der Käufer nach dem Vertrag keine Schulden übernimmt und das Unternehmen in seinen eigenen branchengleichen Betrieb eingliedern will (BGH NZG 2002, 298, 300).
659   BGH NZG 2002, 298, 300. Eine Aufklärungspflicht über die Fehlbeträge der vergangenen Jahre wurde in diesem Fall selbst dann angenommen wenn die Eingliederung in den Betrieb des Käufers im Vordergrund der Kaufabsichten des Käufers stand, denn die in den vorhergehenden Jahren erwirtschafteten Verluste des Unternehmens waren nicht ohne Bedeutung für seinen Kaufentschluss. Denn die Ursachen (hohe Personalkosten und ungünstige Vertragsgestaltung mit Lieferanten und Kunden) waren geeignet, den Vertragszweck – die gewinnbringende Erzielung von Synergieeffekten – zu vereiteln (BGH NZG 2002, 298, 300). Im Einzelfall ist aber stets zu prüfen, ob nicht im konkreten Fall eine Beschaffenheitsvereinbarung im Sinne von § 434 BGB vorliegt und somit unter Umständen das Mängelrecht vorrangig Anwendung findet. Dies kann beispielsweise im Zusammenhang mit unrichtigen Bilanzen der Fall sein. Unentdeckte nicht bilanzierte Schulden können gewährleistungsrechtlich relevant sein, wenn sie als Verbindlichkeiten oder Rückstellungen hätten bilanziert werden müssen (*Thiessen* in: MüKo HGB, Anhang zu § 25 Rn. 83). Vgl. dazu genauer unter Ziffer C. IV. 2.c iv (2).
660   Zu den möglichen relevanten Abwägungskriterien vgl. ausführlicher *Stengel/Scholderer*, NJW 1994, 158, 162.

i. Die Bedeutung des Mängelgewährleistungsrechts vor Gefahrübergang

Gemäß § 433 Abs. 1 S. 1 BGB muss die vom Verkäufer gemäß § 433 Abs. 1 S. 2 BGB geschuldete Mangelfreiheit bei Gefahrübergang gegeben sein. Daraus folgt, dass die Gewährleistungsrechte grundsätzlich erst ab Gefahrübergang Anwendung finden. Bis zum Gefahrübergang finden nur die allgemeinen schuldrechtlichen Regelungen (§§ 323 Abs. 1 BGB, § 326 Abs. 5 BGB und §§ 280 Abs. 1, 311 Abs. 2 BGB) Anwendung.

In der Literatur ist daher bisher, soweit ersichtlich, einheitlich davon ausgegangen worden, dass die Vorschrift des § 313 BGB alleiniger gesetzlicher Anknüpfungspunkt für nachteilige Veränderungen im Zeitraum zwischen *Signing* und *Closing* sei.[661] Das Mängelrecht greife erst nach Gefahrübergang und spiele daher bei nachteiligen Veränderungen vor dem *Closing* keine Rolle.[662]

Dieser Ansicht kann nicht uneingeschränkt gefolgt werden. Denn dem Mängelgewährleistungsrecht kann - sofern nicht vertraglich ausgeschlossen[663] - grundsätzlich auch schon vor Gefahrübergang Bedeutung zukommen. Insofern ist zwischen Fällen behebbarer Mängel auf der einen und Fällen nicht behebbarer Mängel (bzw. Fällen, in denen eine Behebung des Mangels aus sonstigen Gründen ausscheidet) auf der anderen Seite zu unterscheiden.

Im Grundsatz ist richtig, dass dem Käufer vor dem vereinbarten Gefahrübergang bei Entstehung eines „Mangels"[664] noch keine Rechte zustehen. Auf Grundlage des Kaufvertrages hat er zwar einen Anspruch auf mangelfreie Leistung, allerdings steht ihm dieser Erfüllungsanspruch erst ab dem vereinbarten

---

661 *Henssler*, FS Huber, S. 739, 746 („Als rechtliche Anknüpfung für ein Anpassungs- oder Rücktrittsrecht des Käufers bleibt bei Störungen im Zeitraum zwischen Signing und Closing damit allein das in § 313 BGB nominierte Institut der Geschäftsgrundlage"); *Kuntz*, DStR 2009, 377, 380 ff; *Schweitzer*, 4 E.C.F.R. 79, 120 (2007); *Picot/Duggal*, DB 2003, 2635, 2637 f.; *Göthel* in: Merkt/Göthel, Internationaler Unternehmenskauf, § 2 Rn. 145 (S. 79); *Meyer-Sparenberg* in: Beck'sches Formularbuch Bürgerliches, Handels- und Wirtschaftsrecht 2016, II. Schuldrecht, Allgemeiner Teil, Ziffer 8 (Rücktritt vom Vertrag wegen Störung der Geschäftsgrundlage), Rn. 1f.

662 *Henssler*, FS Huber, S. 739, 746; *Kuntz*, DStR 2009, 377, 380 ff.

663 Da vorliegend die gesetzliche Risikoverteilung untersucht werden soll, wird für diese Untersuchung unterstellt, dass kein vertraglicher Ausschluss des Mängelrechts vorliegt, obwohl dieser Ausschluss in der M&A-Praxis üblich ist.

664 Ein Mangel im Sinne des Gesetzes kann nach § 434 BGB eigentlich erst im Zeitpunkt des Gefahrübergangs vorliegen. Im Folgenden wird der Begriff des „Mangels" untechnisch in der Bedeutung gebraucht, dass von einem Mangel immer schon dann gesprochen wird, wenn die Abweichung von der vertraglich geschuldeten Beschaffenheit bei Gefahrübergang einen Mangel im Sinne des § 434 BGB begründen würde.

Fälligkeitstermin gemäß § 433 BGB zu. Demzufolge spielt auch das Leistungsverweigerungsrecht des Käufers bezüglich des Kaufpreisanspruchs (gemäß § 320 BGB) erst ab Fälligkeit eine Rolle. Da die Mangelfreiheit nach § 434 Abs. 1 S. 1 BGB erst bei Gefahrübergang vorliegen muss, hat der Verkäufer das Recht, den Mangel bis zum Zeitpunkt des Gefahrübergangs zu beseitigen.[665] Dieses Recht des Verkäufers zur Mängelbeseitigung würde umgangen, wenn man dem Käufer bei Entstehung von Mängeln schon vor Gefahrübergang Rücktritts- bzw. Anpassungsrechte zubilligen würde. Diese Wertung des Gewährleistungsrechts darf auch nicht durch eine Anwendung des § 313 BGB umgangen werden, sodass bei Entstehung unbehebbarer Mängel vor Gefahrübergang im Grundsatz weder Mängelgewährleistungsrechte noch eine Befreiung oder Anpassung nach § 313 BGB in Betracht kommen.

Fraglich ist aber, ob es überzeugend ist, dem Käufer die Rechte auf Rücktritt und Minderung vor Gefahrübergang auch dann zu versagen, wenn feststeht, dass die Sache zum Zeitpunkt des Gefahrübergangs mangelhaft sein wird. In diesem Fall ist kein Grund ersichtlich, warum dem Käufer die Mängelrechte nicht ausnahmsweise schon vorher zustehen sollten. Schon zum alten Recht hat die Rechtsprechung anerkannt, dass die Gewährleistungsrechte ausnahmsweise schon vorher gewährt werden, wenn der Verkäufer den Mangel nicht beheben kann oder dessen Beseitigung ernsthaft und endgültig verweigert.[666] Dass schon vor Gefahrübergang ein Rücktritt möglich ist, ergibt sich seit der Schuldrechtsreform aus § 323 Abs. 4 BGB. Danach besteht die Möglichkeit, bereits vor Fälligkeit der Leistung - also im Zeitraum vor Gefahrübergang - zurückzutreten, wenn offensichtlich ist, dass die Voraussetzungen des Rücktritts eintreten werden. Diese Voraussetzung ist gegeben, wenn sich aus den Umständen ergibt, dass der Schuldner die Leistung bis zum Ende der nach Fälligkeit zu bestimmenden Nachfrist nicht erbringen wird.[667] Dies ist erstens immer dann der Fall, wenn nicht behebbare Mängel vorliegen.[668] Neben den Fällen unbehebbarer Mängel ist die zukünftige Pflichtverletzung (die mangelhafte Lieferung) zweitens auch dann offensichtlich, wenn der Schuldner vor Fälligkeit die Erfüllung des Anspruchs ernsthaft und endgültig verweigert.[669] Sowohl bei der Entstehung unbehebbarer

---

665 *Westermann* in: MüKo BGB, § 434 Rn. 51.
666 BGH NJW 1995, 1737, 1738 mit weiteren Nachweisen.
667 *Grüneberg* in: Palandt, § 323 Rn. 23.
668 *Westermann* in: MüKo BGB, § 434 Rn. 51; *Grunewald* in: Erman, BGB, § 434 Rn. 68.
669 *Westermann* in: MüKo BGB, § 434 Rn. 51; *Grunewald* in: Erman, BGB, § 434 Rn. 68. Von den Fällen der Verweigerung der Mängelbeseitigung sind aber die Fälle des Verzugs abzugrenzen. Wenn es dem Verkäufer nicht gelingt, den Mangel innerhalb

Mängel als auch bei der endgültigen Verweigerung der Mängelbeseitung steht dem Käufer somit auch schon vor Gefahrübergang ein Rücktrittsrecht gemäß § 323 Abs. 4 BGB zu.

Auch beim Minderungsrecht gemäß § 441 BGB leuchtet es nicht ein, diesen Rechtsbehelf bis zum Gefahrübergang hinauszuschieben, wenn feststeht, dass die Voraussetzungen bei Gefahrübergang vorliegen werden.[670] Da es sich bei der zukünftigen Pflichtverletzung um einen Mangel handelt, ist es nur konsequent auch die sonstigen Rechte nach §§ 434 ff. BGB, insbesondere das Minderungsrecht, zu gewähren.[671] In solchen Fällen, in denen schon vor dem *Closing* offensichtlich ist, dass bei Gefahrübergang ein nicht behebbarer Mangel vorliegen wird, wäre es umständlich, wenn der Käufer erst abwarten müsste, bis ihm die Übergabe angeboten wird oder wenn er den Vertrag gar erst vollziehen müsste. Zudem ist auch kein Grund ersichtlich, warum von der Rechtsprechung zum altem Recht abgewichen und Rücktritt und Minderung nach neuem Recht unterschiedlich behandelt werden sollten.

Ähnliche Ergebnisse erzielt eine Ansicht, die im Zeitraum vor Gefahrübergang im Rahmen von § 313 BGB prüfen will, ob ein nicht behebbarer Mangel vorliegt.[672] Wenn das Vorliegen eines unbehebbaren Mangels bejaht wird, solle nach § 313 BGB Anpassung des Vertrages verlangt bzw. bei Vorliegen der Voraussetzungen vom Vertrag zurückgetreten werden können.[673] In diesen Fällen sollen die Anforderungen niedriger sein als in sonstigen Geschäftsgrundlagenfällen.[674] Als Korrelat zum Minderungsrecht nach § 441 BGB wäre nach dieser Ansicht im Zeitraum vor Gefahrübergang der Anspruch auf Vertragsanpassung gegeben. Auch wenn sich diese Ansicht somit im Ergebnis kaum von der ausnahmsweisen Anwendung des Mängelrechts vor Gefahrübergang unterscheidet, ist es aufgrund des Gedankens des § 323 Abs. 4 BGB überzeugender, bei

---

  der ihm gesetzten Frist zu beseitigen, ist dies kein Fall der Verweigerung (*Grunewald* in: Erman, BGB, § 434 Rn. 68).

670 *Grunewald* in: Erman, BGB, § 434 Rn. 68 („*Kann der Fehler nicht beseitigt werden oder weigert sich der Verkäufer ernsthaft und endgültig, den Fehler zu beseitigen, hat der Käufer ausnahmsweise auch schon vor Gefahrübergang die Rechtsbehelfe der Sachmängelhaftung, da es keinen Sinn macht, die Rechtsbehelfe weiter hinauszuschieben.*"); zum alten Recht: BGH NJW 1995, 1737, 1738; *Huber* in: Soergel, BGB, Band 3, 1991, § 459 Rn. 84.

671 *Ernst* in: MüKo BGB, § 323 Rn. 26.
672 *Kuntz*, WM 2009, 1257, 1262.
673 *Kuntz*, WM 2009, 1257, 1262.
674 *Kuntz*, WM 2009, 1257, 1262.

unbehebbaren Mängeln das Gewährleistungsrecht direkt, statt über § 313 BGB, anzuwenden.

Für die Bestimmung der Rechtsfolgen bei Entstehung eines Mangels vor Gefahrübergang kommt es somit unter anderem darauf an, ob ein behebbarer oder ein unbehebbarer Mangel vorliegt. Im hier untersuchten Zusammenhang kann ein Unternehmensmangel häufig darin begründet sein, dass das Unternehmen beim *Closing* nicht mehr über die vereinbarte oder vorausgesetzte Ertragsfähigkeit verfügt.[675] Da bei mangelhafter Ertragsfähigkeit keine Nachbesserung denkbar ist, liegt in diesem Fall ein unbehebbarer Mangel vor.[676] Andererseits wird man aber beispielsweise im Fall der Insolvenz wegen der Möglichkeit der Kapitalzufuhr von einem behebbaren Mangel ausgehen müssen, wobei letzteres jedoch nicht einheitlich beurteilt wird.[677]

Es bleibt festzuhalten, dass bei nachteiligen Veränderungen vor Gefahrübergang, welche einen Mangel begründen, nach den Vorschriften des BGB eine gegenüber § 313 BGB vorrangige Lösung über das Gewährleistungsrecht in Betracht kommen kann. Gegen die Anwendung des § 313 BGB vor Gefahrübergang spricht bei unbehebbaren Mängeln das vorrangige Rücktritts- und Minderungsrecht (Wertung des § 323 Abs. 4 BGB). Und bei behebbaren Mängeln darf das Recht des Verkäufers auf Mängelbeseitigung bis zum Gefahrübergang nicht durch eine Lösung gemäß § 313 BGB umgangen werden. Zudem kann gegen eine Anwendung des § 313 BGB in Fällen der Mangelentstehung auch angeführt werden, dass die Mangelhaftigkeit den unmittelbaren Inhalt der vertraglichen Leistungsverpflichtung betrifft und dass nach herrschender Ansicht der Vertragsinhalt nicht Geschäftsgrundlage sein kann[678].

ii. Mängel beim Unternehmenskauf (allgemein)

Da die Vorschriften und Wertungen des Gewährleistungsrechts somit auch schon vor Gefahrübergang eine Rolle spielen können, ist im nächsten Schritt zu

---

675 Zu den Voraussetzungen eines Mangels und zur Bedeutung der Ertragsfähigkeit siehe ausführlicher nachfolgend unter Ziffern ii. (allgemeine Voraussetzungen), iv. (Einzelfälle) und v. (Ertragspotential).
676 *Triebel/Hölzle*, BB 2002, 521, 526.
677 *Altmeppen,* FS Picker, S. 23, 31 f.; a. A. *Kuntz*, WM 2009, 1257, 1262.
678 BGH NJW-RR 1995, 853, 854; *Stadler* in: Jauernig BGB, § 313 Rn. 8; *Pfeiffer* in: jurisPK-BGB, § 313 Rn. 46ff; *Krebs* in: AnwK BGB, § 313 Rn. 10 mit weiteren Nachweisen. Anderer Ansicht beispielsweise *Finkenauer* in: MüKo BGB, § 313 Rn. 9 (eine Trennung zwischen Grundlage und Inhalt des Vertrages sei nicht möglich).

untersuchen, wann eine nachteilige Veränderung zwischen *Signing* und *Closing* einen Mangel des Unternehmens begründen kann.

Gemäß § 453 Abs. 1 BGB „finden die Vorschriften über den Kauf von Sachen auf den Kauf von Rechten und sonstigen Gegenständen entsprechende Anwendung". Der Begriff der „sonstigen Gegenstände" umfasst auch den Kauf eines Unternehmens.[679] Es muss daher zunächst geklärt werden, was unter einem Unternehmenskauf in diesem Sinne zu verstehen ist. Insbesondere beim Erwerb von Anteilen können Anwendung und Umfang des Mängelgewährleistungsrechts fraglich sein. Grundsätzlich kann ein Unternehmenskauf entweder als *Asset Deal* oder als *Share Deal* ausgestaltet werden. Während beim *Asset Deal* die einzelnen Wirtschaftsgüter eines Unternehmens übertragen werden, sind Gegenstand des *Share Deals* die Anteile am Unternehmen. Der *Share Deal* ist technisch ein Rechtskauf, sodass Gewährleistungsrechte streng genommen nur bei Mangelhaftigkeit der Anteile bestünden.[680] Nach wertender Betrachtung entspricht der Beteiligungskauf jedoch dann dem Kauf eines Unternehmens, wenn der Käufer die beherrschende Mehrheit der Unternehmensanteile erwirbt, wobei die genaue Grenzziehung umstritten ist.[681] Wenn ein Unternehmenskauf in diesem Sinne vorliegt, ist der *Share Deal* bezüglich der Mängelrechte wie der *Asset Deal* zu behandeln. Die nachfolgenden Ausführungen zu Unternehmensmängeln finden daher sowohl auf den *Asset Deal* als auch, unter den genannten Voraussetzungen, auf den *Share Deal* Anwendung.

Gemäß §§ 434 Abs. 1 S. 1, BGB, 453 BGB ist das Unternehmen frei von Mängeln, wenn es bei Gefahrübergang die vereinbarte Beschaffenheit hat. Wenn eine

---

679 Statt aller *Weidenkaff* in: Palandt, § 453 Rn. 7.

680 Ein Mangel wird beispielsweise durch die Belastung der Anteile mit einem Pfandrecht oder einem Nießbrauch begründet (*Holzapfel/Pöllath*, Unternehmenskauf in Recht und Praxis, Rn. 628 (S. 370)). Auch muss der Anteil die angegebene Größe haben, aus der sich dann Stimmkraft und Gewinnbeteiligung ergeben (*Westermann* in: MüKo BGB, § 453 Rn. 24). Jedoch kann diese beschränkte Gewährleistung durch Beschaffenheitsvereinbarungen erweitert werden, denn Beschaffenheiten des Unternehmens können vertraglich als Beschaffenheiten der zu kaufenden Anteile vereinbart werden (*Holzapfel/Pöllath*, Unternehmenskauf in Recht und Praxis, Rn. 627 (S. 370)).

681 Dass bei Erwerb der beherrschenden Mehrheit ein Unternehmenskauf vorliegt, ist herrschende Ansicht (OLG Köln, ZIP 2009, 2063, 2064 mit Nachweisen; bei Veräußerung sämtlicher Geschäftsanteile auch: BGH NJW 1998, 2360, 2362; NJW 1969, 184; bei Veräußerung fast aller Anteile: BGH WM 1970, 819, allerdings keine beherrschende Stellung bei 60 %: BGH NJW 1980, 2408, 2409). Ob und welche sonstigen Mehrheiten darüber hinaus ausreichend sein sollen, wird unterschiedlich beurteilt. Zum Teil wird auch eine einfache Mehrheit als ausreichend angesehen (*Holzapfel/Pöllath*, Unternehmenskauf in Recht und Praxis, Rn. 633 (S. 372 f.) mit weiteren Nachweisen).

Beschaffenheit nicht vereinbart ist, ist nach § 434 Abs. 1 S. 2 BGB Mängelfreiheit gegeben, wenn sich die Sache (das Unternehmen) 1. für die nach dem Vertrag vorausgesetzte Verwendung eignet, sonst 2. wenn sie sich für die gewöhnliche Verwendung eignet und eine Beschaffenheit aufweist, die bei Sachen (Unternehmen) gleicher Art üblich ist und die der Käufer nach der Art der Sache (des Unternehmens) erwarten kann. Kaufgegenstand ist beim Unternehmenskauf das Unternehmen als solches, welches aus einer Vielzahl von Vermögensgegenständen (Sachen, Rechten und sonstigen Wirtschaftsgütern) besteht. Es kommt daher auf die Mangelhaftigkeit des Unternehmens als Gesamtheit an.[682] Mängel an Einzelgegenständen des Unternehmens können nur dann einen Unternehmensmangel begründen, wenn sie sich auf die Funktionstauglichkeit des Unternehmens auswirken und somit auf das Unternehmen „durchschlagen".[683] Teilweise hat der BGH nur solche Umstände als erheblich betrachtet, die die „wirtschaftliche Tätigkeit des Unternehmens erschüttern".[684] Zur Beantwortung der Frage, ob die Gebrauchstauglichkeit des Unternehmens beeinträchtigt ist, kommt es immer auf die im Einzelfall vereinbarte oder gewöhnliche Beschaffenheit des Unternehmens an.[685]

iii. Ausschluss und Rechtsfolgen

Gemäß § 442 BGB sind die Rechte des Käufers wegen eines Mangels ausgeschlossen, wenn er bei Vertragsschluss den Mangel kennt. Ist dem Käufer ein Mangel infolge grober Fahrlässigkeit verborgen geblieben, kann der Käufer Rechte wegen dieses Mangels nur geltend machen, wenn der Verkäufer den Mangel arglistig verschwiegen oder eine Garantie für die Beschaffenheit der Sache übernommen hat.

Als Rechtsfolgen im Falle der Mangelhaftigkeit kommen gemäß §§ 437 ff. BGB grundsätzlich Nacherfüllung, Rücktritt, Minderung, Schadensersatz und Aufwendungsersatz in Betracht. Da die Nachbesserung durch den Käufer bei mangelhafter Ertragsfähigkeit des Unternehmens nicht möglich ist, scheidet die

---

[682] *Fischer*, DStR 2004, 276; s. auch *Westermann* in: MüKo BGB, § 453 Rn. 24f. (Auswirkung auf die „Funktionstauglichkeit des Unternehmens als solchem", „das Unternehmen als Kaufgegenstand").

[683] Siehe mit weiteren Nachweisen: *Beckmann* in: Staudinger BGB, § 453 Rn. 148; *Westermann* in: MüKo BGB, § 453 Rn. 24ff.

[684] BGH, WM 1970, 819, 821 (= Urteil vom 27.02.1970, I ZR 103/68); *Westermann* in: MüKo BGB, § 453 Rn. 24 (Dazu können auch eine schlechte Marktposition oder ein schlechter Unternehmensruf gehören).

[685] *Westermann* in: MüKo BGB, § 453 Rn. 26.

Nacherfüllung bei nachteiligen Veränderungen des Unternehmens häufig aus.[686] Im hier untersuchten Zusammenhang stehen vor allem die Minderung und der Rücktritt im Vordergrund. Für die Befugnis zum Rücktritt gibt das Gesetz in § 323 Abs. 5 S. 2 BGB die Schwelle vor, dass der Rücktritt nur bei Erheblichkeit des Mangels möglich ist. Die Erheblichkeit erfordert nach der Rechtsprechung eine umfassende Interessenabwägung.[687]

iv. Einzelne MAC-Fälle nach Gewährleistungsrecht

Anknüpfend an die abstrakte Darstellung bezüglich der Voraussetzungen eines Unternehmensmangels sollen im Folgenden die einleitend unter Ziffer 1 genannten beispielhaften „MAC-Fälle" konkret daraufhin untersucht werden, ob in diesen Fällen ein Mangel des Unternehmens begründet sein könnte.

(1) Insolvenz (Fall 1)

Der Fall der nach dem *Signing* auftretenden Insolvenz ist sowohl im amerikanischen als auch deutschen Recht als MAC-Fall eingeordnet worden.[688] Eine drohende Insolvenz ist im Fall *Hexion v. Huntsman* problematisiert worden.[689]

Im deutschen Recht ist anerkannt, dass die Insolvenz einen Mangel des Unternehmens begründen kann. Denn die Insolvenz beeinträchtigt die Art der unternehmerischen Möglichkeiten im Allgemeinen entscheidend[690] und das Unternehmen eignet sich deshalb nicht mehr für die gewöhnliche Verwendung im Sinne von § 434 Abs. 1 Nr. 2 BGB. Wenn sich die Gesellschaft in Insolvenz

---

686 *Treibel/Hölzle*, BB 2002, 521, 526. Nacherfüllung ist in anderen Fällen aber durchaus möglich, beispielsweise durch Nachschuss von Kapital.
687 BGH NJW-RR 2010, 1289, 1291 mit weiteren Nachweisen. Dazu ausführlicher unten unter Ziffer C.V. 5.a.).
688 Im US-Recht wird die Insolvenz als ein möglicher und als relativ sicher eingestufter MAC-Fall genannt (*Davidoff*, The MAC is Back, but Does It Kill a Deal?, The New York Times (DealBook), August 23, 2011, 3:45 PM). Auch in den Spezifizierungen der MAC-Klauseln wird der Fall der Insolvenz zum Teil ausdrücklich erfasst (vgl. in Bezug auf MAC-Klauseln in Übernahmeangeboten *Hornuf/Zancanato*, ZBB 2011, 412, 416).
689 *Hexion Speciality Chemicals, Inc. v. Huntsman Corp.*, 965 A.2d 715, 721–22 (Del. Ch. 2008), siehe dazu B. III, 3. Siehe auch *Pasquale*, 27-10 ABIJ 20 (2009) ("Can Insolvency Justify Buyer's Remorse?").
690 *Westermann* in: MüKo BGB, § 453 Rn. 32; vgl. weiterführend: *Altmeppen*, FS Picker, S. 23.

oder Liquidation befindet und falls dies nicht beim Kauf vereinbart oder vorausgesetzt wird, liegt daher ein Mangel vor.[691]

Unklar ist aber, ob auch schon die Insolvenzreife einen Mangel begründet. Die wohl herrschende Meinung geht davon aus, dass die bloße Insolvenzreife keinen Mangel des Unternehmens, sondern ein Risiko des Unternehmenskäufers darstelle.[692] Stattdessen könnten lediglich Ansprüche aus §§ 280, 311 Abs. 2 BGB bestehen. Im GmbH-Recht wird hingegen oft schon bei Vorliegen eines Insolvenzgrundes von einem Mangel gesprochen, da der Bestand des Anteils wegen der drohenden Auflösung (nach § 60 Abs. 1 Nr. 4 GmbHG) konkret gefährdet sei.[693] Aber auch außerhalb des GmbH-Rechts wird inzwischen vertreten, dass nach neuem Schuldrecht, anders als nach früherer Gesetzeslage, ein Mangel des Unternehmens vorliege, wenn das Unternehmen vor Gefahrübergang insolvenzreif ist, da das insolvenzreife Unternehmen wegen § 15a InsO „nicht die Verwendungstauglichkeit als werbendes Unternehmen" und damit nicht mehr die im Vertrag vorausgesetzte Beschaffenheit (§ 434 Abs. 1 Nr. 1 BGB) habe.[694] Wenn der Verkäufer dieser Haftung entgehen wolle, müsse er das Insolvenzrisiko durch

---

691 *Weidenkaff* in: Palandt, § 453 Rn. 23; *Faust* in: Bamberger/Roth, § 453 Rn. 11 (Unternehmen darf sich nicht in Liquidation befinden); *Büdenbender* in: AnwK, § 453 Rn. 11. Nach *Grunewald* besteht Rechtsmangel aber erst ab Auflösung (*Grunewald* in: Erman, § 453 Rn. 6).
Ob die Insolvenz einen behebbaren oder einen unbehebbaren Mangel darstellt, wird nicht einheitlich beurteilt. Teilweise wird die Insolvenz als unbehebbarer Mangel bezeichnet (*Kuntz*, WM 2009, 1257, 1262). In diesem Fall würden die Mängelrechte nach hier vertretener Ansicht ausnahmsweise schon vor Gefahrübergang bestehen. Teilweise wird aber auch argumentiert, dass der Insolvenzgrund (§§ 17, 19 InsO) durch die Zufuhr von Kapital in das Gesellschaftsvermögen beseitigt werden könne und damit ein behebbarer Mangel vorliege (*Altmeppen*, FS Picker, S. 23, 31 f.).
692 *Weidenkaff* in: Palandt, § 453 Rn. 23; *Grunewald* in: Erman, BGB, § 453 Rn. 6; zum alten Recht siehe BGH NJW 1980, 2408, 2409. Anderer Ansicht *Westermann* in: MüKo BGB, § 453 Rn. 32.
693 Beispielsweise *Seibt* in: Scholz, GmbHG, § 15 Rn. 145: „Ein Rechtsmangel liegt darüber hinaus dann vor, wenn der Anteil in seinem Bestand gefährdet ist, etwa weil die Gesellschaft sich im Insolvenzverfahren oder in Liquidation befindet. […] Aus den gleichen Gründen muss bei Vorliegen eines Insolvenzgrundes (Überschuldung) ein Rechtsmangel angenommen werden. Damit wird nicht etwa eine Bonitätshaftung eingeführt […], sondern vielmehr dem Umstand Rechnung getragen, dass aufgrund der Insolvenzantragspflicht […] der Bestand des Anteils konkret gefährdet ist. (vgl. § 60 Abs. 1 Nr. 4 [GmbHG])".
694 *Altmeppen*, FS Picker, S. 23, 33 ff., 37.

eindeutige Erklärungen auf den Unternehmenskäufer abwälzen.[695] Es bleibt festzuhalten, dass die Rechtslage insofern noch nicht ausreichend aufgearbeitet ist und Rechtsprechung zu dieser Frage bisher nicht vorliegt.[696] Wem das Risiko der nachträglichen Insolvenzreife nach der gesetzlichen Risikoverteilung zugeordnet ist, kann somit nicht zweifelsfrei beantwortet werden.

(2) Anstieg der Verbindlichkeiten (und fehlende Rückstellungen) (Fall 2)

Im Rahmen US-amerikanischer MAC-Fälle ist verbreitet die Frage aufgetaucht, ob ein erheblicher Anstieg der Verbindlichkeiten des Unternehmens einen MAC darstellen könne. Beispielsweise ging es im Fall *Rudman v. Cowles Communications, Inc.*[697] um die Frage, ob ein Anstieg der Steuerschulden nach dem *Signing* einen MAC darstellte. Auch im Fall *Hexion v. Huntsman* war untersucht worden, ob ein Anstieg der Nettoverbindlichkeiten einen MAC begründete.[698] Und in dem einzigen bisher in Frankreich entschiedenen MAC-Fall, einer Entscheidung des *Cours d'appel de Paris* aus dem Jahr 2005, ging es ebenfalls um die Frage, ob ein signifikater Anstieg der Schulden der Zielgesellschaft einen MAC darstellen konnte.[699]

Bezüglich der Frage, ob ein erheblicher Anstieg der Verbindlichkeiten einen Mangel begründen kann, muss zwischen verschiedenen Konstellationen unterschieden werden. Denkbar ist zunächst der Fall, dass das nachträgliche Entstehen bzw. Auftauchen von Verbindlichkeiten bereits aus der Bilanz hätte ersichtlich werden müssen, dies im konkreten Fall aber nicht wurde. Für ungewisse Verbindlichkeiten und drohende Verluste müssen unter bestimmten

---

695 *Altmeppen,* FS Picker, S. 23, 35 ff.
696 In einer Entscheidung des OLG München vom 7.5.2008 (20 U 5630/07) hat das Gericht ausgeführt, dass die Überschuldung keinen Rechtsmangel darstelle, weil die Haftung für Rechtsmängel nur den Bestand des Rechts, nicht aber die Bonität erfasse (Tz. 20 der Entscheidung). Die Entscheidung betrifft jedoch keinen Unternehmenskauf, sondern nur einen Kauf von 20 % der Anteile eines Unternehmens. Daher sagt die Entscheidung nichts darüber aus, ob im Fall der Insolvenzreife ein Unternehmensmangel begründet sein würde.
697 *Rudman v. Cowles Communications, Inc.*, 315 N.Y.S.2d 409, 413 (App. Div. 1970).
698 Siehe unter B. III. 3.). Da im Fall *Hexion v. Hutnsman* jedoch lediglich ein Anstieg in Höhe von 5 % gegenüber den Erwartungen gegeben war, konnte dieser Anstieg keinen MAC begründen.
699 *Arrêt de la cour d'appel de Paris du 24 mai 2005* (Cour d'appel Paris, 3e chambre, section A, 24 mai 2005, RG n° 2004/865). In diesem Fall waren die Schulden zwischen *Signing* und *Closing* um 90 Mio. Dollar angestiegen. Der MAC scheiterte daran, dass die in der Klausel enthaltene Schwelle nicht erreicht worden war, andererseits auch daran, dass die Käuferin Kenntnis der Schuldensituation des Zielunternehmens hatte.

Voraussetzungen Rückstellungen gebildet werden (§ 249 HGB). Wenn dies zu Unrecht nicht geschehen ist, stellt sich die Frage, ob die insofern unrichtige Bilanz einen Mangel des Unternehmens begründen kann.

Der Beschaffenheitsbegriff nach neuem Schuldrecht umfasst auch betriebswirtschaftliche Kennzahlen.[700] Auf die hohen Anforderungen, die nach altem Recht an das Vorliegen einer Eigenschaft (auf gewisse Dauer der Kaufsache anhaftendes Merkmal[701]) gestellt worden sind[702], kommt es im Rahmen des § 434 BGB nicht mehr an. Ebenso wie unrichtige Angaben über Umsätze und Erträge[703] können nach neuem Recht auch unrichtige Angaben über Unternehmensverbindlichkeiten Gewährleistungsrechte begründen.[704] Auch gelten hinsichtlich der Vereinbarung einer Beschaffenheit nicht die gleichen Kriterien wie für eine Zusicherung nach altem Recht. Für das Vorliegen einer (konkludenten) Vereinbarung ist aber Voraussetzung, dass dem Verhalten des Käufers vom Empfängerhorizont aus betrachtet ein rechtsgeschäftlicher Erklärungswert zukommt.[705] Bei der Vorlage von Bilanzen wird dem Verkäufer regelmäßig bewusst sein, dass

---

700 *Weidenkaff* in Palandt, § 434 Rn. 95b unter Nennung von Einzelfällen; *Westermann* in: MüKo BGB, § 453 Rn. 29 mit weiteren Nachweisen.
701 Zum Beispiel *Putzo* in: Palandt, 55. Auflage 1996, § 459 Rn. 20.
702 Nach altem, vor der Schuldrechtsreform geltendem Recht wurde unterschieden zwischen Fehlern und zugesicherten Eigenschaften (§ 459 BGB a.F.). Unrichtige Angaben über Ertragsfähigkeit und Umsätze eines Unternehmens begründeten nach altem Recht keinen Fehler, da diese dem Unternehmen nicht ohne weiteres anhaften, sondern durch dem Unternehmen selbst nicht innewohnende Faktoren beeinflusst werden. (*Putzo* in: Palandt, 55. Auflage 1996, § 459 Rn. 44 mit Nachweisen; *Weitnauer*, NJW 2002, 2511; BGH NJW- RR 1996, 429). Nach der Rechtsprechung konnten Unternehmenskennzahlen jedoch, wenn sie sich über einen Zeitraum von mehreren Geschäftsjahren erstreckten, aufgrund der gewissen Dauerhaftigkeit einen Rückschluss auf die Ertragsfähigkeit des Unternehmens geben und somit im Fall des Vorliegens einer Zusicherung Gewährleistungsrechte begründen (BGH NJW 1995, 1547, 1547 f.). An dieser Rechtsprechung kann nach Einführung des neuen Beschaffenheitsbegriffs in § 434 BGB nicht mehr festgehalten werden. Vgl. dazu auch *Schmitz*, RNotZ 2006, 561, 565 f.
703 *Beckmann* in: Staudinger BGB, § 453 Rn. 133ff.
704 *Beckmann* in: Staudinger BGB, § 453 Rn. 136ff; *Westermann* in: MüKo BGB, § 453 Rn. 31. Vor der Schuldrechtsreform fand auf diese Fälle die verschuldensabhängige *culpa in contrahendo* Anwendung (z.B. BGH NJW 1980, 2408).
705 Die Beschaffenheitsvereinbarung ist von der Wissenserklärung abzugrenzen, die Abgrenzung ist durch Auslegung nach §§ 133, 157 BGB vorzunehmen (*Canaris*, FS Georgiades, S. 71, 86).

die Bilanzen der Kaufpreiskalkulation zugrunde liegen.[706] Jedenfalls bei einer ausdrücklichen Bezugnahme auf die Bilanzen im Kaufvertrag wird man eine Beschaffenheitsvereinbarung bejahen können.[707] Ob es aber schon ausreichend ist, wenn die Bilanzen lediglich im Rahmen der *Due Diligence* zur Verfügung gestellt werden, dürfte zweifelhaft sein.[708]

Somit können Verbindlichkeiten, die bei Vertragsschluss als Rückstellungen in die Bilanz hätten eingestellt werden müssen, grundsätzlich einen Mangel begründen. Es kommt insofern nicht auf ein Verschulden an. Zu den unentdeckten Schulden können auch nachträglich festgesetzte Steuerschulden gehören.[709] Es wird aber nicht bei jeder nachteiligen Abweichung ein Mangel vorliegen, vielmehr muss eine Beeinträchtigung des Wertes oder der Funktionstauglichkeit des Gesamtunternehmens vorliegen.[710]

Zweifelhaft ist aber, ob auch in dem Fall, in dem die Bilanz zum Zeitpunkt des Bilanzstichtags korrekt war, ein Mangel begründet werden kann. Zum Teil heißt es in der Literatur zwar: „Mit der Vorlage aktueller Zahlen wird […] häufig eine Angabe jedenfalls für den Stichtag der Übertragung des Unternehmens verbunden sein, da bis zu diesem Zeitpunkt der Käufer auf die Unternehmensführung durch den Verkäufer vertrauen muss."[711] Diese Annahme ist aber problematisch, da die Bilanz nur eine Aussage über das Unternehmen zum Zeitpunkt des Bilanzstichtags trifft.[712] Sofern die Bilanz korrekt war, wird daher regelmäßig kein Mangel

---

706 *Thiessen* in: MüKo HGB, Anhang zu § 25, Rn. 77 f.; a.A. *Berger* in: Jauernig, BGB, § 453 Rn. 15: Die Angaben zu Umsatz, Ertrag, Gewinn- und Verlustrechnung müssten ausdrücklich, durch Bezugnahme auf die Bilanz, Inhalt des Kaufvertrages geworden sein.

707 *Berger* in: Jauernig, BGB, § 453 Rn. 15; *Weitnauer*, NJW 2002, 2511, 2514, der davon ausgeht, dass eine konkludente Vereinbarung bei Abschlussangaben generell ausgeschlossen sei.

708 *Berger* in: Jauernig, BGB, § 453 Rn. 15; *Weitnauer*, Der Unternehmenskauf nach neuem Kaufrecht, NJW 2002, 2511, 2514.

709 *Thiessen* in: MüKo HGB, Anhang zu § 25 Rn. 83.

710 *Stamer* in: Knott, Unternehmenskauf, Rn. 226; siehe dazu auch schon oben unter C. IV, 2., c.), ii.).

711 *Westermann* in: MüKo BGB 6. Auflage, § 453 Rn. 34. Siehe auch *Westermann* in: MüKo BGB, § 453 Rn. 31 (7. Auflage): Beschaffenheitsvereinbarungen seien regelmäßig auf den Zeitpunkt des *Closing*s bezogen.

712 Zum Teil wird im Zusammenhang mit der Vorlage von Bilanzen problematisiert, dass sich die Unternehmenszahlen nicht auf den Zeitpunkt des Gefahrübergangs, sondern auf den Zeitpunkt des letzten Bilanzstichtags beziehen. Für die Beschaffenheit gemäß § 434 BGB komme es auf den Zeitpunkt des Gefahrübergangs an, die Bilanzen

vorliegen. Anders kann dies aber sein, wenn der Anstieg der Verbindlichkeiten eine Insolvenz des Unternehmens auslöst (zur Insolvenz bereits oben).[713]

(3) Prognosen stellen sich als unzutreffend heraus (Fall 3)

Auch verfehlte Prognosen können im Zusammenhang mit MAC-Fällen relevant sein. Dies zeigt beispielsweise der oben dargestellte US-amerikanische Fall *Hexion v Huntsman*, in dem *Hexion* das Vorliegen eines MAE vor allem auf verfehlte Prognosen stützte.[714]

Die Frage, wie es sich auswirkt, wenn eine Prognose hinsichtlich zukünftiger Entwicklungen des Zielunternehmens verfehlt wird, wird im deutschen Recht in Bezug auf mögliche Gewährleistungsrechte nicht einheitlich beurteilt.

In diesem Zusammenhang wird vertreten, dass die auf den Bilanzen beruhende Beschaffenheitsvereinbarung immer auch eine Prognose hinsichtlich des Zeitraums bis zur Übertragung des Unternehmens umfasse.[715] Wesentliche Veränderungen vor dem Übergangsstichtag würden zur Unrichtigkeit dieser Prognose führen und somit einen Mangel des Unternehmens begründen können.[716]

---

hingegen würden sich auf den (zeitlich davor liegenden) Bilanzstichtag beziehen (*Faust* in: Bamberger/Roth, BGB, § 434, Rn. 25 und spezifisch zum Unternehmenskauf Rn. 26). Aus diesem Grund wird verlangt, dass entweder eine ausdrückliche Erstreckung der bilanziellen Zahlen auf den Zeitpunkt des Gefahrübergangs erfolgen müsse (*Faust* in: Bamberger/Roth, BGB, § 434, Rn. 26) oder dass der Zeitpunkt der Beschaffenheitsvereinbarung vertraglich auf den Zeitpunkt des letzten Bilanzstichtages vorverlagert werden müsse (*Thiessen* in: MüKo HGB, Anhang zu § 25, Rn. 86). Nach *Thiessen* ergibt sich diese vertragliche Vorverlagerung auf den letzten Bilanzstichtag meist schon aus Art und Inhalt der Beschaffenheitsvereinbarung.

713 *Westermann* in: MüKo BGB, § 453 Rn. 32.
714 *Hexion Speciality Chemicals, Inc. v. Huntsman Corp.*, 965 A.2d 715, 740 (Del. Ch. 2008): "Hexion [...] claims that Huntsman's failure to live up to its projections are key to the MAE analysis.". Das Gericht lehnte es im konkreten Fall aber ab, auf die verfehlten Prognosen abzustellen, da die Prognosen explizit aus dem Anwendungsbereich der *representations and warranties* ausgeklammert worden waren (*Hexion Speciality Chemicals, Inc. v. Huntsman Corp.*, 965 A.2d 715, 740–41 (Del. Ch. 2008)), siehe oben unter B.III, 3.
715 *Westermann* in: MüKo BGB 6. Auflage, § 453 Rn. 34 („Mit der Vorlage aktueller Zahlen wird darum häufig eine Angabe jedenfalls für den Stichtag der Übertragung des Unternehmens verbunden sein, da bis zu diesem Zeitpunkt der Käufer auf die Unternehmensführung durch den Verkäufer vertrauen muss."). Siehe auch *Westermann* in: MüKo BGB, § 453 Rn. 31 (7. Auflage).
716 *Thiessen* in: MüKo HGB, Anhang zu § 25, Rn. 78 („Auch dem Veräußerer wird in aller Regel bewusst sein, dass die von ihm auf Bitten des Erwerbers vorgelegten

Nach dieser Ansicht wären daher bei wesentlichen nachteiligen Veränderungen im Zeitraum zwischen *Signing* und *Closing* Mängelrechte gegeben, wenn der Verkäufer eine Prognose abgegeben hatte.

Problematisch an dieser Ansicht ist einerseits schon die Annahme, dass die Vorlage der Bilanzen automatisch eine Prognose bezüglich der zukünftigen Entwicklung umfasse. Ein solch weitgehender Erklärungswert kann in die Vorlage der Bilanzen nicht hineingelesen werden.[717] Aber auch bei ausdrücklicher Abgabe einer Prognose muss berücksichtigt werden, dass der Beschaffenheitsbegriff nicht grenzenlos ist. Die wohl herrschende Ansicht in der Literatur geht davon aus, dass zukünftige Entwicklungen als Gegenstand einer Beschaffenheitsvereinbarung ausscheiden.[718] Dies folge schon aus dem Wortlaut des § 434 BGB, wonach die Beschaffenheit zum Zeitpunkt des Gefahrübergangs vorliegen müsse. Prognosen über zukünftige Entwicklungen können daher nicht Gegenstand einer Beschaffenheitsvereinbarung sein. Dafür spricht auch, dass die zukünftige Entwicklung des Umsatzes und der Umsatzerwartungen eines Unternehmens unter anderem auch von allgemeinen wirtschaftlichen Entwicklungen und der allgemeinen Marktlage abhängt und Umstände, die den Markt betreffen, keine Beschaffenheit des Unternehmens sind[719].

Davon zu unterscheiden sind aber die Fälle, in denen sich herausstellt, dass die Prognose schon zum Zeitpunkt ihrer Abgabe nicht realistisch war und auf

---

Bilanzen vom Empfängerhorizont aus vor allem im Hinblick auf die weithin übliche Vertragswertmethode eine wesentliche Grundlage seiner Kaufpreiskalkulation darstellen. *Die darauf gegründete Beschaffenheitsvereinbarung kann zumindest den Zeitraum bis zur Übertragung des Handelsgeschäfts erfassen.*", Hervorhebung nicht im Original); *Westermann* in: MüKo BGB, § 453 Rn. 31 (7. Auflage).

717 Richtig ist zwar, dass die Bilanzen Grundlage der Ertragswertprognose des Unternehmens sind und dass dies dem Verkäufer bei Vorlage der Bilanzen auch bewusst sein wird. Eine Aussage dahingehend, dass sich die Unternehmenszahlen bis zum Gefahrübergang nicht wesentlich verändern werden, kann daraus jedoch nicht abgeleitet werden.

718 *Eidenmüller*, ZGS 2002, 290, 295; *Fischer*, DStR 2004, 276, 278; *Matusche-Beckmann* in: Staudinger BGB, § 434 Rn. 56 mit Nachweisen zur Gegenansicht; *Faust* in: Bamberger/Roth BGB, § 434 Rn. 25 f.

719 *Westermann* in: MüKo BGB, § 453 Rn. 30. Siehe aber *Beckmann* in: Staudinger BGB, § 453 Rn. 135, wonach auch zukünftige Umsatzprognosen Umstände darstellen, die die vertragliche Beschaffenheit des Unternehmens ausmachen. Dies wird aber auch damit begründet, dass das wirtschaftliche Potential und die Geschäftschancen zum Zeitpunkt des Gefahrübergangs gleichsam in dem Unternehmen wurzeln (*Beckmann* in: Staudinger BGB, § 453 Rn. 133).

falschen Tatsachen und Annahmen beruhte. Solche Angaben über Zukunftserträge, die aus vergangenen wirtschaftlichen Zahlen beruhen, können eine Beschaffenheit des Unternehmens darstellen und bei Unrichtigkeit einen Mangel des Unternehmens begründen. Der Schwerpunkt liegt insofern nicht auf der künftigen Entwicklung, sondern darauf, ob die Prognose aus betriebswirtschaftlicher Sicht vertretbar war.[720] Nur bei diesem Verständnis kann der Ansicht gefolgt werden, nach der falsche Umsatzprognosen zur Mangelhaftigkeit des Unternehmens führen können.

(4) Erheblicher Auftragsrückgang (Fall 4)

Als weiterere mögliche MAC-Konstellationen kommen Fälle in Betracht, in denen es nach dem *Signing* zu einem erheblichen Auftragsrückgang beim Zielunternehmen kommt. Beispielsweise war ein Buchungsrückgang Gegenstand im Fall *Pan Am Corp. v. Delta Air Lines* gewesen.[721] Dort war eine Verschlechterung des Geschäfts, insbesondere ein Rückgang der Vorab-Buchungen von 20 % bis 40 % als MAC eingestuft worden. In eine ähnliche Richtung geht der bereits erwähnte Fall *Borders v. KRLB*, welcher die Frage betraf, ob ein erheblicher Verlust der Hörerschaft einen MAC begründen konnte.[722]

Im deutschen Recht kann bei Auftragsrückgang, je nach Intensität des Rückgangs, argumentiert werden, dass bei unzureichendem Auftragsbestand die nach dem Vertrag vorausgesetzte oder die gewöhnliche Verwendung des Unternehmens beeinträchtigt ist (§ 434 Abs. 1 S. 2 Nr. 1 und 2 BGB).[723] Daher kann ein

---

720 In diese Richtung wohl auch *Westermann* in: MüKo BGB, § 453 Rn. 31 „Bei Planrechnungen wird danach weniger das voraussichtliche Eintreffen der in ihnen enthaltenen Prognosen als die Übereinstimmung der gegenwärtigen betriebswirtschaftlichen Daten mit dem Plan angesprochen sein." In diesem Sinne wohl auch *Klumpp* in: Beisel/Klumpp, Der Unternehmenskauf (6. Auflage), 16. Kapitel Rn. 20: „Nach der Neuregelung können Angaben über voraussichtliche Zukunftserträge, die auf Angaben über vergangene, also bereits feststehende Umsätze und Erträge beruhen, dem Verkäufer auch verschuldensunabhängig zugerechnet werden."; a.A. *Matusche-Beckmann* in: Staudinger BGB, § 434 Rn. 47: Wenn der Einschätzung des Käufers über die zukünftige Entwicklung des Unternehmens unzutreffende Angaben des Verkäufers zugrunde liegen, liege ein Fall der culpa in contrahendo vor. Siehe aber auch *Matusche-Beckmann* in: Staudinger BGB, § 434 Rn. 189, wonach die zukünftige Ertragsfähigkeit durchaus Gegenstand einer Beschaffenheitsvereinbarung sein könne.
721 *Pan Am Corp. v. Delta Air Lines, Inc.*, 175 B.R. 438, 493 (S.D.N.Y. 1994).
722 Dazu unter B. IV. 1.
723 So zum Beispiel *Westermann* in: MüKo BGB § 453 Rn. 26.

Auftragsrückgang bei entsprechender Erheblichkeit auch einen Mangel des Unternehmens begründen.

(5) Umweltbelastungen (Fall 5)

Auch eine Umwelthaftung des Zielunternehmens kann unter dem Gesichtspunkt eines MAC relevant sein.[724] Im deutschen Recht kann bei Umweltbelastungen der zum Unternehmen gehörenden Grundstücke auch ein Unternehmensmangel vorliegen, insbesondere wenn die Belastungen zum kostspieligen Eingreifen der Umweltbehörden, zu Produktionseinschränkungen und zu verminderten Absatzchancen führen, da sich dies auf die Funktionstauglichkeit des Unternehmens auswirken kann.[725]

(6) Beschädigung von Produktionsanlagen (Fall 6)

Als möglicher MAC-Fall eingeordnet wird beispielsweise auch der Fall, dass nach dem *Signing* durch eine Naturkatastrophe eine wichtige Produktionsanlage erheblich beschädigt wird, die ein Produkt herstellt, das einen überwiegenden Teil der Gewinne des Unternehmens ausmacht.[726]

Auch in diesem Fall wäre nach deutschem Recht ein Mangel des Unternehmens gut begründbar, denn die Beschädigung wirkt sich auf die Funktionstüchtigkeit des Unternehmens erheblich aus und „schlägt" somit auf das Unternehmen „durch" bzw. „erschüttert die wirtschaftliche Tätigkeit des Unternehmens".[727] Da somit die Wertungen des Mängelgewährleistungsrechts maßgeblich sind, ist in

---

[724] Den Themenkreis der Umwelthaftung betrifft beispielsweise der Fall *Frontier Oil v. Holly*, in welchem dem Unternehmen eine Verurteilung zu Schadensersatz drohte (dazu unter B. III, 2).

[725] *Westermann* in: MüKo BGB, § 453 Rn. 26.

[726] Ein ähnlicher Fall wurde im Rahmen einer Konferenz von Bankern bei der Kanzlei *Clifford Chance* erörtert. Im Rahmen einer Abstimmung herrschte Uneinigkeit bezüglich der Frage, ob eine Explosion in einer Fabrik, welche ein Produkt herstellte, das 20 % des Umsatzes des Unternehmens ausmachte, einen MAC darstellte (siehe *Chertok*, Rethinking the US Approach to Material Adverse Change Clauses in *Merger Agreements*, 19 U. Miami Int'l & Comp. L. Rev. 99, 121–22 (2011–2012)). Auch in der deutschen Literatur ist der Fall der Zerstörung wichtiger Produktionsstätten als möglicher MAC-Fall eingeordnet worden (für den Bereich des WpÜG siehe *Hasselbach* in: Kölner Komm. WpÜG, § 18 Rn. 59).

[727] Zu diesen Kriterien oben unter Ziffer C. IV, 2 c. ii.).

diesem Fall einer nach Vertragsschlus auftretenden Veränderung -entgegen teilweise vertretener Auffassung[728] - ein Rückgriff auf § 313 BGB ausgeschlossen.

(7) Durch Urteil wird Nutzung eines Patents untersagt (Fall 7)

Unter dem Gesichtspunkt eines MAC zu entscheiden waren auch Rechtsprechungsfälle, in denen es um gerichtliche Verfahren gegen das Unternehmen zwischen *Signing* und *Closing* ging.[729] Da das Vorliegen eines MAC in diesen Fällen unter anderem daran scheiterte, dass noch kein Urteil vorlag, müsste in der Fallkonstellation, dass einem Unternehmen nach dem *Signing* gerichtlich die Nutzung eines entscheidenden Patents untersagt wird (Abwandlung des US-Falles *Johnson & Son, Inc. v. DowBrands, Inc.*[730]) konsequenterweise ein MAC bejaht werden.

Im deutschen Recht war bereits durch das Reichsgericht entschieden worden, dass in einem Fall, in dem eine Patentrechtsverletzung festgestellt und ein Untersagungsrecht eines Dritten gegen das Unternehmen bezüglich der Nutzung des Patents gewährt worden war, ein Mangel des Unternehmens vorliege.[731] Durch das Untersagungsrecht werde die Tauglichkeit des Erwerbsgeschäfts zu dem nach dem Vertrag vorausgesetzten Gebrauch aufgehoben oder gemindert, sodass ein Mangel (Fehler nach § 459 BGB a.F.) begründet sei.

(8) Allgemeine wirtschaftliche Verschlechterung („Wirtschaftskrise") (Fall 8)

Viele MAC-Streitigkeiten tauchen im Zusammenhang mit Verschlechterungen der gesamtwirtschaftlichen Lage oder Verschlechterungen der gesamten Branche auf. Sofern die relevanten Verträge wie beispielsweise in den Fällen *IBP v. Tyson* und *Hexion v. Huntsman* keine Ausnahmeregelung in Bezug auf diese Fälle enthalten,

---

[728] Anders *Meyer-Sparenberg* in: Beck'sches Formularbuch Bürgerliches, Handels- und Wirtschaftsrecht 2010, Ziffer 8 (Rücktritt vom Vertrag wegen Störung der Geschäftsgrundlage).

[729] Um ein drohendes Urteil in Bezug auf eine Patentrechtsverletzung ging es beispielsweise im Fall *S.C. Johnson & Son, Inc. v. DowBrands, Inc.*, 167 F. Supp. 2d 657 (D. Del. 2001). Allerdings wurde der MAC abgelehnt, da noch keine Gerichtsentscheidung vorlag. Um ein drohendes Urteil ging es auch im Fall *Frontier Oil v. Holly*. In diesem Fall scheiterte die Anerkennung eines MAC durch das Gericht daran, dass die Wahrscheinlichkeit einer Verurteilung nicht dargelegt worden war.

[730] *S.C. Johnson & Son, Inc. v. DowBrands, Inc.*, 167 F. Supp. 2d 657 (D. Del. 2001).

[731] RGZ 69, 429, 430 ff.

kann grundsätzlich ein MAC vorliegen, wobei die genannten Fälle der US-Rechtsprechung aber zeigen, dass sehr hohe Anforderungen erfüllt sein müssen.[732]

In Bezug auf allgemeine wirtschaftliche Entwicklungen können keine Beschaffenheitsvereinbarungen getroffen werden. Zwar sind nach überzeugender Ansicht im neuen Schuldrecht vom Beschaffenheitsbegriff nicht nur Eigenschaften umfasst, die der Sache unmittelbar physisch anhaften, aber es muss sich mindestens um ein wertbildendes Merkmal beziehungsweise eine Eigenschaft des Unternehmens handeln, also eine gewisse Beziehung zwischen dem Unternehmen und dem mangelbegründenden Umstand bestehen.[733] Gerade an diesem Zusammenhang fehlt es aber bei allgemeinen wirtschaftlichen Entwicklungen, sodass Entwicklungen, die den Markt allgemein betreffen, keine Beschaffenheit des Unternehmens sein können[734]. Dies schließt aber nicht aus, dass allgemeine wirtschaftliche Entwicklungen sich auf sonstige Beschaffenheiten des Unternehmens auswirken und auf diese Art Mängel begründen können.

(9) Zusammenfassung

Viele wesentliche nachteilige Veränderungen, die als mögliche Fälle eines *material adverse change* diskutiert werden, können einen Mangel des Unternehmens begründen, insbesondere wenn sich die Veränderung auf die Funktionstauglichkeit des Unternehmens auswirkt. Mängel können sich zudem aus der Vereinbarung einer Beschaffenheit ergeben, wobei Beschaffenheitsvereinbarungen jedoch nicht in Bezug auf zukünftige und insbesondere auch allgemeine wirtschaftliche Entwicklungen möglich sind. In diesen Fällen scheidet eine Lösung über das gesetzliche (dispositive) Gewährleistungsrecht regelmäßig aus. Zukünftige Unternehmenszahlen können allerdings als selbständige, vom Gewährleistungsrecht unabhängige Garantien nach § 311 Abs. 1 BGB vereinbart werden.[735]

---

732 Siehe dazu oben unter Ziffer B. III.
733 *Westermann* verlangt einen Zusammenhang zwischen dem mangelbegründenden Umstand und der Kaufsache (*Westermann* in: MüKo BGB, § 434 Rn. 9); Nach *Stamer* können alle wertbildenden Faktoren Gegenstand einer Beschaffenheitsvereinbarung sein (*Stamer* in: Knott, Unternehmenskauf, Rn. 225). Nach *Weidenkaff* kann die bisherige Rechtsprechung zum Eigenschaftsbegriff für den Sachmangelbegriff benutzt werden (*Weidenkaff* in: Palandt, § 434 Rn. 12); *Berger* spricht von „Merkmalen der Kaufsache" (*Berger* in: Jauernig, BGB, § 434 Rn. 7); *Matusche-Beckmann* spricht von „Eigenschaften" der Kaufsache (*Matusche-Beckmann* in: Staudinger BGB, § 434 Rn. 57ff).
734 *Westermann* in: MüKo BGB, § 453 Rn. 30.
735 Zum Begriff der Garantie genauer unten unter Ziffer C. VI. 5 a) i (Garantien). Zu den möglichen Arten von Garantien siehe auch *Picot/Duggal*, DB 2003, 2635, 2636.

Von den Angaben über zukünftige Entwicklungen zu unterscheiden sind Vereinbarungen, die das gegenwärtige Ertragspotential des Unternehmens (für die Zukunft) betreffen. Angaben über Kennzahlen gehören jedenfalls dann zur Beschaffenheit des Unternehmens und können folglich bei Unrichtigkeit einen Unternehmensmangel begründen, wenn sie Aufschluss über die Ertragsfähigkeit des Unternehmens geben.[736]

v. Ertragspotential ("earnings potential") eines Unternehmens

Ein Unternehmenskäufer erwirbt ein Unternehmen im Regelfall, um mit dem durch den Kaufpreis investierten Kapital in Zukunft angemessene Erträge (zwecks Tilgung und Verzinsung des investierten Kapitals) zu erwirtschaften.[737] Die Erwartungen des Käufers hängen jeweils von dem konkreten Zustand und Potential des Unternehmens ab und spiegeln sich regelmäßig im Kaufpreis wider.[738] So ist ein Mangel auch als „negative Abweichung der Ist- von der Soll-Ertragskraft des Unternehmens" bezeichnet worden.[739] Da das Ertragspotential jedoch „nicht nur von der Unternehmenssubstanz, sondern auch von den Qualitäten des Unternehmsträgers" abhängt, könnten die Erwartungen des Käufers an das Ertragspotential des Unternehmens für die Bestimmung der Mangelhaftigkeit nur insofern relevant sein als sie eine „im Unternehmen selbst angelegt[e] tatsächlich[e] Grundlage" haben[740]; „die Sollbeschaffenheit wird daher außer durch die Ertragskraft weiterhin konstituiert wird durch Vereinbarungen der Parteien über die konkrete Gestalt des Unternehmens." Letztlich geht es im Rahmen des Mängelrechts daher um die Bestimmung, wann eine nachteilige Veränderung des Ertragspotentials des Unternehmens, von welchem der Käufer beim Kauf des Unternehmens ausging, Gewährleistungsrechte begründen kann. Auch im Rahmen der Frage, ob ein MAC vorliegt, ist die Beeinträchtigung des *"earnings potential"* des Unternehmens von Bedeutung. Während die deutschen Gerichte im Rahmen des Mängelrechts bei Erschütterung der wirtschaftlichen Tätigkeit des Unternehmens oder Auswirkung auf die Funktionstauglichkeit des Unternehmens von einer relevanten Beeinträchtigung des Ertragspotentials des Unternehmens augehen, verlangt der *Delaware Chancery Court* für das Vorliegen eines MAC, dass das Ertragspotential des Unterenehmens für einen längeren

---

736 Zur Ertragskraft des Unternehmens s. *Leible/Müller* in: jurisPK-BGB § 453 Rn. 33 ff.; s. auch *Westermann* in: MüKo BGB, § 453 Rn. 31.
737 *Lieb*, FS Gernhuber, S. 259, 265.
738 *Lieb*, FS Gernhuber, S. 259, 265.
739 *Hommelhoff/Schwab*, FS Zimmerer, S. 267, 270.
740 *Hommelhoff/Schwab*, FS Zimmerer, S. 267, 270.

Zeitraum wesentlich bzw. substantiell bedroht sein müsse (*"substantially threaten the overall earnings potential of the target in a durationally significant manner"*).[741] Auch die Vereinbarungen der Parteien und die konkreten Umstände des Falles spielen - wie im Mängelrecht - im Rahmen der Bestimmung eines MAC eine Rolle.

3. Wegfall der Geschäftsgrundlage gemäß § 313 BGB

Wenn keine anderen vorrangigen Regelungen und Wertungen einschlägig sind, kann die nachträgliche Veränderung unter dem Gesichtspunkt einer Störung der Geschäftsgrundlage relevant sein.

a) Zwischen Vertragsbindung und Vertragsgerechtigkeit: Von der clausula rebus sic stantibus zur Geschäftsgrundlagenlehre

Bei der Frage, ob eine im Rahmen eines wirksam geschlossenen Vertrages eingegangene Verpflichtung durch das Eintreten nachträglicher Umstände wieder entfallen kann, stehen sich der Grundsatz der Vertragsbindung (*pacta sunt servanda*) auf der einen und Gedanken der Vertragsgerechtigkeit auf der anderen Seite gegenüber. Der Gesetzgeber hat sich für einen Ausgleich dieser Prinzipien durch das in § 313 BGB kodifizierte Institut des Wegfalls der Geschäftsgrundlage entschieden, wonach bei schwerwiegenden Änderungen von Umständen unter den genannten Voraussetzungen die Anpassung des Vertrages oder der Rücktritt möglich ist.

Die Kodifizierung der Geschäftgrundlagenlehre geht auf eine lange Entwicklung in Schrifttum und Rechtsprechung zurück. Die Frage, ob und unter welchen Voraussetzungen vom Grundatz *pacta sunt servanda* zugunsten der Vertragsgerechtigkeit abgewichen werden kann, beschäftigte die kontinentaleuropäische Rechtswissenschaft schon sehr lange. Nach der Lehre von der *clausula rebus sic stantibus,* deren Ursprünge bis ins klassische Altertum zurückgehen, werden alle Verträge unter der stillschweigenden Abrede geschlossen, dass die Sachlage, die bei Vertragsschluss gegeben war, sich nicht ändert.[742] Die *clausula rebus sic*

---

741 *In re IBP, Inc. Shareholders Litigation v. Tyson Foods, Inc. and Lasso Acquisition Corp.*, 789 A.2d 14, 68 (Del. Ch. 2001). Kritisch zum *"Earnings Potential Model"*: *Miller*, 31 Cardozo L. Rev. 99, 100, 156 (2009–2010).

742 Übersetzt bedeutet *rebus sic stantibus* „wenn die Dinge so bleiben, wie sie sind" bzw. „bei unveränderter Sachlage", vgl. *Köbler*, Die "clausula rebus sic stantibus" als allgemeiner Rechtsgrundsatz, S. 1; zur Entwicklung überblicksmäßig *Zweigert/Kötz*, Einführung in die Rechtsvergleichung, S. 518; ausführlicher dazu auch *Ulrich-Erber*,

stantibus-Lehre, welche noch Eingang in das Allgemeine Preußische Landrecht von 1794 gefunden hatte, wurde jedoch ab Beginn des 19. Jahrhunderts, in erster Linie wegen ihrer Unbestimmtheit, zunehmend kritisiert und konnte sich nicht durchsetzen.[743] Das BGB enthielt vor der Kodifizierung in § 313 BGB keinen allgemeinen Grundsatz über die Störung oder den Wegfall der Geschäftsgrundlage, es gab lediglich einige spezielle Anwendungsfälle.[744] Als aber erster Weltkrieg, Revolution und Hyperinflation die Grundlage vieler Schuldverhältnisse erschütterten, sah sich das Reichsgericht veranlasst, vom strikten Grundsatz der Vertragsbindung abzuweichen. Zunächst geschah dies durch Gleichstellung der sogenannten wirtschaftlichen Unmöglichkeit mit der Unmöglichkeit.[745] In Fällen wirtschaftlicher Unmöglichkeit stelle sich die Leistung als „eine völlig andere" dar.[746] Ab 1922 diente dem Reichsgericht daneben die von *Oertmann* entwickelte Lehre von der Geschäftsgrundlage als theoretische Grundlage seiner Rechtsprechung.[747] Anknüpfungspunkt der Rechtsprechung war der in der Vorschrift des § 242 BGB verankerte Grundsatz von Treu und Glauben. Auch nach Stabilisierung der Verhältnisse wurde die Lehre von der Geschäftsgrundlage zunächst vom Reichsgericht und später auch vom Bundesgerichtshof weiterhin in ständiger Rechtsprechung angewandt und im Anwendungsbereich ausgedehnt.[748]

§ 313 BGB in seiner jetzigen Fassung wurde durch das Schuldrechtsmodernisierungsgesetz von 2001 in das BGB aufgenommen. Inhaltlich entspricht die

---

Äquivalenzstörungen und Leistungserschwernisse im deutschen und englischen Recht sowie in den Principles of European Contract Law, S. 47 ff.

[743] *Zweigert/Kötz*, Einführung in die Rechtsvergleichung, S. 518. Aus Gründen der Rechtsklarheit und Rechtssicherheit waren weder die Lehre von der *clausula rebus sic stantibus* noch die Mitte des 19. Jahrhunderts von Windscheid entwickelte „Lehre von der Voraussetzung" in das BGB von 1900 aufgenommen worden (*Zweigert/Kötz*, Einführung in die Rechtsvergleichung, S. 518 f.).

[744] Vgl. zB. §§ 321, 519, 528, 530 und 610 BGB.

[745] *Finkenauer* in: MüKo BGB, § 313 Rn. 23.

[746] RGZ 98, 18, 20 („Der in zahlreichen Entscheidungen des Reichsgerichts ausgesprochene Grundsatz, dass der Verkäufer von seiner Lieferungspflicht frei wird, wenn die Leistung infolge der Verschiebung der wirtschaftlichen Verhältnisse durch den Weltkrieg eine völlig andere geworden ist, gilt auch für sonstige zweiseitige Verträge").

[747] RGZ 103, 328, 332; näher dazu *Finkenauer* in: MüKo, § 313 Rn. 23f.; *Zweigert/Kötz*, Einführung in die Rechtsvergleichung, S. 521 ff.

[748] Für eine ausführliche Darstellung der Entwicklung der Rechtsprechung siehe *Ulrich-Erber,* Äquivalenzstörungen und Leistungserschwernisse im deutschen und englischen Recht sowie in den Principles of European Contract Law, S. 63 ff.; vgl. auch *Finkenauer* in: MüKo BGB, § 313 Rn. 23f.

Regelung den von der Rechtsprechung entwickelten Grundsätzen und stellt somit eine Kodifikation der entwickelten Leitlinien der Rechtsprechung dar.[749] Lediglich die Ausgestaltung als Einrede stellt eine Änderung gegenüber der bis dahin herrschenden Meinung dar.[750]

b) Tatbestand und Anwendung des § 313 BGB (Grundlagen)

Gemäß § 313 Abs. 1 BGB kann eine Partei Anpassung des Vertrages verlangen, wenn sich die Umstände, die zur Grundlage des Vertrages geworden sind, nach Vertragsschluss schwerwiegend verändert haben („reales Element"), die Parteien den Vertrag nicht oder mit anderem Inhalt geschlossen hätten, hätten sie die Veränderung vorausgesehen („hypothetisches Element"), und sofern ihr unter Berücksichtigung der Umstände des Einzelfalles, insbesondere der vertraglichen und gesetzlichen Risikoverteilung, das Festhalten am unveränderten Vertrag nicht zugemutet werden kann („normatives Element").

Nach der ständigen Rechtsprechung wird die Geschäftsgrundlage gebildet durch die „nicht zum eigentlichen Vertragsinhalt erhobenen, beim Vertragsschluss aber zutage getretenen, dem Geschäftsgegner erkennbaren und von ihm nicht beanstandeten Vorstellungen des einen Vertragsteils oder durch die gemeinsamen Vorstellungen beider Teile vom Vorhandensein oder dem künftigen Eintritt gewisser Umstände, sofern der Geschäftswille auf diesen Vorstellungen aufbaut.[751] Es genügt nach der Rechtsprechung aber, wenn die

---

749 *Grüneberg* in: Palandt, § 313 Rn. 1.
750 *Grüneberg* in: Palandt, § 313 Rn. 1.
751 Ständige Rechtsprechung, BGH NJW 2005, 2069, 2071 mit weiteren Nachweisen. Von dieser subjektiven Geschäftsgrundlage wird in der Literatur die objektive Geschäftsgrundlage unterschieden. Die objektive Geschäftsgrundlage bilden danach diejenigen Umstände und allgemeinen Verhältnisse, deren Vorhandensein oder Fortdauern objektiv erforderlich ist, damit der Vertrag im Sinn der Intentionen beider Vertragsparteien noch als eine sinnvolle Regelung bestehen kann (*Grüneberg* in: Palandt, § 313 Rn. 4); § 313 BGB erfasst sowohl die subjektive als auch die objektive Geschäftsgrundlage (*Grüneberg* in: Palandt, § 313 Rn. 4; für die Aufgabe dieser Unterscheidung *Finkenauer* in: MüKo BGB, § 313 Rn. 13). Bei Störung der objektiven Geschäftsgrundlage ist es nach verbreiteter Auffassung in der Literatur nicht sinnvoll, auf die subjektive Formel der Rechtsprechung zurückzugreifen (*Grüneberg* in: Palandt, § 313 Rn. 4 a.E.). Siehe aber *Pfeiffer* in: jurisPK-BGB, § 313 Rn. 37: Es spreche nichts dagegen auf die Formel der Rechtsprechung zurückzugreifen, sofern man die subjektiven Vorstellungen der Parteien - strukturell vergleichbar mit der Auslegung von Willenserklärungen - nach dem objektiven Empfängerhorizont ermittele. Unter dieser Maßgabe werden subjektive Parteierwartungen dadurch maßgebend, dass

Parteien „bestimmte Umstände als selbstverständlich ansahen, ohne sich diese bewu[ss]t zu machen."⁷⁵² Über dieses Konstrukt der selbstverständlichen Hintergrundvorstellung wird der Ansatz der Rechtsprechung im Ergebnis auch von objektiven Kriterien bestimmt.⁷⁵³

Die Anwendung der Grundsätze der Geschäftsgrundlage ist leztlich eine Wertentscheidung, die zu begründen hat, „warum das Risiko des Eintritts oder Zutagetretens einer Unangemessenheit von Leistung und Gegenleistung aus Gründen der Vertragsgerechtigkeit ausnahmsweise nicht bei derjenigen Partei verbleiben soll, die davon getroffen wird".⁷⁵⁴ Der Tatbestand des § 313 BGB enthält mehrere wertungsoffene Elemente, welche Raum für eine solche Risikozuordnung geben („Grundlage" des Vertrages, „schwerwiegend" verändert, „unter Berücksichtigung aller „Umstände des Einzelfalles", insbesondere der „vertraglichen und gesetzlichen Risikoverteilung", nicht „zugemutet" werden kann).

Die Beweislast trägt grundsätzlich die Partei, die sich auf den Wegfall der Geschäftsgrundlage beruft.⁷⁵⁵

i. Allgemeine Kriterien

(1) Schwerwiegende (wesentliche) Veränderung

Nach § 313 BGB kann nur eine schwerwiegende bzw. wesentliche Veränderung zu einer Vertragsanpassung führen. Die Frage, ob die Veränderung schwerwiegend bzw. wesentlich ist, ist von der Art des Vertrages, der Art der Störung und

---

    sie beiden Parteien gemeinsam sind oder nach den Umständen (objektiver Erklärungshorizont) eine Bindung beider Parteien an diese Vorstellung angemessen ist (*Pfeiffer* in: jurisPK-BGB, § 313 Rn. 37). Der Begriff der Parteierwartungen wird bei diesem Verständnis der Rechtsprechung also nicht ausschließlich subjektiv verstanden. (*Pfeiffer* in: jurisPK-BGB, § 313 Rn. 37).

752 BGH NJW 1996, 900, 992 mit weiteren Nachweisen.

753 Der Begründungsweg der Rechtsprechung wird daher zum Teil als umständlich angesehen, es solle daher zugunsten der objektiven Geschäftsgrundlage auf das Konstrukt der selbstverständlichen Hintergrundvorstellung verzichtet werden (*Böttcher* in: Erman BGB, § 313 Rn. 8; *Grüneberg* in: Palandt, § 313 Rn. 4). Gegen ein rein subjektives Verständnis der Rechtsprechungsformel siehe *Pfeiffer* in: jurisPK-BGB § 313 Rn. 37.

754 *Finkenauer* in: MüKo BGB, § 313 Rn. 2.

755 BGH NJW 2003, 510. Für die Umstände, auf die die Anwendung der Regeln über die Geschäftsgrundlage gestützt werden soll, ist derjenige darlegungs- und beweispflichtig, der sich darauf beruft (*Strieder* in: Baumgärtel, Handbuch der Beweislast im Privatrecht, § 242 Rn. 17).

den sonstigen Umständen des Einzelfalles abhängig.[756] Die Begriffe „schwerwiegend" in Abs. 1 und „wesentlich" in Absatz 2 werden synonym gebraucht.[757] Erforderlich ist, dass mindestens eine der Parteien den Vertrag so nicht abgeschlossen hätte, wenn sie die Veränderung vorausgesehen hätte.[758]

(2) Risikoverteilung

Gemäß § 313 Abs. 1 BGB ist die vertragliche oder gesetzliche Risikoverteilung zu berücksichtigen. § 313 BGB ist nicht anwendbar, wenn sich durch die Veränderung ein Risiko realisiert, das die benachteiligte Partei zu tragen hat.[759]

Hat eine Partei bestimmte Risiken vertraglich übernommen, können diese Risiken nicht der anderen Partei gemäß § 313 BGB zugewiesen werden.[760] Es ist aber stets zu prüfen, wie weit die Risikoübernahme im Einzelfall reicht.[761] Die Risikosphären der Parteien sind abzugrenzen nach dem typischen Risiko eines in typischer Weise zustande gekommenen Vertrages[762], nach allgemeinen Geschäftssitten und nach gesetzlichen Regelungsmustern.[763] Typische Risiken können in der Eigenart des Vertrages angelegt sein[764], so beispielsweise auch bei Verträgen mit spekulativem Charakter.[765]

Ein wichtiges Kriterium ist zudem die Vorhersehbarkeit der Veränderung. Voraussehbare Veränderungen begründen in der Regel keine Rechte wegen Störung der Geschäftsgrundlage. Wer ein Risiko erkennen konnte, hätte im Vertrag Vorsorge für die drohenden Nachteile treffen können.[766] Jedoch schließt die

---

756 *Grüneberg* in: Palandt, § 313 Rn. 18.
757 *Unberath* in: Bamberger/Roth, § 313 Rn. 25.
758 *Krebs* in: AnwK BGB, § 313 Rn. 41; *Finkenauer* in: MüKo, 2012, § 313 Rn. 58.
759 BGH NJW 2006, 899, 901; *Grüneberg*: in Palandt, § 313 Rn. 19.
760 Eine stillschweigende Risikoübernahme kann beispielsweise in der Vereinbarung eines Festpreises liegen (BGH DtZ 1995, 285, 289 mit weiteren Nachweisen); bei Vereinbarung einer Staffelmiete trägt die jeweilige Partei das Risiko eines Absinkens bzw. Ansteigens des Mietniveaus (BGH NJW-RR 2005, 236, 237).
761 *Finkenauer* in: MüKo BGB, § 313 Rn. 62.
762 *Grüneberg* in: Palandt § 313, Rn. 19, 27 und 37.
763 *Finkenauer* in: MüKo BGB, § 313 Rn. 68; *Grüneberg*: in Palandt, § 313 Rn. 21.
764 Typische Vertragsrisiken sind beispielsweise die Bonität des Hauptschuldners bei einer Bürgschaft (BGH NJW 1988, 2173, 2174) oder die spätere Bebaubarkeit im Fall des Erwerbs von Bauerwartungsland (BGH NJW 1979, 1818, 1819).
765 *Finkenauer* in: MüKo BGB, § 313 Rn. 70.
766 BGH NJW 1979, 1818, 1819.

Vorhersehbarkeit des Risikos eine Anwendung des § 313 BGB nicht in jedem Fall aus.[767]

Darüber hinaus spielt die Beherrschbarkeit und Beeinflussbarkeit des Risikos eine Rolle.[768] Sofern das Risiko durch eine Partei beherrschbar ist, fällt es grundsätzlich in deren Risikosphäre. Auch die Einflussmöglichkeiten einer Partei auf ein Risiko sprechen für die Risikotragung durch diese Partei.[769] Insbesondere wenn die Partei die Veränderung selbst bewirkt hat, kann sie die Rechte aus § 313 BGB nicht geltend machen.[770] Gleiches gilt bei Verschulden.[771]

Wenn keine vorrangig zu beachtenden vertraglichen Regelungen bestehen, ist die durch das dispositive Recht vorgenommene Risikoverteilung zu berücksichtigen.[772] Soweit sich aus den gesetzlichen Regelungen eine Zuordnung des Risikos ergibt, kann die Verwirklichung dieses Risikos grundsätzlich keine Störung der Geschäftsgrundlage begründen.[773] Die gesetzlichen Wertungen, beispielsweise des Gewährleistungsrechts und der Gefahrtragung, dürfen durch die Anwendung von § 313 BGB nicht unterlaufen werden.[774]

(3) Zumutbarkeit

Weiterhin ist nach § 313 BGB Voraussetzung, dass ein Festhalten an der vereinbarten Regelung der betroffenen Partei nicht zumutbar ist. Dies ist der Fall, wenn das Festhalten am Vertrag zu untragbaren, mit Recht und Gerechtigkeit nicht zu vereinbarenden Ergebnissen führen würde.[775] Zur Bestimmung der

---

[767] Wenn beispielsweise beide Parteien davon ausgegangen sind, dass die objektiv vorhersehbare Entwicklung nicht eintreten werde, kann ausnahmsweise trotz Vorhersehbarkeit eine Anwendung der Grundsätze des § 313 BGB in Betracht kommen (BGH NJW 1991, 830, 831: „Entscheidend ist vielmehr, ob das Risiko des Wegfalls bewußt in Kauf genommen worden ist".) Gleiches gilt, wenn die Parteien trotz Vorhersehbarkeit keine Vorsorge treffen konnten (BGH NJW 1951, 602, 604).
[768] *Finkenauer* in: MüKo BGB, § 313 Rn. 75; *Pfeiffer* in: jurisPK-BGB, § 313 Rn. 69.
[769] *Krebs* in: AnwK BGB, § 313 Rn. 46.
[770] BGH NJW-RR 2010, 960, 965.
[771] *Finkenauer* in: MüKo BGB, § 313 Rn. 75 (auch bei sonstigen Fällen der Zurechenbarkeit, z.B. Störungseintritt während seines Verzugs mit der Leistung).
[772] BGH NJW 1979, 1818, 1819 („[…] der Beurteilungsmaßstab des dispositiven Rechts [wird] durch eine etwaige individuelle vertragliche Regelung der Risikoverteilung verdrängt").
[773] *Pfeiffer* in: jurisPK-BGB, § 313 Rn. 65.
[774] *Pfeiffer* in: jurisPK-BGB, § 313 Rn. 65.
[775] BGH NJW 1997, 1702, 1704 mit weiteren Nachweisen; *Grüneberg* in: Palandt, § 313 Rn. 24.

Zumutbarkeit ist eine umfassende Interessenabwägung unter Berücksichtigung aller Umstände des konkreten Falles vorzunehmen.[776]

ii. Fallgruppen

In der Rechtsprechung haben sich im Laufe der Zeit verschiedene Fallgruppen herausgebildet, darunter die Fälle subjektiver Fehlvorstellungen, der Zweckstörungen und die Fallgruppe der Äquivalenzstörungen. Aufgrund der Weite des Tatbestands des § 313 BGB sind diese Fallgruppen jedoch nicht abschließend zu verstehen.

Die Fälle der subjektiven Fehlvorstellungen und des beiderseitigen Irrtums sind in § 313 Abs. 2 BGB geregelt. Nach dieser Vorschrift steht es einer Veränderung der Umstände gleich, wenn wesentliche Vorstellungen, die zur Grundlage des Vertrages geworden sind, sich als falsch herausstellen.

Bei den Fällen der Zweckstörung handelt es sich um Fälle, in denen der vom Gläubiger verfolgte Verwendungszweck nicht mehr erreicht werden kann. Zwar ist die Leistung an sich noch möglich, jedoch hat der Gläubiger kein Interesse mehr an der Leistung. Sekundärzwecke, die mit dem Vertrag verfolgt werden, und einseitig gebliebene Motive scheiden als Geschäftsgrundlage aus.[777] Im Grundsatz gilt, dass der Käufer das Verwendungsrisiko selbst trägt.[778] Eine abweichende Risikoverteilung kann sich aber aus den konkreten Umständen ergeben, insbesondere wenn der Sachleistungsschuldner eine enge Bindung zum

---

776   *Grüneberg* in: Palandt, § 313 Rn. 24. Die Zumutbarkeit wird teilweise als zentrales Wertungsmerkmal des § 313 BGB angesehen (*Pfeiffer* in: Remien, Schuldrechtsmodernisierung und Europäisches Vertragsrecht, S. 134, 136; einschränkend ders. in jurisPK-BGB § 313 Rn. 59 (die Maßgeblichkeit der subjektiven Parteivorstellungen dürfe nicht missachtet werden).

777   Für ein Ausscheiden von Sekundärzwecken erst auf der Ebene der Risikotragung *Finkenauer* in: MüKo, § 313 Rn. 11. *Ehmann* und *Wieling* sprechen von stillschweigender Vereinbarung eines Vertragszwecks. Nach *Ehmann* liegt der Vertragszweck zwischen unerheblichem Motiv und vereinbarter Bedingung (*Ehmann*, JZ 2003, 702, 708). *Wieling* verlangt, dass besondere Umstände den Schluss zulassen, dass der Zweck zum Vertragsinhalt gemacht wurde (*Wieling*, Jura 1985, 505, 510). Die herrschende Ansicht unterscheidet hingegen zwischen Vertragsinhalt und Grundlage des Vertrages, die Geschäftsgrundlage gehöre nicht zum eigentlichen Vertragsinhalt (dazu *Finkenauer* in MüKo BGB, § 313 Rn. 8, nach dessen Ansicht allerdings eine Unterscheidung zwischen Vertragsinhalt und Grundlage des Vertrages nicht möglich ist, *Finkenauer* in MüKo BGB, § 313 Rn. 9)).

778   BGH NJW 1979, 1818, 1819 mit weiteren Nachweisen.

Verwendungszweck hat[779] oder er sich die geplante Verwendung zu Eigen gemacht hat.[780] Das kann insbesondere dann der Fall sein, wenn der Verwendungszweck eine Preiserhöhung bewirkt hat.[781] Das Ausbleiben eines geschäftlichen Erfolgs fällt aber regelmäßig in den Risikobereich des Erwerbers.[782] Solange eine andere Verwendungsmöglichkeit zumutbar ist, scheidet eine Befreiung vom Vertrag regelmäßig aus.[783]

Eine Äquivalenzstörung liegt vor, wenn die Gleichwertigkeit von Leistung und Gegenleistung gestört ist. Nach der Rechtsprechung gehört bei gegenseitigen Verträgen der Gedanke von Leistung und Gegenleistung zur objektiven Geschäftsgrundlage.[784] Typische Fallgruppen sind Fälle der Geldentwertung, der Leistungserschwerungen, nachträglicher Rechtsänderungen und Fälle der Entwertung der Sachleistung.[785] Die hier untersuchten Konstellationen der MAC-Klausel betreffen vor allem Fälle nachträglicher Entwertung der Sachleistung, also Fälle, in denen ein nachträgliches Ereignis nachteilige Auswirkungen auf den Wert des Unternehmens hat.

iii. Rechtsfolgen

Gemäß § 313 Abs. 1 BGB ist regelmäßige Rechtsfolge die Vertragsanpassung. Die Anpassung erfordert eine umfassende Interessenabwägung, wobei ein optimaler Interessenausgleich anzustreben ist.[786] In vielen Fällen hat der BGH im Ergebnis eine hälftige Teilung des Risikos vorgenommen.[787] Beim Unternehmenskauf wird eine durch ein Gericht vorzunehmende Kaufpreisanpassung regelmäßig extrem schwierig sein, da der Kaufpreis das Ergebnis von Verhandlungen zwischen den Parteien ist und insbesondere bei komplexen Transaktionen verschiedenste Interessen bei der Bildung des Kaufpreises berücksichtigt worden sind, die für ein

---

779 *Finkenauer* in: MüKo BGB, § 313 Rn. 255.
780 *Grüneberg* in: Palandt, § 313 Rn. 37.
781 BGH, Urteil vom 20. März 1967 (VIII ZR 237/64) = WM 1967, 561 (Teil des Kaufpreises für einen Automaten sei ein „Platzwert" für die Aufstellung des Automaten gewesen, der durch die Änderung der Kundschaft des Lokals weggefallen sei).
782 *Finkenauer* in: MüKo BGB, § 313 Rn. 220 ff. mit Beispielen und entsprechenden Nachweisen.
783 BGH, Urteil vom 20. März 1967 (VIII ZR 237/64) =WM 1967, 561, 562.
784 BGH NJW-RR 2005, 236, 237.
785 Siehe *Grüneberg* in: Palandt, § 313 Rn. 26 bis 34 mit Nachweisen aus der Rechtsprechung.
786 *Grüneberg* in: Palandt, § 313 Rn. 40 mit weiteren Nachweisen.
787 BGH NJW 2002, 3234, 3237; BGH NJW 1993, 259, 262 f.

Gericht oft nicht erkennbar sind. Ein Rücktritt vom Vertrag kommt nach § 313 Abs. 3 S. 1 BGB nur dann in Betracht, wenn eine Anpassung des Vertrags nicht möglich oder einem Teil nicht zumutbar ist.

c) Anwendung des § 313 BGB auf Verschlechterungen zwischen Signing und Closing

i. Abgrenzung zum Mängelrecht

Wie bereits dargestellt, dürfen die Wertungen des Gewährleistungsrechts nicht durch die Anwendung des § 313 BGB ausgehebelt werden.[788] Da das dispositive Recht für die Fälle der Entstehung von Mängln besondere Rechtsfolgen vorsieht, ist eine Berufung des Käufers auf § 313 BGB in diesen Fällen ausgeschlossen (dazu bereits oben[789]).

Die Abgrenzung kann im Einzelfall schwirig sein. Dass das Mängelrecht und das Institut des Wegfalls der Geschäftsgrundlage teilweise ähnliche Zwecke verfolgen, wird auch in der Literatur erkannt, wo geäußert wird, dass auch das Gewährleistungsrecht, ebenso wie die Grundsätze des Wegfalls der Geschäftsgrundlage, dem Gedanken von Äquivalenz von Leistung und Gegenleistung Rechnung trage.[790] Bei vielen Fällen, die als Beispielsfälle für die Anwendung von § 313 BGB genannt werden, wird schon fraglich sein, ob nicht schon das vorrangige Mängelrecht eine Lösung bietet. Wenn beispielsweise eine Fabrikhalle eines Unternehmens nach Vertragsschluss, aber vor Gefahrübergang stark beschädigt wird[791] und sich die Zerstörung auf die Funktionstauglichkeit des Unternehmens auswirkt[792], kann ein Unternehmensmangel wegen Beeinträchtigung der vorausgesetzten oder gewöhnlichen Verwendung (§ 434 Abs. 1 S. 2 Nr. 1 und 2 BGB) gegeben sein. § 313 BGB findet in diesem Fall, anders als zum Teil angenommen[793], wegen der vorrangigen Wertungen des Mängelgewährleistungsrechts keine Anwendung. Auch ist

---

788 Nach der Rechtsprechung ist anerkannt, dass die Sachmängelvorschriften einen „sachgerechten Ausgleich der sich gegenüberstehenden Interessen der Parteien eines Kaufvertrages" schaffen und die Haftung des Verkäufers für Mängel bestimmen und begrenzen (BGH NJW 1986, 2824).
789 Ziffer C. IV. 2. c.), i.
790 *Canaris,* FS Georgiades, S. 71, 91.
791 *Meyer-Sparenberg* in: Beck'sches Formularbuch Bürgerliches, Handels- und Wirtschaftsrecht 2010, Ziffer 8. (Rücktritt vom Vertrag wegen Störung der Geschäftsgrundlage).
792 Dazu unter Ziffer B. IV. 2. c) ii.
793 *Meyer-Sparenberg* in: Beck'sches Formularbuch Bürgerliches, Handels- und Wirtschaftsrecht 2010, Ziffer 8. (Rücktritt vom Vertrag wegen Störung der Geschäftsgrundlage).

zu überlegen, ob bei einer nachträglichen behördlichen Auflage mit Androhung der Schließung eines Unternehmens statt einer Anwendung der Grundsätze des § 313 BGB[794] vielmehr das Gewährleistungsrecht vorrangig anwendbar ist, weil das Unternehmen sich in diesem Zustand nicht mehr für die im Vertrag vorausgesetzte Verwendung eignet (§ 434 Abs. 1 S. 2 Nr. 1 BGB). In Fällen der Zweckstörung, welche grundsäztlich als Geschäftsgrundlagenstörungsfälle anerkannt sind, wird bei Störungen vor Gefahrübergang regelmäßig gleichzeitig ein Mangel begründet sein, weil in diesem Fall auch die Eignung für die im Vertrag vorausgesetzte Verwendung fehlen kann. Eine Unterscheidung zwischen nach dem Vertrag vorausgesetzter Verwendung (§ 434 Abs. 1 Nr. 2 BGB) und zur Grundlage des Vertrages gemachter Verwendung (§ 313 BGB) dürfte schwierig sein. Darüber hinaus wird auch bei gemeinsamen Fehlvorstellungen der Parteien regelmäßig eine Anwendung des § 313 BGB ausscheiden, da diese Fälle durch den subjektiven Beschaffenheitsbegriff ebenfalls vom Gewährleistungrecht erfasst werden.

Aber auch wenn das Gewährleistungsrecht nur deswegen ausscheidet, weil es im Einzelfall vertraglich abbedungen ist, kommt eine Lösung über § 313 BGB regelmäßig nicht in Betracht, weil diese Risikoverteilung als Wertung im Rahmen des § 313 BGB zu berücksichtigen ist.[795] Entsprechend führt der BGH aus: „Die Sachmängelvorschriften gewähren den sachgerechten Ausgleich der sich gegenüberstehenden Interessen der Parteien eines Kaufvertrages; sie bestimmen und begrenzen deshalb auch die Haftung des Verkäufers für Fehler einer Sache. Das gilt auch, wenn […] ein Gewährleistungsausschluss vereinbart worden ist. […] War [der

---

794   Im einem Fall entschied das OLG Düsseldorf, dass die Geschäftsgrundlage eines Unternehmenskaufvertrages weggefallen war, weil das Ordnungsamt nach der Übernahme des Unterehmens unter Drohung mit der Schließung des Betriebes umfangreiche Sanierungsarbeiten aufgegeben hatte (OLG Düsseldorf, Entscheidung vom 23.01.1992, Az: 13 U 131/91, OLGR Düsseldorf, 138–139). Wenn in diesem Fall die Auflage des Ordnungsamts schon vor Gefahrübergang erfolgt wäre, hätte sich die Frage gestellt, ob der Fall dann nach § 313 BGB oder nach Mängelrecht zu lösen gewesen wäre. Für eine Lösung über das Mängelrecht dürfte die Erwägung sprechen, dass sich das Unternehmen im verkauften Zustand nicht für die nach dem Vertrag vorausgesetzte Verwendung eignet (§ 434 Abs. 1 S. 2 Nr. 1 BGB). Im konkreten Fall waren die Parteien bei Vertragsschluss davon ausgegangen, dass sich das Unternehmen in einem Zustand befand, in dem das Unternehmen rechtmäßig betrieben werden konnte.
795   BGH NJW 1986, 2824; *Finkenauer* in: MüKo BGB, § 313 Rn. 166.

Kaufgegenstand] mit einem Fehler [...] behaftet, so ist die Berufung darauf, das Nichtvorliegen dieses Fehlers sei Geschäftsgrundlage gewesen, ausgeschlossen."[796]

Wegen der Vorrangigkeit des Mängelrechts liegt der Hauptanwendungsbereich des § 313 BGB bei Veränderungen vor Gefahrübergang im Bereich externer wirtschaftlicher Veränderungen, die nicht über eine Beschaffenheitsvereinbarung Vertragsbestandteil geworden sind.[797]

ii. Berücksichtigung der gesetzlichen Risikozuweisung durch § 446 BGB

Mit der Risikoverteilung beschäftigt sich vor allem die Gefahrtragungsregel des § 446 BGB. Die Norm wird deshalb auch als „wertvolle Entscheidungshilfe" bei der Gesamtbewertung im Rahmen von § 313 BGB bezeichnet.[798] Nach § 446 BGB geht mit der Übergabe der verkauften Sache die Gefahr des zufälligen Untergangs und der zufälligen (von keiner der Parteien zu vertretenden) Verschlechterung auf den Käufer über. Ab diesem Zeitpunkt gebühren dem Käufer die Nutzungen und er trägt die Lasten der Sache. Hinter § 446 BGB steht der Gedanke, dass sich die Sache ab der Übergabe in der Sphäre des Käufers befindet, er die Herrschaft über die Sache hat und somit auch die Risiken besser beherrschen kann.[799] Auch auf das Unternehmen ist dieser Gedanke übertragbar, denn ab „Übergabe" des Unternehmens kann der Käufer am besten auf Gefahren reagieren und Risiken beherrschen. § 446 BGB ist daher auf den Unternehmenskauf gemäß § 453 BGB entsprechend anzuwenden. Statt auf die Besitzverschaffung (Übergabe der Sache) ist beim Unternehmenskauf auf die tatsächliche Einräumung der Leitungsmacht des Unternehmens abzustellen.[800]

Somit ist nach § 446 BGB das Risiko von Verschlechterungen des Unternehmens ab Gefahrübergang, also ab dem *Closing*, nach der gesetzlichen Risikoverteilung dem Käufer zugeordnet. Es stellt sich die Frage, ob sich aus § 446 BGB auf der anderen Seite auch ergibt, dass das sämtliche Risiken vor Gefahrübergang dem Verkäufer zugeordnet sind.

Diese Auffassung vertritt *Kuntz*. Aus § 446 BGB ergebe sich, dass zufällige nachteilige Veränderungen bis zum Zeitpunkt des *Closing* stets in den

---

796 BGH NJW 1986, 2824. Der Gewährleistungsausschluss muss mit dem Grundsatz von Treu und Glauben vereinbar sein. Der Ausschluss kann unwirksam sein, wenn sie im Einzelfall zu einem mit mit Treu und Glauben nicht zu vereinbarenden Ergebnis führen würde (BGH NJW 1986, 2824, 2825).
797 So auch *Triebel/Hölzle*, BB 2002, 521, 534.
798 *Finkenauer* in: MüKo BGB, § 313 Rn. 72.
799 *Völker*, Vorvertragliche Pflichten und Gefahrtragung beim Unternehmenskauf, S. 253.
800 *Völker*, Vorvertragliche Pflichten und Gefahrtragung beim Unternehmenskauf, S. 255.

Risikobereich des Verkäufers fielen. Dies gelte sowohl für interne als auch für externe Risiken[801], also beispielsweise auch bei äußeren Einwirkungen wie beispielsweise durch die Finanzkrise oder durch Umweltereignisse, die zu Veränderungen des Zustands der Zielgesellschaft führen.[802] Da sämtliche Verschlechterungen nach der gesetzlichen Risikoverteilung dem Verkäufer zugewiesen seien, habe der Käufer auch das Recht, im Falle wesentlicher nachteiliger Änderungen des Unternehmens den Vertrag gemäß § 313 BGB anzupassen.[803] Daher gebe die allgemeine MAC-Klausel im deutschen Recht nur wieder, was ohnehin geltendes Recht sei und erweitere die Haftung des Käufers nicht.[804]

Dieser Ansicht kann nicht gefolgt werden, denn schon die Grundannahme, dass dem Verkäufer nach § 446 BGB das Risiko jeglicher Veränderung, also beispielsweise auch das Risiko wirtschaftlicher Verschlechterung infolge der Finanzmarktkrise, zugewiesen sei, ist nicht richtig.

Erstens muss schon bezweifelt werden, dass jeder Wertverlust des Unternehmens als Verschlechterung im Sinne des § 446 BGB anzusehen ist. Beim Sachkauf wird unter der Verschlechterung einer Sache im Sinne von § 446 BGB jede Veränderung ihrer körperlichen Beschaffenheit im Sinne einer Qualitätsminderung verstanden.[805] Auch für den Unternehmenskauf wird man dementsprechend eine Qualitätsminderung fordern müssen. Nicht jeder Wertverlust, der beispielsweise durch die allgemeine Entwicklung der Wirtschafts- und Marktlage verursacht wurde, ist auch eine Qualitätsminderung des Unternehmens. Wenn ein Unternehmen in Krisenzeiten schlechtere Umsätze hat, sagt dies noch nichts über die Qualität des Unternehmens. Aufgrund der besonderen Eigenart des Unternehmens als dynamischer Organismus ist eine ständige Veränderung zudem geradezu typisch.

---

801 *Kuntz,* DStR 2009, 377. In Bezug auf interne Faktoren siehe S. 380 („Vielmehr regelt [die allgemein gefasste MAC-Klausel] lediglich, was ohnehin aus der nach § 313 BGB zu beachtenden Risikoverteilung gemäß den §§ 446 S. 1, 447 Abs. 1 BGB folgte"). In Bezug auf externe Faktoren siehe S. 381 („Die kaufrechtlichen Gefahrtragungsregeln weisen ihm bis zum Gefahrübergang die Risiken zufälliger Verschlechterungen und des zufälligen Untergangs zu. Wenn die Klausel allgemein gefasst ist, weist das auf die bloße Übernahme der gesetzlichen Entscheidung hin").
802 *Kuntz,* DStR 2009, 377, 379.
803 *Kuntz,* DStR 2009, 377, 380 f.
804 *Kuntz,* DStR 2009, 377, 380 f.
805 *Westermann* in: MüKo BGB, § 446 Rn. 11; *Beckmann* in: Staudinger BGB, § 446 Rn. 35; *Weidenkaff,* in: Palandt, § 446 Rn. 7.

Darüber hinaus zeigt der systematische Zusammenhang des § 446 BGB, dass nicht jede nachteilige Veränderung vor Gefahrübergang ein dem Verkäufer zugewiesenes Risiko darstellt. Im Kaufrecht ergibt sich der Übergang der Preisgefahr neben § 446 BGB auch aus § 434 BGB, wonach die Entstehung eines Mangels nach Gefahrübergang keine Mängelrechte begründen kann. Dagegen trägt der Verkäufer das Risiko der zufälligen Entstehung eines Mangels vor Gefahrübergang. Wenn die Qualität eines Mangels aber nicht erreicht ist, liegt eine vertragsgemäße Leistung des Verkäufers vor. Daraus lässt sich die Wertung entnehmen, dass das Risiko zufälliger nachteiliger Veränderungen, die nicht die Qualität eines Mangels erreichen, gerade nicht dem Verkäufer zugewiesen sein soll. Dafür spricht auch der Grundsatz, dass jede der Vertragsparteien grundsätzlich an die vertraglichen Verpflichtungen gebunden ist. Damit trägt sie auch das Risiko, dass durch nachträgliche planwidrige Entwicklungen eine Störung bzw. Veränderung der Umstände eintritt.[806] Solange die Sache mangelfrei ist, fallen das Risiko der Entwertung der Sachleistung und das Verwendungsrisiko grundsätzlich in den Risikobereich des Käufers.[807] Den Verkäufer trifft auf der anderen Seite das Beschaffungsrisiko[808] und damit auch das Risiko der Entstehung eines Mangels vor Gefahrübergang.

Die Abgrenzung nach der Mangelhaftigkeit scheint auf den ersten Blick der üblichen Definition der Verschlechterung in § 446 BGB zu widersprechen, wonach die Mangelhaftigkeit nicht Voraussetzung für das Vorliegen einer Verschlechterung

---

[806] *Henssler*, Risiko als Vertragsgegenstand, S. 41.

[807] *Grüneberg* in: Palandt, § 313 Rn. 19; *Finkenauer* in: MüKo BGB, § 313 Rn. 202; *Henssler*, Risiko als Vertragsgegenstand, S. 41 f.; *Henssler*, FS Huber, S. 739, 748. Der Käufer eines Pkw sich nicht mit der Begründung vom Vertrag lösen, dass der Wiederverkaufswert des Pkw aufgrund Konkurses des Herstellers gesunken ist (LG Düsseldorf, 27.06.1962, 11 S 68/62b, MDR 1963, 46 (46 f.) („Nur wenn sich die beim Vertragsschluss vorausgesetzten Verhältnisse derart grob verändert haben, daß das Festhalten am Vertrage zu einem untragbaren, mit Recht und Gerechtigkeit unvereinbaren Ergebnis führt, ist die Geschäftsgrundlage weggefallen. […] Das Festhalten am Vertrag ist aber dem Beklagten zumutbar. Das Absinken des Wiederverkaufswertes ist nicht so überzubewerten, daß man von einem *krassen* Mißverhältnis zwischen Leistung und Gegenleistung sprechen kann"). Der Käufer eines Architektenbüros bleibt an den Kaufvertrag auch dann gebunden, wenn er das Büro aus wirtschaftlichen Gründen aufgeben muss und somit keine Verwendung mehr für das Büro hat (siehe *Grüneberg* in: Palandt, § 313 BGB Rn. 29).

[808] *Henssler*, Risiko als Vertragsgegenstand, S. 41 f. ; a.A. *Kuntz* der jegliches Risiko nachteiliger Veränderungen vor Gefahrübergang dem Verkäufer zuordnen will (DStR 2009, 377, 380 f.).

im Sinne von § 446 BGB sein soll[809]. Diese Definition der herrschenden Ansicht ist meines Erachtens nur dann aufrecht zu erhalten, wenn man den Regelungsbereich des § 446 BGB auf den Zeitraum nach Gefahrübergang beschränkt und davon ausgeht, dass § 446 BGB gar keine Regelung in Bezug auf den Zeitraum vor Gefahrübergang treffen will. Für dieses Verständnis spricht der Sinn und Zweck der Regelung des § 446 BGB. Denn die Regelung bezweckt eine Vorverlagerung des Übergangs der Preisgefahr auf den Zeitpunkt des Gefahrübergangs.[810] Nachteilige Veränderungen nach Gefahrübergang sollen dem Käufer zugewiesen werden. Dass auch nachteilige Veränderungen vor Gefahrübergang, die nicht die Qualität eines Mangels erreichen, stets dem Verkäufer zugewiesen werden sollen, folgt aus § 446 BGB meines Erachtens nicht.[811] Die Ansicht von *Kuntz*, wonach das Risiko jeglicher nachteiliger Veränderung schon von Gesetzes wegen dem Verkäufer zugewiesen und die MAC-Klausel daher überflüssig sei, ist daher abzulehnen.

Es bleibt festzuhalten, dass das Risiko zufälliger nachteiliger Veränderungen des Unternehmens im Fall der Entstehung eines Mangels nach der gesetzlichen Risikoverteilung dem Verkäufer, ansonsten aber dem Käufer zugeordnet ist. Denn wenn durch die nachteilige Veränderung kein Mangel begründet wird, liegt nach der gesetzlichen Wertung trotz nachteiliger Veränderung eine vertragsgemäße Leistung des Verkäufers vor. Diese gesetzliche Wertung muss Ausgangspunkt bei der Anwendung des § 313 BGB sein.

iii. Abweichung von der gesetzlichen Risikozuweisung bei Verschlechterung des Unternehmens (Wertverlust der Leistung)

Von dieser gesetzlichen Risikoverteilung, nach der der Käufer in Fällen, in denen kein Mangel begründet wird, das Risiko nachteiliger Veränderungen trägt, kann ausnahmsweise dann abgewichen werden, wenn die Grenzen dieser Risikozuweisung überschritten sind.[812]

Vorrangig ist dabei zu berücksichtigen, wem durch den konkreten Vertrag das Risiko zugewiesen wird. Dabei kann die Präambel Anhaltspunkte geben.[813]

---

809   So die h.M. beim Sachkauf: *Beckmann* in: Staudinger BGB, § 446 Rn. 35; *Westermann* in: MüKo BGB, § 446 Rn. 11; *Weidenkaff* in: Palandt, § 446 Rn. 7.
810   Statt aller *Weidenkaff* in: Palandt, § 446 Rn. 1.
811   So im Ergebnis auch *Völker*, Vorvertragliche Pflichten und Gefahrtragung beim Unternehmenskauf, S. 252, der (allerdings ohne Begründung und Nachweise) eine Verschlechterung des Unternehmens nur dann als gegeben ansieht, wenn auch ein Fehler (nach § 459 BGB a.F.) gegeben wäre.
812   Ziffer C. IV. 3. b) i.
813   *Knöfel*, JA 2002, 810 ff.

Wie oben ausgeführt, kann relevant sein, ob der Unternehmenskauf einen spekulativen Charakter hat, was eher für die Übernahme des Risikos durch den Käufer spricht. Zudem spricht die Vorhersehbarkeit der Veränderung eher gegen die Anwendung von § 313 BGB, denn bei Erkennbarkeit eines Risikos hätte der Käufer im Vertrag Vorsorge treffen können. Auch die Beherrschbarkeit des Risikos kann eine Rolle im Rahmen der Gesamtabwägung spielen.

Grundsätzlich ist der Tatbestand des § 313 BGB (anders als der Wortlaut des *Restatement (Second) of Contracts*[814]) weit genug, um auch Fälle des Wertverlusts der Sachleistung und somit auch der Verschlechterung eines gekauften Unternehmens zu erfassen. Die Rechtsprechung, die sich bisher mit der Entwertung der Sachleistung beschäftigt hat, zeigt insgesamt aber große Zurückhaltung bei der Anwendung von § 313 BGB.[815] Insbesondere bei ungünstigen wirtschaftlichen Entwicklungen gilt, dass dieses Risiko im Grundsatz auch bei völliger Unvorhersehbarkeit und bei größeren Verschlechterungen vom Käufer zu tragen ist.[816]

Spezifische Rechtsprechung zu Veränderungen der Lage eines Unternehmens zwischen *Signing* und *Closing* existiert zwar nicht, jedoch ist generell anerkannt, dass das Risiko der Entwertung des Kaufgegenstands grundsätzlich in den Risikobereich des Käufers fällt.[817] In einer Entscheidung des OLG Köln[818], in der es um einen Wertverfall eines Unternehmens nach dessen Übertragung (also nach Gefahrübergang) ging, wird ein Wegfall der Geschäftsgrundlage mit der Begründung abgelehnt, dass dieses Risiko dem Käufer zugewiesen sei: Die Geschäftsgrundlage einer Festpreisvereinbarung für die Übernahme eines Geschäftsanteils falle in der Regel nicht weg, wenn sich der Wert des Anteils aufgrund des wirtschaftlichen Misserfolgs der Gesellschaft verändert. Dass das Unternehmen nicht einen dem Kaufpreis entsprechenden Wert hat, beruhe auf dem wirtschaftlichen Misserfolg der Gesellschaft, den der Käufer nach der vertraglichen Risikoverteilung allein zu tragen habe.

Die Frage, wann unter dem Gesichtspunkt der Äquivalenzstörung aber ausnahmsweise eine Befreiung des Käufers möglich ist, ist noch weitgehend ungeklärt. Zum Teil wird vertreten, dass unter Umständen bei vollständigem oder

---

814 Gemäß § 261 *Restatement (Second) on Contracts* kann sich nur der Leistende auf den Befreiungsgrund der *Impracticability* berufen, dazu oben unter Ziffer B. V. 2. a) und b).
815 Siehe *Finkenauer* in: MüKo BGB, § 313 Rn. 202 mit Rechtsprechungsnachweisen.
816 *Finkenauer* in: MüKo BGB, § 313 Rn. 184.
817 Beispielsweise kann der Käufer eines Pkw sich nicht mit der Begründung, wegen Insolvenz des Herstellers sei der Wiederverkaufswert des Wagens gesunken, vom Vertrag lösen (LG Düsseldorf vom 27.6.1962 -11 S 68/62b-, MDR 1963, 46 f.).
818 OLG Köln, Urteil vom 17.12.1999 – 11 U 66/99 (LG Aachen), NZG 2000, 644.

weitgehendem Wertverfall der Leistung ein Fall des § 313 BGB gegeben sein könne.[819] Die Äquivalenzstörung müsse ein extremes Ausmaß überschreiten und eine außergewöhnliche Ursache haben.[820] Andere Stimmen in der Literatur lehnen aber selbst in Fällen eines weitgehenden Wertverfalls des Kaufgegenstands die Anwendung der Grundsätze der Geschäftsgrundlage ab.[821] Fälle des Wertverlusts der Leistung waren zum Beispiel im Rahmen der Änderung der wirtschaftlichen Verhältnisse nach der Wiedervereinigung diskutiert worden. Obwohl beispielsweise der Marktwert des „Trabants" nach der Wiedervereinigung quasi auf Null gesunken war und die Wiedervereinigung auch nicht als vorhersehbar angesehen werden konnte, liege in diesem Fall keine Störung der Geschäftsgrundlage vor.[822] Die Verschiebung des Äquivalenzverhältnisses sei in diesen Fällen, im Gegensatz zu den Inflationsfällen, nicht gravierend genug und die Risikogrenze deshalb nicht überschritten. Auch bei drastischer und plötzlicher Veränderung könne von dem Grundsatz, dass der Käufer das Entwertungsrisiko trage, nicht abgewichen werden.[823]

Bei den Fällen der Rechtsprechung, in denen bisher eine Störung der Geschäftsgrundlage anerkannt worden ist, handelt es sich in erster Linie um Fälle der Leistungserschwerung oder der Zweckstörung, nicht aber um den hier vorliegenden Fall der Entwertung der Sachleistung. Dass die bisher im Rahmen des § 313 BGB anerkannten Fälle der Äquivalenzstörung regelmäßig Fälle der Erschwerung der Leistung betreffen, liegt vor allem auch daran, dass in diesen Fällen die Verluste theoretisch unbegrenzt sein können, sodass extreme Störungen des Äquivalenzverhältnisses möglich sind.[824] Anders als in der Fallgruppe der Leistungserschwerungen ist das Risiko bei Entwertung der Sachleistung regelmäßig auf die zu zahlende Gegenleistung beschränkt, sodass die Unzumutbarkeitsschwelle nur ausnahmsweise erreicht sein wird. Wegen der regelmäßigen Beschränkung des Verlusts auf die Höhe des Kaufpreises kann bei Entwertung der Sachleistung kaum eine so drastische Äquivalenzstörung wie beispielsweise in den Inflationsfällen erreicht werden. Gravierende Störungen sind in Fällen

---

819 *Finkenauer* in: MüKo BGB, § 313 Rn. 202.
820 *Finkenauer* in: MüKo BGB, § 313 Rn. 202.
821 *Prölss/Armbrüster*, DtZ 1992, 203, 203 ff.
822 *Prölss/Armbrüster*, DtZ 1992, 203, 203 ff.
823 *Prölss/Armbrüster*, DtZ 1992, 203, 206.
824 Zu diesem Gedanken im angloamerikanischen Recht (wo die Fallgruppe der Entwertung der Sachleistung, abgesehen von den Fällen der Zweckvereitelung, gar nicht anerkannt wird) siehe *Treitel*, Unmöglichkeit, "Impracticability" und "Frustration" im anglo-amerikanischen Recht, S. 73.

der Sachentwertung in erster Linie bei Dauerverträgen denkbar, da wegen der wiederkehrenden Verpflichtung zur Zahlung eher die Zumutbarkeitsschwelle überschritten sein wird als bei nur einmaliger Zahlungsverpflichtung.

Insgesamt wird man aber im Rahmen der Zumutbarkeitsprüfung die Besonderheiten des Unternehmenskaufs gegenüber dem Sachkauf berücksichtigen müssen. Bei einer Verschlechterung der Unternehmenslage kann der Verlust des Käufers sehr hoch sein und auch über den gezahlten Kaufpreis hinausgehen. Durch nachteilige Entwicklungen können beispielsweise hohe Schulden entstehen. Darüber hinaus können ausbleibende Gewinne dazu führen, dass Kredite zur Finanzierung des Unternehmenskaufs nicht getilgt und Verträge mit Kunden nicht eingehalten werden können. Die potentiellen Auswirkungen, auch für die Zukunft, sind in der Regel kaum überschaubar. Dies könnte ein Grund dafür sein, dass in der Literatur ein Wegfall der Geschäftsgrundlage beim Unternehmenskauf schon bei weniger gravierenden Ereignissen[825] erwogen wird.

Es kann festgehalten werden, dass zwar der Tatbestand des § 313 BGB grundsätzlich weit genug ist, um Fälle des Wertverlusts des Kaufgegenstands zu erfassen, dass aber große Zurückhaltung besteht, weil das Risiko des (durch allgemeine wirtschaftliche Entwicklungen ausgelösten) Wertverlusts grundsätzlich dem Käufers zugewiesen ist. Eine Herabsetzung des Kaufpreises ist in Fällen des Wertverlusts der Leistung bisher allenfalls bei einem nahezu vollständigen Wertverlust und bei Außergewöhnlichkeit der Ursache in Betracht gezogen worden.

Insgesamt ist die Frage, inwieweit zwischen *Signing* und *Closing* auftretende Umstände zu einer Störung der Geschäftslage des Unternehmenskaufvertrags führen können, aber mangels Rechtsprechung und mangels Aufarbeitung in der Literatur noch weitgehend ungeklärt. Aus diesem Grund fehlt es bisher an konkreten Maßstäben, sodass sichere Aussagen in Bezug auf die Lösung dieser Fälle nicht möglich sind.

---

825 *Meyer-Sparenberg* in: Beck'sches Formularbuch Bürgerliches, Handels- und Wirtschaftsrecht 2010, Ziffer 8 (Rücktritt vom Vertrag wegen Störung der Geschäftsgrundlage). Als möglicher Anwendungsfall von § 313 BGB wird genannt, dass sich aufgrund starker Preissteigerungen für die vom Unternehmen bezogenen Rohstoffe die Ertragssituation der Gesellschaft drastisch verschlechtert hat. In diesen Fällen ist meines Erachtens aber davon auszugehen, dass dies regelmäßig ein Risiko des Käufers darstellt und daher eine Befreiung nach § 313 BGB ausscheidet.

4. Doppelnatur der MAC-Klausel

Aus den obigen Ausführungen ergibt sich, dass man den Regelungsbereich der MAC-Klausel aus der Perspektive des deutschen Rechts in zwei Bereiche unterteilen kann, einerseits die Fälle, in denen die nachträgliche Veränderung den unmittelbaren Inhalt der vertraglichen Verpflichtung und eine nach § 434 BGB relevante Beschaffenheit des Unternehmens betrifft und andererseits alle sonstigen Veränderungen, welche nach deutschem Recht dem Regelungsbereich des § 313 BGB unterfallen würden.[826] Letzteres betrifft in erster Linie Veränderungen der wirtschaftlichen Situation des Unternehmens aufgrund allgemeiner wirtschaftlicher Entwicklungen oder externer Katastrophen. Sowohl das Gewährleistungsrecht als auch die Grundsätze des Wegfalls der Geschäftsgrundlage tragen dem Gedanken der Äquivalenz von Leistung und Gegenleistung Rechnung[827], wobei die Veränderung im Rahmen des Gewährleistungsrechts die Vertragspflicht und im Fall des Wegfalls der Geschäftsgrundlage außervertragliche Umstände betrifft.

a) Nachteilige Veränderungen der Beschaffenheit des Unternehmens

Der erste Bereich kann beispielsweise betroffen sein, wenn das Zielunternehmen zwischen *Signing* und *Closing* Insolvenz anmelden muss, wenn nach Vertragsschluss hohe Verbindlichkeiten des Unternehmens auftauchen, bei erheblichem Auftragsrückgang, wenn nach dem *Signing* wichtige Produktionsanlagen stark beschädigt werden oder wenn durch ein Gericht die Nutzung eines Patents untersagt wird. Diese Fälle sind - im Vergleich zu allgemeinen wirtschaftlichen Entwicklungen - dadurch gekennzeichnet, dass sie einen gewissen Bezug zum Unternehmen aufweisen. Wenn man den "Internen *Material Adverse Change*" so definiert, dass sich die Änderung auf Umstände auswirkt, die den Geschäftsbetrieb des Unternehmens unmittelbar betreffen[828], kann man diesen Bereich dem Anwendungsbereich

---

826 Ähnlich zum amerikanischen Recht *Schweitzer,* 4 E.C.F.R. 79, 117–18 (2007): *Schweitzer* ist der Ansicht, dass die MAC-Klausel in erster Linie eine Garantieergänzungsfunktion habe, daneben aber auch Katastrophenfälle, die dem Bereich der *frustration* zuzuordnen sind, erfassen solle und deswegen einen "*dual character*" habe.
827 *Canaris,* FS Georgiades, S. 71, 91.
828 *Picot/Duggal,* DB 2003, 2635, 2638 („Bei einem "Internen Material Adverse Change" bezieht sich die nachteilige Änderung auf Umstände bzw. Ereignisse, die den Geschäftsbetrieb des Unternehmens oder eines verbundenen Unternehmens unmittelbar betreffen").

des „Internen MAC" zuordnen. Dieser Bereich wird regelmäßig, bei Ausschluss des Gewährleistungsrechts, auch durch Garantievereinbarungen erfasst.[829]

b) MAC-Klausel in Fällen sonstigen Fällen (extremer Wertverlust)

Daneben gibt es auch Fälle der nachteiligen Entwicklung des Unternehmens, die nicht in den Regelungsbereich des Gewährleistungsrechts fallen und die vertragliche Leistungspflicht nicht direkt betreffen, die aber zu einer Störung des Äquivalenzverhältnisses zwischen Leistung und Gegenleistung führen können. Dieser zweite Regelungsbereich der MAC-Klausel betrifft vor allem die Fälle, die nach dispositivem Gesetzesrecht in den Anwendungsbereich des § 313 BGB fallen würden und nicht den Inhalt der vertraglichen Verpflichtung, insbesondere keine vereinbarte Beschaffenheit des Unternehmens, betreffen. Es handelt sich hierbei oft um gravierende nachteilige Veränderungen der wirtschaftlichen Lage des Unternehmens aufgrund externer Faktoren, insbesondere aufgrund katastrophaler nachteiliger Entwicklungen der allgemeinen Wirtschaftslage oder der Branche.[830]

5. Wesentliche nachteilige Veränderung (MAC) versus Störung der Geschäftsgrundlage

a) Regelungsgehalt

Generell stellt die Frage, inwiefern sich der Regelungsgehalt der MAC-Klausel, abgesehen von den von § 313 BGB abweichenden Rechtsfolgen[831], von der Störung der Geschäftsgrundlage unterscheidet oder ob es sich bei der MAC-Klausel lediglich um eine deklaratorische Wiederholung des Regelungsgehaltes des § 313 BGB handelt.

---

829 Das gesetzliche Gewährleistungssystem wird häufig ausgeschlossen und durch ein eigenständiges System von Garantien geregelt (dazu *Triebel/Hölzle*, BB 2002, 521, 528 ff.).
830 Zum amerikanischen Recht siehe *Schweitzer,* 4 E.C.F.R. 79, 117–18 (2007).
831 Während im Rahmen des § 313 BGB die Vertragsanpassung die primäre Rechtsfolge ist und der Rücktritt nur ausnahmsweise (wenn die Vertragsanpassung unmöglich oder unzumutbar ist) in Betracht kommt, werden im Rahmen der MAC-Klausel überwiegend andere Rechtsfolgen, insbesondere auch der Rücktritt vom Vertrag, als primäre Rechtsfolge vereinbart.

i. Parallelen zwischen Auslegung der MAC-Klausel und Geschäftsgrundlagenlehre

Sowohl § 313 BGB als auch die MAC-Klausel betreffen die Frage der Risikozuordnung bei nach Vertragsschluss auftretenden Veränderungen. Während im Rahmen der MAC-Klausel zu bestimmen ist, ob eine Veränderung wesentlich ist, muss im Rahmen des § 313 BGB bestimmt werden, ob eine schwerwiegende Veränderung von Umständen, die zur Grundlage des Vertrags geworden sind, vorliegt.

Beide Tatbestände enthalten generalklauselartige Begriffe, welche Raum für die Berücksichtigung vertraglicher und gesetzlicher Wertungen lassen. Auch generell weisen die Vertragsauslegung und die Anwendung der Grundsätze der Geschäftsgrundlage große Ähnlichkeiten auf.[832] Insbesondere ist sowohl bei der Auslegung der MAC-Klausel als auch bei der Anwendung von § 313 BGB in erster Linie die durch die Parteien vorgenommene vertragliche Risikoverteilung maßgeblich. Dabei ist sowohl die Ermittlung der Geschäftsgrundlage als auch die Auslegung der Willenserklärungen nach richtiger Ansicht vom objektiven Empfängerhorizont aus zu bestimmen.[833] In beiden Fällen kann darüber hinaus die gesetzliche Risikoverteilung berücksichtigt werden, wenn nach Würdigung aller Umstände keine klare und vorrangig zu berücksichtigende vertragliche Risikozuordnung erkennbar ist.[834]

---

832 Insbesondere in Bezug auf die ergänzende Vertragsauslegung und den Wegfall der Geschäftsgrundlage wird dies häufig so gesehen (siehe zum Beispiel *Finkenauer* in: MüKo BGB, § 313 Rn. 41–46 („Die Geschäftsgrundlage als Auslegungsproblem") mit zahlreichen weiteren Nachweisen. Die Frage, ob im konkreten Fall eine Lücke vorliegt und eine ergänzende Vertragsauslegung in Betracht kommt, ist aber nicht immer eindeutig zu beantworten. Beispielsweise ist *Somogie* der Auffassung, dass wegen der Unbestimmtheit der MAC-Klausel eine Lücke im Vertrag vorliege, die im Rahmen ergänzender Vertragsauslegung durch dispositives Gesetzesrecht, also die Grundsätze der *frustration doctrine* zu lösen sei (dazu bereits oben unter B. V. 3. b)). Diese Ansicht ist meines Erachtens zwar abzulehnen, da die MAC-Klausel gerade eine Regelung für unbekannte Fälle bezweckt und somit schon gar keine Lücke im Vertrag vorliegt. Die Ansicht macht aber deutlich, dass die Übergänge fließend sein können.

833 *Pfeiffer* in: jurisPK-BGB, § 313 Rn. 37.

834 Zur Bedeutung des Gesetzesrechts bei der Auslegung: *Lüderitz*, Auslegung von Rechtsgeschäften, S. 372 f. Zur Bedeutung des dispositiven Gesetzesrechts im Rahmen der Störung der Geschäftsgrundlage siehe BGH NJW 1979, 1818, 1819: Die Berücksichtigung dispositiven Gesetzesrechts werde im Rahmen der Geschäftsgrundlage ebenso wie im Rahmen der ergänzenden Vertragsauslegung erst dann in Betracht gezogen, wenn Unklarheiten bezüglich der vertraglichen Risikoverteilung bestünden. Dieses

ii. Kriterium der Unzumutbarkeit und Vergleich der generellen Anforderungen

Fraglich ist aber, ob das Kriterium der Zumutbarkeit im Rahmen des Tatbestands des § 313 BGB zu unterschiedlichen Maßstäben führt. Einerseits könnte man vertreten, dass ein solches Zumutbarkeitskriterium auch im Begriff der Wesentlichkeit (*"materiality"*) enthalten ist.[835] Dagegen sprechen aber die unterschiedlichen Grundlagen und Regelungszwecke von § 313 BGB einerseits und MAC-Klausel andererseits. Bei § 313 BGB handelt es sich um eine Ausprägung des Grundsatzes von Treu und Glauben, der nur in besonderen unzumutbaren Ausnahmesituationen eingreift. Das Festhalten am Vertrag ist unzumutbar, wenn das Festhalten am Vertrag zu untragbaren, mit Recht und Gerechtigkeit nicht zu vereinbarenden Ergebnissen führen würde.[836] Abgesehen von diesen Extremfällen hat der Käufer das Risiko des Wertverlusts des Kaufgegenstands zu tragen und eine Befreiung nach § 313 BGB kommt nicht in Betracht. Im Gegensatz dazu regelt die MAC-Klausel gerade, dass schon bei wesentlichen Veränderungen das Risiko des Wertverlusts dem Verkäufer zugewiesen ist. Bei der MAC-Klausel geht es somit nicht um eine Bestimmung der Grenze des Unzumutbaren, sondern um die Bestimmung der durch die Parteien vorgenommenen Risikoverteilung.[837]

Im Ergebnis wird man anders als bei § 313 BGB im Rahmen der MAC-Klausel keine weitgehende Entwertung der Kaufsache fordern, denn die MAC-Klausel bringt gerade zum Ausdruck, dass eine wesentliche Veränderung der Unternehmenszahlen genügen soll. Während nach der gesetzlichen Risikoverteilung das Entwertungsrisiko dem Käufer zugewiesen ist, bezweckt die MAC-Klausel gerade auch in Fällen von wesentlichen Wertverlusten eine von dieser gesetzlichen

---

Rangverhältnis im Rahmen des § 313 BGB sei vergleichbar mit dem Rangverhältnis zwischen dispositivem Recht und (ergänzender) Vertragsauslegung.

835 *Picot*, Unternehmenskauf und Restrukturierung, § 4 Rn. 475ff. (S. 261f.). (Die Grenzen der Zumutbarkeit eines "Material Adverse Change"); *Picot/Duggal*, DB 2003, 2635, 2640. Im Rahmen anderer gesetzlicher Regelungen ist die Zumutbarkeit auch in andere Tatbestandsmerkmale hineingelesen worden. Beispielsweise ist *Pfeiffer* in Bezug auf die Regelung in Art. 6.2.2 UPICC der Ansicht, das Tatbestandsmerkmal der „grundlegenden Änderung" verlange ebenfalls eine Berücksichtigung von Zumutbarkeitsgesichtspunkten (*Pfeiffer* in: Remien, Schuldrechtsmodernisierung und Europäisches Vertragsrecht, S. 133, 136).

836 BGH NJW 1997, 1702, 1704 mit weiteren Nachweisen. Dazu bereits oben unter Ziffer C. IV. 3.b.). i. (3).

837 So auch *Schweitzer*, 4 E.C.F.R. 79, 121 (2007).

Risikoverteilung abweichende vertragliche Risikoverteilung. Insgesamt ist die Schwelle des *"material adverse change"* daher niedriger anzusetzen als im Rahmen des § 313 BGB.

Dies wird auch durch einen vergleichenden Blick auf die US-Rechtsprechung bestätigt. Zwar sind die Anforderungen an das Vorliegen eines MAC streng, aber eine weitgehende Entwertung des Unternehmens wird nicht verlangt. Im Fall *Tyson* zeigt die Tatsache, dass das Gericht die Entscheidung als knappe Entscheidung betrachtete (*"the question of whether IBP has suffered a Material Adverse Change remains a close one"*[838]), dass der Maßstab regelmäßig niedriger angesetzt werden muss als im Fall der Geschäftsgrundlagenstörung. Zwar waren in diesem Fall die Gewinne im Vergleich zum Vorjahr stark zurückgegangen, jedoch war das Unternehmen weit entfernt von einer weitgehenden Entwertung, insbesondere auch weil mit einer Steigerung des Unternehmenswertes in der Zukunft gerechnet wurde. Nach dem Maßstab des § 313 BGB würde man hingegen das Eintreten von Verlusten als typisches Risiko des Käufers einordnen und nicht von einer knappen Entscheidung sprechen können. Ähnliches gilt für den Fall *Hexion*. Die Verschlechterung der Unternehmenssituation (Einbruch des EBITDA von 3 % gegenüber dem Vorjahr und der Prognose für das nächste Jahr um 7 % bzw. 11 % gegenüber den Vorhersagen, zusammen mit einem Anstieg von 5 % der Nettoverbindlichkeiten) würde die hohen Anforderungen an die Störung der Geschäftsgrundlage gemäß § 313 BGB bei weitem nicht erfüllen können.

Auch im Vergleich mit der Fallgruppe des Zweckfortfalls in Rahmen des § 313 BGB wird der Unterschied zur MAC-Klausel deutlich. Während der Wegfall der Geschäftsgrundlage den Wegfall eines primären Zwecks verlangt[839], genügt im Fall der MAC-Klausel auch der Wegfall eines sekundären Zwecks.[840]

iii. Engerer Anwendungsbereich durch carve-outs

In bestimmten Fällen kann der Anwendungsbereich der MAC-Klausel aber auch enger sein als der des § 313 BGB, und zwar dann, wenn aus dem Bereich der MAC-Klausel Fälle ausgenommen werden, die unter den Tatbestand des § 313 BGB fallen würden. Beispielsweise sind Konstellationen denkbar, in denen aufgrund allgemeiner wirtschaftlicher Entwicklungen eine so gravierende Störung

---

838 *In re IBP, Inc. Shareholders Litigation v. Tyson Foods, Inc. and Lasso Acquisition Corp.*, 789 A.2d 14, 69 (Del. Ch. 2001). Siehe auch *In re IBP, Inc. Shareholders Litigation v. Tyson Foods, Inc. and Lasso Acquisition Corp.*, 789 A.2d 14, 71 (Del. Ch. 2001): *"I am confessedly torn about the correct outcome"*.
839 Dazu unter C. IV. 3.b) ii.
840 B. III 5. b) v.

des Äquivalenzverhältnissses eintritt, dass eine Störung der Geschäftsgrundlage gegeben wäre. In der gleichen Konstellation läge zwar grundsätzlich auch eine wesentliche nachteilige Veränderung vor. Wenn aus dem Anwendungsbereich der MAC-Klausel aber Veränderungen aufgrund allgemeiner wirtschaftlicher Entwicklungen (im Rahmen der *carve-outs*) ausgeschlossen sind, liegt im Ergebnis kein MAC vor.

b) Vorrang der MAC-Klausel

Generell ist anerkannt, dass die MAC-Klausel eine gegenüber dem gesetzlichen Institut des Wegfalls der Geschäftsgrundlage vorrangige vertragliche Risikoverteilung durch die Parteien darstellt.[841] Eine Lösung vom Vertrag über § 313 BGB kommt wegen der Subsidiarität des § 313 BGB im Anwendungsbereich der MAC-Klausel daher grundsätzlich nicht in Betracht.[842] Teilweise wird der Tatbestand des § 313 BGB auch ausdrücklich ausgeschlossen[843], wobei jedoch Bedenken gegen einen völligen Ausschluss des § 313 BGB bestehen[844].

Der Vorrang der MAC-Klausel kann nachteilige rechtliche Auswirkungen für den Käufer in Bezug auf den Tatbestand des § 313 BGB haben, wenn Ereignisse, die in den *carve-outs* der MAC-Klausel aus deren Anwendungsbereich ausgeschlossen sind, an sich zu einem Wegfall der Geschäftsgrundlage führen würden, also beispielsweise fundamentale Änderungen aufgrund allgemeiner wirtschaftlicher Entwicklungen (dazu bereits unter a)). Der Ausschluss im Rahmen der *carve-outs* schränkt nicht nur den Anwendungsbereich der MAC-Klausel ein, sondern hat auch Auswirkungen auf den Tatbestand des § 313 BGB. Wegen der durch den Ausschluss zum Ausdruck gebrachten vorrangigen vertraglichen Wertung können diese Ereignisse grundsätzlich auch nicht über § 313 BGB eine

---

[841] *Picot*, Unternehmenskauf und Restrukturierung, § 4 Rn. 457 (S. 257); *Triebel/Hölzle*, BB 2002, 521, 534; *Seibt/Reiche*, DStR 2002, 1181, 1185 f.

[842] *Picot*, Unternehmenskauf und Restrukturierung, § 4 Rn. 457 (S. 257); *Thiessen* in: MüKo HGB, Anhang zu § 25 Rn. 37: Die MAC-Klausel solle die gesetzliche Risikoverteilung in Sinne des § 313 BGB a.E. verbindlich klären, was darauf hindeutet, dass die MAC-Klausel im Rahmen der Anwendung des § 313 BGB zu berücksichtigen ist und § 313 BGB nicht grundsätzlich, sondern nur in Bezug auf die konkrete Risikoverteilung ausscheidet.

[843] *Göthel* in: Merkt/Göthel, Internationaler Unternehmenskauf, § 2 Rn. 145. Um Kollisionen zu vermeiden, werde die Anwendbarkeit des § 313 BGB oft ausgeschlossen.

[844] Jedenfalls für den Kerngehalt von § 242 BGB dürfte eine Abbedingung des § 313 BGB nicht möglich sein. Gegen die Abdingbarkeit *Wächter* in: M&A Litigation, Rn. 2.172 mit weiteren Nachweisen.

Lösung vom Vertrag ermöglichen.[845] Es ist jedoch stets zu prüfen, wie weit der Ausschluss des § 313 BGB im Einzelfall reicht.[846]

6. Ergebnis

Auf Grundlage der vorgehenden Untersuchungen zum Verhältnis der MAC-Klausel zum deutschen dispositiven Recht wird zusammenfassend zu den eingangs unter Ziffer 1 dargestellten Ansichten im Schrifttum[847] wie folgt Stellung genommen:

Weder der Ansicht, nach der die MAC-Klausel nur regele, was nach der gesetzlichen Risikoverteilung gemäß § 446 BGB ohnehin gelte, noch der Ansicht, wonach durch die MAC-Klausel eine Verlagerung der Preisgefahr vom Käufer auf den Verkäufer erfolge, kann gefolgt werden. Beide Ansichten sehen die gesetzliche Risikoverteilung vor Gefahrübergang zu undifferenziert. Während die erstgenannte Ansicht fälschlicherweise davon ausgeht, dass aus § 446 BGB folge, dass dem Verkäufer das Risiko jeglicher nachteiliger Veränderung zugewiesen sei, setzt die zweite Ansicht unzutreffend voraus, dass nach der gesetzlichen Risikoverteilung grundsätzlich der Käufer die Preisgefahr zu tragen habe.

Dass letzteres nicht für alle Fälle zutrifft, ergibt sich schon aus §§ 434, 446 BGB. Denn in Bezug auf den zufälligen Untergang und die zufällige Verschlechterung des Kaufgegenstands, welche den Inhalt der vertraglichen Leistungspflicht betrifft, trägt nach der gesetzlichen Risikoverteilung nicht der Käufer, sondern der Verkäufer bis zum Gefahrübergang die Preisgefahr. Wenn der Verkäufer aber bis zum Gefahrübergang diese Preisgefahr nach der gesetzlichen Risikoverteilung sowieso trägt, kann in diesen Fällen durch die MAC-Klausel keine Verlagerung vom Käufer auf den Verkäufer erfolgen.

Auf der anderen Seite kann aus § 446 BGB aber auch nicht abgeleitet werden, dass jegliche nachteilige Veränderung vor Gefahrübergang in den Risikobereich des Verkäufers falle. Insbesondere die Entwertung des Kaufgegenstands, die nicht zu deren Mangelhaftigkeit führt, ist ein Risiko, das grundsätzlich dem Käufer zugeordnet ist.

Zweck und Wirkung der MAC-Klausel liegen in einer Verlagerung dieses eigentlich vom Käufer zu tragenden Entwertungsrisikos auf den Verkäufer. Dies gilt jedenfalls dann, wenn man unter dem Entwertungsrisiko nur die Entwertung

---

845 Dazu näher *Kuntz*, DStR 2009, 377, 382.
846 Zu den Grenzen des Ausschlusses siehe zum Beispiel *Finkenauer* in: MüKo BGB, § 313 Rn. 51.
847 Ziffer C. IV. 1.

versteht, die nicht auf eine Veränderung der Beschaffenheit im Sinne von § 434 BGB zurückzuführen ist.

Der Anwendungsbereich der MAC-Klausel ist jedoch nicht auf diese Entwertungsrisiken beschränkt. Nach US-Recht soll die MAC-Klausel auch Fälle erfassen, die nach deutschem (dispositiven) Gesetzesrecht in den Bereich des Mängelgewährleistungsrechts fallen würden. In diesen Fällen erfolgt, sofern das Mängelrecht nicht ausgeschlossen ist, keine Risikoverlagerung, da dieses Risiko nach deutschem Recht sowieso dem Verkäufer zugewiesen ist. Denn Veränderungen, die sich auf die Funktionstauglichkeit des Unternehmens auswirken, beispielsweise die Insolvenz, können Gewährleistungsrechte des Käufers begründen. Jedoch kann dieses grundsätzlich dem Verkäufer zugewiesene Risiko durch Ausschluss des gesetzlichen Gewährleistungsrechts im Vertrag auf den Käufer übertragen worden sein. In diesem Fall des Gewährleistungsausschlusses dient die MAC-Klausel auch bezüglich des Risikos der Mängelentstehung einer Risikoverlagerung vom Käufer auf den Verkäufer.

Die Untersuchung hat zudem gezeigt, dass die Maßstäbe des § 313 BGB im Umgang mit Äquivalenzstörungen im Fall der Entwertung der Sachleistung strenger sind als die Kriterien der MAC-Klausel. Generell ist daher die Ansicht abzulehnen, dass die MAC-Klausel nur regle, was nach der gesetzlichen Risikoverteilung gemäß § 313 BGB ohnehin gelte. Der Anwendungsbereich der allgemein formulierten MAC-Klausel geht über den Anwendungsbereich von § 313 BGB hinaus, sodass die MAC-Klausel nicht nur eine deklaratorische Wiederholung des Regelungsgehaltes von § 313 BGB darstellt.

V. Auslegung der MAC-Klausel nach deutschem Recht
1. Bedeutung des US-Rechts im Rahmen der Auslegung

a) Deutsches Vertragsstatut und Klauseln nach amerikanischem Muster

In der vorliegenden Arbeit wird die Rezeption der MAC-Klausel in „deutschen Verträgen" untersucht. Darunter werden im Rahmen dieser Arbeit solche Verträge gefasst, auf die erstens deutsches Recht anwendbar ist[848] und die zweitens in die Zuständigkeit deutscher Gerichte fallen. Trotz Anwendbarkeit des deutschen Rechts werden diese Verträge häufig in englischer Sprache und auf Grundlage

---

848 Das anwendbare Recht ergibt sich in Unternehmenskäufen regelmäßig aus einer Rechtswahl der Parteien (Artikel 3 Rom I- Verordnung (zuvor Artikel 3 EVÜ, Artikel 27 EGBGB)). Die Grenzen dieser Rechtswahl spielen bei Unternehmenskaufverträgen in der Regel keine Rolle.

amerikanischer Muster verfasst. Wenn eine Vertragsklausel, die vor dem Hintergrund der Prinzipien des amerikanischen Vertragsrechts entwickelt worden ist, auf deutsches Recht stößt, kann dies unter Umständen zu Unstimmigkeiten führen. In diesen Fällen stellt sich vor allem die Frage, inwieweit bei der Auslegung der Verträge auch das amerikanische Recht berücksichtigt werden kann oder sogar muss.[849]

Zunächst gilt, dass die Auslegung in einem Vertrag, auf den deutsches Recht Anwendung findet, nach den deutschen Auslegungsgrundsätzen gemäß §§ 133, 157 BGB zu erfolgen hat.[850] Eine andere Frage ist aber, ob bei der Auslegung das Rechtsverständnis des deutschen Rechts oder das Verständnis des Ursprungslandes zugrunde zu legen ist. Die Tatsache, dass auf einen Vertrag deutsches Recht Anwendung findet, bedeutet nicht, dass die ausländische Klausel auch nach deutschem Rechtsverständnis zu interpretieren wäre.[851] Häufig werden typische fremdsprachige Vertragsklauseln, die dem ausländischen Rechtsdenken angehören und keine Übersetzung deutscher Klauseln sind, nach dem Recht des Landes interpretiert, in dem sie entwickelt worden sind.[852] Jedenfalls bei typischen Klauseln des ausländischen Rechts werden die Parteien häufig auch das ausländische Recht vor Augen gehabt haben.[853] Wenn die Parteien jedoch übereinstimmend etwas anderes mit den Begriffen des ausländischen Rechts verbanden, ist nicht das ausländische, sondern das deutsche Rechtsverständnis bei der Verwendung maßgeblich.[854] Bei der Auslegung des Vertrages kann nicht außer Acht bleiben, dass der Vertrag und die Parteien keine Beziehungen zum ausländischen Rechtskreis haben.[855] Vor allem wenn die Parteien ausländische Klauseln übernehmen, ohne das ausländische Rechtsverständnis zu Grunde zu legen, ist die ausländische Klausel nach deutschem Rechtsverständnis zu interpretieren.[856] Entscheidend ist also, ob sich die Parteien am Inhalt des ausländischen Rechts orientieren wollten oder nicht.

---

849 Dies ist ein im Internationalen Privatrecht bekanntes Phänomen („Handeln unter fremdem Recht"). *Magnus* in: Boilerplate Clauses, International Commercial Contracts and the Applicable Law, S. 179 ff. mit weiteren Nachweisen.
850 OLG Frankfurt NJW-RR 1995, 36, 38.
851 BGH NJW-RR 1992, 423, 425.
852 BGH NJW-RR 1992, 423, 425; BGH IPRspr 1956/1957, Nr. 55.
853 BGH IPRspr 1956/1957, Nr. 55; RGZ 39, 65 f.
854 BGH NJW-RR 1992, 423, 425.
855 BGH NJW-RR 1992, 423, 425.
856 *Dannemann* in: Boilerplate Clauses, International Commercial Contracts and the Applicable Law, S. 62, 78.

b) Berücksichtigung des US-Rechts bei Auslegung der MAC-Klausel

Auch bei der Auslegung der MAC-Klausel stellt sich die Frage, ob auf das amerikanische Verständnis der Klausel und die Auslegung durch die amerikanische Rechtsprechung zurückzugreifen ist, denn die MAC-Klausel in deutschen Verträgen geht häufig auf amerikanische Vertragsmuster zurück.

Meines Erachtens muss hier im Ausgangspunkt differenziert werden zwischen der Auslegung des Begriffes *"material adverse change"* und spezifischen im Rahmen der MAC-Klausel verwendeten Fachbegriffen.

Unter den Bereich der spezifischen Fachbegriffe fällt beispielsweise der in den Ausnahmeregelungen (*carve-outs*) zur MAC-Klausel oft enthaltene englische Begriff *"Act of God"*, denn dieser hat im amerikanischen Recht eine feststehende Bedeutung. Da die Bedeutung des Begriffs *"Act of God"* nicht mit dem deutschen Begriff „höhere Gewalt" identisch ist, kann dies zu Interpretationsproblemen führen. Der Begriff *"Act of God"* umfasst nur außergewöhnliche und unabwendbare Naturereignisse wie beispielsweise Erdbeben oder Blitzschlag.[857] Der Begriff der „höheren Gewalt" ist demgegenüber weiter, da auch das Versagen von Maschinen oder die Fahrlässigkeit Dritter darunter fallen können, sofern die Ereignisse auch bei äußerster Sorgfalt nicht verhindert werden konnten und nicht dem Betriebsrisiko einer Partei zuzurechnen sind.[858] Da bei Verwendung typischer ausländischer Rechtsbegriffe im Regelfall das ausländische Verständnis zugrundegelegt werden muss[859], muss in diesem Fall auf die Bedeutung des Begriffs *"Act of God"* im amerikanischen Recht abgestellt werden. Im Einzelfall kann die Auslegung aber eine Abweichung von diesem Grundsatz ergeben.

Anders als beim Rechtsbegriff *"Act of God"* ist die Situation aber in Bezug auf den Begriff *"material adverse change"*. Denn diesbezüglich ist schon fraglich, ob es sich um einen spezifischen Begriff des amerikanischen Rechts handelt. Ein solcher liegt nur vor, wenn er sich auf Rechtsinstitute bezieht, die nur in dem System des Ursprungslandes bekannt sind oder die in diesem Rechtssystem eine fachspezifische Bedeutung haben.[860] Aufgrund der durchaus sinnvollen Übersetzung

---

857 *Triebel/Balthasar*, NJW 2004, 2189, 2191.
858 Vgl. *Triebel/Balthasar*, NJW 2004, 2189, 2191.
859 BGH NJW-RR 1992, 423, 425; *Triebel/Balthasar*, NJW 2004, 2189, 2192 ff; *Dannemann* in: Boilerplate Clauses, International Commercial Contracts and the Applicable Law, S. 67 ff.
860 *Magnus* in: Boilerplate Clauses, International Commercial Contracts and the Applicable Law, S. 187 f.; siehe auch RGZ 39, 39, 65 ("die in englischen [Verträgen] allgemein üblich sind, die in einer gewissen seit langer Zeit herkömmlichen Form ausgedrückt werden, und mit denen man in England im Geschäftsverkehr und in der

des Begriffs ins Deutsche („wesentliche nachteiligen Veränderung") und der sehr unklaren Bedeutung des Begriffs *material adverse change* im amerikanischen Recht wird man von einer solchen spezifischen Bedeutung jedoch kaum ausgehen können. Die Auslegung nach dem Verständnis des ausländischen Rechts wird in der Rechtsprechung häufig damit begründet, dass bei typischen ausländischen Klauseln der objektive Empfängerhorizont durch das Rechtsverständnis des ausländischen Rechts geprägt sei.[861] Gerade dies muss aber nicht immer der Fall sein. Zwar ist es richtig, dass eine Klausel vor dem Hintergrund des amerikanischen Rechts zu interpretieren ist, wenn spezifische amerikanische Klauseln verwendet werden, denn das amerikanische Recht kann in diesem Fall dazu dienen, die Bedeutung der Klausel und die Intentionen der Parteien zu verstehen.[862] Fraglich ist aber, ob dies auch dann gilt, wenn die Parteien keinen Bezug zum amerikanischen Recht haben und unreflektiert, ohne das amerikanische Rechtssystem vor Augen zu haben, amerikanische Vertragsmuster verwenden.[863] Parteien, die nicht dem amerikanischen Rechtskreis angehören, werden die Rechtsprechung der amerikanischen Gerichte zur Auslegung von MAC-Klauseln im amerikanischen Recht regelmäßig nicht kennen, sodass man bei objektiver Auslegung der MAC-Klausel nach Treu und Glauben auch nicht davon ausgehen kann, dass die MAC-Klausel zwingend im Sinne der Auslegung durch die US-Gerichte zu verstehen ist. Vielmehr werden die Parteien den Begriff *material adverse change* oft als Übersetzung des Begriffs der „wesentlichen nachteiligen Veränderung" verstehen. US-amerikanische Vertragsmuster werden meist zur Erleichterung und aus Zweckmäßigkeitsgründen gebraucht, eine bewusste Entscheidung für das US-Recht wird darin aber regelmäßig nicht zu sehen sein.[864] Dafür spricht im Zusammenhang mit der MAC-Klausel auch, dass in der deutschen Literatur

---

Rechtspflege einen bestimmten, keinesfalls immer schon aus dem bloßen Wortlaut abzuleitenden Sinn verknüpft").

861 Vgl. hierzu *Triebel/Balthasar*, NJW 2004, 2189, 2192 mit Nachweisen; LG Hamburg, 23.4.1954 -6O 31/54 - MDR 1954, 422, 423.
862 *Dannemann* in: Boilerplate Clauses, International Commercial Contracts and the Applicable Law, S. 62, 77 ff.
863 Vgl. allgemein zu ausländischen Vertragsklauseln *Dannemann* in: Boilerplate Clauses, International Commercial Contracts and the Applicable Law, S. 62, 78.
864 *Dannemann* in: Boilerplate Clauses, International Commercial Contracts and the Applicable Law, S. 78. Darüber hinaus besteht auch das generelle Problem, dass eine englischsprachige Klausel nicht unbedingt aus dem amerikanischen, sondern auch aus dem englischen Rechtsraum stammen kann und auch insofern nicht klar ist, auf welches Verständnis abzustellen ist (ähnlich *Triebel/Balthasar*, NJW 2004, 2189, 2194 f.).

häufig eher eine Parallele zur schwerwiegenden bzw. wesentlichen Veränderung der Umstände im Sinne von § 313 BGB gezogen wird.

Wenn sich also keine besonderen Anhaltspunkte ergeben, wird die Auslegung regelmäßig ergeben, dass die Parteien sich bei Verwendung des Begriffs *material adverse change* nicht am amerikanischen Rechtsverständnis orientieren wollten und die Auslegung daher unter Zugrundelegung des deutschen Rechts zu erfolgen hat.[865] Eine Bindung an die Entscheidungen der US-Rechtsprechung scheidet daher regelmäßig aus. Dies schließt jedoch einen ergänzenden rechtsvergleichenden Blick auf das US-Recht als „Förderungs- und Anregungsmittel"[866] nicht aus.

2. Auslegungsgrundsätze in Deutschland im Vergleich zum US-Recht

Für die Auslegung der MAC-Klausel gelten bei privaten Verträgen die allgemeinen Grundsätze des deutschen Vertragsrechts. Öffentliche Belange wie Anlegerschutz oder Schutz der Integrität der Märkte spielen bei privaten Transaktionen in Deutschland ebenso wie bei Transaktionen in den USA keine Rolle. Besonderheiten bei der Auslegung der MAC-Klausel nach deutschem Recht können sich unter Umständen aus einem Vergleich der Auslegungsregeln beider Länder ergeben.

a) Allgemeine Unterschiede

Zwischen der Vertragsauslegung nach US-amerikanischem Recht und der Vertragsauslegung nach deutschem Recht bestehen generelle Unterschiede. So spielt der Wortlaut des schriftlichen Vertrages im US-amerikanischen Recht traditionell eine größere Rolle als im deutschen Recht.[867] Sofern der Wortlaut klar und eindeutig ist, ist diese Bedeutung maßgebend (*plain meaning rule*).[868] Insbesondere die *parol evidence rule*, wonach im Grundsatz bei schriftlichen Verträgen keine außerhalb der Urkunde liegenden Umstände berücksichtigt

---

865 Im Ergebnis – aber ohne Begründung – ebenso beispielsweise *Picot/Duggal*, die eine Auslegung in Anlehnung an § 313 BGB vornehmen (*Picot/Duggal*, DB 2003, 2635, 2638 f.) und *Wächter*, nach dessen Ansicht es bei der Auslegung allein auf das deutsche Recht ankommt (*Wächter*, M&A Litigation, Rn. 2.211). Anders wohl *Schlößer*, der meint, dass Rechtsanwälte sich wegen der Geltung der englischen Sprache über die Bedeutung des englischen Ausdrucks im Klaren sein müssten (*Schlößer*, RIW 2006, 889, 890).
866 Vgl. RGZ 11, 100, 105.
867 *Zweigert/Kötz*, Einführung in die Rechtsvergleichung, § 30 IV, S. 402 f.
868 *Merkt*, ZHR 171 (2007), 490, 496 f.

werden dürfen, ist eine Besonderheit des anglo-amerikanischen Rechts[869], die das deutsche Recht nicht kennt. In Deutschland ist die Beweiskraft schriftlich getroffener Vereinbarungen geringer ausgeprägt. Es besteht lediglich eine widerlegliche Vermutung, dass der schriftliche Vertrag die Vereinbarungen richtig und vollständig wiedergibt.[870]

Im amerikanischen Recht gibt es zudem die Tendenz, dass Vertragsklauseln eng ausgelegt werden.[871] Nach der *ejusdem generis rule* werden unter einen allgemeinen Begriff, der auf eine Aufzählung spezifischer Begriffe folgt, nur solche Begriffe gefasst, die mit den spezifischen Begriffen vergleichbar sind bzw. zur gleichen Art gehören.[872] Auch gilt im US-Recht beispielsweise der Auslegungsgrundsatz *expressio unius est exclusio alterius*.[873] Danach wird vermutet, dass von den Parteien, wenn sie bestimmte spezielle Begriffe aufgelistet haben, beabsichtigt war, darüber hinausgehende Begriffe auszuschließen.[874] Einen solchen Grundsatz bzw. eine solche Vermutung kennt das deutsche Recht nicht.

Diese Beispiele zeigen einige der bestehenden Unterschiede zwischen den Auslegungsgrundsätzen beider Länder. Statt einer umfassenden und abstrakten Gegenüberstellung der Auslegungsgrundsätze in den USA und in Deutschland sollen im Folgenden Gemeinsamkeiten und Unterschiede bei der Auslegung von MAC-Klauseln dargestellt werden. In Teil 1, IV ist bereits herausgearbeitet worden, welche Auslegungsgrundsätze im US-Recht bei der Auslegung von MAC-Klauseln angewandt worden sind. Diesen Auslegungsgrundsätzen sollen die deutschen Auslegungsregeln gegenübergestellt werden.

b) Auslegung der MAC-Klausel nach deutschen Auslegungsgrundsätzen im Vergleich zum US-Recht

Nach deutschem Recht ist die MAC-Klausel als vertragliche Klausel nach §§ 133, 157 BGB auszulegen.

---

869 Vgl. ausführlich zur Parol Evidence Rule *Farnsworth*, Contracts, S. 414 ff. (insbesondere §§ 7.2 bis § 7.5); siehe auch *Reimann*, Einführung in das US-amerikanische Privatrecht, § 13.2 (S. 44 f.).
870 *Zweigert/Kötz*, Einführung in die Rechtsvergleichung, § 30 IV (S. 403); *Merkt*, ZHR 171 (2007), 490, 497.
871 *Merkt*, ZHR 171 (2007), 490, 497.
872 *Farnsworth*, Contracts, § 7.10 (S. 457); *Merkt*, ZHR 171 (2007), 490, 497.
873 Die Äußerung des einen ist der Ausschluss des anderen vgl. *Farnsworth*, Contracts, § 7.11 (S. 457). Zum Teil wird stattdessen auch der Begriff „*inclusio unius est exclusio alterius*" verwendet.
874 *Farnsworth*, Contracts, § 7.11 (S. 457).

Zunächst muss die Auslegungsbedürftigkeit festgestellt werden. Wenn sich aus Wortlaut und Zweck der Klausel ein eindeutiger Inhalt ergibt, ist für die Auslegung –wie im amerikanischen Recht- kein Raum.[875] Konkret gefasste MAC-Klauseln mit spezifischen Schwellenwerten und eindeutigem Inhalt bedürfen demnach wie in den USA nicht der Auslegung.

Gemäß § 133 BGB ist bei der Auslegung der MAC-Klausel der Wille der Parteien zu erforschen. Auf den wirklichen Willen kommt es aber wie im US-Recht nur bei einem übereinstimmenden Willen an (natürliche Auslegung).[876] In sonstigen Fällen ist die objektive Erklärungsbedeutung zu ermitteln (normative Auslegung). Empfangsbedürftige Willenserklärungen sind so auszulegen, wie sie der Erklärungsempfänger nach Treu und Glauben unter Berücksichtigung der Verkehrssitte verstehen musste.[877] Die Auslegung ist aus der Perspektive eines redlichen und vernünftigen Dritten in der Person des Erklärungsempfängers vorzunehmen (objektiver Empfängerhorizont).[878] Auch insofern bestehen Parallelen zum US-Recht, da auch im US-Recht bei umstrittenen Klauseln ein objektiver Ansatz, der die Grundsätze von *good faith* zu berücksichtigen hat, verfolgt und auf die *"perspective of a reasonable person in the position of the party in question"*[879] abgestellt wird.

Wie im US-Recht ist auch im deutschen Recht anerkannt, dass Ausgangspunkt der Auslegung der Wortlaut der Erklärung ist[880] (grammatikalische Auslegung) und dass bei der Ermittlung des Wortsinns der Inhalt des gesamten Vertrages zu berücksichtigen ist (systematische Auslegung).[881] So müssen bei der Auslegung der MAC-Klausel auch nach deutschem Recht alle Vertragsunterlagen samt Anlagen bei der Auslegung berücksichtigt werden. Beispielsweise müsste auch ein deutsches Gericht wie im Fall *Tyson* gegebenenfalls die Anhänge zum Vertrag einschließlich der garantierten Bilanzen untersuchen.

---

875 BGHZ 25, 319; *Ellenberger* in: Palandt, § 133 Rn. 6. Ob Eindeutigkeit vorliegt, ist eine Rechtsfrage und somit revisibel (BGHZ 32, 63).
876 Siehe statt aller *Ellenberger* in: Palandt, § 133 Rn. 8.
877 Siehe statt aller *Ellenberger* in: Palandt, § 133 Rn. 9.
878 Statt aller: *Schiemann* in: Staudinger BGB, Eckpfeiler des Zivilrechts, C (Das Rechtsgeschäft) Rn. 52f.; *Busche* in: MüKo BGB, § 133 Rn. 12f.
879 *Adams*, A Manual of Style for Contract Drafting, S. 152.
880 *Ellenberger* in: Palandt, § 133 Rn. 14; *Busche* in: MüKo BGB, § 133 Rn. 57ff. mit Nachweisen.
881 Sogenannte systematische Auslegung, siehe *Ellenberger* in: Palandt, § 133 Rn. 14; *Busche* in: MüKo BGB, § 133 Rn. 7 und 58 mit weiteren Nachweisen.

Nach Ermittlung des Wortsinnes auf Grundlage des gesamten Vertrages sind nach deutschem Vertragsrecht auch sonstige Umstände des Einzelfalles bei der Auslegung der Erklärung zu berücksichtigen (historische und teleologische Auslegung). Dazu gehören vor allem auch die Vertragsverhandlungen der Parteien, Äußerungen der Parteien und die frühere Geschäftspraxis.[882] Die Besonderheit im US-Recht, wo solche außerhalb der Vertragsurkunde liegenden Umstände nach der *parol evidence rule* nicht berücksichtigt werden dürfen, wirkt sich bei der Auslegung von MAC-Klauseln in der Regel nicht aus. Denn in der Regel wird man die Mehrdeutigkeit der MAC-Klausel begründen und demnach auch im US-Recht alle konkreten Umstände des Einzelfalles berücksichtigen können (siehe dazu oben Teil 1, IV). Ausnahmen ergeben sich einerseits in Fällen, in denen die MAC-Klausel zum Beispiel wegen spezifischer Schwellenwerte eindeutig ist oder wenn keine der Parteien die Mehrdeutigkeit der Klausel behauptet hat. Letzteres war in der Entscheidung *Borders v. KRLB* der Fall gewesen. Weil die Mehrdeutigkeit der MAC-Klausel nicht behauptet worden war, berücksichtigte das Gericht bei der Auslegung keine externen Umstände.[883] Wenn das Gericht in diesem Fall die *parol evidence rule* nicht angewandt und äußere Umstände zum Beweis herangezogen hätte, hätte es die Voraussetzungen der MAC-Klausel möglicherweise als gegeben angesehen.[884] Mangels *parol evidence rule* im deutschen Recht hätte daher auch ein deutsches Gericht zu einem anderen Ergebnis gelangen können.

Auch sofern der Vertrag eine *Entire Agreement*-Klausel[885] enthält, ergeben sich Unterschiede in Bezug auf die Möglichkeit der Berücksichtigung äußerer, außerhalb des Vertrags liegender Umstände im Rahmen der Auslegung. Während diese Klausel in den USA äußerst streng ausgelegt wird und die Regel, dass der schriftliche Vertrag abschließend ist, faktisch nicht widerleglich ist, ist es nach deutschem Recht möglich zu beweisen, dass bestimmte Vereinbarungen

---

882 *Ellenberger* in: Palandt, § 133 Rn. 16 f.
883 *Borders v. KRLB Inc.*, 727 S.W.2d 357, 359 (Tex. App. 1987): "*[…] we observe that when, as here, neither party contends the instrument is ambiguous, its contruction must be resolved as a question of law*".
884 So auch *Grech*, 52 Emory L.J. 1483, 1500 (2003).
885 Folgender Wortlaut einer *Entire Agreement*-Klausel ist denkbar: *The Contract contains the entire contract and understanding between the parties hereto and supersedes all prior negotiations, representations, undertakings and agreements on any subject matter of the Contract.* (vgl. *Magnus* in: Cordero-Moss, Boilerplate Clauses, International Commercial Contracts and the Applicable Law, S. 192).

Teil des Vertrages sein sollten, auch wenn die Anforderungen hierfür bei Vorliegen einer *Entire Agreement*-Klausel hoch sein werden.[886]

Bei der Vertragsauslegung spielt im deutschen Recht der mit dem Vertrag verfolgte Zweck eine wichtige Rolle.[887] Insgesamt kommt der teleologischen Auslegung in Deutschland eine größere Bedeutung zu als im amerikanischen Recht.[888] Aber auch im amerikanischen Recht bleibt der Vertragszweck nicht unberücksichtigt (*"if the principal purpose of the parties is ascertainable it is given great weight"*[889]) und so wurde beispielsweise im Fall *Tyson* auf den Zweck eines strategischen Investors abgestellt. Der Zweck eines strategischen Investors sei, ein langfristig profitables Unternehmen zu erwerben und daher müsse die langfristige Gewinnerwartung des Investors für das Vorliegen eines MAC erschüttert sein. Auch unter Anwendung der deutschen Auslegungsregeln wäre nicht ausgeschlossen, dass ein Gericht unter Berücksichtigung des Vertragszwecks zu einer ähnlichen Auslegung kommen könnte. Da Entscheidungen der Rechtsprechung in MAC-Streitigkeiten aber immer von Wertungen des jeweiligen Gerichts im konkreten Einzelfall abhängig sind, können Gerichte dies auch anders sehen.

Wie im amerikanischen Recht gibt es auch im deutschen Recht von der Rechtsprechung entwickelte Auslegungsregeln. So gilt beispielsweise, dass bei mehreren möglichen Auslegungen im Zweifel von derjenigen Bedeutung auszugehen ist, die den Regelungen des Vertrages eine Bedeutung gibt und sie nicht als überflüssig bzw. sinnlos erscheinen lässt.[890] Ein deutsches Gericht könnte daher ebenso wie das Gericht im Fall *Hexion* argumentieren, dass eine Vorschrift, die Prognosen ausdrücklich aus den Garantien herausnimmt, nicht durch die Auslegung der MAC-Klausel umgangen und überflüssig gemacht werden dürfe.

Unterschiede bei der Auslegung könnten sich in Bezug auf die Tendenz der US-Rechtsprechung, Klauseln eng auszulegen, ergeben (dazu oben Teil 1, IV). Das deutsche Recht kennt keine der Auslegungsregel *expressio unius est exclusio alterius* entsprechende Regel. Im US-Recht hingegen wird, wie auch beispielsweise im "MAC-Fall" *Borders v. KRLB*, davon ausgegangen, dass, wenn ein Vertrag keine Regelung zu einer bestimmten Veränderung enthalte, es nicht Aufgabe des Gerichts sei, eine Regelung in den Vertrag hineinzulesen (*"We find*

---

886 Vgl. hierzu *Magnus* in: Cordero-Moss, Boilerplate Clauses, International Commercial Contracts and the Applicable Law, S. 192 ff.
887 *Busche* in: MüKo BGB, § 133 Rn. 7; *Ellenberger* in: Palandt, § 133 Rn. 18.
888 *Magnus* in: Boilerplate Clauses, International Commercial Contracts and the Applicable Law, S. 181.
889 § 202 (1) Restatement (Second) of Contracts.
890 *Busche* in: MüKo BGB, § 133 Rn. 63.

no such agreement and to supply one would be to make a new contract for the parties"[891]). Im amerikanischen Recht herrscht generell ein Misstrauen gegenüber der ergänzenden Vertragsauslegung ("*the court cannot make a contract for the parties*").[892] Deutsche Gerichte werden im Gegensatz dazu eher bereit sein den Vertrag ergänzend auszulegen. Zwar gilt auch nach deutschem Recht, dass das Gericht, wenn eine abschließende Regelung vorliegt, keine vertragliche Regelung für die Parteien machen darf.[893] Wenn das Gericht nach Berücksichtigung aller Tatsachen aber zu dem Ergebnis kommt, dass eine Lücke vorliegt, schließt es diese durch ergänzende Vertragsauslegung.[894] Es ist dann der hypothetische Parteiwille unter Berücksichtigung von Sinn und Zweck des Vertrages und der Interessenlage der Parteien zu ermitteln.[895] Wenn der hypothetische Parteiwille dies ergibt, kann eine Regelung auch auf einen nicht ausdrücklich genannten Fall erweitert werden. Ein deutsches Gericht würde daher in einer Konstellation wie im Fall *Borders v. KRLB* nicht so stark am Wortlaut der Klausel haften und stärker den Zweck der Klausel unter Berücksichtigung der Grundsätze von Treu und Glauben berücksichtigen (§§ 133, 157 BGB).

Zusammenfassend kann festgehalten werden, dass bei der Auslegung der MAC-Klausel nach beiden Rechtssystemen der gesamte Vertrag, der Vertragszweck und regelmäßig auch alle Umstände des Einzelfalles Berücksichtigung finden. Die bestehenden Unterschiede der Auslegungsgrundsätze beider Länder spielen in den meisten Fällen keine Rolle. Aber gerade die Entscheidung im amerikanischen Fall *Borders v. KRLB* zeigt, dass sich die Unterschiede in bestimmten Konstellationen

---

891   *Borders v. KRLB Inc.*, 727 S.W.2d 357, 359–360 (Tex. App. 1987).
892   *Oechsler* in: Staudinger, Eckpfeiler des Zivilrechts, M. Vertragstypen, Rn. 12; *Magnus* in: Cordero-Moss, Boilerplate Clauses, International Commercial Contracts and the Applicable Law, S. 181 f.; siehe auch *Borders v. KRLB*, 727 S.W.2d 357, 359 f. ("*We find no such agreement and to supply one would be to make a new contract for the parties.*") Aber auch das amerikanische Recht erkennt an, dass es ergänzende Vertragsauslegung gibt. So heißt es in § 204 des Restatement (Second) of Contracts: "*Supplying an Omitted Essential Term. When the parties to a bargain sufficiently defined to be a contract have not agreed with respect to a term which is essential to a determination of their rights and duties, a term which is reasonable in the circumstances is supplied by the court.*" Siehe auch *Farnsworth*, Contracts, Kapitel 7 D (Deciding Omitted Cases).
893   *Busche* in: MüKo BGB, § 157 Rn. 43 mit zahlreichen Nachweisen aus der Rechtsprechung.
894   Zur ergänzenden Vertragsauslegung vgl. beispielsweise *Busche* in: MüKo BGB, § 157 Rn. 26 ff. Und auch nach deutschem Recht wird widerleglich vermutet, dass ein schriftlicher Vertrag vollständig ist (BGH NJW 2002, 3164).
895   *Busche* in: MüKo BGB, § 157 Rn. 47 mit weiteren Nachweisen.

durchaus auswirken können. Wenn ein deutsches Gericht in diesem Fall - mangels Bestehens einer *parol evidence rule* - auch äußere Umstände herangezogen und zweitens die MAC-Klausel nicht so eng und auf den Wortlaut beschränkt ausgelegt hätte, wäre nicht ausgeschlossen, dass es den Rückgang der Zuhörerzahlen eines Radiosenders um mehr als die Hälfte als MAC angesehen hätte.

3. Wertungsunterschiede der Rechtssysteme und Einfluss auf die Auslegung der MAC-Klausel

Wenn nach Anwendung der allgemeinen Auslegungsregeln noch Zweifel bestehen, können in die Auslegung über den Grundsatz von Treu und Glauben gemäß § 242 BGB immer auch gesetzliche Wertungen und allgemeine Rechtsgedanken, wie sie im Gesetz Ausdruck gefunden haben, einfließen.[896] Es kommt dabei nicht darauf an, ob die Normen im konkreten Fall anwendbar sind, sondern ob eine gleiche Interessenlage gegeben ist.[897] Für die Auslegung der MAC-Klausel im Unternehmenskauf sind insofern vor allem zwei Regelungskomplexe relevant: erstens die Risikoverteilung zwischen Verkäufer und Käufer durch das Kaufrecht und zweitens der Umgang des Vertragsrechts mit nachteiligen Veränderungen nach Vertragsschluss.

Es soll daher untersucht werden, inwiefern sich die relevanten Wertungen des deutschen Rechts von den Wertungen des US-Rechts unterscheiden und inwiefern sich eventuell bestehende Unterschiede konkret auf die Auslegung der MAC-Klausel auswirken können.

a) Vergleich des verkäuferfreundlichen Ansatzes im US-Recht mit Wertungen des deutschen Rechts

Wie bereits dargestellt, geht die US-Rechtsprechung in ihren Entscheidungen (insbesondere *IBP v. Tyson* und *Hexion v. Huntsman*) von einer verkäuferfreundlichen Perspektive aus, was auch auf einen insgesamt eher verkäuferfreundlichen Ansatz des US-Rechts zurückzuführen ist. Dieser verkäuferfreundliche Ansatz des

---

896 *Busche* in: MüKo BGB, § 157 Rn. 12; *Lüderitz*, Auslegung von Rechtsgeschäften, S. 372 f.
897 *Busche* in: MüKo BGB, § 157 Rn. 12; *Lüderitz*, Auslegung von Rechtsgeschäften, 1966, S. 372 f. Nach *Lüderitz* ist die Übernahme einer Wertentscheidung des Gesetzes aber dann ausgeschlossen, wenn Gesetz und Vertrag die gleiche Rechtsfolge anordnen, denn in diesem Fall hätte die vertragliche Regelung ansonsten keinen Sinn. Im Zweifel gelte aber bei gleicher Interessenlage und ähnlicher Rechtsfolgebestimmung die Wertung des Gesetzgebers (*Lüderitz*, S. 372 f. mit weiteren Nachweisen).

US-Rechts zeigt sich insbesondere im Grundsatz *caveat emptor*, in der damit verbundenen Pflicht zur *Due Diligence* und im Fehlen eines Gewährleistungsrechts:

i. Caveat emptor versus Gewährleistungsrecht

Im Gegensatz zum deutschen Recht haftet der Verkäufer des Unternehmens nach US-amerikanischem Recht grundsätzlich nicht für Mängel des Unternehmens.[898] Will sich der Käufer vor Mängeln schützen, muss er *representations* und *warranties* in den Vertrag aufnehmen. Ansonsten trägt er das Risiko etwaiger Mängel allein. Nach dem Grundsatz "*caveat emptor*" (der Käufer sei auf der Hut) ist es Sache des Käufers, vor dem Kauf auf etwaige Mängel zu achten.[899] Im deutschen Recht existiert hingegen ein, wenn auch nicht sehr ausgeprägtes, Gewährleistungsrecht, welches den Käufer vor unerkannten Mängeln schützt. Anders als im amerikanischen Recht sind gewisse Risiken somit schon von Gesetzes wegen dem Verkäufer zugewiesen. Wie oben erörtert, kann das gesetzliche Mängelgewährleistungsrecht auch dann Rechte des Käufers begründen, wenn eine nachteilige Veränderung zwischen *Signing* und *Closing* einen nicht behebbaren Mangel des Unternehmens entstehen lässt. Dies zeigt, dass das deutsche Recht grundsätzlich eher als das amerikanische Recht bereit ist, den Käufer in dieser Situation zu schützen.

ii. Die Bedeutung der Due Diligence bei der Auslegung der MAC-Klausel

Auch die *Due Diligence* kann bei der Anwendung der MAC-Klausel eine Rolle spielen. Wie oben ausgeführt, soll die MAC-Klausel den Käufer nach der US-Rechtsprechung vor unbekannten Risiken schützen. Je mehr Informationen zu den Risiken dem Käufer somit im Rahmen der *Due Diligence* zur Verfügung gestellt waren, desto mehr Argumente sprechen dafür, dass das Risiko dem Käufer zugewiesen sein sollte und somit kein MAC gegeben ist. Denn bekannte Risiken sind im Regelfall bei der Kaufpreiskalkulation des Käufers berücksichtigt worden. Im Fall *IBP v. Tyson* war demgemäß ein wesentlicher Faktor im Rahmen der Argumentation gegen das Vorliegen eines MAC die Tatsache, dass der Käufer *Tyson* viele Informationen bezüglich der Risiken des Zielunternehmens *IBP* erhalten hatte: "*During the auction process, Tyson was given a great deal of information that suggested that IBP was heading into a trough in the beef business. Even more,*

---

898 *Merkt*/Göthel, Internationaler Unternehmenskauf, § 3 Rn. 47 (S. 141). *Merkt*, ZHR 171 (2007), 490, 498; *Merkt*, FS Sandrock, S. 657, 664 f.
899 *Merkt*/Göthel, Internationaler Unternehmenskauf, § 3 Rn. 47 (S. 141); *Merkt*, ZHR 171 (2007), S. 490, 498; *Merkt*, FS Sandrock, S. 657, 664 f.

Tyson was alerted to serious problems at an IBP subsidiary, DFG, which had been victimized by accounting fraud to the tune of over $30 million in charges to earning and which was the active subject of an asset impairment study. Not only that, Tyson knew that IBP was projected to fall seriously short of the fiscal year 2000 earnings predicted in projections prepared by IBP's Chief Financial Officer [...]."[900]

Zwar spricht die Zurverfügungstellung von Informationen durch den Verkäufer demgemäß gegen das Vorliegen eines MAC. Jedoch kann auf der anderen Seite der fehlende Hinweis des Verkäufers auf bestimmte Risiken und die damit verbundene Unkenntnis des Käufers wegen des Grundsatzes *caveat emptor* nicht als Argument für das Vorliegen eines MAC herangezogen werden. Denn der Verkäufer ist nach US-Recht nicht verpflichtet, von sich aus Informationen zur Verfügung zu stellen.[901]

Es ist vielmehr Pflicht des Käufers sich über etwaige Risiken zu informieren und alle für ihn wesentlichen Informationen vom Verkäufer anzufordern. Tut er dies nicht, wird im US-Recht davon ausgegangen, dass diese Aspekte für ihn nicht von wesentlicher Bedeutung waren und somit auch keinen *material adverse change* begründen können. Das Gericht im Fall *IBP v. Tyson* argumentiert dementsprechend: *"To the extent that Tyson negotiators had a question [...] they should have spoken up. [...] Rather, the Tyson negotiator's attitude reflected the relative unimportance that Tyson's top executives placed on DFG [...]."*[902]

Dem amerikanischen Recht folgend ist mittlerweile auch in der deutschen Praxis die Prüfung des Unternehmens im Rahmen einer *Due Diligence* üblich.[903] Es stellt sich aber die Frage, ob die unterlassene Prüfung eines Aspekts durch den Käufer wie im amerikanischen Recht als Argument gegen die Wesentlichkeit eines Risikos und somit gegen die Wesentlichket einer Veränderung im Sinne des MAC herangezogen werden kann. Auch wenn die Vornahme einer *Due Diligence* mittlerweile weit verbreitet ist, besteht in Deutschland nach wohl überwiegender Ansicht insofern noch keine Verkehrssitte.[904] Den Käufer trifft

---

900 *In re IBP, Inc. Shareholders Litigation v. Tyson Foods, Inc. and Lasso Acquisition Corp.*, 789 A.2d 14, 21 (Del. Ch. 2001).
901 Dazu bereits oben unter B. V. 4.
902 *In re IBP, Inc. Shareholders Litigation v. Tyson Foods, Inc. and Lasso Acquisition Corp.*, 789 A.2d 14, 61 (Del. Ch. 2001).
903 *Picot* in: Berens/Brauner/Strauch, Due Diligence bei Unternehmensakquisitionen, 295, 319 f; *Merkt*, FS Sandrock, S. 657, 672; *Westermann* in: MüKo BGB, § 453 Rn. 53.
904 *Picot* in: Berens/Brauner/Strauch, Due Diligence bei Unternehmensakquisitionen, 295, 318 ff; ausführlich *Andreas/Beisel* in: Beck'sches Mandats Handbuch Due Diligence, § 2 Rn. 58 ff.; *Müller*, NJW 2004, 2196, 2197; *Westermann* in: MüKo BGB,

weder eine Pflicht noch eine Obliegenheit zur Vornahme einer *Due Diligence*.[905] Das ergibt sich schon aus der gesetzlichen Risikoverteilung, wonach der Verkäufer verschuldensunabhängig für Unternehmensmängel haftet. Das Unterlassen einer *Due Diligence* als solches kann daher nach richtiger (aber umstrittener) Ansicht auch nicht als grobe Fahrlässigkeit des Käufers im Sinne von § 442 BGB eingestuft werden und auch nicht als Mitverschulden des Käufers oder als Aufklärungsverzicht gegenüber dem Verkäufer gewertet werden.[906] Darüber hinaus kann auch die unsorgfältige *Due Diligence*, abgesehen von Fällen auffälliger Mängel, regelmäßig keine grobe Fahlässigkeit und damit keinen Haftungsausschluss begründen.[907] Da ein Unterlassen der *Due Diligence* somit im Regelfall weder einen Ausschluss der Mängelrechte noch ein Mitverschulden des Käufers begründen kann, stellt sich die Frage, ob es dieser Wertung widersprechen würde, wenn die unterlassene Prüfung bestimmter Umstände auf der anderen Seite - wie im Fall *IBP v. Tyson* - zu einem Ausschluss der Rechte des Käufers aus der MAC-Klausel führen würde.

Meines Erachtens spricht nichts dagegen, das Unterlassen der *Due Diligence* durch den Käufer als Argument gegen das Vorliegen eines MAC zu werten, jedenfalls soweit es um Veränderungen geht, die keinen Mangel begründen. Die Wertungen des Mängelrechts können auf diesen Bereich nicht übertragen werden. In Bezug auf die wirtschaftlichen Aspekte, die nicht zu einem Unternehmensmangel führen würden und daher nach der der gesetzlichen Risikoverteilung grundsätzlich in den Risikobereich des Käufers fallen, ist es, anders als in Bezug auf die Mangelhaftigkeit des Kaufgegenstands, Sache des Käufers, die Umstände und Eigenschaften des Unternehmens zu prüfen, die für seine Kaufentscheidung relevant sind. Weil diese Umstände, anders als die Mangelhaftigkeit, in seinen Risikobereich fallen, kann davon ausgegangen werden, dass er bezüglich der für seine Kaufentscheidung relevanten Aspekte auch eine Prüfung

---

§ 453 Rn. 54; *Weitnauer*, NJW 2002, 2511, 2516; *Beisel* in: Beisel/Klumpp, Der Unternehmenskauf (7. Auflage), § 2 Rn. 9 f.; offen noch *Merkt*, FS Sandrock, S. 657, 672 f.; für eine Verkehrssitte wohl *Berens/Schmitting/Strauch* in: Berens/Brauner/Strauch/Knauer, Due Diligence bei Unternehmensakquisitionen, S. 63, 95. Zum Meinungsstand siehe ausführlich und mit weiteren Nachweisen *Müller*, NJW 2004, 2196.

905 *Andreas/Beisel* in: Beck'sches Mandats Handbuch Due Diligence, § 2 Rn. 57.
906 *Müller*, NJW 2004, 2196, 2198; zur culpa in contrahendo *Huber*, AcP 202 (2002), 179, 201.
907 Freiwillige Nachforschungen sollen den Käufer nicht schlechter stellen als im Fall der gar nicht vorgenommenen *Due Diligence* (*Müller*, NJW 2004, 2196, 2199 mit weiteren Nachweisen).

vornehmen wird. Die Tatsache, dass ein Käufer eine solche Prüfung nicht vorgenommen hat, spricht daher jedenfalls bei größeren Transaktionen dafür, dass der nicht geprüfte Aspekt für ihn keine wesentliche Bedeutung hatte. Diese Sichtweise wird unterstützt durch eine Entscheidung des OLG Hamburg[908], die zeigt, dass die unterlassene *Due Diligence* in bestimmten Fällen auch zum Nachteil des Käufers berücksichtigt werden kann. Gegenstand dieses Falles war eine größere Unternehmenstransaktion. Nach Erwerb des Unternehmens hatte sich der Ertrag des Unternehmens sehr ungünstig entwickelt und es stellte sich heraus, dass die Bilanz fehlerhaft war, weil Wertberichtigungen und Rückstellungen unterblieben waren. Eine Haftung des Verkäufers aus *culpa in contrahendo* wurde vom Gericht mit der Begründung abgelehnt, dass die Zahlen in der Bilanz, die sich als falsch herausgestellt hatten, für die Kaufentscheidung des Käufers nicht wesentlich (und somit nicht kausal) gewesen waren. Die fehlende Wesentlichkeit begründete das Gericht mit der unterlassenen Prüfung dieser Zahlen im Rahmen der *Due Diligence*. Denn wenn der Ertrag für den Käufer wesentlich gewesen wäre, so das Gericht, hätte er die (jedenfalls bei großen Transaktionen) übliche *Due Diligence* vorgenommen:

„[…] [D]erjenige, der einen Kauf tätigen will, [muss sich] selbst ein Bild darüber verschaffen und für sich bewerten, wo er seine Vorteile sucht und findet, ob er so besehen das in Aussicht genommene Geschäft als vorteilhaft ansieht und ob er noch um weitere Informationen, Auskünfte und evtl. auch entsprechende Garantien nachsuchen will. […] [Es ist] grundsätzlich Sache des Käufers, sich vom Verkäufer verbindliche Angaben über solche Eigenschaften (bzw. Umstände und Verhältnisse) der zu erwerbenden Sache machen zu lassen, *die keinen Fehler im objektiven Sinne ausmachen, aber für die persönliche Preiskalkulation des Käufers von Bedeutung sind*. Dem kommt bei einem Unternehmens- bzw. bei einem entsprechenden Beteiligungskauf besondere Bedeutung zu, da hier objektive Qualitätsstandards weitgehend fehlen – der Verkäufer darf sich in der Regel darauf verlassen, da[ss] der Käufer im eigenen Interesse nach denjenigen Eigenschaften (bzw. Umständen und Verhältnissen) fragt, die für seinen Kaufentschlu[ss] und für seine Preiskalkulation von Bedeutung sind […]."[909]

Die Begründung des Gerichts, dass die unterlassene Prüfung dafür spreche, dass der fragliche Punkt nicht wesentlich für den Käufer gewesen sei, ähnelt der Argumentation des Gerichts im MAC-Fall *IBP v. Tyson*.

---

908 OLG Hamburg, Urteil vom 03.06.1994 – 11 U 90/92, DStR 1994, 1019.
909 OLG Hamburg, DStR 1994, 1019, 1020 unter Verweis auf *Willemsen*, AcP 182 (1982), 515, 535 (Hervorhebungen nicht im Original).

Es ist aber zu berücksichtigen, dass das OLG seine Argumentation auf solche Umstände beschränkt, die keinen Unternehmensmangel ausmachen.[910] Insgesamt bleibt daher festzuhalten, dass man im deutschen Recht hinsichtlich der Anforderungen, die man an das Verhalten des Käufers in Bezug auf die Prüfung des Unternehmens stellt, etwas zurückhaltender sein muss als im amerikanischen Recht, da der Grundsatz *caveat emptor* im deutschen Recht nicht gilt und nach herrschender Ansicht in Deutschland auch noch keine Verkehrssitte der Durchführung einer *Due Diligence* besteht.

iii. Aufklärungspflichten des Verkäufers

Die generell verkäuferfreundlichere Perspektive des US-Rechts zeigt sich auch darin, dass das US-Recht deutlich zurückhaltender mit der Begründung von Aufklärungspflichten des Verkäufers ist als das deutsche Recht. Während im deutschen Recht gilt, dass der Verkäufer in bestimmten Fällen bereits vor Abschluss des Vertrages ungefragt über bestimmte Umstände aufklären muss, was umso eher der Fall ist je mehr der Erwerber erkennbar Wert auf bestimmte Informationen gelegt hat[911], steht man vorvertraglichen Aufklärungspflichten in den USA im Grundsatz ablehnend gegenüber.[912]

b) Die Bereitschaft, vom Grundsatz pacta sunt servanda abzuweichen: Default rules und Geschäftsgrundlagenlehre im Vergleich

Neben dem weniger verkäuferfreundlichen Ansatz des deutschen Rechts können zudem auch die unterschiedlichen Wertungen im Umgang mit Veränderungen nach Vertragsschluss eine Rolle spielen. Die gegenüber dem amerikanischen Recht größere Bereitschaft, bei nachteiligen Veränderungen eine Befreiung des Käufers von seinen Vertragspflichten zuzulassen, kann als gesetzliche Wertung die Auslegung der MAC-Klausel beeinflussen.

---

910 Eine derartige Argumentation kann daher dann problemtisch sein, wenn der Kaufvertrag auf die Bilanz Bezug nimmt und somit nach neuem Schuldrecht eine Beschaffenheitsvereinbarung gegeben ist (zu den Wertungen des Mängelrechts im Zusammenhang mit Veränderungen von Bilanzen siehe unter Ziffer C. IV. 2. c. iv. Fall 2). Denn die Mangelhaftigkeit fällt nicht in den Risikobereich des Käufers, sondern des Verkäufers.
911 C. IV. 2 b).
912 B. V. 4.

i. Historische Ursprünge und rechtspolitische Wertungen

Schon die historischen Ausgangspunkte im Umgang mit nachteiligen Veränderungen nach Vertragsschluss unterscheiden sich. Während in der kontinentaleuropäischen Rechtswissenschaft die *clausula rebus sic stantibus* entwickelt wurde, wonach Verträge unter der stillschweigenden Bedingung geschlossen wurden, dass die Sachlage sich nicht verändere, galt im Common Law noch der Grundsatz der absoluten Vertragsgeltung. Wenn die Parteien eine Berücksichtigung nachträglicher Umstände wollten, mussten sie selbst vertragliche Vorkehrungen für diese Fälle treffen. Hier deutete sich an, dass das Common Law ein höheres Maß an Eigenverantwortung der Parteien voraussetzte.

Auch wenn der Grundsatz der absoluten Vertragsgeltung im Common Law aufgegeben wurde und eine Befreiung wegen *Frustration of Purpose* oder *Impracticablity* im amerikanischen Recht mittlerweile theoretisch anerkannt ist, geht das Common Law aber weiterhin im Grundsatz davon aus, dass es Sache der Parteien ist, eigenverantwortlich für solche Fälle Vorsorge zu treffen. Die Voraussetzungen der *default rules* sind dementsprechend sehr streng. Die Privatautonomie, welche Ausdruck des wirtschaftlichen Liberalismus ist, wird rechtspolitisch sehr hoch bewertet, während das Ziel sozialer Gerechtigkeit im Common Law oft eine weniger bedeutende Stellung einnimmt.[913] Zwar wird auch im deutschen Recht der Privatautonomie und dem Grundsatz *pacta sunt servanda* grundsätzlich Vorrang eingeräumt, jedoch kann über den Grundsatz von Treu und Glauben auch das Ziel der Vertragsgerechtigkeit Berücksichtigung finden.[914]

ii. Begründungswechsel von der Unmöglichkeit zur Unzumutbarkeit

Vor Entwicklung der Geschäftsgrundlagenlehre hatte das Reichsgericht zunächst durch Gleichstellung der Fälle der sogenannten wirtschaftlichen Unmöglichkeit mit der Unmöglichkeit versucht Abhilfe zu schaffen.[915] Die Leistung sei in diesen Fällen „eine völlig andere".[916] Später erfolgte aber ein „Begründungswechsel von der Unmöglichkeit zur Unzumutbarkeit"[917]. Die Lehre von der Geschäftsgrundlage wurde als Ausprägung des Grundsatzes von Treu und Glauben (§ 242 BGB)

---

913 Zu den sich gegenüberstehenden rechtspolitischen Gedanken des Liberalismus und dem Streben nach sozialer Gerechtigkeit im Umgang mit nachteiligen Veränderungen siehe *Hay*, AcP 164, 231, 232.
914 *Schubert* in: MüKo BGB, § 242 Rn. 497–503.
915 *Finkenauer* in: MüKo BGB, § 313 Rn. 23.
916 *Finkenauer* in: MüKo BGB, § 313 Rn. 23; RGZ 98, 18, 20 (VII 303/19).
917 *Finkenauer* in: MüKo BGB, § 313 Rn. 23.

entwickelt. Dies ermöglichte einerseits flexiblere Rechtsfolgen, andererseits konnten so auch Störungen über die Fälle der wirtschaftlichen Unmöglichkeit hinaus erfasst werden.

Auch die amerikanische Lehre der *Impracticability* wurde aus der Unmöglichkeitslehre (*Impossibility Doctrine*) heraus entwickelt.[918]: "*A thing is impossible in legal contemplation when it is not practicable*".[919] Die Leistung sei in diesen Fällen "*essentially different*" von der vertraglich versprochenen Leistung.[920] Ein klarer Begründungswechsel hat im US-Recht aber nicht stattgefunden. Auch heute noch ist die Lehre der *Impracticablity* stark an das Unmöglichkeitsrecht angelehnt. Es fehlt an einer scharfen theoretischen Trennung zum Unmöglichkeitsrecht.[921] Die Nähe zum Unmöglichkeitsrecht ist eine mögliche Erklärung für die Beschränkung des Anwendungsbereiches der *Impracticability* auf Fälle von Leistungserschwerungen, welche Parallelen zu den Fällen wirtschaftlicher Unmöglichkeit erkennen lassen.

iii. Gemeinsamkeiten zwischen § 313 BGB und Default Rules

Im heutigen Recht bestehen auf den ersten Blick jedoch sehr viele Parallelen zwischen den Voraussetzungen der Lehre von der Störung der Geschäftsgrundlage auf der einen und den amerikanischen *default rules* (*impracticablity* und *frustration of purpose*) auf der anderen Seite:

In beiden Rechtsordnungen kann eine Befreiung vom Vertrag wegen Zweckfortfalls erfolgen, wobei aber anerkannt ist, dass der primäre Vertragszweck betroffen sein muss. Der Fortfall eines sekundären Vertragszwecks ist nicht geeignet, eine Befreiung vom Vertrag wegen Zweckfortfalls zu rechtfertigen. Insbesondere das Ausbleiben eines geschäftlichen Erfolgs kann deshalb regelmäßig keine Befreiung wegen Zweckfortfalls begründen.

Leistungserschwerungen können nach beiden Rechtsordnungen in extremen Fällen eine Leistungsbefreiung ermöglichen. Voraussetzung ist, dass es sich um eine erhebliche Leistungserschwerung handelt, sodass nur extreme Fälle erfasst werden.

Auch sind die Konzepte „Geschäftsgrundlage" und "*Basic Assumption*" in vielerlei Hinsicht vergleichbar. Bei der Frage, ob ein Umstand Geschäftsgrundlage oder *Basic Assumption* bei Vertragsschluss war, handelt es sich in beiden

---

918 *Schwartz*, 57 UCLA L. Rev. 789, 800 (footnote 45) (2009–2010).
919 *Mineral Park Land Co. v. Howard*, 156 P. 458, 460 (1916).
920 *Asphalt International Inc. v. Enterprise Shipping Corp. S.A.*, 667 F. 2d 261, 266 (1981).
921 *Hay*, AcP 164, 231, 233.

Fällen im Ergebnis um eine Frage der Risikozuordnung. Bei der Bestimmung, wem nach dem Vertrag ein bestimmtes Risiko zugeordnet ist, wird nach beiden Rechtsordnungen eine Vielzahl von Faktoren im Rahmen einer Gesamtabwägung berücksichtigt.

So spielt es eine Rolle, ob die Ereignisse vorhersehbar waren, wobei voraussehbare Veränderungen in der Regel gegen eine Befreiung von der Vertragspflicht sprechen, da bei Vorhersehbarkeit eine vertragliche Regelung für diesen Fall hätte getroffen werden können. Jedoch schließt die Vorhersehbarkeit eine Befreiung nicht grundsätzlich aus, sondern ist eines von vielen Kriterien.

Auch ist sowohl nach US-Recht als auch nach deutschem Recht relevant, ob das Ereignis aus dem Einflussbereich bzw. der Sphäre einer der Parteien stammt. Wenn eine Partei ein Ereignis verursacht hat, spricht dies eher dafür, dass diese Partei auch das Risiko zu tragen hat. Ein Verschulden einer Partei schließt eine Befreiung aus.

In der Regel genügen nach beiden Rechtsordnungen Erwartungen einer der Parteien, die nicht besonders zum Ausdruck gebracht worden sind, nicht aus. Es ist normalerweise keine wesentliche Annahme (*basic assumption* bzw. Geschäftsgrundlage), dass die aktuellen Marktbedingungen fortbestehen.

Aus den Umständen des Falles und aus dem Vertrag darf sich nichts Abweichendes ergeben. Hat eine Partei ein Risiko vertraglich übernommen, darf diese Risikozuordnung nicht ausgehebelt werden. In beiden Rechtsordnungen wird beispielsweise der spekulative Charakter eines Geschäfts als Argument gegen die Auflösung des Vertrages angesehen. Die Beweislast trägt in beiden Rechtsordnungen normalerweise die Partei, die eine Befreiung vom Vertrag begehrt.

iv. Unterschiede (insbesondere bei Wertverlust der Leistung)

Trotz der vielen Gemeinsamkeiten gibt es aber bedeutende Unterschiede. So hat insbesondere die amerikanische Lehre der *Impracticability* bei näherer Betrachtung einen sehr viel engeren Umfang als die Lehre der Geschäftsgrundlage. Insbesondere im Umgang mit Äquivalenzstörungen besteht im amerikanischen Recht weit größere Zurückhaltung. Ein entscheidender Unterschied der *Doctrine of Impracticability* zur Lehre der Geschäftsgrundlage zeigt sich beim Umgang mit Fällen der Entwertung der Sachleistung. Wie oben dargestellt, ist im US-Recht eine Befreiung in Fällen der Äquivalenzstörung aufgrund eines Wertverlusts der Leistung nach den *default rules* ausgeschlossen. Im deutschen Recht ist im Gegensatz dazu anerkannt, dass bei einem Wertverlust der Leistung grundsätzlich ein Wegfall der Geschäftsgrundlage in Betracht kommen kann, wenngleich die Anforderungen sehr hoch sind. Unter dem Gesichtspunkt der

Äquivalenzstörung kann insbesondere bei vollständigem oder weitgehendem Wertverfall eine Vertragsanpassung in Betracht kommen.

c) Zwischenergebnis

Es kann festgehalten werden, dass das US-Recht erstens verkäuferfreundlicher ist als das deutsche Recht und dass es zweitens zurückhaltender ist im Umgang mit der Befreiung vom Vertrag aufgrund nachträglich eintretender Umstände. Generell wird im amerikanischen Recht vom Käufer ein höherer Grad an Eigenverantwortlichkeit gefordert als im deutschen Recht. Wenn sich eine Partei vor Nachteilen schützen will, muss sie diesbezügliche Regelungen im Vertrag verhandeln. Das Problem der Befreiung vom Vertrag aufgrund veränderter Umstände ist letztlich auch ein rechtspolitisches, da sich die Grundsätze der Privatautonomie (Vertragsbindung und Eigenverantwortung) auf der einen Seite und das Streben nach Vertragsgerechtigkeit auf der anderen Seiten gegenüberstehen. Die zum Teil unterschiedliche Bewertung dieser Grundsätze in den beiden Rechtssystemen kann Auswirkungen auf die Anwendung der MAC-Klausel haben und die Auslegung unterschiedlich beeinflussen.

4. Prozessuale Unterschiede

Unterschiede bei der Anwendung der MAC-Klausel können sich unter Umständen auch aus Unterschieden und Besonderheiten im prozessualen Bereich ergeben.

a) Beweislastregeln

Allgemeine Wertungen können auch, wie in den US-Fällen *IBP v. Tyson* und *Hexion v. Huntsman*, auf der Ebene der Verteilung der Darlegungs- und Beweislast einfließen. In diesen US-Fällen hatte das Gericht Zweifel auf tatsächlicher Ebene bezüglich des richtigen Ergebnisses geäußert und diese Zweifel durch eine Beweislastregel zulasten des Käufers gelöst. Obwohl der Verkäufer in Bezug auf das Vorliegen von *Closing Conditions* nach US-Recht grundsätzlich die Beweislast trägt, wies das Gericht im Fall *Hexion v. Huntsman* die Beweislast ausnahmsweise dem Käufer zu, da sich die MAC-Klausel von sonstigen *Closing Conditions* unterscheide und ein Rechtsinstitut *sui generis* sei.[922]

Im deutschen Recht lautet die anerkannte Grundregel für die Beweislastverteilung, dass der Anspruchssteller die Beweislast für die rechtsbegründenden Tatbestandsmerkmale, der Anspruchsgegner für die rechtshindernden,

---

922 *Hexion v. Huntsman* (siehe oben unter B. III. 3).

rechtsvernichtenden und rechtshemmenden Merkmale trägt.[923] Für den Eintritt einer Bedingung im Sinne von § 158 BGB trägt derjenige die Beweislast, der günstige Rechtsfolgen aus dem Bedingungseintritt herleitet.[924] Grundsätzlich muss nach diesen Regeln der Verkäufer, der auf Vollzug klagt, das Vorliegen der für ihn günstigen *Closing Conditions* darlegen. Hingegen trägt die Beweislast für den endgültigen Ausfall einer Bedingung diejenige Partei, die sich auf den Ausfall beruft.[925] Wenn es nach dem Vertrag Vollzugsbedingung ist, dass kein MAC eingetreten ist und der Käufer behauptet, dass die *Closing Condition* aufgrund eines *material adverse change* nicht mehr eintreten kann, trägt er nach dieser Regel hierfür die Beweislast. Für die Zuweisung der Beweislast zum Käufer sprechen auch die Wertungen des materiellen Rechts. Diese können, sofern Zweifel in Bezug auf die Beweislastverteilung bestehen, berücksichtigt werden.[926] Insofern kann man die MAC-Klausel wertungsmäßig als Verteidigungsmittel des Käufers einordnen, sodass den Käufer wie im Rahmen des § 313 BGB[927] die Beweislast trifft.

In besonderen Ausnahmekonstellationen wäre bei Beweisnot des Käufers denkbar, dass wegen besserer Kenntnisse der maßgeblichen Geschehensabläufe im Unternehmen (Beweisnähe) eine Beschränkung oder Verlagerung der Darlegungslast auf den Verkäufer nach § 242 BGB in Betracht kommen kann.[928] Auch wäre im Einzelfall, wie in § 323 Abs. 5 S. 2 BGB, eine Differenzierung zwischen

---

923 *Prütting* in: MüKo ZPO, § 286 Rn. 111.
924 *Laumen* in: Baumgärtel, Handbuch der Beweislast im Privatrecht, § 158 Rn. 2 mit weiteren Nachweisen.
925 *Laumen* in: Baumgärtel, Handbuch der Beweislast im Privatrecht, § 158 Rn. 2 mit weiteren Nachweisen.
926 *Prütting* in: MüKo ZPO, § 286 Rn. 117.
927 Zu § 313 BGB BGH NJW 2003, 510. Für die Umstände, auf die die Anwendung der Regeln über die Geschäftsgrundlage gestützt werden soll, ist derjenige darlegungs- und beweispflichtig, der sich darauf beruft (*Strieder* in: Baumgärtel, Handbuch der Beweislast im Privatrecht, § 242 Rn. 17).
928 Siehe dazu *Strieder* in: Baumgärtel, Handbuch der Beweislast im Privatrecht, § 242 Rn. 18 f. mit weiteren Nachweisen. In Bezug auf das amerikanische Recht merkt beispielsweise *Brooks* an, dass in manchen MAC-Fällen das Zielunternehmen möglicherweise besseren Zugang zu Informationen habe und dies dafür sprechen könne, dass ausnahmsweise das Zielunternehmen den "*burden of persuasion*" trage (*Brooks*, 87 U. Det. Mercy L. Rev. 83, 105 (2009–2010)).

nachteiliger Veränderung und Wesentlichkeit denkbar. Letzteres würde aber eine entsprechende Formulierung voraussetzen.[929]

Insgesamt bleibt festzuhalten, dass wegen der Natur der MAC-Klausel als Verteidigungsmittel auch im deutschen Recht bessere Gründe dafür sprechen, die Beweislast für das Vorliegen eines MAC (auch bei Formulierung im Rahmen einer *Closing Condition*) dem Käufer zuzuweisen und somit der Ansicht der Gerichte in den Fällen *Tyson* und *Hexion* zu folgen.

b) "Jury-Trial"?

Unterschiede zwischen US-amerikanischen und deutschen Entscheidungen können sich grundsätzlich auch daraus ergeben, dass im amerikanischen Zivilprozess eine Jury über Tatsachenfragen zu entscheiden hat,[930] denn die Jury-Beteiligung kann für den Ausgang des Rechtsstreits durchaus Bedeutung haben.[931] In diesem Zusammenhang ist auf den "MAC-Fall" *Pine State Creamery v. Land-O Sun Dairies* hinzuweisen. Darin war die Frage, ob schwere Verluste während eines Zeitraums von zwei Monaten als MAC anzusehen waren, als Tatsachenfrage, die durch die Jury zu entscheiden war, angesehen worden.[932] Die Wesentlichkeit der Verluste könne nur dann als Rechtsfrage bestimmt werden, wenn *"evidence is so one-sided as to create no genuine issue for a jury to resolve"*.[933] Das Gericht untersuchte die Tatsachen und Beweise des Falles, fand *"conflicting evidence"* und

---

929 Ähnlich hatte Holly im Fall *Frontier Oil v. Holly* argumentiert (*"Holly contends that it only must show that there is, in fact, threatened litigation known to Frontier; then it becomes Frontier's burden to demonstrate that it is entitled to the exception, that is, the threatened litigation would not be an MAE."*), *Frontier Oil Corp. v. Holly Corp.*, No. Civ.A. 20502, 2005 WL 1039027, at *34 (Del. Ch. Apr. 29, 2005). Diese Differenzierung war vom Gericht aber abgelehnt worden. Das Gericht war der Ansicht, dass die Darlegungslast sowohl das Ereignis als auch die Schwere der Beeinträchtigung des Unternehmens betreffe.
930 Vgl. zum *Jury Trial* ausführlich *Mormann*, RIW 2011, 515.
931 Vgl. dazu *Mormann*, RIW 2011, 515, 520 ff.
932 *Pine State Creamery Co. v. Land-O Sun Dairies, Inc.*, 201 F.3d 437 (4th Cir. 1999), No. 98-2441, 1999 WL 1082539, at *6 (4th Cir. Dec. 2, 1999). Siehe auch *In re IBP, Inc. Shareholders Litigation v. Tyson Foods, Inc. and Lasso Acquisition Corp.*, 789 A.2d 14, 67 (Del. Ch. 2001).
933 *Pine State Creamery Co. v. Land-O Sun Dairies, Inc.*, 201 F.3d 437 (4th Cir. 1999), No. 98-2441, 1999 WL 1082539, at *3 (4th Cir. Dec. 2, 1999).

kam zu dem Ergebnis, dass die Fakten des Falles "*a genuine issue*" darstellten und dass es somit die "*materiality*"-Frage nicht als Rechtsfrage entscheiden könne.[934]

5. Mögliche Kriterien zur Auslegung von "*materiality*" unter Berücksichtigung der Wertungen des deutschen Rechts

Da in Deutschland keine Rechtsprechung in Bezug auf MAC-Klauseln existiert, ist noch völlig ungeklärt, welche konkreten Kriterien für die Auslegung des Begriffes "*material*" nach deutschem Recht maßgeblich sind. Auch die Literatur hat bisher noch keine Kriterien entwickelt.

Im Deutschen wird der englische Begriff "*material*" mit „wesentlich" oder auch „erheblich" übersetzt.[935] Die Bandbreite der möglichen Bedeutungen des Begriffs reicht von der Bedeutung einer *de minimis*-Schwelle (Bagatellgrenze) bis hin zur bloßen Erfassung von „Katastrophenfällen". Während, wie bereits oben dargestellt, teilweise vertreten wird, dass die Veränderung im Sinne eines allgemein gefassten MAC einem Wegfall der Geschäftsgrundlage entspreche[936] oder ihm wenigstens nahe kommen müsse[937], wird an anderer Stelle der Maßstab niedriger angesetzt und nur eine gewisse Erheblichkeit verlangt.[938] Eine

---

934 "*Under the circumstance, we cannot say that Pine State's operating losses were material as a matter of law. Instead, the facts of this case create a genuine issue as to the materiality of Pine State's losses in September and October 1995 with respect to Land-O-Sun's obligations under the APA. Far from being an "appropriate case" for summary disposition, this dispute centers on a question that is properly submitted for decision by a jury that has been given a full opportunity to carefully consider and evaluate the conflicting evidence.*" (*Pine State Creamery Co. v. Land-O Sun Dairies, Inc.*, 201 F.3d 437 (4th Cir. 1999), No. 98-2441, 1999 WL 1082539, at *3 (4th Cir. Dec. 2, 1999)).

935 In *Dietl/Lorenz*, Wörterbuch für Recht, Wirtschaft und Politik wird "*material*" mit „materiell, wesentlich, (rechts)erheblich" übersetzt. In *Schäfer*, Wirtschaftswörterbuch, wird "*material*" mit „wesentlich" oder „rechtserheblich" übersetzt. Routledge German Dictionary of Business, Commerce and Finance übersetzt "*material*" mit wesentlich (*Law*), "*material alteration*" wird mit „wesentliche Änderung" übersetzt, die Übersetzung von *material circumstances* ist „rechtserhebliche" bzw. „wesentliche Umstände".

936 *Kuntz*, DStR 2009, 377, 380 f. (sowohl interne als auch externe Risiken); siehe auch *Kindt/Stanek*, BB 2010, 1490, 1491.

937 Im Zusammenhang mit dem WpÜG: *Hasselbach* in: Kölner Komm. WpÜG, § 18 Rn. 62; wohl auch *Hasselbach/Wirtz*, BB 2005, 842, 844.

938 So zum WpÜG *Geibel/Süßmann* in: Angerer/Geibel/Süßmann, WpÜG, § 18 Rn. 42; *Krause/Favoccia* in: Assmann/Plötsch/Schneider, WpÜG § 18 Rn. 89.

Abgrenzung zu § 313 BGB ist bereits oben[939] vorgenommen worden. Wie und anhand welcher Kriterien die Wesentlichkeit im konkreten Fall aber zu bestimmen ist, ist dadurch aber noch nicht gesagt. Im Folgenden sollen daher mögliche Kriterien zur Auslegung der generalklauselartig gefassten Standard- MAC-Klausel entwickelt werden.

a) Allgemein: Auslegung nach §§ 133, 157 BGB

Die Auslegung des Begriffes "*mat*erial" erfolgt, wie oben beschrieben, nach §§ 133, 157 BGB. Die Erklärungen der Parteien sind vom objektiven Emfängerhorizont aus zu ermitteln. Es ist eine Würdigung des gesamten Vertragsinhalts und aller sonstigen Umstände des konkreten Falles (beispielsweise Vertragsverhandlungen der Parteien, Äußerungen der Parteien und die frühere Geschäftspraxis) vorzunehmen.

Wie bereits oben näher ausgeführt, können bei der Auslegung unbestimmter vertraglicher Regelungen über den Grundsatz von Treu und Glauben (§ 157 BGB) auch allgemeine Wertungen und Rechtsgedanken, die in bestimmten Rechtsnormen des Systems Ausdruck gefunden haben, in die Auslegung einfließen, wobei es nicht auf die unmittelbare Anwendbarkeit dieser gesetzlichen Normen ankommt.[940]

b) Der Begriff der Wesentlichkeit im BGB

Die Begriffe „wesentlich" bzw. auch „erheblich" tauchen im BGB an verschiedenen Stellen auf. Mit der Frage, wann eine wesentliche Veränderung vorliegt bzw. Abweichungen so erheblich sind, dass eine Lösung vom Vertrag gestattet wird, befassen sich beispielsweise § 313 BGB, § 490 BGB und auch § 323 Abs. 5 S. 2 BGB.[941] Die Frage, wie diese Begriffe auszulegen sind, wird jedoch nicht immer einheitlich beurteilt.

Beispielsweise ist im Rahmen des § 323 Abs. 5 S. 2 BGB, wonach ein Rücktritt nur bei Erheblichkeit des Mangels möglich ist, die Brandbreite der vertretenen Bedeutungen des Begriffes groß. Als Test wird beispielsweise die Frage vorgeschlagen, ob ein durchschnittlicher Käufer die Sache in Kenntnis des Mangels zu einem niedrigeren Preis erworben hätte oder vom Kauf Abstand genommen

---

939 Ziffer C. IV. 5.
940 *Busche* in: MüKo BGB, § 157 Rn. 12 mit weiteren Nachweisen; *Lüderitz,* Auslegung von Rechtsgeschäften, 1966, S. 372 f.
941 Darüber hinaus zum Beispiel auch §§ 745, 1037, 574 c BGB.

hätte.⁹⁴² Alternativ heißt es, dass ein Rücktritt ausgeschlossen sein soll, wenn die Beeinträchtigung des Leistungsinteresses durch die Minderung des Kaufpreises und etwaigen kleinen Schadensersatz ausreichend ausgeglichen wird.⁹⁴³

Nach der Rechtsprechung des Bundesgerichtshofs ist eine umfassende Interessenabwägung erforderlich.⁹⁴⁴ Bei einem behebbaren Mangel soll im Rahmen dieser Interessenabwägung von einer Geringfügigkeit des Mangels und damit von einer Unerheblichkeit der Pflichtverletzung gem. § 323 V 2 BGB jedenfalls in der Regel nicht mehr auszugehen sein, wenn der Mangelbeseitigungsaufwand einen Betrag von 5 % des Kaufpreises übersteigt.⁹⁴⁵

Nach § 490 BGB besteht bei wesentlicher Verschlechterung der Vermögensverhältnisse des Darlehensnehmers ein außerordentliches Kündigungsrecht. Die Vorschrift weist Parallelen zur MAC-Klausel in Finanzierungsverträgen auf. Denn auch MAC-Klauseln in Finanzierungsverträgen können ein Rücktrittsrecht geben, wenn sich die Leistungsfähigkeit des Schuldners oder der Wert der gestellten Sicherheiten wesentlich nachteilig verändert.⁹⁴⁶ Zur Bestimmung, ob die Verschlechterung der Vermögensverhältnisse wesentlich im Sinne von § 490 BGB ist, bedarf es einer Gesamtwürdigung der Umstände des Einzelfalles und einer Abwägung der Interessen beider Vertragsteile, wobei es im Zusammenhang des § 490 BGB darauf ankommt, ob die Erfüllung der Verbindlichkeiten gefährdet ist.⁹⁴⁷

Auch im Rahmen des § 313 BGB hängt die Konkretisierung der Wesentlichkeit von der Art des Vertrages, der konkreten Störung und den sonstigen Umständen des Falles ab. Eine Störung soll zudem nur dann schwerwiegend sein, wenn mindestens eine der Parteien den Vertrag in Kenntnis der Änderung nicht oder nur mit anderem Inhalt abgeschlossen hätte.⁹⁴⁸

---

942 Das OLG Brandenburg hat darauf abgestellt, ob ein durchschnittlicher Käufer die Sache in Kenntnis des Mangels zu einem niedrigeren Preis erworben oder vom Kaufpreis Abstand genommen hätte (NJW-RR 2007, 928, 929).
943 *Ernst* in: MüKo BGB, § 323 Rn. 252.
944 BGH NJW-RR 2010, 1289 (1291) Rn. 23 mit weiteren Rechtsprechungsnachweisen. Siehe dazu auch *Ernst* in: MüKo BGB, § 323 Rn. 248.
945 BGH NJW 2014, 3229, 3229ff. (dort auch eine umfassende Darstellung der in der Literatur vertretenen Ansichten); vgl. auch *Grüneberg* in: Palandt, § 323 Rn. 32 und *Ernst* in: MüKo BGB, § 323 Rn. 251.
946 Oben B. I., 1. b).
947 *Bunte* in: Schimansky/Bunte/Lwowski, Bankrechts-Handbuch, § 24 Rn. 33–40; *Berger* in: MüKo BGB, § 490 Rn. 5 und 8.
948 *Grüneberg* in: Palandt, § 313 Rn. 18.

Alle drei Vorschriften zeigen, dass eine feste Definition des Begriffes nicht existiert und auch nicht möglich ist. Die Festlegung konkreter quantitativer Richtlinien ist, wie die Versuche zur quantitativen Bestimmung im Rahmen des § 323 Abs. 5 S. 2 BGB zeigen, schwierig. Aus den Auslegungsversuchen können für die Bestimmung der Wesentlichkeit vor allem drei Erkenntnisse gewonnen werden.

Erstens ist die Frage der Wesentlichkeit immer von einer Abwägung im Einzelfall abhängig. Für die Bestimmung der Wesentlichkeit kommt es immer auf die konkreten Umstände des Einzelfalls, den Kontext der Regelung und die Besonderheiten des Vertrages an. Dies ist auch im amerikanischen Recht im Rahmen der MAC-Klausel anerkannt (*"Whatever the concept of materiality may mean, at the very least it is always relative to the situation"*).[949]

Zweitens wird im Rahmen der Vorschriften, die auch im Zusammenhang mit Verschlechterungen des Unternehmens als Kaufgegenstand relevant sein und ein Rücktrittsrecht gewähren können (§ 323 Abs. 5 S. 2 BGB und § 313 BGB)[950] verlangt, dass die Parteien bei Kenntnis der sich nachträglich verändernden oder bekannt werdenden Sachlage den Vertrag nicht bzw. nicht unter den Bedingungen abgeschlossen hätten. Dies spricht dafür, dass auch die Wesentlichkeit im Sinne einer MAC-Klausel mit Rücktrittsfolge nur dann angenommen werden sollte, wenn die Kenntnis der Veränderung Einfluss auf die Entscheidung des Käufers gehabt hätte. Dies wird auch im amerikanischen Recht ähnlich gesehen (*"of such a nature that knowledge of the item would affect a person's decision-making"*[951]; *"[…] whether, at the time the APA was signed, the parties contemplated that a sudden downturn in [Target's] profitability would be a material factor in*

---

949 *Freund*, Anatomy of a Merger: Strategies and Techniques for Negotiating Corporate Acquisitions, 246, zitiert in *In re IBP, Inc. Shareholders Litigation v. Tyson Foods, Inc. and Lasso Acquisition Corp.*, 789 A.2d 14, 67 (Del. Ch. 2001).

950 Dazu oben (C.IV). Die Interessenlage bei § 490 BGB ist anders, weil es erstens um den Darlehensvertrag geht und zweitens um eine Verschlecherung der Vermögenslage einer der Vertragsparteien und nicht um die Verschlechterung des Vermögensgegenstands.

951 Dies ist eine der Bedeutungen, die in Black's Law Dictionary vorgeschlagen werden. Im amerikanischen Recht wird nach richtiger Ansicht im Rahmen der MAC-Klausel von dieser *"affects a decision"*- Bedeutung ausgegangen (*Adams*, Manual of Style for Contract Drafting, S. 152). Vgl. oben unter B. V. b. iv. Siehe auch *Threet*, der vorschlägt, eine solche Bedeutung in die Definition von *"Material Adverse Change"* aufzunehmen (*"…any adverse change…that ist reasonably likely to affect a reasonable acquiror's decision to complete the Merger…"*, *Threet*, 18 Transactions: Tenn. J. Bus. L. 1007, 1020–22, 1027 (2017)).

[Purchaser's] decision to follow through with the purchase one month later"[952]). Dieser Maßstab liegt in quantitativer Hinsicht oberhalb einer bloßen *de minimis*-Schwelle, aber unterhalb der Ebene eines „Katastrophenfalles".

Drittens zeigen diese Vorschriften auch, dass bei der Auslegung des Tatbestands auch das Verhältnis zur Rechtsfolge eine Rolle spielen kann. Beispielsweise wird im Rahmen von § 323 Abs. 5 S. 2 BGB gefragt, ob das Leistungsdefizit ausreichend durch eine Minderung ausgeglichen werden kann oder ob dies nur durch einen Rücktritt möglich ist.[953] Für die Berücksichtigung der Rechtsfolge spricht auch die Wertung in § 313 BGB, denn die Voraussetzungen für einen Rücktritt sind strenger als für eine Vertragsanpassung. Ähnlich wie im Rahmen dieser Vorschriften sollte auch bei Auslegung der MAC-Klausel die vorgesehene Rechtsfolge eine Rolle spielen. Dass ein Gericht eher bereit sein wird, eine wesentliche Veränderung anzunehmen, wenn als Rechtsfolge statt eines Rücktritts lediglich eine Vertragsanpassung oder Schadensersatzansprüche vorgesehen werden, ist auch in der amerikanischen Literatur gesehen worden (*"If the consequences of triggering a MAC provision are less severe [...] the court would probably look more favorably on an acquiror's request"*[954]). Wenn Verträge also statt Rücktrittsrechten Anpassungs- oder Schadensersatzrechte als Rechtsfolge vorsehen, können die Anforderungen an die Wesentlichkeit niedriger sein als in den Fällen, in denen der MAC ein Rücktrittsrecht auslöst.

Es kann festgehalten werden: 1.) Die Bestimmung der Wesentlichkeit ist von einer Abwägung aller Umstände des Einzelfalles abhängig. 2.) Für den Fall des Rücktritts vom Vertrag ist Voraussetzung, dass die Kenntnis von der Veränderung die Entscheidung des Käufers beeinflusst hätte. 3.) Der Maßstab der Wesentlichkeit kann von der vertraglich vorgesehenen Rechtsfolge abhängig sein, wobei im Fall des Rücktritts regelmäßig strengere Maßstäbe gelten werden.

c) Auslegung analog § 313 BGB?

Da sich sowohl § 313 BGB als auch die MAC-Klausel mit der Risikoverteilung bei nachträglichen Veränderungen beschäftigen, wird zum Teil eine Auslegung

---

952 *Pine State Creamery Co. v. Land-O Sun Dairies, Inc.*, 201 F.3d 437 (4th Cir. 1999), No. 98-2441, 1999 WL 1082539, at *3 (4th Cir. Dec. 2, 1999).
953 So jedenfalls die Ansicht von *Ernst* in: MüKo BGB, § 323 Rn. 252.
954 So sieht dies im amerikanischen Recht auch *Chertok*: "*If the consequences of triggering a MAC provision are less severe [...] the court would probably look more favorably on an acquiror's request*" (*Chertok*, 19 U. Miami Int'l & Comp. L. Rev. 99, 138 (2011–2012)).

der MAC-Klausel analog § 313 BGB in Erwägung gezogen.[955] Dieser Ansatz ist jedoch abzulehnen. Wertungen des Gesetzgebers dürfen bei der Auslegung von Verträgen nur insoweit Berücksichtigung finden, soweit der Vertrag keine entgegenstehende Wertung enthält und soweit die Interessenlage vergleichbar ist.[956] Diese Voraussetzung ist aber nicht gegeben. Denn, wie oben (unter IV. 5.) bereits erörtert, bestehen Unterschiede zwischen der Zielrichtung von § 313 BGB und der MAC-Klausel. Während es bei § 313 BGB um die Frage geht, wann eine Abweichung von der gesetzlichen Risikoverteilung ausnahmsweise „zu untragbaren, mit Recht und Gerechtigkeit nicht zu vereinbarenden" Ergebnissen führen würde,[957] geht es im Rahmen der Auslegung der MAC-Klausel allein um die Bestimmung der durch die Parteien beabsichtigten Risikoverteilung. Im Rahmen des § 313 BGB sollen nur „Katastrophenfälle" (mit weitgehendem Wertverlust des Unternehmens) erfasst werden, wohingegen die MAC-Klausel gerade zum Ausdruck bringt, dass wesentliche Veränderungen des Unternehmenswertes genügen sollen. Auf das Kriterium der Unzumutbarkeit kommt es daher bei der Auslegung der MAC-Klausel nicht an.[958] Statt auf subjektive Zumutbarkeitsgesichtspunkte sollte vielmehr auf objektive Kriterien der vertraglichen Risikozuweisung im Rahmen der Vertragsauslegung abgestellt werden. Eine Auslegung analog § 313 BGB ist daher abzulehnen, jedenfalls soweit es wie im Rahmen des § 313 BGB um die Berücksichtigung subjektiver Zumutbarkeitsgesichtspunkte geht.

---

955 Das scheinen *Picot/Duggal* zu befürworten (*Picot/Duggal*, Unternehmenskauf: Schutz vor wesentlichen nachteiligen Veränderungen der Grundlagen der Transaktion durch sog. MAC-Klauseln, DB 2003, 2635, 2638). Die Definitionen der Geschäftsgrundlagenlehre werden ohne weitere Begründung auf die MAC-Klausel übertragen. Das Zumutbarkeitskriterium ist nach *Picot* auch in der allgemeinen MAC-Klausel enthalten. Deshalb müsse das Kriterium der subjetiven Zumutbarkeit durch detaillierte sachliche Kriterien eingegrenzt werden (*Picot*, Unternehmenskauf und Restrukturierung, § 4 Rn. 475f. (S. 261f.) und *Picot/Duggal*, DB 2003, 263, 2640 (Die Grenzen der Zumutbarkeit eines "Material Adverse Change")). Auch zum dänischen Recht wird geäußert, dass allgemein gefasste Klauseln wahrscheinlich analog den Regeln der *"doctrine of failure of assumptions"* ausgelegt werden. ("[I]mprecise clauses are likely to be interpreted in line with that doctrine", *Møgelvang-Hansen* in: Cordero-Moss, Boilerplate Clauses, International Commercial Contracts and the Applicable Law, S. 244).
956 *Lüderitz*, Auslegung von Rechtsgeschäften, S. 373.
957 Siehe dazu oben unter Ziffer C.IV.5.a)ii; BGH NJW 1997, 1702, 1704 mit weiteren Nachweisen.
958 Siehe oben (C.IV.5.a)ii).

d) Vertragliche Risikozuweisung (Vorhersehbarkeit, Kenntnis, Verursachung und Einflussbereich)

Parallelen zwischen § 313 BGB und der MAC-Klausel bestehen aber insofern, als sowohl bei § 313 BGB als auch bei der MAC-Klausel der vertraglichen Risikoverteilung durch die Parteien entscheidende Bedeutung zukommt (dazu bereits oben).[959] In beiden Fällen muss somit die durch die Parteien vorgenommene Risikoverteilung ermittelt werden, wobei diese vertragliche Risikoverteilung durch Auslegung vom objektiven Empfängerhorizont aus zu bestimmen ist.[960] Die Tatsache, dass in beiden Fällen die Bestimmung der vertraglichen Risikozuordnung eine Rolle spielt, spricht dafür, dass insofern auch ähnliche Gesichtspunkte relevant sein können. Viele Kriterien, die im Rahmen des § 313 BGB (und auch der *Frustration*-Lehre[961]) zur Bestimmung der vertraglichen Risikoverteilung von der Rechtsprechung entwickelt worden sind, können auch bei der Auslegung der allgemein gefassten MAC-Klausel und bei der Bestimmung der durch sie vorgenommenen Risikozuweisung durch die Parteien eine Rolle spielen. Dabei geht es vor allem um Kriterien wie Vorhersehbarkeit, Kenntnis, Verursachung, Verschulden und Kontrolle über das Ereignis.

Auf die Bedeutung der im Rahmen der *Due Diligence* erlangten Kenntnisse für die Anwendung der MAC-Klausel ist bereits eingegangen worden.[962] Die Kenntnis eines Risikos im US-Recht spricht grundsätzlich gegen das Vorliegen eines MAC ("*protecting the acquirer from the occurence of unknown events*"[963]). Wie das Gericht im Fall *Tyson* wird man auch nach deutschem Recht davon ausgehen, dass die Kenntnis eines Risikos darauf hindeutet, dass bezüglich dieses Risikos keine Rechte des Käufers bestehen sollen, wenn sich das Risiko realisiert. Dafür lässt sich sowohl der Rechtsgedanke des § 442 BGB anführen als auch die im Rahmen des § 313 BGB anerkannte Argumentation, wonach die Kenntnis des Käufers von einem Risiko im Regelfall für eine Zuordnung dieses Risikos zum Käufer spricht. Im Gegensatz dazu wird in der deutschen Literatur zum Teil die Ansicht vertreten, dass die Vorhersehbarkeit anders als bei § 313 BGB

---

959 Ziffer C.IV.5.a)i (Parallelen zwischen Auslegung der MAC-Klausel und Geschäftsgrundlagenlehre).
960 Ziffer C.IV.5.a)i.
961 Dazu bereits unter B.V.3.b)ii und iii.
962 Ziffer C.V.3.a)ii (Die Bedeutung der *Due Diligence* bei der Auslegung der MAC-Klausel).
963 *In re IBP, Inc. Shareholders Litigation v. Tyson Foods, Inc. and Lasso Acquisition Corp.*, 789 A.2d 14, 68 (Del. Ch. 2001).

im Rahmen der MAC-Klausel kein relevantes Kriterium sei.[964] Dieser Ansicht muss bezüglich der generalklauselartig formulierten MAC-Klausel aber widersprochen werden. Denn bei Vorhersehbarkeit eines Risikos hätte der Käufer eine konkretere Regelung für den Fall der Realisierung dieses Risikos verhandeln können. Das Fehlen einer solchen Regelung spricht dafür, dass das Risiko im Kaufpreis zugunsten des Käufers berücksichtigt worden ist und dass der Käufer das Risiko übernommen hat. Im Einzelfall kann die Risikozuordnung aber eine abweichende Beurteilung rechtfertigen. Anders ist die Situation insbesondere bei der konkretisierten MAC-Klausel. Wenn ein konkretes Risiko bereits vor der Transaktion von den Parteien identifiziert worden ist und die MAC-Klausel gerade dieses spezifische Risiko regelt, kann die Vorhersehbarkeit in diesem Fall nicht als Ausschlusskriterium herangezogen werden.[965] Sofern dies aber nicht der Fall ist und keine konkrete Regelung, sondern nur eine generalklauselartig formulierte MAC-Klausel existiert, sprechen die Kenntnis und Vorhersehbarkeit eines Risikos wie im Rahmen des § 313 BGB für die vertragliche Übernahme dieses Risikos durch den Käufer. Daher sind beispielsweise Verluste bei Geschäften, die typischerweise starken saisonalen Schwankungen unterliegen und somit oft vorhersehbar sind, - wie im Fall *IBP v. Tyson* - eher nicht von der MAC-Klausel umfasst. Die Kenntnis des Risikos hat auch der *cour d'appel Paris* in seiner Entscheidung aus dem Jahr 2005 als Ausschlusskriterium angesehen. In diesem bisher einzigen durch ein französisches Gericht entschiedenen Fall zur MAC-Klausel in privaten Verträgen war das Gericht der Ansicht, dass die Kenntnis des Käufers von der Finanzlage gegen das Vorliegen eines MAC in Bezug auf den Anstieg der Schulden zwischen *Signing* und *Closing* sprach.[966]

Wie im Rahmen des § 313 BGB müssen darüber hinaus auch bei Anwendung der MAC-Klausel alle Umstände des konkreten Vertrags berücksichtigt werden. Neben dem Kriterium der Vorhersehbarkeit werden oft auch das Kriteriun der Verursachung des Ereignisses und der Beeinflussbarkeit bei der Risikozuordnung eine Rolle spielen. Veränderungen, auf die der Verkäufer Einfluss hatte und die er mitverursacht hat, werden eher in den Risikobereich des Verkäufers fallen

---

964 *Kindt/Stanek,* BB 2010, 1490, 1493; *Lappe/Schmitt,* Risikoverteilung beim Unternehmenskauf durch Stichtagsregelungen, DB 2007, 153, 154.
965 Diese Unterscheidung trifft wohl auch *Picot/Duggal*, DB 2003, 2635, 2639 und 2341 f. („als konkret vorhersehbare oder als allgemeine unvorhersehbare Risiken").
966 Entscheidung vom 24.5.2005 (Cour d'appel Paris, 3^e chambre, section A, 24 mai 2005, RG n° 2004/865). Daneben sprach in diesem Fall auch noch die Tatsache, dass der festgelegte Schwellenwert nicht erreicht worden war, gegen einen MAC.

als externe Veränderungen. In diese Richtung gehen auch die zum US-Recht vertretenen Auffassungen, nach denen im Rahmen der Auslegung der MAC-Klausel die Verursachung berücksichtigt und gefragt werden solle, ob die Ereignisse, die zu der Veränderung geführt haben, vom Verkäufer beeinflusst werden konnten.[967]

e) Unternehmensbezug und Inhalt des Vertrages

Auch die Art der Auswirkung der Veränderung auf das Unternehmen kann eine Rolle spielen. Dass Ereignisse, die den Geschäftsbetrieb des Unternehmens unmittelbar betreffen, eher dem Verkäufer zuzuordnen sind, ergibt sich im deutschen Recht aus der gesetzlichen Wertung der §§ 446, 434 BGB. Das Risiko von Veränderungen, die sich auf die Beschaffenheit eines Unternehmens und die Funktionstauglichkeit des Unternehmens als Ganzes auswirken, ist nach der gesetzlichen Risikoverteilung im Zeitraum vor Gefahrübergang dem Verkäufer zugewiesen. Veränderungen, die keine Beschaffenheit des Unternehmens im Sinne von § 434 BGB und damit auch nicht den Inhalt der vertraglichen Leistungspflicht betreffen, sondern sich nur mittelbar auf das Unternehmen auswirken, fallen hingegen im Grundsatz in den Risikobereich des Käufers und können den Käufer nur in besonderen Ausnahmesituationen befreien. Wenn die Veränderung also den Inhalt der vertraglichen Pflichten und den Kaufgegenstand direkt betrifft, ist das geforderte Maß des Wertverlusts regelmäßig geringer als bei Veränderung außervertraglicher Umstände. Eine Befreiung durch die MAC-Klausel wird demnach umso eher in Betracht kommen je unmittelbarer und direkter die Veränderung das Unternehmen und den Vertragsinhalt betrifft.[968]

Dass die MAC-Klausel in erster Linie vor solchen Veränderungen schützen soll, die den Vertragsinhalt betreffen, ist auch in der Literatur zum amerikanischen Recht gesehen worden. Die Funktion der MAC-Klausel liege in erster Linie darin "*to guarantee that the buyer, in essence gets what he has contracted*

---

967 *Cicarella*, 57 Case W. Res. L. Rev. 423, 448 (2007) ("*Instead of emphasizing the extent of the value change in the target, a court should focus on causation and ask whether the event was within the seller's ability to affect*"); *Somogie*, 108 Mich. L. Rev. 81, 101–102 (2009).

968 Zur Wertung im Rahmen des § 313 BGB siehe *Meyer-Sparenberg* in: Beck'sches Formularbuch Bürgerliches, Handels- und Wirtschaftsrecht 2010, II. Schuldrecht, Allgemeiner Teil, Ziffer 8 („Eine Störung der Geschäftsgrundlage liegt normalerweise je näher, desto unmittelbarer das Ereignis die Gesellschaft betrifft (Schulbeispiel: die einzige Fabrikanlage brennt ab), während man die allgemeine wirtschaftliche Entwicklung normalerweise eher der Risikosphäre des Käufers zurechnen wird").

for"[969] Für die Bestimmung, was nach deutschem Recht Inhalt des Vertrages ist, kann die Rechtsprechung zum Mängelrecht hilfreiche Anhaltspunkte bieten. Wenn sich eine Veränderung auf die Funktionstüchtigkeit des Unternehmens auswirkt oder die „wirtschaftliche Tätigkeit des Unternehmens erschüttert" wird, wird häufig nicht nur die Entstehung eines Unternehmensmangels, sondern auch die Wesentlichkeit im Sinne eines MAC nahe liegen, weil in diesen Fällen regelmäßig auch das Ertragspotential (*earnings potential*) des Unternehmens über einen längeren Zeitraum substantiell bedroht[970] sein dürfte. Von der Wesentlichkeit einer Veränderung muss zudem auch ausgegangen werden, wenn die (beim *Closing* nicht mehr vorliegende) Unternehmenseigenschaft zwischen den Parteien vereinbart war.

Es ist aber zu betonen, dass die vorgeschlagenen Kriterien nicht absolut zu verstehen sind, sondern bei der Bestimmung der Wesentlichkeit lediglich als Wertungen im Rahmen einer Gesamtabwägung zu berücksichtigen sein können.

f) Objektiver Ansatz

Generell sollte bei der Auslegung der MAC-Klausel ein neutraler Ansatz verfolgt werden als im amerikanischen Recht. Die verkäuferfreundliche Perspektive des Gerichts im Fall *Tyson* beruht auf dem generell eher verkäuferfreundlichen Ansatz des US-amerikanischen Rechtssystems und auf der viel strikteren Anwendung des Grundsatzes *pacta sunt servanda,* vor allem im Zusammenhang mit Äquivalenzstörungen. Das deutsche Recht verfolgt insgesamt einen käuferfreundlicheren Ansatz, was insbesondere das Mängelgewährleistungsrecht, die Aufklärungspflichten des Verkäufers (Haftung aus *culpa in contrahendo*) und die fehlende Obliegenheit zur Vornahme einer *Due Diligence* zeigen. Vom Käufer wird im deutschen Recht insgesamt weniger Eigenverantwortung gefordert als im US-Recht. Auch ist die Bindung an den Grundsatz *pacta sunt servanda* weniger streng und eine Befreiung von den Vertragspflichten bei nachträglichen Änderungen (§ 313 BGB) eher möglich als im US-Recht. Diese Wertungen der Rechtssysteme fließen in die Auslegung der MAC-Klausel ein. Statt eines verkäuferfreundlichen Ansatzes (*"seller-friendly perspective"*), wie ausdrücklich im

---

969 *Schweitzer*, 4 E.C.F.R. (2007), 79, 119. Ähnlich zum Beispiel auch *Toub*, 24 Cardozo L. Rev. 849, 853 (2003) (*"[...] ensures that Buyer gets the benefit of the bargain made at signing"*).
970 *In re IBP, Inc. Shareholders Litigation v. Tyson Foods, Inc. and Lasso Acquisition Corp.*, 789 A.2d 14, 68 (Del. Ch. 2001): *"[...] substantially threaten the overall earnings potential of the target in a durationally-significant manner"*.

US-Fall *IBP v. Tyson* eingenommen, sollte ein neutraler, von den Umständen des konkreten Falles abhängiger Ansatz verfolgt werden, wobei nach allgemeinen Auslegungsgrundsätzen gemäß §§ 133, 157 BGB unter Berücksichtigung des gesamten Vertrages und aller sonstigen Umstände des Falles die Bedeutung der MAC-Klausel ermittelt werden sollte.

g) *Berücksichtigung von Ausmaß (Höhe und Dauer der Veränderung) und Bedeutung (Zweck)*

Ähnlich wie bei der Bestimmung der Erheblichkeit im Rahmen des § 323 Abs. 5 S. 2 BGB[971] sind für die Bestimmung der Wesentlichkeit vor allem zwei Aspekte relevant: Erstens muss das Maß (Höhe und Dauer des Wertverlusts bzw. der Verluste) und zweitens die Bedeutung der Veränderung für die Parteien (Zwecke und Ziele der Parteien) berücksichtigt und gewichtet werden. Dies entspricht auch dem Ansatz des Gerichts im amerikanischen Fall *Genesco v. Finish Line*, wonach insbesondere die Dauer und das Ausmaß der Veränderung, die Ziele der Parteien und der Zweck des Vertrages Berücksichtigung finden sollen.[972]

i. *Höhe des Wertverlusts (quantitatives Ausmaß)*

Da das quantitative Ausmaß der Veränderung nur eines von mehreren Kriterien ist, kann die Wesentlichkeit nicht abstrakt anhand bestimmter Prozentzahlen bestimmt werden. Im Rahmen einer Konferenz von Bankern bei der Kanzlei *Clifford Chance*, in der darüber abzustimmen war, ob bestimmte Veränderungen nach Meinung der Banker einen MAC auslösen könnten, herrschte aber Einigkeit darüber, dass ein Rückgang des EBITDA von 10 % nicht ausreichen würde.[973] Hinsichtlich eines Rückgangs des EBITDA um 25 % waren die Ansichten geteilt. Uneinigkeit herrschte auch in Bezug auf den Fall einer Explosion in einer Fabrik, welche ein Produkt herstellte, welches 20 % des Umsatzes des Unternehmens ausmachte.[974] Inwiefern diese Ansichten repräsentativ sind, kann jedoch nicht beurteilt werden. An anderer Stelle in der amerikanischen Literatur wird

---

971 So wird jedenfalls von *Ernst* vorgeschlagen, im Rahmen des § 323 Abs. 5 S. 2 BGB in zwei Schritten zu gewichten, erstens nach dem Maß der Abweichung hinsichtlich des betroffenen Qualitätsaspekts und zweitens hinsichtlich der Bedeutung für die Leistung im Ganzen und das Gläubigerinteresse (*Ernst* in: MüKo BGB, § 323 Rn. 249).
972 *Genesco, Inc. v. Finish Line, Inc.*, No. 07-2137-II(III), 2007 WL 4698244 (Tenn. Ch. Dec. 27, 2007). Siehe oben unter B. III.5.b.) *v.*
973 Vgl. hierzu *Chertok*, 19 U. Miami Int'l & Comp. L. Rev. 99, 121–22 (2011–2012).
974 Vgl. hierzu *Chertok*, 19 U. Miami Int'l & Comp. L. Rev. 99, 121–22 (2011–2012).

als Faustregel genannt, dass der Minimalverlust bei einem Abfall des EBITDA von mindestens 10 bis 20 % liegen müsse, wobei es sich dabei aber lediglich um eine durch die Rechtsprechung nicht bestätigte Faustregel handele, von der nach den Umständen des Einzelfalles abgewichen werden könne.[975] Im Fall *Hexion* war das Gericht von einem Rückgang um 7 % bis 11 % (je nach Prognose) im Vergleich zum Vorjahr und um lediglich 3,5 % im gesamten Zeitraum von 2006 bis 2009 ausgegangen und hatte diese Verschlechterung als nicht ausreichend für das Vorliegen eines MAC angesehen.[976] In dem englischen Fall *Levinson v. Farin* (1977) war eine Minderung des Nettoinventarwerts (*Net Asset Value*) um 20 % als möglicher MAC eingeordnet worden.[977] In der deutschen Literatur wird zum Teil (allerdings im Zusammenhang mit öffentlichen Übernahmen) vertreten, dass ein Umsatz- oder Gewinnrückgang von 10 % die Rechtsfolgen der MAC-Klausel auslösen könne.[978] Als vertraglicher Vorschlag ist im Rahmen eines deutschen Vertragsmusters beipielsweise eine Verringerung des EBIT von jährlich mindestens 20 % über einen Zeitraum von zwei Jahren als mögliche vertragliche Definition eines MAC vorgeschlagen worden.[979] Die Wiedergabe dieser Zahlen soll hier lediglich dazu dienen, allgemeine Tendenzen in Bezug auf die ungefähre Größenordnung eines möglichen MAC aufzuzeigen. Es kommt aber immer auf die konkreten Umstände des jeweiligen Einzelfalles an. Regelmäßig wird man

---

975 *West/Parel*, Revisiting Material Adverse Change Clauses, 09/2006 The Metropolitan Corporate Counsel 17 (2006); *Zerbe* erwähnt eine Fausregel, nach welcher ein MAE vorliege, wenn das Ereignis zu einem *"twenty percent decline in an economically significant statistic"* führe (*Zerbe*, 22 J. L. & Com. 17, 19 (2002)).
976 965 A.2d 715, 743.
977 *Levinson and others v Farin and others*, [1978] 2 All ER 1949 (1156). In diesem Fall ging um Schadensersatzforderungen gegen die Verkäuferin wegen Garantieverletzung. Auf S. 1156 (*judgement by Gibson J*) heißt es: *"It is clear on the agreed figures that there was between 31st December 1972 and 12th May 1973 an adverse change in overall net assets of Levinson Originals Ltd in a sum of about £ 8,600. [...] The adverse change, to constitute a breach of the warranty, must be material. For the defendants it was submitted that the change or drop in net asset value, in the region of £ 8,600, is about 20 per cent of the net assets revealed in the December 1972 accounts, and that such a figure cannot but be material."* Siehe zu der Entscheidung auch *Ferera*, Some Differences in Law and Practice Between U.K. and U.S. Stock Purchase Agreements, Jonesday Comment April 2007 und *Band/Anderson*, 26 Int'l Fin. L. Rev. 57, 61 (2007). (Zu weiteren englischen Gerichtsentscheidungen, welche jedoch sehr von den konkreten Umständen des Falles abhängig und somit wenig instruktiv sind, siehe *Strong*, 21 April 2010, Mondaq Business Briefing).
978 *Oechsler* in: Ehricke/Ekkenga/Oechler, WpÜG, § 18 Rn. 6.
979 *Becker/Voß* in: Knott, Unternehmenskauf, Rn. 693 (Muster 1, § 4 (7)).

aber davon ausgehen können, dass ein Rückgang des EBITDA um weniger als 10 % keinen MAC begründen kann.

ii. Dauer der Veränderung, Zweck der Transaktion, Ziele der Parteien
In jedem Fall ist auch die Dauer bzw. erwartete Dauer des Einbruchs zu berücksichtigen. Ob für die Dauer der Veränderung wie im Fall *Tyson* verlangt werden muss, dass bei strategischen Investoren das Gewinnpotential über Jahre hinweg erheblich beeinträchtigt ist und dass eine Dauer von Monaten nicht als ausreichend angesehen werden kann,[980] sollte so allgemein nicht als Voraussetzung formuliert werden, da der Zweck des konkreten Vertrages im Einzelfall eine andere Auslegung rechtfertigen kann. Jedoch wird es bei nur vorübergehenden Beeinträchtigungen sicher schwieriger sein, eine wesentliche Veränderung zu begründen.

Insgesamt ist wegen der unterschiedlichen mit der Transaktion verfolgten Ziele zwischen strategischen Investoren und Finanzinvestoren zu unterscheiden.[981] Strategische Investoren verfolgen regelmäßig langfristigere Ziele, sodass die Anforderungen an die Dauer der Veränderung höher sein werden als bei kurzfristiger planenden Finanzinvestoren. Für die Frage der Wesentlichkeit kann beispielsweise auch relevant sein, dass es Ziel des Käufers war, aus erwarteten Gewinnen des erworbenen Unternehmens Kredite zur Finanzierung der Transaktion zurückzubezahlen. In diesem Fall kann, auch wenn die Veränderung nicht unbedingt Auswirkungen auf die langfristigen Ziele hat, die Auswirkung auf die Finanzierung der Transaktion einen MAC begründen.[982]

Dem Zweck des Vertrages im konkreten Einzelfall kommt bei der Beurteilung der Wesentlichkeit große Bedeutung zu. Interessant ist insofern die bereits oben erwähnte Entscheidung des OLG Hamburg[983], in welcher über eine Haftung aus *culpa in contrahendo* zu entscheiden war. Konkret stellte sich die Frage, ob bestimmte Unternehmenszahlen wesentlich (und somit kausal) für die Kaufentscheidung des Käufers waren. Sowohl bei der Bestimmung der

---

980 Zur Entscheidung im Fall *IBP v. Tyson* siehe unter B. III, 1 b.
981 Siehe zu dieser Unterscheidung ausführlich (und mit verschiedenen Beispielen aus der Praxis): *Quintin*, 2008 Int'l Bus. L.J. 275, 283 (2008); siehe auch *King*, 22 Int'l Fin. L. Rev. 115 (2003) (3. Abschnitt: A Different Standard for Private Equity?).
982 B. III, 5.b) v.
983 OLG Hamburg, Urteil vom 03.06.1994 – 11 U 90/92, DStR 1994, 1019. Siehe zu dieser Entscheidung bereits oben (Ziffer C.V. 3. a) ii): Die Bedetung der *Due Diligence* bei der Auslegung der MAC-Klausel).

Wesentlichkeit im Rahmen der MAC-Klausel (*"affects a decision"*- meaning[984]; *"[...] whether...a sudden downturn in [Target's] profitability would be a material factor in [Purchaser's] decision to follow through with the purchase [...]"*[985]) als auch in der Entscheidung des OLG geht es letztlich um die Frage, welche Umstände für den Käufer bei der Entscheidung, das Unternehmen zu erwerben, wesentlich waren. Wegen der ähnlichen Fragestellung kann die durch das Gericht vorgenommene Gesamtwürdigung aller Umstände hilfreiche Anregungen für die Ermittlung der Wesentlichkeit geben. Das Gericht betont zunächst, „dass es keinen einheitlichen und allgemeingültigen Maßstab für eine Unternehmenseinschätzung gibt. Hier kommen je nach den Intentionen des Kaufinteressenten eine Vielzahl unterschiedlicher Aspekte in Betracht [...]: Umsatz/Umsatzentwicklung, Ertrag /Ertragsentwicklung, Marktchancen, Beteiligungen, Stellung am Markt, Eigenkapitalquote, cash flow, Zukunftsperspektiven, Bilanzen, aber auch Auswirkungen auf die eigene Stellung im Markt und auf eigene Marktchancen [...]".[986] Welche Aspekte für den Käufer im Einzelfall entscheidend waren, muss unter Berücksichtigung aller Umstände des konkreten Falles ermittelt werden. Nach umfangreicher Würdigung des Sachverhalts kommt das OLG zu dem Ergebnis, dass für den Käufer „ganz andere als Ertragsgesichtspunkte im Vordergrund gestanden haben".[987] Das Gericht würdigt vor allem die bei der Berechnung des Kaufpreises relevanten Aspekte. Im konkreten Fall hatte der Käufer die Kaufpreisforderung am Börsenemissionskurs ausgerichtet, die einzelnen Inhalte des Jahresabschlusses waren bei der Kaufpreisbestimmung hingegen nicht entscheidend gewesen. Eine Rolle spielte auch, dass langfristigere strategische Ziele für den Käufer im Vordergrund gestanden hatten und dass für die Kaufentscheidung „ganz naheliegend andere als kurzfristige Ertragserwartungen (mit-) entscheidend waren".[988] Als Indiz berücksichtigte das Gericht beispielsweise auch, dass sich der Käufer keine Zwischenbilanz erstellen ließ.[989] Auch sei, jedefalls bei größeren Transaktionen, von einem Käufer, dem es wesentlich auf den Ertrag ankommt, eine diesbezügliche Prüfung des Unternehmens vorzunehmen (zur Bedeutung

---

984 Dazu unter b).
985 *Pine State Creamery Co. v. Land-O Sun Dairies, Inc.*, 201 F.3d 437 (4th Cir. 1999), No. 98-2441, 1999 WL 1082539, at *3 (4th Cir. Dec. 2, 1999).
986 OLG Hamburg, Urteil vom 03.06.1994 – 11 U 90/92, DStR 1994, 1019, 1020.
987 OLG Hamburg, DStR 1994, 1019, 1021.
988 OLG Hamburg, DStR 1994, 1019, 1021.
989 OLG Hamburg, DStR 1994, 1019, 1021.

einer unterlassenen *Due Diligence* siehe bereits oben[990]). All dies deutete darauf hin, dass die Veränderungen der Bilanzzahlen für den Käufer nicht wesentlich gewesen waren.[991] Derartige Aspekte könnten auch im Rahmen der Prüfung der Wesentlichkeit im Sinne eines MAC eine Rolle spielen. Insbesondere die Argumentation, dass wegen der vordergründig langfristigen strategischen Ziele des Käufers kurzfristige Veränderungen der Erträge nicht als wesentlich anzusehen sind, erinnert an die Argumentation des *Delaware Chancery Court* (*"It is odd to think that a strategic buyer would view a short-term blip in earnings as material [...]."*[992]).

h) Zusammenfassung

Die Wesentlichkeit ist einzelfallbezogen nach §§ 133, 157 BGB aus Sicht eines objektiven Dritten in der Person des Käufers unter Abwägung aller Umstände des Einzelfalls zu bestimmen. Bei der Ermittlung der durch die Parteien vorgenommen Risikozuordnung können Kriterien wie Vorhersehbarkeit, Beeinflussbarkeit, Verursachung und der Unternehmensbezug der Veränderung im Rahmen der Gesamtwürdigung eine Rolle spielen. Insbesondere sind aber das Ausmaß und die Dauer der Veränderung, die Bedeutung der Veränderung, die Zwecke und die mit der Transaktion verfolgten Ziele des Käufers im konkreten Fall zu berücksichtigen. Im Rahmen der Würdigung des Zwecks können beispielsweise die für den Käufer bei der Kaufpreisbestimmung relevanten Aspekte eine Rolle spielen.

---

990 Ziffer C. V. 3. a) ii) (Die Bedetung der Due Diligence bei der Auslegung der MAC-Klausel).
991 Zu einem anderen Ergebnis als das OLG wird man wohl aber kommen müssen, wenn im Rahmen eines Kaufvertrages ausdrücklich auf die Bilanz Bezug genommen wird. Denn das Vorliegen einer Beschaffenheitsvereinbarung deutet auf die Wesentlichkeit für den Käufer hin. Daher werden erhebliche Abweichungen der betriebswirtschaftlichen Zahlen von einer im Kaufvertrag in Bezug genommenen Bilanz regelmäßig wesentlich im Sinne eines MAC sein (siehe § 323 Abs. 5 S. 2 BGB). Zu den Wertungen des Mängelrechts im Zusammenhang mit Veränderungen von Bilanzen siehe unter Ziffer C. IV. 2. c. iv. (2) (=Fall 2).
992 *In re IBP, Inc. Shareholders Litigation v. Tyson Foods, Inc. and Lasso Acquisition Corp.*, 789 A.2d 14, 67 (Del. Ch. 2001).

VI. Die Zwecke der MAC-Klausel im deutschen Recht
1. Zweck der Konkretisierung und Erhöhung der Rechtssicherheit
a) Ziel erhöhter Rechtssicherheit durch Konkretisierung

In der deutschen Literatur wird der Zweck der MAC-Klausel vor allem darin gesehen, eine im Vergleich zu § 313 BGB höhere Rechtsicherheit zu schaffen.[993] Weil die Unsicherheiten des Tatbestands des § 313 BGB als „dem Interesse des Unternehmers an Rechts- und Planungssicherheit zuwiderlaufend empfunden" werden[994], dienten die MAC-Klauseln vor allem dazu, die Risikozuordnung durch detaillierte Bestimmungen möglichst konkret festzulegen.[995] Damit die Unsicherheiten des § 313 BGB durch eine allgemein gefasste MAC-Klausel nicht lediglich auf die Ebene der Vertragsauslegung verlagert würden, bedürfe es einer näheren Bestimmung des Tatbestands des MAC. Es solle einerseits möglichst genau aufgelistet werden, welche Ereignisse einen *material adverse change* darstellen könnten[996] und andererseits durch sachliche Kriterien bestimmt werden,

---

[993] *Becker/Voß* in: Knott, Unternehmenskauf, Rn. 962; *Picot,* Unternehmenskauf und Restrukturierung, § 4 Rn. 457 (S. 257) und Rn. 467ff. (S. 259ff.); *Holzapfel/Pöllath,* Unternehmenskauf in Recht und Praxis, S. 39 (Rn. 66); *Picot,* Handbuch Mergers & Acquisitions, S. 348.

[994] *Picot,* Unternehmenskauf und Restrukturierung, § 4 Rn. 456 (S. 256).

[995] *Thiessen* in: MüKo HGB, Anhang zu § 25 Rn. 37; *Picot,* Unternehmenskauf und Restrukturierung, § 4 Rn. 467ff. (S. 259ff.); *Pöllath,* Unternehmenskauf in Recht und Praxis, S. 39 (Rn. 66) („Aus Gründen der Rechtssicherheit sollte eine MAC-Klausel nie ohne Präzisierungen und Einschränkungen vereinbart werden."); *Rosenberg* in: Eilers/Koffka/Mackensen, Private Equity, S. 11 (I., Rn. 9); vgl. beispielsweise auch das Muster in *Kästle/Oberbracht,* Unternehmenskauf - Share Purchase Agreement, S. 124, in dem konkrete Schwellenwerte genannt sind; *Becker/Voß* in: Knott, Unternehmenskauf, Rn. 992; *Picot/Duggal,* DB 2003, 2635, 2639 ff. ; *Breckheimer/Karrenbrock,* BB 2014, 3011, 3014 („*Anders als das allgemeine Instrument des Wegfalls der Geschäftsgrundlage kann eine MAC-Klausel bei verständiger Ausgestaltung für alle Beteiligten Rechtssicherheit herstellen…*").

[996] Näher dazu *Picot,* Unternehmenskauf und Restrukturierung, § 4 Rn. 463ff. (259ff.).

wann die "*materiality*"-Schwelle überschritten sei.[997] Letzteres erfolge am besten durch die Aufnahme konkreter Schwellenwerte.[998]

Die Tendenz zur Konkretisierung der MAC-Klausel in Deutschland ist möglicherweise auch durch das Recht öffentlicher Übernahmen beeinflusst, wo sich aus den Vorschriften des WpÜG das Bestimmtheitserfordernis für die MAC-Klausel ergibt. Diese Vorschriften spielen im Bereich privater Transaktionen jedoch keine Rolle.

b) Kritische Betrachtung: Vorteile unbestimmter Klauseln nach US-Vorbild

Das Konkretisierungsbestreben in Deutschland steht im Kontrast zur US-Praxis. Viele US-amerikanische Autoren raten von der Aufnahme konkreter Klauseln ab.[999] *Inclusions* und konkrete Schwellenwerte zur Konkretisierung eines MAC werden (wie bereits ausgeführt) in US-Verträgen, im Gegensatz zu deutschen Verträgen, nur sehr selten gebraucht.[1000] Auch durch die Entscheidung *Hexion v. Huntsman* hat sich an dieser Praxis nichts geändert. Obwohl erwartet worden war, dass es infolge dieser Entscheidung vermehrt zur Aufnahme von Schwellenwerten und spezifischen Kriterien kommen würde, ist diese Entwicklung ausgeblieben.[1001] Dies hängt wohl auch mit der im US-Schrifttum verbreiteten Ansicht zusammen, dass die Unbestimmtheit der MAC-Klausel bestimmte Funktionen erfülle und aus strategischen Gründen vorzugswürdig sei[1002].

---

997 *Picot* spricht von Zumutbarkeitsgrenze (*Picot*, Unternehmenskauf und Restrukturierung, § 4 Rn. 461 (S. 258), allerdings ist dieses Kriterium im Tatbestand des MAC nicht enthalten und es sollte deshalb eher von einer Konkretisierung der Wesentlichkeitsschwelle gesprochen werden.

998 *Picot*, Unternehmenskauf und Restrukturierung, § 4 Rn. 476 (S. 261f.); Vorschlag in *Kästle/Oberbracht*, Unternehmenskauf - Share Purchase Agreement, S. 124; *Becker/Voß* in: Knott, -Unternehmenskauf, Rn. 964; Normann, GmbH-StB 2013, 372, 374.

999 *Browder*, 63 U. Miami L. Rev. 1151, 1164 (2008–2009); *Choi/Triantis*, 119 Yale L.J. 848 (2009–2010); *Adams*, 10 Fordham J. Corp. & Fin. L. 9, 28–29 (2004); *Elken*, 82 S. Cal. L. Rev. 291, 300 (2009). Im Ergebnis anderer Ansicht *Chertok*, 19 U. Miami Int'l & Comp. L. Rev. 99, 110 (2011–2012).

1000 Nixon Peabody's MAC Survey 2012 (vgl. Fn. 2), S. 5 und Nixon Peabody's MAC Survey 2011, S. 4.

1001 Nixon Peabody's MAC Survey 2012 (vgl. Fn. 2), S. 5. Siehe auch *Chertok,* 19 U. Miami Int'l & Comp. L. Rev. 99, 110 (2011–2012).

1002 Siehe *Browder,* 63 U. Miami L. Rev. 1151, 1164 (2008–2009); *Choi/Triantis*, 119 Yale L.J. 848 (2009–2010). Andere Ansicht *Chertok,* 19 U. Miami Int'l & Comp. L. Rev. 99, 110 (2011–2012); *Pollock/Purcell/Eldredge/Hastings*, 26 Int'l Fin. L. Rev. 49 (2007)

Einer der Vorteile einer allgemein gefassten Klausel liegt schon im Stadium der Vertragsverhandlungen. Die Verhandlung detaillierter Verträge ist oft schwierig und langwierig, insbesondere wenn es um die Festlegung auf konkrete Schwellenwerte geht. Dies führt regelmäßig zu Verzögerungen und zu einem Anstieg der Transaktionskosten.[1003] Wenn die Parteien sich auf konkretisierte Bestimmungen nicht einigen können, kann die Unbestimmtheit einer Regelung dabei helfen, die Transaktion voranzutreiben.[1004]

Der Versuch, durch detailliertere Regelungen mehr Rechtssicherheit zu erlangen, steht zudem dem ursprünglichen Ziel der MAC-Klausel, unvorhergesehene Risiken zu erfassen, entgegen. Denn unvorhergesehene Risiken können *per definitionem* nicht spezifiziert werden.[1005] Auch Gerichte haben den Trend zu immer detaillierteren Klauseln kritisch gesehen.[1006]

Während die Unbestimmtheit einer Klausel in anderen Zusammenhängen als Nachteil angesehen wird, weil sie im Streitfall zu langwierigen Gerichtsverfahren und zu Rechtsunsicherheit führen kann, liegt in der Unbestimmtheit gerade auch einer der Vorteile und Zwecke der MAC-Klausel.[1007] Die Aussicht auf ein langes und kostspieliges Gerichtsverfahren mit ungewissem Ausgang birgt ein gewisses Drohpotential in sich und wird die Parteien eher zu einer Einigung und Neuverhandlung des Vertrages bewegen können.[1008] Dies wird durch diverse Fälle aus der US-amerikanischen Praxis bestätigt, in denen es zu Neuverhandlungen kam.[1009] Als Beispiel kann neben dem bereits erwähnten Fall *Merrill Lynch*

("*Indeed, imprecision is the only way for the parties to reach a compromise that protects their rational expectations*" (S. 51)).
1003 *Choi/Triantis*, 119 Yale L.J. 848, 851 (2009–2010).
1004 *Browder*, 63 U. Miami L. Rev. 1151, 1164–65 (2008–2009).
1005 *Elken,* 82 S. Cal. L. Rev. 291, 300 (2009).
1006 So äußerte Vice Chancellor Strine im Fall *IBP v. Tyson*: "*A contrary rule will encourage the negotiation of extremely detailed "MAC" clauses with numerous carve-outs or qualifiers. An approach that reads broad clauses as addressing fundamental events that would materially affect the value of a target to a reasonable acquiror eliminates the need for drafting of that sort.*" (In re IBP, Inc. Shareholders Litigation v. Tyson Foods, Inc. and Lasso Acquisition Corp., 789 A.2d 14, 68 (Del. Ch. 2001)).
1007 *Choi/Triantis*, 119 Yale L.J. 848, 854 (2009–2010).
1008 *Browder*, 63 U. Miami L. Rev. 1151, 1164–65 (2008–2009); *Choi/Triantis*, 119 Yale L.J. 848, 854 (2009–2010); *Monson*, 88 S. Cal. L. Rev. 769, 803 (2015); Gegenansicht: *Chertok,* 19 U. Miami Int'l & Comp. L. Rev. 99, 112 (2011–2012).
1009 *Chertok,* 19 U. Miami Int'l & Comp. L. Rev. 99, 125 (2011–2012) ; *Browder*, 63 U. Miami L. Rev. 1151, 1165 (2008–2009).

gegen *Bank of America*[1010] auch die Transaktion *Home Depot, Inc.* und *Pro Acquisition*[1011] angeführt werden, wo infolge der Geltendmachung der MAC-Klausel eine Reduktion des Kaufpreises um 17,6 % vereinbart worden war.

Darüber hinaus kann die Unbestimmtheit des Begriffes *"material"* auch die Funktion erfüllen, sicherzustellen, dass keine der Parteien im Neuverhandlungsprozess eine übermäßig starke Verhandlungsposition hat.[1012] Die Unsicherheiten auf beiden Seiten in Bezug auf das Vorliegen eines MAC stellen sicher, dass die Neuverhandlungen nicht einseitig verlaufen und dass somit ein angemessenes Verhandlungsergebnis erreicht wird.[1013]

Wenn hingegen wie oft bei deutschen Verträgen das Vorliegen einer MAC-Klausel relativ sicher oder aufgrund konkreter Schwellenwerte sicher feststeht, wird der Käufer regemäßig vom Vertrag zurücktreten. Denn das Risiko des Unterliegens in einem nachfolgenden Rechtsstreit wird in diesem Fall für den Käufer gering sein. Für den Verkäufer können der Rücktritt und das Scheitern der Transaktion in diesem fortgeschrittenen Stadium dramatische Folgen haben. Wegen der bereits aufgewendeten Kosten ist der Rücktritt aus wirtschaftlicher Sicht regelmäßig nicht sinnvoll. Aber selbst wenn der Käufer dennoch am Vertrag festhalten will, kann sich die sichere Position des Käufers für den Neuverhandlungsprozess nachteilig auswirken. Die Verhandlungsmacht wird im Rahmen der Neuverhandlung einseitig bei ihm liegen, was die Angemessenheit eines neuverhandelten Kaufpreises gefährden kann.

Die beschriebene Funktion der Unbestimmtheit der MAC-Klausel im Rahmen der Neuverhandlung betrifft aber nur Fälle, in denen eine Neuverhandlung überhaupt in Betracht kommt. Wenn die vorgesehene Rechtsfolge nicht ein Rücktrittsrecht, sondern ein Schadensersatzanspruch ist, kann die Lage anders

---

1010 Der Fall *Bank of America/Merrill Lynch*, in der es um eine Transaktion im Wert von $50 Mrd. ging, ist einer der bedeutendsten Fälle aus der jüngeren Vergangenheit (vgl. dazu *Chertok*, 19 U. Miami Int'l & Comp. L. Rev. 99, 125–26 (2011–2012)). Siehe dazu bereits in der Einleitung.

1011 Vgl. dazu *Chertok*, 19 U. Miami Int'l & Comp. L. Rev. 99, 127–28 (2011–2012). Darüber hinaus zu nennen ist zudem auch der prominente Fall *Harman International Industries, Inc.*, in dem als Kompromiss der Kauf lediglich eines Anteils in Höhe von $ 400 Mio. (statt des Kaufs des gesamten Unternehmens) vereinbart worden war (vgl. dazu zum Beispiel *Costa*, 27 Rev. Banking & Fin. L. 261, 264–65 (2007–2008).; siehe zum getroffenen Konpromiss auch 6/3/09 Hoovers Company In-Depth Records (2009 WLNR 10599333)).

1012 *Schweitzer*, 4 E.C.F.R. 79, 122 (2007).

1013 *Schweitzer*, 4 E.C.F.R. 79, 122 (2007).

sein.[1014] In diesen Fällen geht es lediglich um eine nachträgliche Bestimmung eines Schadensersatzes durch einen Richter. Die Konkretisierung der Klausel hat hier den Zweck, dem Richter die Bestimmung eines MAC zu erleichtern und das Ergebnis vorhersehbarer zu machen[1015], kann in diesem Kontext also durchaus sinnvoll sein. Die Frage, ob eine Konkretisierung vorgenommen werden sollte, ist somit abhängig von einer im konkreten Fall vorzunehmenden Abwägung zwischen den durch die Konkretisierung gesparten Verfahrenskosten im Streitfall und den höheren Kosten im Stadium der Verhandlung des Vertrages.[1016]

2. Zweck der MAC-Klausel als "Renegotiation Leverage"?

Mit der Frage der Unbestimmtheit der MAC-Klausel ist, wie bereits angedeutet, der im amerikanischen Recht mit der MAC-Klausel verbundene Zweck der Ermöglichung einer Neuverhandlung des Kaufpreises (*Renegotiation Leverage Theory*[1017]) verbunden. Das Rücktrittsrecht dient dem Käufer als Druckmittel, welches eine Neuverhandlung des Kaufpreises mit dem Verkäufer ermöglicht. In einer Vielzahl von streitigen Fällen in den USA führt die Geltendmachung eines MAC daher auch nicht zur Beendigung des Vertrages, sondern zur Neuverhandlung des Kaufpreises. Insofern stellt sich die Frage, inwiefern dieses Ziel, durch die MAC-Klausel eine Neuverhandlung des Kaufpreises zu ermöglichen, auch bei der Verwendung von MAC-Klauseln in deutschen Verträgen eine Bedeutung hat.

a) *Als Druckmittel zur Neuverhandlung ungeeignete Klauseln*

Aufgrund der besonderen Ausgestaltung der MAC-Klausel in der deutschen Vertragspraxis ergeben sich aus zwei Aspekten Unterschiede im Vergleich zum amerikanischen Recht, die sich auf die Funktion der MAC-Klausel als Druckmittel zur Neuverhandlung auswirken können.

Der erste Unterschied ergibt sich, wie bereits oben ausgeführt, aus der in der deutschen Praxis vorherrschenden Tendenz zur Konkretisierung der MAC-Klausel, da die Konkretisierung sowohl die Motivation zur Neuverhandlung als auch die Ausgewogenheit eventueller Verhandlungen nachteilig beeinflusst.

1014 *Schweitzer*, 4 E.C.F.R. 79, 123 (2007).
1015 Ähnlich *Schweitzer*, 4 E.C.F.R. 79, 123 (2007).
1016 Zu dieser Abwägung zwischen Verhandlungs- und Verfahrenskosten vgl. *Choi/Triantis*, 119 Yale L.J. 848, 848 (2009–2010).
1017 B. II. 4.

In Bezug auf diesen Punkt kann auf die vorstehenden Ausführungen (unter Ziffer 1 b)) verwiesen werden.

Zweitens sehen MAC-Klauseln in deutschen Verträgen nicht immer ein Rücktrittsrecht vor. Häufig sind zum Beispiel auch Schadensersatzansprüche die vorgesehene Rechtsfolge.[1018] Ein drohender Schadensersatzanspruch kann nicht den gleichen Druck auf den Verkäufer ausüben wie ein Rücktrittsrecht, weil durch die Geltendmachung eines Schadensersatzanspruchs im Regelfall nicht das Scheitern der Transaktion auf dem Spiel steht. Gerade im möglichen Scheitern der Transaktion aufgrund einer Ausübung des Rücktrittsrechts liegt aber das Drohpotential der MAC-Klausel. Denn zum Zeitpunkt des *Closing* ist die Transaktion in der Regel so weit fortgeschritten, dass die Ausübung des Rücktrittsrechts für den Verkäufer dramatische wirtschaftliche Folgen hätte.[1019] Für den Verkäufer wird ein niedrigerer Kaufpreis oft besser sein als teure Rechtsstreitigkeiten mit dem Risiko des Unterliegens und damit des Scheiterns der Transaktion.[1020] Diese Funktion als Druckmittel für eine Neuverhandlung kann in Fällen, in denen als Rechtsfolge nur ein Schadensersatzanspruch gewährt wird, nicht erfüllt werden.

Es bleibt festzuhalten, dass sowohl die MAC-Klausel mit Schadensersatzfolge als auch die konkret gefasste MAC-Klausel mit Rücktrittsfolge nicht in der Weise wie im US-Recht die Funktion erfüllen kann, eine Neuverhandlung des Vertrages zu fördern. Die im deutschen Recht verfolgten Ziele nach mehr Rechtssicherheit (konkrete Klauseln) und nach Transaktionssicherheit (Zurückhaltung in Bezug auf die Gewährung von Rücktrittsrechten) stehen somit im Gegensatz zum Zweck der MAC-Klausel als *"renegotiation leverage"*.

b) Vertragsanpassung als wirtschaftlich sinnvolle Rechtsfolge

Jedoch bietet eine „Vertragsanpassung" aufgrund der bereits getätigten Investitionen regelmäßig die gegenüber dem Rücktritt wirtschaftlich sinnvollere Lösung. Die Parteien müssen sich daher bei der Ausgestaltung der MAC-Klausel zunächst im Klaren sein, welche Rechtsfolge die MAC-Klausel in der Praxis tatsächlich haben soll und ob tatsächlich ein Rücktritt bezweckt wird. Im Ergebnis werden die Interessen beider Parteien durch eine Vertragsanpassung (als „milderes Mittel") meist am Besten gewahrt.

1018 Ziffer C. II.
1019 *Elken*, 82 S. Cal. L. Rev. 291, 299–300 (2009).
1020 *Davidoff*, The MAC is Back, but Does It Kill a Deal?, The New York Times (DealBook), August 23, 2011, 3:45 PM.

Grundsätzlich kann eine Vertragsanpassung einerseits nach dem Vorbild des § 313 BGB durch einen Richter erfolgen, andererseits auch durch eine Neuverhandlung durch die Parteien. Im Vergleich zur richterlichen Vertragsanpassung nach § 313 BGB hat die Neuverhandlung aber den Vorteil, dass die Parteien den Wert des Unternehmens und die Interessen der Parteien meist am besten einschätzen können und besser als ein Richter in der Lage sein werden im Rahmen von Neuverhandlungen einen angemessenen Kaufpreis zu bestimmen. Eine Vertragsanpassung durch die Parteien im Wege der Neuverhandlung bietet daher oft die sachgerechteste Lösung.

Während eine Neuverhandlung des Kaufpreises selbst bei einer MAC-Klausel mit Rücktrittsfolge regelmäßig dann erreicht werden kann, wenn die Klausel nach US-Vorbild generalklauselartig gefasst ist, ist dies bei der in deutschen Verträgen üblichen Kombination aus Rücktrittsfolge und konkreten Schwellenwerten regelmäßig nicht der Fall.

c) Zweistufige Neuverhandlungsklausel als mögliche Alternative

Um sicherzustellen, dass der Zweck der MAC-Klausel, bei wesentlichen Veränderungen den Kaufpreis neu zu verhandeln, errreicht werden kann, könnte die gewünschte Rechtsfolge alternativ auch durch eine zweistufige Neuverhandlungsklausel erreicht werden. Im Rahmen einer solchen Klausel würde auf der ersten Stufe bei Vorliegen eines MAC in Anlehnung an die in Langzeitverträgen übliche *Hardship*-Klausel eine Pflicht zur Nachverhandlung bestehen (Nachverhandlungsklausel). Wenn ein bestimmtes festgelegtes Verfahren der Nachverhandlung scheitert, wird dann auf der zweiten Stufe, insofern anders als bei der *Hardship*-Klausel, ein Rücktrittsrecht gewährt. Durch eine solche zweistufige Rechtsfolge wird erstens gewährleistet, dass die Parteien im Fall eines MAC zunächst versuchen, den Kaufpreis neu zu verhandeln. Denn die vorgelagerte Pflicht[1021] zur Neuverhandlung schützt vor einer voreiligen Geltendmachung eines Rücktrittsrechts und damit vor einer Gefährdung der Transaktionssicherheit. Zweitens besteht im Gegensatz zu § 313 BGB in diesem Fall auch nicht das Problem, dass ein Richter die Kaufpreisanpassung vornehmen muss, da die Vertragsanpassung durch die Parteien erfolgt. Und drittens kann das auf der zweiten Stufe (bei Scheitern der Neuverhandlung) gewährte Rücktrittsrecht auch in diesem Fall ein gewisses Drohpotential bieten. Eine solche zweistufige Nachverhandlungsklausel könnte beispielsweise wie folgt lauten:

1021 Neben der Ausgestaltung als Neuverhandlungspflicht ist auch die Ausgestaltung als Neuverhandlungsobliegenheit möglich (dazu *Pfeiffer* in jurisPK-BGB, § 313 Rn. 80).

"Bei Vorliegen einer wesentlichen nachteiligen Veränderung (MAC) werden die Parteien auf Verlangen des Käufers über die Höhe des Kaufpreises nach Treu und Glauben mit dem Ziel neu verhandeln, eine in Bezug auf die nachteilige Veränderung angemessene Reduktion des Kaufpreises zu erzielen. Sofern die Nachverhandlungen nach Ablauf einer Frist von [...] seit dem Verlangen des Käufers zu keinem Ergebnis geführt haben und dies nicht auf eine Verletzung der Nachverhandlungspflicht durch den Käufers zurückzuführen ist, ist der Käufer berechtigt, vom Vertrag zurückzutreten."

Ebenso wie bei Langzeitverträgen, in denen Nachverhandlungsklauseln sonst üblich sind[1022], handelt es sich auch beim Unternehmenskauf nicht um einen klassisch statischen Austauschvertrag. Wegen der dem Unternehmen innewohnenden Dynamik und weil zwischen *Signing* und *Closing* eine längere Zeitspanne liegen kann, kann auch in diesem Zusammenhang – wie bei Langzeitverträgen - eine Kooperation der Parteien zum Schutz des im Vertrag zum Ausdruck gekommenen vertraglichen Gleichgewichts sinnvoll sein. Die Nachverhandlungspflicht nach Treu und Glauben verlangt grundsätzlich eine auf den Verhandlungserfolg gerichtete Mitwirkung, welche durch Ernsthaftigkeit und den Willen, auf die Interessen und Bedürfnisse der anderen Partei einzugehen, gekennzeichnet ist.[1023] Von den Neuverhandlungsklauseln in Langzeitverträgen unterscheidet sich die hier vorgeschlagene Klausel insofern, als auf der zweiten Stufe statt einer Entscheidung durch ein Gericht ein Rücktrittsrecht gewährt wird.

Es bleibt festzuhalten, dass eine in Bezug auf den Zweck der Neuverhandlung sachgerechte Lösung in der Formulierung einer allgemein gefassten MAC-Klausel in Verbindung mit der dargestellten zweistufigen Rechtsfolge liegen könnte.

3. Betrachtung weiterer Funktionen

Viele weitere Funktionen, die der MAC-Klausel im US-Recht zugewiesen werden, lassen sich auch auf das deutsche Recht übertragen.

Die Gedanken der Theorie der *Information Asymmetry* und der *Investment Theory*[1024] spielen, wie oben bereits dargestellt, auch bei der Auslegung unter Berücksichtigung der Wertungen des deutschen Rechts eine Rolle. Bei unternehmensinternen Risiken, die im Einflussbereich des Verkäufers liegen und in Bezug auf die er überlegenes Wissen hat[1025], wird auch im deutschen Recht eher von einer

---

1022 Vgl. dazu *Berger*, RIW 2000, 1.
1023 Vgl. zu den Maßstäben und Verfahren der Konsensfindung *Berger*, RIW 2000, 1, 6 f.
1024 Oben unter Ziffer B.II.
1025 Dazu ausführlicher unter C.V.5.d) und e).

vertraglichen Risikozuordnung zum Verkäufer ausgegangen werden können als bei externen Risiken, welche nicht in den Risikobereich des Verkäufers fallen.[1026]

Darüber hinaus kann die MAC-Klausel auch eine Garantieergänzungsfunktion haben (*"catchall representation"*). Dem US-amerikanischen Vorbild folgend wird auch in einer Vielzahl von Unternehmenskaufverträgen nach deutschem Recht ein eigenständiges System an Garantien in den Vertrag aufgenommen.[1027] Fälle wesentlicher Veränderungen, welche durch diese Garantien nicht abgedeckt sind, können in den Anwendungsbereich der MAC-Klausel fallen.[1028] Neben der inhaltlichen Ergänzung der Garantien hat die MAC-Klausel in deutschen Verträgen oft auch die Funktion, die bestehenden Garantien in zeitlicher Hinsicht zu ergänzen. Denn deutsche Verträge enthalten regelmäßig nicht die in den USA übliche *Bring-Down Condition*, welche die beim *Signing* abgegebenen Garantien auf den Zeitpunkt des *Closings* erweitert. Diese Funktion der *Bring-Down-Condition* wird teilweise durch die MAC-Klausel erfüllt, durch welche jedenfalls wesentliche Veränderungen der garantierten Sachverhalte bis zum *Closing* erfasst werden.[1029]

Wie im US-Recht kann auch im deutschen Recht eine Asymmetrie zwischen den Rechten des Verkäufers und den Rechten des Käufers bestehen (*Symmetrie Theory*). Denn auch deutsche Verträge können als Bedingung die Zustimmung eines Aufsichtsrats oder einer Gesellschafterversammlung enthalten.[1030] Es ist aber im Einzelfall zu bestimmen, ob diese Vorbehalte nur interne Wirkung haben oder ob sie auch die Wirksamkeit des Unternehmenskaufvertrages berühren. Gemäß § 179a AktG (Verpflichtung zur Übertragung des ganzen Gesellschaftsvermögens) ist der Zustimmungsbeschluss der Hauptversammlung aber Wirksamkeitserfordernis des (schuldrechtlichen) Übertragungsvertrages.[1031] Wegen des Rechtsbehelfs des § 313 BGB ist diese Asymmetrie zwischen Käufer und Verkäufer im deutschen Recht allerdings unter Umständen weniger stark ausgeprägt als im US-Recht.

1026 Zum US-Recht ausführlich B.III.5 b) i (Exogene und endogene Risiken); zum deutschen Recht C.V. 5.d) und e).
1027 Es werden regelmäßig selbständige Garantien im Sinne von § 311 Abs. 1 BGB vereinbart und die gesetzliche Gewährleistung wird ausgeschlossen. Dazu ausführlich *Picot*, Unternehmenskauf und Restrukturierung, Rn. 343ff (S. 227ff.); siehe auch *Picot/Duggal*, DB 2003, 2635, 2636.
1028 Von einer Ergänzung der Zusicherungen und einer Auffangfunktion spricht auch *Kuntz*, DStR 2009, 377, 381 f.
1029 *Picot/Duggal*, DB 2003, 2635, 2637.
1030 *Merkt/Göthel*, Internationaler Unternehmenskauf, S. 78 (§ 2 Rn. 142).
1031 *Koch* in: Hüffer/Koch AktG, § 179a Rn. 13.

4. Erfassung allgemeiner wirtschaftlicher Verschlechterungen

Im Schrifttum wird oft der Eindruck vermittelt, dass die MAC-Klausel in erster Linie Risiken im Zusammenhang mit allgemeinen Verschlechterungen der Wirtschaft (Stichwort „Wirtschaftskrise") erfassen solle. Dies mag daran liegen, dass die bekannt gewordenen Fälle aus den USA gerade Verträge betrafen, in denen die sonst in den USA übliche Ausnahmeregel in Bezug auf allgemein wirtschaftliche Entwicklungen ausnahmsweise nicht enthalten war. Insbesondere die US-Fälle *IBP v. Tyson* und der Fall *Hexion v. Huntsman* sind prominente Beispiele hierfür.[1032] Sie stellen aber Sonderkonstellationen dar und sind daher nicht repräsentativ für die Praxis in den USA. Der Hauptanwendungsbereich der MAC-Klausel liegt in der US-Praxis nicht in diesem Bereich, da Veränderungen der allgemeinen Wirtschaftslage in der weit überwiegenden Zahl der Verträge aus dem Anwendungsbereich der MAC-Klausel ausgenommen sind.[1033] In Deutschland ist die Situation etwas anders, da Ausnahmeregelungen für allgemeine wirtschaftliche Entwicklungen nicht ganz so verbreitet sind wie in den USA.[1034] Zwar kann auch in Deutschland nicht davon gesprochen werden, dass die MAC-Klausel in erster Linie Veränderungen aufgrund allgemeiner

---

1032 Im Fall *IBP v. Tyson* beruhte die nachteilige Veränderung auf allgemeinen konjunkturellen und saisonalen Entwicklungen, im Fall *Hexion v. Huntsman* trat die Verschlechterung im Zusammenhang mit der allgemeinen Wirtschaftskrise ab Ende 2007 auf. Und der aus England bekannt gewordene Fall *WPP/Tempus* stand im Zusammenhang mit den Ereignissen des 11. September. Die MAC-Klauseln in den relevanten Verträgen enthielten abweichend von der üblichen Praxis ausnahmsweise keine Ausnahmeregelung in Bezug auf allgemeine wirtschaftliche Entwicklungen, sodass diese Fälle Sonderkonstellationen darstellen.
1033 Vgl. dazu schon oben. Gemäß Nixon Peabody's MAC Survey 2018 (vgl. Fn. 2), S. 9 war die Ausnahme bezüglich *"Changes in the economy or bursiness in general"* in 85 % aller untersuchten und in 96 % der Verträge ab einem Transaktionswert von 1 Milliarde Dollar enthalten, eine Ausnahme in Bezug auf allgemeine Entwicklungen der Branche (*Changes in general conditions of the specific industry*) war in 80 % aller untersuchten Verträge und 95 % der Verträge ab einem Transaktionswert von 1 Milliarde Dollar enthalten.
1034 CMS European M&A Study 2018, S. 43 in Bezug auf die gesamteuropäische Entwicklung: 2017 enthielten 22 % der untersuchten europäischen Verträge eine Ausnahme bezüglich gesamtwirtschaftlicher Entwicklungen (2016: 31 %) und 22 % enthielten Ausnahmen in Bezug auf unvorhersehbare wirtschaftliche Entwicklungen in der Zielbranche (2016: 31 %). Eine Studie in Bezug auf rein deutsche Verträge existiert, soweit ersichtlich, bisher nicht. Die CMS-Studie gibt aber keine Anhaltspunkte für starke länderspezifische Abweichungen in diesem Bereich. Siehe auch Ziffer C. II.

wirtschaftlicher Entwicklungen erfassen solle, jedoch liegt hier - anders als in der US-Praxis - ein nicht unbedeutender Anwendungsbereich der MAC-Klausel.

5. Alternative vertragliche Gestaltungen zur Erreichung der mit der MAC-Klausel verfolgten Zwecke

a) Alternativen zu konkretisierten MAC-Klauseln

Die ursprüngliche Funktion der MAC-Klausel als Auffangtatbestand liegt in der Erfassung unbekannter Risiken. Konkret gefasste Klauseln stehen im Widerspruch zu diesem Zweck, da sie in erster Linie schon bekannte Risiken konkret regeln. Auch können konkretisierte Klauseln, wie oben dargestellt, den in den USA mit der MAC-Klausel verfolgten Zweck als *Renegotiation Leverage* nicht erfüllen. Zudem bedarf es der MAC-Klausel zur Regelung konkreter Risiken regelmäßig nicht, da diese Risiken größtenteils auch im Rahmen anderer Regelungen erfasst werden können. Möglich sind insofern vor allem konkrete Garantien, aber auch Freistellungsklauseln oder Preisanpassungsklauseln (insbesondere *Earn-Out*-Klauseln):

i. Garantien (§ 443 BGB, § 311 Abs. 1 BGB)

Konkret gefasste MAC-Klauseln können zu einem großen Teil vor allem durch Garantien ersetzt werden. Nach deutschem Recht sind grundsätzlich sowohl unselbständige Beschaffenheitsgarantien nach § 443 BGB als auch selbständige Garantien nach § 311 Abs. 1 BGB möglich.[1035] Beschaffenheitsgarantien im Sinne von § 443 BGB sind beispielsweise, da der Beschaffenheitsbegriff auch betriebswirtschaftliche Zahlen eines Unternehmens umfasst[1036], in Bezug auf die (langfristige) Ertragsfähigkeit des Unternehmens denkbar.[1037] Die Vertragspraxis geht jedoch dahin, statt der Beschaffenheitsgarantie nach § 443 BGB ein vom gesetzlichen Gewährleistungssystem unabhängiges Gewährleistungs- und

---

1035 Während selbständige Garantien ein eigenes Haftungsregime außerhalb des Gewährleistungsrechts schaffen, erweitern unselbständige Garantien die Gewährleistungsrechte des Käufers (*Faust* in: Bamberger/Roth, BGB, § 443 Rn. 11 mit Nachweisen). Diese in der Literatur häufig getroffene Unterscheidung wird jedoch vielfach kritisch gesehen, zumal die Abgrenzung zwischen beiden in der Literatur nicht einheitlich vorgenommen wird (dazu *Faust* in: Bamberger/Roth, BGB, § 443 Rn. 12). Zu den verschiedenen möglichen Thesen bezüglich der dogmatischen Einordnung der Garantien siehe auch *Triebel/Hölzle*, BB 521, 529 ff.
1036 Oben Ziffer C. IV.2.c) iv (2) und (3).
1037 Dazu ausführlicher *Picot/Duggal*, BB 2003, 2635, 2636.

Haftungssystem zu vereinbaren und dabei selbständige Garantien und Haftungsfolgen gemäß § 311 Abs. 1 BGB zu verwenden.[1038] Eine solche Garantie ist unabhängig vom gesetzlichen Gewährleistungsrecht (§§ 434 ff., 437, 443 BGB) und kann unabhängig davon vereinbart werden, ob sich die Garantie auf eine Beschaffenheit bzw. Eigenschaft des Unternehmens bezieht.[1039]

Garantien können auch dazu dienen, den Käufer vor dem Risiko nachteiliger Veränderungen in der Zeit zwischen *Signing* und *Closing* zu schützen.[1040] Es kann beispielsweise garantiert werden, dass konkrete Unternehmenszahlen, ein bestimmter finanzieller Zustand des Unternehmens oder eine bestimmte gesetzliche Lage auch zum Zeitpunkt des *Closings* noch gegeben sind (Garantien auf den Zeitpunkt des *Closings*).

Möglich sind beispielsweise auch Unsicherheits-, Bilanz- Eigenkapital- und Bestandsgarantien oder Zusagen über künftige Umstände.[1041] Im Rahmen der Unsicherheitengarantie steht der Verkäufer dafür ein, dass sich ein bestimmtes (definiertes) Risiko nicht nachteilig für den Käufer auswirkt.[1042] Durch die Eigenkapitalgarantie wird die Höhe des vorhandenen Eigenkapitals zu einem konkreten Zeitpunkt garantiert.[1043] Bestandsgarantien können sich auf bestimmte Zustände des Unternehmens, beispielsweise der Anlagen oder der rechtlichen Verhältnisse, beziehen.[1044]

Es bleibt festzuhalten, dass bekannte Risiken im Regelfall durch Garantien dem Verkäufer zugewiesen werden können, sodass es der MAC-Klausel insofern nicht bedarf. Um dem Charakter der MAC-Klausel als Auffangtatbestand[1045] gerecht zu

---

1038 *Picot*, Unternehmenskauf und Restrukturierung, § 4 Rn. 343ff. (S. 227ff.).
1039 *Picot*, Unternehmenskauf und Restrukturierung, § 4 Rn. 350 (S. 229); *Picot/Duggal*, DB 2003, 2635, 2636.
1040 *Triebel/Hölzle*, BB 2002, 521, 528.
1041 *Triebel/Hölzle*, BB 2002, 521, 528 f.
1042 *Triebel/Hölzle*, BB 2002, 521, 528.
1043 *Triebel/Hölzle*, BB 2002, 521, 528.
1044 *Triebel/Hölzle*, BB 2002, 521, 528.
1045 Siehe oben den Fall *In re IBP, Inc. Shareholders Litigation v. Tyson Foods, Inc. and Lasso Acquisition Corp.*, 789 A.2d 14, 68 (Del. Ch. 2001) ("*backstop protecting the acquiror from the occurrence of unknown events*"). Siehe auch *Chertok*: " *MAC-clauses are thought to serve as a backstop to the contract's risk-allocation devices, guarding against the risks associated with unforeseen or unforeseeable events that cannot practicably be drafted into a contract with specificity*" (*Chertok*, 19 U. Miami Int'l & Comp. L. Rev. 99, 102 (2011–2012)).

werden, sollte deren Anwendungsbereich aber vor allem auf unbekannte Risiken beschränkt bleiben, welche durch Garantien nicht erfasst werden können.[1046]

ii. Closing Conditions

Statt konkreter Garantievereinbarungen in Verbindung mit der allgemeinen *Bring-Down-Condition* sind auch konkretisierte *Closing Conditions* denkbar.

iii. Freistellungsklauseln

Wenn bestimmte Risiken beim *Signing* bereits bekannt sind, kann auch eine Freistellungsklausel in den Vertrag aufgenommen werden. Der Verkäufer verpflichtet sich darin zur Freistellung des Käufers von Schäden und sonstigen finanziellen Nachteilen in Bezug auf das konkrete Risiko.[1047] Zu den möglichen von der Freistellungsklausel erfassten Risiken gehören beispielsweise das Risiko von Gesetzesänderungen, die Kündigung eines wichtigen Vertrages oder das Scheitern eines Projekts oder nachteilige Gerichtsurteile.[1048] Auch Steuerfreistellungsklauseln sind denkbar und üblich.[1049] Freistellungsklauseln können daher ähnliche Risiken regeln wie MAC-Klauseln, allerdings mit dem Unterschied, dass MAC-Klauseln vor allem unbekannte Risiken erfassen sollen. Die Freistellungsklausel bietet neben den Garantien eine weitere Möglichkeit, dem Verkäufer konkrete Risiken zuzuweisen.

iv. Kaufpreisanpassungs-, insbesondere Earn-Out-Klauseln

In Unternehmenskaufverträgen sind inzwischen auch Kaufpreisanpassungsklauseln üblich, insbesondere bei hohen Transaktionswerten.[1050] Im Rahmen einer *Earn-Out*-Klausel wird ein Teil des Kaufpreises von der zukünftigen Entwicklung des Zielunternehmens abhängig gemacht.[1051] Durch die bereits vor

---

1046 Daher wird insbesondere im Bereich des "Internen Material Adverse Change" gefragt, ob eine Garantievereinbarung nicht geeigneter ist (*Picot/Duggal*, DB 2003, 2635, 2638 f.).
1047 *Kästle/Oberbracht*, Unternehmenskauf - Share Purchase Agreement, S. 244 ff.; *Schmittner*, M&A Review 2005, 322, 324.
1048 *Schmittner*, M&A Review 2005, 322, 324.
1049 CMS European M&A Study 2012, S. 26 f.: 2011 enthielten 52 % der im Rahmen der Studie untersuchten europäischen Verträge diese Klausel.
1050 Laut der CMS European Study 2012 enthielten im Jahr 2011 47 % der im Rahmen der Studie untersuchten europäischen Verträge einen Mechanismus zur Kaufpreisanpassung (siehe CMS European M&A Study 2012, S. 6 ff.).
1051 Vgl. zur Berechnung der *Earn-Out*-Beträge *Lappe/Schmitt*, DB 2007, 153, 156 f.

Abschluss des Vertrages verhandelte Kaufpreisanpassung erfolgt bei Verschlechterungen des Unternehmens automatisch eine Reduzierung des Kaufpreises.[1052] Die Risiken der Verschlechterung nach Erwerb des Unternehmens tragen Verkäufer und Käufer in dieser Phase somit gemeinsam, aber auch von positiven Entwicklungen profitieren beide Parteien. Die *Earn-Out*-Klausel dient unter anderem auch dazu, den Verkäufer zu motivieren, den Unternehmenserfolg in der *Earn-Out*-Phase zu maximieren. Sie betrifft zwar normalerweise den Zeitraum nach Übergang des Unternehmens, wird aber den Verkäufer auch schon in der Phase zwischen *Signing* und *Closing* motivieren, Investitionen zu tätigen, um eine Verschlechterung des Unternehmens zu verhindern. Dies entspricht dem Ziel der MAC-Klausel nach der *Investment Theory* (s.o.).

Vorab bestimmte Kaufpreisanpassungsklauseln sind aber auch speziell für die Phase zwischen *Signing* und *Closing* denkbar (wenngleich unüblich), wobei solche Kaufpreisanpassungsklauseln teilweise auch als MAC-Klauseln bezeichnet worden sind.[1053]

b) Sonstige Alternativen

Aber auch die Funktionen der allgemein gefassten MAC-Klausel können teilweise durch andere Klauseln ersetzt und ergänzt werden. Insofern muss der Käufer im Einzelfall erwägen, ob die MAC-Klausel aufgrund ihrer strengen Voraussetzungen den gewöhnlich dafür gezahlten Kaufpreisaufschlag rechtfertigt.

i. Covenants/Conduct of Business-Klausel

Das Ziel, Verschlechterungen zwischen *Signing* und *Closing*, die auf einer schlechten Unternehmensführung beruhen, zu vermeiden, kann durch verschiedene Verpflichtungen (*Covenants*) erreicht werden. Darin kann sich der Verkäufer insbesondere verpflichten, bestimmte Handlungen zu unterlassen.[1054] Regelmäßig enthalten Verträge die Verpflichtung des Verkäufers, keine Geschäfte außerhalb des gewöhnlichen Geschäftsbetriebs zu tätigen.[1055] Neben den Verbotsklauseln

---

[1052] CMS European M&A Study 2012, S. 9.
[1053] *Shine*, N.Y.L.J., July 17, 2008, at 24 (col.5): Die Kaufpreisanpassung könne vorab - entsprechend dem Grad der Wesentlichkeit der Veränderung- bestimmt werden. Die Praktikabilität dieses Vorschlags dürfte aber bezweifelt werden, vor allem wegen der Schwierigkeit, bestimmte Wesentlichkeitsgrade zu definieren und sich auf die dafür jeweils geltenden Kaufpreisanpassungen vorab zu einigen.
[1054] Siehe für eine mögliche Formulierung *Kästle/Oberbracht*, Unternehmenskauf - Share Purchase Agreement, S. 262 (Ziffer 12.1.1).
[1055] *Mielke/Welling*, BB 2007, 277, 278.

sind auch Zustimmungsklauseln und Informationsklauseln möglich.[1056] Letztere können dem Käufer beispielsweise Zutritt zu Geschäftsräumen und Geschäftsunterlagen gewähren.[1057] Auch Weisungsklauseln, welche dem Käufer gestatten, Weisungen hinsichtlich der Geschäftsführung des Unternehmens zu erteilen, sind denkbar.[1058]

Diese Klauseln, die auch als *Conduct of Business*-Klauseln bezeichnet werden, sollen verhindern, dass aufgrund schlechter Unternehmensführung durch den Verkäufer eine Verschlechterung des Unternehmens zwischen *Signing* und *Closing* eintritt. Es soll sichergestellt werden, dass es im Zeitraum zwischen *Signing* und *Closing* nicht zu wesentlichen Veränderungen des Unternehmens kommt, die nicht im Sinne des Käufers sind.[1059] Die *Conduct of Business*-Klausel hat, ähnlich wie die MAC-Klausel nach der *Investment Theory,* das Ziel, das Verhalten des Verkäufers im Zeitraum bis zum *Closing* im Sinne des Käufers zu beeinflussen und Verschlechterungen zu vermeiden. Durch Informationsklauseln kann zusätzlich die Informationsasymmetrie zwischen Verkäufer und Käufer minimiert werden (*Information Asymmetry*).

ii. Reverse Termination Fees

Reverse Termination Fees erlauben dem Käufer vom Vertrag zurückzutreten, wenn sie dafür eine vorher festgelegte Summe an den Verkäufer zahlen.[1060] Im deutschen Recht werden *Termination Fees* als Vereinbarungen eines pauschlierten Schadensersatzes oder einer Vertragsstrafe eingeordnet.[1061] Bei Vereinbarung von *Reverse Termination Fees* wird dem Käufer zusätzlich ein Rücktrittsrecht eingeräumt.

Reverse Termination Fees sollen teilweise ähnliche Funktionen erfüllen wie die MAC-Klausel. Eine entsprechende Klausel ermöglicht dem Käufer den Rücktritt vom Vertrag bei Zahlung einer vorher vereinbarten Geldsumme. Bei erheblicher Verschlechterung des Unternehmens wird der Käufer bereit sein, diese Summe zu zahlen, um vom Vertrag Abstand nehmen zu können. Die Möglichkeit des Käufers zum Rücktritt gibt dem Verkäufer einen Anreiz, den Wert

---

1056 Dazu *Mielke/Welling*, BB 2007, 277, 278.
1057 *Mielke/Welling*, BB 2007, 277, 278.
1058 *Mielke/Welling*, BB 2007, 277, 278.
1059 *Mielke/Welling*, BB 2007, 277.
1060 *Garrett*, 43 Colum. J. L. & Soc. Probs. 333, 360 (2009–2010); Siehe auch *Quintin*, 2008 Int'l Bus. L. J. 275, 276–77 (2008). Regelmäßig beträgt die Summe zwischen 1 % und 3 % des Kaufpreises.
1061 Zu *Break-up fees* allgemein siehe *Holzapfel/Pöllath*, Unternehmenskauf in Recht und Praxis, Rn. 92.

des Unternehmens zu erhalten (*Investment Theory*).[1062] Zudem hat der Käufer durch sein Rücktrittsrecht ähnlich wie bei der MAC-Klausel ein Druckmittel, um bei nachteiligen Veränderungen Neuverhandlungen zu erzwingen (*Renegotiation Leverage*). Daher muss im konkreten Fall überlegt werden, ob *Reverse Termination Fee*-Klauseln die Funktion der Risikoverteilung und die mit der MAC-Klausel angestrebten Zwecke im Einzelfall möglicherweise genauso wie oder sogar besser als die MAC-Klausel erfüllen können.[1063]

1062 Siehe zu den *Reverse Termination Fees* ausführlich *Garrett*, 43 Colum. J. L. & Soc. Probs. 333, 358 (2009–2010).
1063 Dass MAC-Klauseln generell durch *Reverse Break-Up fees* ersetzt werden können, vertritt *Garrett*, 43 Colum. J.L. & Soc. Probs. 333, 358 (2009–2010).

D. Schluss

I. Zusammenfassung der Ergebnisse

Die MAC-Klausel wurde im US-Recht als "*standard clause analog*" zur *Frustration Doctrine* und zur *Impracticability Doctrine* entwickelt, da diese *default rules* das Problem der Unternehmensverschlechterung nach Vertragsschluss nicht erfassen können. Durch die MAC-Klausel wird das Risiko wesentlicher nachteiliger Veränderungen, welches nach den Regeln des *Common Law* vom Käufer zu tragen wäre, dem Verkäufer zugewiesen. Über die allgemeine Funktion der Risikozuordnung hinausgehend wird der MAC-Klausel in der amerikanischen Literatur vor allem auch die Funktion beigemessen, Asymmetrien zwischen Käufer und Verkäufer ausgleichen, das Investitionsverhalten des Verkäufers zu beeinflussen, einen Auffangtatbestand für Zusicherungen und Garantien zu bieten und als Druckmittel eine Neuverhandlung des Kaufpreises zu ermöglichen.

Die US-Rechtsprechung hat grundsätzlich, vor allem in der grundlegenden Entscheidung *IBP v. Tyson*, eine verkäuferfreundliche Position eingenommen. Die MAC-Klausel sei als Auffangtatbestand zu verstehen, der den Käufer vor unbekannten Ereignissen, die das Gewinnpotential des Unternehmens über Jahre hinweg erheblich beeinträchtigen, schützen solle. Es sei auf die Langzeitperspektive eines vernünftigen Erwerbers abzustellen. An die Darlegung eines MAC durch den Käufer werden sehr hohe Anforderungen gestellt, sodass es bisher kaum Fälle gibt, in denen Gerichte das Vorliegen eines MAC angenommen haben. Gerichte sollten zukünftig – anders als bisher - nicht nur den Grad der Wesentlichkeit, sondern auch andere Aspekte, insbesondere die Verursachung der nachteiligen Veränderung, berücksichtigen. Insgesamt konnten die Entscheidungen der US-Gerichte die Unsicherheit darüber, wann die Voraussetzungen eines MAC vorliegen, nicht beseitigen.

Auch in Deutschland ist der Gebrauch bzw. die Verhandlung von MAC-Klauseln jedenfalls bei größeren Transaktionen mittlerweile üblich. Im deutschen Recht ist zwischen MAC-Klauseln in öffentlichen Angeboten nach dem WpÜG und privaten Verträgen zu differenzieren. Während die Regelungen des WpÜG aus Gründen des Anlegerschutzes die Bestimmtheit der MAC-Klausel fordern und Rücktrittsvorbehalte unzulässig machen, gelten in privaten Verträgen die allgemeinen Regeln des Vertragsrechts.

Darüber, wie sich die MAC-Klausel in privaten Verträgen in das deutsche System der Risikoverteilung einordnet, bestehen sehr unterschiedliche Auffassungen, was auch damit zusammenhängt, dass schon die durch das BGB vorgenommene Risikoverteilung zwischen *Signing* und *Closing* unterschiedlich beurteilt wird. Die in der Literatur vertretene Ansicht, nach der sich aus der Vorschrift des § 446 BGB ergebe, dass das Risiko jeglicher nachteiliger Veränderung vor Gefahrübergang schon von Gesetzes wegen dem Verkäufer zugewiesen werde und die MAC-Klausel daher überflüssig sei, weil sie lediglich regle, was ohnehin gemäß der gesetzlichen Risikoverteilung gelte, ist abzulehnen. Insbesondere die Entwertung des Kaufgegenstands vor Gefahrübergang aufgrund allgemeiner wirtschaftlicher Veränderungen ist nicht vom Regelungsbereich des § 446 BGB erfasst. Vielmehr ergibt sich aus den Wertungen des Mängelgewährleistungsrechts, dass zu differenzieren ist zwischen dem Risiko der nachträglichen Entstehung von Unternehmensmängeln zwischen *Signing* und *Closing*, welches dem Verkäufer zugewiesen ist, und dem Risiko eines sonstigen Wertverlusts des Kaufgegenstands in diesem Zeitraum, welches nach der gesetzlichen Risikoverteilung dem Käufer zugeordnet ist.

Viele nachteilige Veränderungen, die im US-Recht als "MAC-Fall" angesehen werden, könnten – die Anwendbarkeit des Mängelrechts unterstellt - Mängel im Sinne des deutschen Gewährleistungsrechts begründen, beispielsweise das nachträgliche Entstehen hoher Schulden, die Insolvenz oder die erhebliche Beschädigung einer für die Funktionstauglichkeit des Unternehmens wichtigen Produktionsstätte. In diesen Fällen geht das deutsche dispositive Gesetzesrecht von einer Risikozuordnung zum Verkäufer aus. Zwar bestehen die Gewährleistungsrechte des Käufers grundsätzlich erst ab Gefahrübergang. Das bedeutet nach hier vertretener Ansicht aber nicht, dass die Wertungen und Rechte des Gewährleistungsrechts – insbesondere bei unbehebbaren Mängeln - nicht auch schon vor Gefahrübergang (und damit bei Mängelentstehung zwischen *Signing* und *Closing*) eine Rolle spielen können. Ein Unternehmensmangel - und damit eine relevante Beeinträchtigung des Ertragspotentials (*earnings potential*) des Unternehmens - wird bei einer Auswirkung der Veränderung auf die Funktionstauglichkeit des Unternehmens angenommen.

Für Fälle nachteiliger Veränderungen des Unternehmens, welche keinen Mangel begründen, kommt im deutschen Recht grundsätzlich eine Anpassung oder Befreiung vom Vertrag wegen Störung der Geschäftsgrundlage gemäß § 313 BGB in Betracht. Im Zusammenhang mit Wertverlusten der Sachleistung hat die Rechtsprechung bisher aber sehr große Zurückhaltung bei der Anwendung der Grundsätze der Geschäftsgrundlage gezeigt. Allenfalls bei einer weitgehenden oder vollständigen Entwertung des Kaufgegenstands wird die Anwendung des § 313 BGB in Betracht gezogen. Bei „statischen" Verträgen lässt sich das auch damit erklären, dass der Verlust des Käufers regelmäßig auf die Höhe des

Kaufpreises beschränkt ist und deshalb, im Gegensatz zu Veränderungen bei Langzeitverträgen, nur selten das Kriterium der Unzumutbarkeit erfüllt sein wird. Wegen der dem Unternehmen innewohnenden Dynamik und den möglichen hohen Verlusten und Verbindlichkeiten wäre beim Unternehmenskauf jedoch eine vom Regelfall des Sachkaufs abweichende Beurteilung denkbar.

Selbst die generalklauselartig gefasste MAC-Klausel stellt - im Gegensatz zu teilweise in der Literatur vertretenen Ansichten - nicht nur eine deklaratorische Wiederholung des Regelungsgehaltes des § 313 BGB, sondern grundsätzlich eine Erweiterung des Schutzes des § 313 BGB dar. Denn die MAC-Klausel fordert (in Abweichung von § 313 BGB) keine weitgehende Entwertung des Unternehmens. Zudem muss die nachteilige Veränderung im Rahmen der MAC-Klausel nicht unzumutbar für den Käufer sein, also nicht zu untragbaren, mit Recht und Gerechtigkeit nicht zu vereinbarenden Ergebnissen führen.

Grundsätzlich ist davon auszugehen, dass MAC-Klauseln in Verträgen, auf die deutsches Recht anwendbar ist, trotz englischer Sprache, unter Zugrundelegung des deutschen Rechtsverständnisses auszulegen sind. Nur wenn die Auslegung ergibt, dass in Bezug auf bestimmte in der MAC-Klausel verwendete Fachbegriffe das amerikanische Verständnis von den Parteien zugrundegelegt wurde, ist das amerikanische Rechtsverständnis bei der Auslegung entscheidend.

Die bei der Auslegung der MAC-Klausel nach den §§ 133, 157 BGB angewandten Vertragsprinzipien unterscheiden sich in vielen Aspekten nicht von den bei der Auslegung der MAC-Klausel im amerikanischen Recht relevanten Grundsätzen. Die Intentionen der Parteien sind wie im amerikanischen Recht vom objektiven Empfängerhorizont aus zu ermitteln, wobei regelmäßig sowohl nach amerikanischem als auch nach deutschem Recht der gesamte Vertrag, die gesamten Umstände des Einzelfalles und die Zwecke des Vertrages zu berücksichtigen sind. Die bestehenden Unterschiede, insbesondere die *parol evidence rule* und die Tendenz des US-Rechts, vertragliche Regelungen eng auszulegen (vor allem die Auslegungsregel *expressio unius est exclusio alterius*), wirken sich in „MAC-Fällen" nur in einigen Sonderfällen aus.

Die unterschiedlichen Wertungen des deutschen und amerikanischen Rechtssystems können unter Umständen zu unterschiedlichen Auslegungsergebnissen führen. Während das US-Recht generell einen verkäuferfreundlichen Ansatz verfolgt, der sich vor allem im Grundsatz *caveat emptor* äußert, wird der Käufer im deutschen Recht stärker geschützt, vor allem durch das gesetzliche Gewährleistungsrecht. Anders als das Gericht im Fall *IBP v. Tyson*, welches offen eine *"seller-friendly perspective"* einnahm, werden Gerichte bei Anwendung deutschen Rechts dem Käufer daher möglicherweise wohlwollender gegenüberstehen.

Beispielsweise wird man im deutschen Recht mangels Obliegenheit des Käufes zur Vornahme einer *Due Diligence* zurückhaltender sein müssen als US-Gerichte mit der Argumentation, dass aus der fehlenden Prüfung im Rahmen der *Due Diligence* die fehlende Bedeutung ("*materiality*") abzuleiten sei. Auch wird ein Gericht vor dem Hintergrund eines gesetzlichen Gewährleistungsrechts eher bereit sein, bei Veränderung einer wesentlichen Beschaffenheit des Unternehmens, welche auch einen Rücktritt wegen eines Mangels erlauben würde, eine rechtmäßige Loslösung vom Vertrag anzuerkennen. Eine möglicherweise dem Käufer gegenüber wohlwollendere Auslegung der MAC-Klausel könnte auch durch die Tatsache beeinflusst sein, dass das deutsche Recht im Rahmen des Wegfalls der Geschäftsgrundlage einer Befreiung des Käufers aufgrund von Äquivalenzstörungen offener gegenübersteht als das amerikanische Recht nach den Lehren der *Frustration* und der *Impracticablity*.

Die Frage, wann eine nachteilige Veränderung wesentlich ist, kann nicht abstrakt beantwortet werden, sondern ist immer von der konkreten Situation im Einzelfall abhängig. Aus dem Gebrauch des Begriffs „wesentlich" bzw. „erheblich" im BGB lässt sich ableiten, dass in Bezug auf die Frage der Wesentlichkeit immer eine Gesamtabwägung aller Umstände des Einzelfalles vorzunehmen ist. Die Anforderungen an die Wesentlichkeit können je nach Rechtsfolge und Kontext variieren. Zudem wird bei Verwendung des Begriffs „wesentlich" in Verbindung mit der Rücktrittsfolge im Rahmen des BGB zum Teil gefordert, dass der Käufer bei Kenntnis der Veränderung den Vertrag nicht abgeschlossen hätte. Diese Bedeutung des Begriffs „wesentlich" entspricht der in der US-Literatur im Kontext der MAC-Klausel befürworteten *affects a decision*-Bedeutung des Wortes "*material*", welche unterhalb des Maßstabs der Katastrophenfälle, aber oberhalb der *de minimis*-Schwelle liegt.

Auf Zumutbarkeitsgesichtspunkte kommt es im Rahmen der MAC-Klausel nicht an. Da also unerheblich ist, ob das Festhalten am Vertrag zu untragbaren Ergebnissen mit Recht und Gerechtigkeit nicht zu vereinbarenden Ergebnissen führen würde, ist grundsätzlich von einer Auslegung der MAC-Klausel analog § 313 BGB abzusehen. Entscheidend ist allein die Risikozuordnung durch die Parteien.

Da jedoch, wie bei der MAC-Klausel, auch im Rahmen des § 313 BGB die vertragliche Risikozuordnung durch die Parteien berücksichtigt wird, können die in diesem Zusammenhang relevanten Kriterien auch bei Bestimmung der vertraglichen Risikozuordnung durch die MAC-Klausel eine Rolle spielen: Die Vorhersehbarkeit der Veränderung spricht in den meisten Fällen gegen das Vorliegen eines MAC, da die Parteien insofern eine konkretere Regel hätten treffen können und die Tatsache, dass sie dies nicht getan haben, gegen die Übernahme des Risikos durch den Verkäufer spricht. Daneben können auch die Kriterien der Verursachung und des Einflussbereichs (wie im Rahmen des § 313 BGB) eine Rolle spielen. Je mehr eine Veränderung aus der Sphäre des Unternehmens stammt, desto eher spricht dies für eine Risikozuordnung zum Verkäufer. In eine ähnliche Richtung gehen auch die zum US-Recht vertretenen Ansichten, wonach die MAC-Klausel in erster Linie vor einer Verwirklichung endogener Unternehmensrisiken schützen soll, die im Einflussbereich des Verkäufers lagen (insbesondere Theorie der *Information Asymmetry* und *Investment Theory*).

Eine Befreiung durch die MAC-Klausel wird zudem umso eher in Betracht kommen je unmittelbarer und direkter die Veränderung das Unternehmen und den Vertragsinhalt betrifft. Für die Bestimmung des Vertragsinhaltes kann das Gewährleistungsrecht hilfreiche Anhaltspunkte bieten. Wenn sich eine Veränderung auf die Funktionstüchtigkeit des Unternehmens auswirkt oder die „wirtschaftliche Tätigkeit des Unternehmens erschüttert", wird häufig nicht nur die Entstehung eines Unternehmensmangels, sondern auch das Vorliegen eines MAC nahe liegen, weil in diesen Fällen regelmäßig das Ertragspotential des Unternehmens für einen längeren Zeitraum substantiell bedroht ist.

Wichtige Kriterien zur Bestimmung der Wesentlichkeit sind insgesamt vor allem das Ausmaß der Veränderung (Größe und Dauer der Verluste) und ihre Bedeutung im konkreten Fall unter Berücksichtigung der Zwecke und Ziele der Parteien. Da die Anforderungen an das quantitative Ausmaß der Veränderung von Fall zu Fall unterschiedlich sein können und von zahlreichen im Rahmen der Abwägung zu berücksichtigenden Faktoren abhängig sind, ist die Festlegung konkreter Zahlen zur Bestimmung der Wesentlichkeit nicht möglich. Bei einem Rückgang des EBITDA um weniger als 10 % wird ein MAC allerdings nach den Erfahrungen in der Praxis regelmäßig nicht in Betracht kommen. Daneben ist die Dauerhaftigkeit, also das Fortdauern der Verschlechterung in der Zukunft, ein relevantes Kriterium. Regelmäßig wird bei strategischen Erwerbern wegen der im Regelfall langfristig verfolgten strategischen Ziele die Langzeitperspektive entscheidend und eine erhebliche Veränderung über Jahre (und nicht nur Monate) hinweg zu fordern sein. Im Einzelfall kann aber die Auslegung eine andere Wertung ergeben. In diesem Zusammenhang kann relevant sein, dass die Transaktion fremdfinanziert ist und Kredite aus den Gewinnen des erworbenen Unternehmens zurückbezahlt werden sollen. Die Nichterreichung eines solchen sekundären Zwecks kann im Rahmen der MAC-Klausel (anders als bei § 313 BGB) wesentlich sein.

Das "*Legal Transplant*" MAC-Klausel hat in Deutschland zum Teil gegenüber dem US-Recht eigenständige Entwicklungen vollzogen. Dies zeigt sich insbesondere in Bezug auf die in Deutschland vorherrschende Tendenz zur Konkretisierung der MAC-Klausel, in Bezug auf die gegenüber dem amerikanischen Recht vielseitigeren Rechtsfolgen und in Bezug auf die weniger verbreitete Aufnahme von Ausnahmeregelungen für externe Veränderungen. Damit im Zusammenhang steht, dass die Zwecke, die mit der MAC-Klausel im deutschen Recht verfolgt werden, sich zum Teil von den Zwecken der Klausel im US-Recht unterscheiden. Während im US-Recht die Hauptfunktion der MAC-Klausel in der Erfassung unternehmensinterner Risiken gesehen wird und sich dies in den üblichen Ausnahmeregelungen für externe Veränderungen zeigt, wird ein wichtiger Regelungsbereich der MAC-Klausel in der deutschen Literatur auch in der Erfassung externer, insbesondere allgemeiner wirtschaftlicher Veränderungen gesehen. Zudem steht das im deutschen Schrifttum formulierte Ziel, durch die MAC-Klausel eine gegenüber § 313 BGB erhöhte Rechtssicherheit zu schaffen, im Kontrast zur MAC-Praxis in den USA, wo genaue Definitionen unüblich sind und die Unbestimmtheit der MAC-Klausel gerade als notwendige Voraussetzung für die Erfüllung vieler Funktionen, die der MAC-Klausel im US-Recht zugewiesen werden, angesehen wird. Denn die Ungewissheit über das Vorliegen eines MAC kann die Parteien im Streitfall zu einer Neuverhandlung des Kaufpreises bewegen und ein Gleichgewicht im Neuverhandlungsprozess garantieren. Der Zweck der MAC-Klausel als *Renegotiation Leverage* kann daher bei einer konkretisierten MAC-Klausel - wie sich im deutschen Recht empfohlen wird - regelmäßig nicht erreicht werden. Die Neuverhandlung des Kaufpreises ist aufgrund der bereits getätigten Investitionen jedoch die im Ergebnis wirtschaftlich sinnvollste Lösung. Eine mögliche Vertragsgestaltung, die einerseits der Zurückhaltung im deutschen Recht gegenüber der Gewährung eines Rücktrittsrechts Rechnung trägt, andererseits aber auch den Zweck der MAC-Klausel als Hebel im Neuverhandlungsprozess erfüllen kann, kann in der Vereinbarung einer allgemein gefassten MAC-Klausel in Verbindung mit einer zweistufigen Neuverhandlungsklausel liegen.

Soweit ein Bedürfnis zur Erfassung konkretisierter Risiken besteht, kann dies in der Regel auch durch andere Regelungen erreicht werden. Insbesondere im Rahmen von Garantien, die auf den Zeitpunkt des *Closings* bezogen sind, kann das Risiko konkreter Veränderungen geregelt werden. Beispielsweise kann garantiert werden, dass ein bestimmter Schwellenwert zum Zeitpunkt des *Closing* nicht überschritten sein wird. Bei bereits bekannten Risiken kann eine Risikozuordnung auch durch Kaufpreisanpassungsklauseln und Freistellungsklauseln erfolgen. Auch sonstige Funktionen der MAC-Klausel können unter Umständen bereits durch andere Regelungen im Rahmen des Vertrages erfüllt werden. So können die Führung des Unternehmens und Investitionsentscheidungen des Verkäufers im Zeitraum zwischen *Signing* und *Closing* auch durch eine *Conduct of Business*-Klausel gesteuert werden (*Investment Theory*). Ähnliche Funktionen wie die MAC-Klausel erfüllen insbesondere auch *Reverse Termination Fees*. Da viele Ziele der MAC-Klausel somit häufig auch durch andere Regelungen erreicht werden können, muss stets überlegt werden, ob die MAC-Klausel im konkreten Fall sinnvoll und der damit regelmäßig verbundene Kaufpreisaufschlag gerechtfertigt ist.

II. Schlussbemerkung

Der Erfolg des "*legal transplant*" MAC-Klausel misst sich daran, wie reibungslos eine Einpassung in das deutsche Rechtssystem möglich ist. Es ist Rahmen dieser Arbeit gezeigt worden, wie sich die MAC-Klausel in die Dogmatik des deutschen Rechts einordnet, wie sie sich im deutschen Rechtssystem - zum Teil abweichend von der US-Praxis - entwickelt hat, wie die Bedeutung der Klausel unter den Besonderheiten des deutschen Rechts ausgelegt werden muss und wie die der Klausel zugewiesenen Funktionen sich teilweise vom US-Recht unterscheiden. Trotz bestehender Unterschiede konnten im Bereich privater Verträge jedoch keine fundamentalen Unterschiede zwischen der Wirkungsweise von MAC-Klauseln im Ursprungsland USA und im „rezipierenden" deutschen Rechtssystem festgestellt werden. Daher kann abschließend festgehalten werden kann, dass eine Einpassung von MAC-Klauseln in das deutsche Rechtssystem vergleichsweise reibungslos möglich ist.

Abkürzungsverzeichnis

A.	Atlantic Reporter
A.2d	Atlantic Reporter, Second Series
a.A.	anderer Ansicht
ABIJ	American Bankruptcy Institute Journal
Abs.	Absatz
AcP	Archiv für die civilistische Praxis
a.E.	am Ende
a.F.	alte Fassung
aff'd	affirmed
AG	Aktiengesellschaft
AGB	Allgemeine Geschäftsbedingungen
AktG	Aktiengesetz
Am. J. Comp. Law	The American Journal of Comparative Law
Anh.	Anhang
Anm.	Anmerkung
ANMALR	Andrews Mergers & Acquisitions Litigation Reporter
AnwK	Anwaltkommentar
App.	Appellate court
App. Div.	Appellate Division
Apr.	April
Art.	Artikel
Az.	Aktenzeichen
BB	Betriebs-Berater
BGB	Bürgerliches Gesetzbuch
BGH	Bundesgerichtshof
BJIB&FL	Butterworths Journal of International Banking and Financial Law
B.R.	Bankruptcy/ West's Bankruptcy Reporter
B & S	Best & Smith's Queen's Bench Reports
BT	Bundestag
Bus. L. Today	Business Law Today
bzw.	beziehungsweise
Cal.	California Reports
Cardozo L. Rev.	Cardozo Law Review

Case W. Res. L. Rev.	Case Western Reserve Law Review
Ch.	Chancery
cic	culpa in contrahendo
Cir.	Circuit
CISG	United Nations Convention on Contracts for the International Sale of Goods
Civ. A.	Civil Action
Co.	Company
Colum. Bus. L. Rev.	Columbia Business Law Review
Colum. J. L. & Soc. Probs.	Columbia Journal of Law and Social Problems
Corp.	Corporation
DB	Der Betrieb
D. Del.	United States District Court for the District of Delaware
Dec.	December
Del. Ch.	Delaware Court of Chancery
ders.	Derselbe
DStR	Das deutsche Steuerrecht
DtZ	Deutsch-Deutsche Rechtszeitschrift
EBIT	Earnings before Interest and Taxes
EBITDA	Earnings Before Interests, Taxes, Depreciation and Amortisation
E.C.F.R.	European Company and Financial Law Review
E.D.N.C.	United States District Court for the Eastern District of North Carolina
E.D.N.Y.	United States District Court for the Eastern District of New York
E.D. Pa.	United States District Court for the Eastern District of Pennsylvania
EGBGB	Einführungsgesetz zum Bürgerlichen Gesetzbuche
Emory L. J.	Emory Law Journal
E.R.	The English Reports
etc.	et cetera
EVÜ	Europäisches Schuldvertragsübereinkommen
F.	Federal Reporter
F.2d	Federal Reporter, Second Series

F.3d	Federal Reporter, Third Series
f. (ff.)	folgende Seite(n)
Fn.	Fußnote
Fordham J. Comp. & Fin. L.	Fordham Journal of Corporate & Financial Law
FS	Festschrift
F. Supp.	Federal Supplement
F. Supp. 2nd	Federal Supplement, Second Series
gem.	gemäß
GmbH	Gesellschaft mit beschränkter Haftung
GmbHG	Gesetz betreffend die Gesellschaften mit beschränkter Haftung
GmbH-StB	Der GmbH-Steuerberater
GWR	Gesellschafts- und Wirtschaftsrecht
Harv. L. Rev.	Harvard Law Review
HGB	Handelsgesetzbuch
h.M.	herrschende Meinung
Hous. L. Rev.	Houston Law Review
IBA	International Bar Association
Inc.	Incorporation
Int'l Bus. L. J.	International Business Law Journal
Int'l Fin. L. Rev.	International Financial Law Review
IPRspr	Die deutsche Rechtsprechung auf dem Gebiete des IPR
ITRB	IT-Rechts-Berater
i.V.m.	in Verbindung mit
JA	Juristische Arbeitsblätter
J. B. L.	Journal of Business Law
J. I. B. L. R.	Journal of International Banking Law and Regulation
J. L. & Com.	Journal of Law and Commerce
J.L. Econ. & Organ.	The Journal of Law, Economics, & Organization
jurisPK-BGB	Juris Praxiskommentar BGB
JZ	JuristenZeitung
K.B.	Law Reports, King's Bench
Komm.	Kommentar
LG	Landgericht
L. J.	Law Journal
L. Rev.	Law Review

Maastricht J. Eur. & Comp. L.	Maastricht Journal of European and Comparative Law
MAC	material adverse change
MAE	material adverse effect
M&A	Mergers and Acquisitions
MDR	Monatsschrift für Deutsches Recht
Mich. L. Rev.	Michigan Law Review
Minn.	Minnesota
Mod. L. Rev.	Modern Law Review
MüKo	Münchener Kommentar
NJW	Neue Juristische Wochenschrift
NJW-RR	Neue Juristische Wochenschrift – Rechtsprechungs-Report
No.	Number
BGH	Nummer(n)
BGHZ	Entscheidungen des Bundesgerichtshofes in Zivilsachen
N.Y.L.J.	New York Law Journal
N.Y.S.	West's New York Supplement
N.Y.S.2d	West's New York Supplement, second series
N.Y.U. L. REV.	New York University Law Review
NZG	Neue Zeitschrift für Gesellschaftsrecht
o.	oben
ÖJZ	Österreichische Juristen-Zeitung
OLG	Oberlandesgericht
OLGR	OLG-Report
P.	Law Reports, Probate
PLC	Practical Law Company
plc.	Public limited company
PLI/Corp	Practising Law Institute, Corporate Law and Practice Course Handbook Series
Prac. Law.	Practical Lawyer
Prob. & Prop.	Probate and Property
QB	Queen's Bench
RGZ	Sammlung der Entscheidungen des Reichsgerichts in Zivilsachen
RegE	Regierungsentwurf
Rev. Banking & Fin. L.	Review of Banking and Financial Law
RIW	Recht der Internationalen Wirtschaft

Rn.	Randnummer
RNotZ	Rheinische Notar-Zeitschrift
S. (s.)	Seite (siehe)
S. Cal. L. Rev.	Southern California Law Review
S.D.N.Y.	Southern District of New York
SEC	U.S. Securities and Exchange Commission
Sec.	Section
s.o.	siehe oben
S.W.	South Western Reporter
S.W. 2d	South Western Reporter, 2nd Series
Sw. L. J.	Southwestern Law Journal
Tenn. Ch.	Tennessee Chancery Court
Tenn. J. Bus. L.	The Tennessee Journal of Business Law
Tex. App.	Texas Courts of Appeals
u.a.	und andere
U.C.C./UCC	Uniform Commercial Code
U. Cin. L. Rev.	University of Cincinnati Law Review
UCLA L. Rev.	UCLA (University of California, Los Angeles) Law Review
U. Det. Mercy L. Rev.	University of Detroit Mercy Law Review
U.K.	United Kingdom
U. Miami Int'l & Comp. L. Rev.	University of Miami International and Comparative Law Review
U. Miami L. Rev.	University of Miami Law Review
UPICC	UNIDROIT Principles of International Commercial Contracts
U. Rich. L. Rev.	University of Richmond Law Review
U.S.	United States
v.	versus
vgl.	vergleiche
W.D. Pa.	United States District Court for the Western District of Pennsylvania
WL	Westlaw
WLR	Weekly Law Reports
WM	Wertpapiermitteilungen Zeitschrift für Wirtschafts- und Bankrecht
WpÜG	Wertpapiererwerbs- und Übernahmegesetz

Yale L.J.	Yale Law Journal
ZBB	Zeitschrift für Bankrecht und Bankwirtschaft
z.B.	zum Beispiel
ZfIR	Zeitschrift für Immobilienrecht
ZGS	Zeitschrift für das gesamte Schuldrecht
ZHR	Zeitschrift für das gesamte Handelsrecht und Wirtschaftsrecht
ZIP	Zeitschrift für Wirtschaftsrecht
ZPO	Zivilprozessordnung
ZR	Zivilrecht

Literaturverzeichnis

Adams, Kenneth A., A Legal-Usage Analysis of "Material Adverse Change" Provisions, 10 Fordham J. Corp. & Fin. L. 9 (2004)

Adams, Kenneth A., A Manual of Style for Contract Drafting, 2. Auflage, 2008

Adams, Kenneth A., Understanding "Material Adverse Change" Provisions, 10 No. 6 The M&A Lawyer 3 (2006)

Alexander, Joseph B., The Material Adverse Change Clause, 51 No. 5 Prac. Law. 11 (2005)

Altmeppen, Holger, Insolvenz der gekauften Kapitalgesellschaft und Gewährleistungsrecht, in: Festschrift für Eduard Picker zum 70. Geburtstag, herausgegeben von Thomas Lobinger, Tübingen 2010, S. 23 (zitiert: *Altmeppen,* FS Picker)

American Bar Association, Mergers and Acquisitions Committee, Model Stock Purchase Agreement with Commentary, Volume I: Stock Purchase Agreement, 2. Auflage 2010

American Bar Association, Committee on Negotiated Acquisitions, Model Asset Purchase Agreement with Commentary, 2001

American Law Institute, Restatement of the Law Second, Contracts 2d, St. Paul, Minn., 1981 (zitiert: *Restatement (Second) of Contracts* (1981))

Angerer, Lutz/Geibel, Stephan/Süßmann, Rainer, Wertpapiererwerbs- und Übernahmegesetz, 3. Auflage, München 2017 (zitiert: *Bearbeiter* in: Angerer/Geibel/Süßmann, WpÜG)

Anwaltkommentar BGB, Band 2, Teilband 1, Schuldrecht §§ 241 bis 610, herausgegeben von Dauner-Lieb, Barbara/Langen, Werner, Bonn 2005 (zitiert: *Bearbeiter* in: AnwK BGB)

Assmann, Heinz-Dieter/Pötsch, Thorsten/Schneider, Uwe H., Wertpapiererwerbs- und Übernahmegesetz, Kommentar, 2. Auflage Köln 2013 (zitiert: *Bearbeiter* in: Assmann/Pötsch/Schneider, WpÜG)

Ayres, Ian/Gertner, Robert, Filling Gaps in Incomplete Contracts: An Economic Theory of Default Rules, 99 Yale L. J. 87 (1989–1990)

Badura, Christian C.H., MAC-Klauseln in Angeboten nach dem Wertpapiererwerbs- und Übernahmegesetz, Bonn, 2010

Band, Christa/Anderson, Karen, Materiality in times of change, 26 Int'l Fin. L. Rev. 57 (2007)

Baumgärtel, Gottfried, Handbuch der Beweislast im Privatrecht, 2. Auflage, Köln, Berlin, Bonn, München 1991

Bamberger, Heinz Georg/Roth, Herbert, Kommentar zum Bürgerlichen Gesetzbuch. Band 1 (§§ 1–610, CISG), 3. Auflage, München 2012 (zitiert: *Bearbeiter* in: Bamberger/Roth, BGB)

Barton, Roger E., Material Adverse Change Clauses in the Wake of the Sept. 11 Tragedy, 12 No. 6 ANMALR 16 (2002)

Beck'sches Formularbuch Bürgerliches, Handels- und Wirtschaftsrecht, herausgegeben von Hoffmann-Becking, Michael/Gebele, Alexander, 12. Auflage, München 2016 (zitiert: *Bearbeiter* in: Beck'sches Formularbuch Bürgerliches, Handels- und Wirtschaftsrecht 2016)

Beck'sches Formularbuch Bürgerliches, Handels- und Wirtschaftsrecht, herausgeben von Hoffmann-Becking, Michael/Rawert, Peter, 10. Auflage, München 2010 (zitiert: *Bearbeiter* in: Beck'sches Formularbuch Bürgerliches, Handels- und Wirtschaftsrecht 2010)

Beck'sches Mandats Handbuch Due Diligence, herausgegeben von Daniel Beisel/Friedhold E. Andreas, 3. Auflage, München 2017 (zitiert: *Bearbeiter* in: Beck'sches Mandats Handbuch Due Diligence)

Beisel, Daniel/Klumpp, Hans-Hermann, Der Unternehmenskauf, 7. Auflage, München 2016 (zitiert: *Bearbeiter* in: Beisel/Klump, Der Unternehmenskauf (7. Auflage))

Beisel, Daniel/Klumpp, Hans-Hermann, Der Unternehmenskauf, 6. Auflage, München 2009 (zitiert: *Bearbeiter* in: Beisel/Klump, Der Unternehmenskauf (6. Auflage))

Berens, Wolfgang/Schmitting, Walter/Strauch, Joachim, Funktionen, Terminierung und rechtliche Einordnung der Due Diligence, in: *Berens, Wolfgang/Brauner, Hans U./Strauch, Joachim/Knauer, Thorsten* (Herausgeber), Due Diligence bei Unternehmensakquisitionen, 7. Auflage, Stuttgart 2013, S. 63

Berger, Klaus Peter/Filgut, Esther, Material-Adverse-Change-Klauseln in Wertpapiererwerbs- und Übernahmeangeboten, WM 2005, 253

Berger, Klaus Peter, Neuverhandlungs-, Revisions- und Sprechklauseln im internationalen Wirtschaftsvertragsrecht, RIW 2000, 1

Bird, Paul S./Haider, Colette C., On Squeeze-outs, MAC Clauses and Vote- Buying: Recent Judicial Decisions Affecting M&A Transactions, NCMA GLASS-CLE 546 (Glasser LegalWorks 2002, Westlaw)

Birkett, Kirsten, Untying the knot: material adverse change clauses, PLC March 2002, 17 (online unter: https://uk.practicallaw.thomsonreuters.com/6-101-6634?transitionType=Default&contextData=(sc.Default) (Abruf vom 20.05.2018)

Black's Law Dictionary, herausgegeben von Bryan A. Garner, 8. Auflage, St. Paul, Minn., 2004

Block, Dennis J./Hoff, Jonathan M., Material Adverse Change Provisions in Merger Agreements, N.Y.L.J., August 23, 2001, at 5

Borris, Christian, Streiterledigung bei (MAC-) Klauseln in Unternehmenskaufverträgen: ein Fall für "Fast-Track" Schiedsverfahren, BB 2007, 294

Breckheimer, Fabian; Karrenbrock, Tobias, Wirtschaftssanktionen und politische Krisen – Auswirkungen im grenzüberschreitenden Geschäft und Möglichkeiten der vertraglichen Risikobegrenzung, BB 2014, 3011

Brooks, Molly, The "Seller-friendly" Approach to MAC Clause Analysis Should Be Replaced by a "Reality-friendly" Approach, 87 U. Det. Mercy L. Rev. 83 (2009–2010)

Browder, Justin L., The 2007 Private Equity Bust: Re-Contextualizing Material Adverse Change Clauses in a Credit-Stricken Market, 63 U. Miami L. Rev. 1151 (2008–2009)

Buermeyer, Ines, Bedingungen in öffentlichen Übernahmeangeboten, insbesondere Material-Adverse-Change-Klauseln, Frankfurt (Main), 2006

Canaris, Claus-Wilhelm, Leistungsstörungen und Gewährleistung beim Unternehmenskauf nach der Reform des deutschen Schuldrechts, Festschrift für Apostolos Georgiades zum 70. Geburtstag, herausgegeben von Michael Stathopoulos/Kostas Beys/Philippos Doris/Ioannis Karakostas, Athen, München, Bern, 2006 (zitiert: *Canaris*, FS Georgiades)

Chakrabarti, Arnondo/Brierly, Laura, The MAC clause: protection from the storm? 24 (8) BJIB&FL 451 (2009)

Cheng, David, Interpretation of Material Adverse Change Clauses in an Adverse Economy, 2009 Colum. Bus. L. Rev. 564 (2009)

Chertok, Adam B., Rethinking the US Approach to Material Adverse Change Clauses in Merger Agreements, 19 U. Miami Int'l & Comp. L. Rev. 99 (2011–2012)

Choi, Albert; Triantis, George, Strategic Vagueness in Contract Design: The Case of Corporate Acquisitions, 119 Yale L.J. 848 (2009–2010)

Christenfeld, Alan M./Melzer, Shephard W., Material Adverse Change Clauses: The Big MAC, N.Y.L.J., Oct. 3, 2002, 5

Cicarella, Jeffrey Thomas, Wake of Death: How the Current MAC Standard circumvents the Purpose of the MAC Clause, 57 Case W. Res. L. Rev. 423 (2007)

Cline, Nick; Trobman, Richard, Comparing the value of US and UK Mac clauses, 21 Int'l Fin. L. Rev. 20 (2002)

CMS European M&A Study 2018 (Studie bei der Autorin oder bei der Rechtsanwaltskanzlei CMS erhältlich)

CMS European M&A Study 2012 (Studie bei der Autorin oder bei der Rechtsanwaltskanzlei CMS erhältlich)

Constantini, Christopher J., Allocating Risks in Take-Or-Pay Contracts: Are Force Majeure and Commercial Impracticability the Same Defense?, 42 Sw. L.J. 1047 (1988)

Cordero-Moss, Guiditta, Boilerplate Clauses, International Commercial Contracts and the Applicable Law, Cambridge, 2011

Costa, Jessica Lynn, Developments in Banking and Financial Law: 2007–2008: II. Unwinding the Deals that Fell Victim to the Credit Crunch, 27 Rev. Banking & Fin. L. 261 (2007–2008)

Davidoff, Steven M., Assessing a MAC Claim: The Lewis Ostrich Defense, New York Times Deal Book (June 11, 2009, 3:28 PM), online unter: http://dealbook.nytimes.com/2009/06/11/mac-claim-the-lewis-ostrich-defense/ (Abruf vom 10.04.2018)

Davidoff, Steven M/Baiardi, Kristen, Accredited Home Lenders v. Lone Star Funds: A MAC Case Study (February 11, 2008), Wayne State University Law School Legal Studies Reseach Papers Series, No. 8–16, online unter http://papers.ssrn.com/sol3/papers.cfm?abstract_id=1092115 (Abruf vom 10.04.2018)

Davidoff, Steven M., The MAC is Back, but Does It Kill a Deal?, The New York Times Deal Book, August 23, 2011, 3:45 PM, online unter: http://dealbook.nytimes.com/2011/08/23/the-big-mac-is-back-but-does-it-kill-a-deal/ (Abruf vom 10.04.2018)

Dietl, Clara-Erika; Lorenz, Egon, Wörterbuch für Recht, Wirtschaft und Politik, Band 1, 7. Auflage, München 2016

Dölle, Hans, Probleme der modernen Rechtsvergleichung, Vortrag vom 28. April 1954, ÖJZ 1954, 278

Ehmann, Horst, Zur Causa-Lehre, JZ 2003, 702

Ehricke, Ulrich/Ekkenga, Jens/Oechsler, Jürgen, Wertpapiererwerbs- und Übernahmegesetz, Kommentar, München 2003 (zitiert: *Bearbeiter* in: Ehricke/Ekkenga/Oechsler, WpÜG)

Eidenmüller, Horst, Rechtskauf und Unternehmenskauf, ZGS 2002, 290

Eilers, Stephan/Koffka, Matthias/Mackensen, Marcus, Private Equity, Unternehmenskauf - Finanzierung - Restrukturierung - Exitstrategien, 2. Auflage München 2012 (zitiert: *Bearbeiter* in: Eilers/Koffka/Mackensen, Private Equity)

Elken, Andrew C., Rethinking the Material Adverse Change Clause in Merger and Acquisition Agreements: Should the United States Consider the British Model?, 82 S. Cal. L. Rev. 291 (2009)

Eltvedt, Edouard/Franceschi, Jean-Marc, The MAC clause in French M&A Deals, International Law Office, Corporate Finance/M&A France, March 10, 2010, online unter: http://www.internationallawoffice.com/newsletters/Detail.aspx?

g=893d8310-f304-4d0b-b91f-d99cdb053ec9 (Abruf vom 20.05.2018) (zitiert: *Eltvedt/Franceschi*, International Law Office March 10, 2010)

Erman Bürgerliches Gesetzbuch, Kommentar, herausgegeben von Barbara Grunewald, Georg Maier-Reimer/Peter Westermann, 15. Auflage, Köln 2017 (zitiert: *Bearbeiter* in: Erman BGB)

European M&A Deal Points Study, Kramer Levin Naftalis & Frankel LLP (online unter: https://www.kramerlevin.com/images/content/1/8/v4/1885/European-Deal-Points-Study-KL.pdf, Abruf vom 28.05.2018) (zitiert: European M&A Deal Points Study)

Fairfield, Joshua, The Cost of Consent: Optimal Standardization in the Law of Contract, 58 Emory L. J. 1401 (2008)

Farnsworth, E. Allan, Contracts, 4. Auflage, New York, 2004

Ferera, Leon, Some Differences in Law and Practice Between U.K. and U.S. Stock Purchase Agreements, Jonesday Comment April 2007, S. 8 (online unter: http://www.jonesday.com/newsknowledge/publicationdetail.aspx?publication=4140, Abruf vom 20.05.2018)

Ferguson, David M./French, Timothy M., Selected Issues in Cross-Border Mergers and Acquisitions, 1316 PLI/Corp 531 (2002)

Fidel, Eric N., Commerical Contracts Post-Brexit, 2016 Bus. L. Today 1 (2016) (online unter: https://www.americanbar.org/content/dam/aba/publications/blt/2016/10/comm-contracts-201610.authcheckdam.pdf, Abruf vom 25.05.2018)

Fischer, Michael, Die Haftung des Unternehmensveräußerers nach neuem Schuldrecht, DStR 2004, 276

Fleischer, Holger, Legal Transplants im deutschen Aktienrecht, NZG 2004, 1129

Freund, James C., Anatomy Of A Merger: Strategies and Techniques for Negotiating Corporate Acquisitions, New York, 1975

Freund-Kahn, O., In Uses and Misuses of Comparative Law, 37 Mod. L. Rev. 1 (1974)

Fuld, James J., Some Practical Aspects of a Merger, 60 Harv. L. Rev. 1092 (1947)

Galil, Yair Y., MAC clauses in a materially adversely changed economy, 2002 Colum. Bus. L. Rev. 846 (2002)

Garrett, Michelle Shenker, Efficiency and Certainty in Uncertain Times: The Material Adverse Change Clause Revisited, 43 Colum.J.L. & Soc. Probs. 333 (2009–2010)

Gaskell, Kate, Brexit and Material Adverse Change clauses, online unter: https://blogs.lexisnexis.co.uk/loanranger/5640-2/ (Abruf vom 25.05.2018)

Gilson, Ronald J./Schwartz, Alan, Understanding MACs: Moral Hazard in Acquisitions, 21 J.L. Econ. & Org. 330 (2005)

Gontard, Thierry/Nevzi, Nadia, Les aspects corporate, Revue Lamy Droit Civil 2009 n° 62 (2009/07/01)

Gottschalk, Daniel, Weaseling Out of the Deal: Why Buyers Should Be Able to Invoke Material Adverse Change Clauses in the Wake of the Credit Crunch, 47 Hous. L. Rev. 1051 (2010–2011)

Graziadei, Michele, Comparative Law as the study of transplants and receptions, in: *Reimann, Mathias/Zimmermann, Reinhard*, The Oxford Handbook of Comparative Law, Oxford New York, 2008

Grech, Jonathon M., Comment: "Opting Out": Defining the Material Adverse Change Clause in a Volatile Economy, 52 Emory L. J. 1483 (2003)

Greenberg, Joel I. /Haddad, A. Julia, The Material Adverse Change Clause, Careful Drafting Key, But Certain Concerns May Need To Be Addressed Elsewhere, N.Y.L.J., April 23, 2001, 5

Grupp, Thomas M., Vertragsgestaltung in Zeiten von Brexit, NJW 2017, 2065

Hall, Kari K., How Big is the MAC? Material Adverse Change Clauses in Today's Acquisition Environment, 71 U. Cin. L. Rev. 1061 (2003)

Hall, Jessica K., Scuttling deals? More a threat than reality, Reuters 18.07.2007 (online unter: http://www.reuters.com/article/reutersEdge/idUSN18458940 20070918?sp=true (Abruf vom 10.04.2018))

Halloran, Michael J./Rowland, D. Stanley, Changes in Material Adverse Change Provisions in High Tech Deals, 2 No. 10 The M&A Lawyer 12 (1999)

Hanke, Kerstin/Socher, Oliver, Fachbegriffe aus M&A und Corporate Finance, Die Gestaltung des Unternehmenskaufvertrags, NJW 2010, 1576

Harvard Law Review Association, Recent Cases, Contract Law – Mergers and Acquisitions – Delaware Chancery Court Addresses Default Interpretation of Broadly Written Material Adverse Effect Clauses. - In Re IBP, Inc. Shareholders Litigation v. Tyson Foods, Inc., No 18373, 2001 Del. Ch. Lexis 81 (June 15, 2001), 115 Harv. L. Rev. 1737 (2002)

Hasselbach, Kai/Wirtz, Johannes, Die Verwendung von MAC-Klauseln in Angeboten nach dem WpÜG, BB 2005, 842

Hay, Peter, Zum Wegfall der Geschäftsgrundlage im anglo-amerikanischen Recht, AcP 164, 231

Henssler, Martin, Material Adverse Change-Klauseln in deutschen Unternehmenskaufverträgen - (r)eine Modeerscheinung?, Festschrift für Ulrich Huber zum siebzigsten Geburtstag, Tübingen 2006, herausgegeben von Baums, Theodor, 739 (zitiert: *Henssler*, FS Huber, 739)

Henssler, Martin, Risiko als Vertragsgegenstand, Tübingen, 1994

Hogan Lovells (ohne Nennung des Autors), Brexit Clauses (online unter: http://www.hoganlovellsbrexit.com/_uploads/downloads/Brexit_Clauses.pdf, Abruf vom 25.05.2018)

Holzapfel, Hans-Joachim/Pöllath, Reinhard, Unternehmenskauf in Recht und Praxis, 14. Auflage, Köln, 2010

Hommelhoff, Peter/Schwab, Martin, Leistungsstörungen beim Unternehmenskauf – systemische Folgerichtigkeit contra interessengerechte Ergebnisse?, in: Umbruch und Wandel, Herausforderungen zur Jahrhundertwende, Festschrift für Prof. Dr. Carl Zimmerer zum 70. Geburtstag, München, Wien 1997, S. 267 (zitiert: *Hommelhoff/Schwab*, FS Zimmerer)

Hopt, Klaus J., MAC-Klauseln im Finanz- und Übernahmerecht, Festschrift für Karsten Schmidt zum 70. Geburtstag, herausgegeben von Bitter, Georg/Lutter, Marcus/Priester, Hans- Joachim/Schön, Wolfgang/Ulmer, Peter, Köln 2009, S. 681 (zitiert: *Hopt*, FS Karsten Schmidt, 681)

Hornuf, Lars; Zancanato, Andreas, MAC-Klauseln in deutschen Übernahmeangeboten: Eine rechtstatsächliche Untersuchung, ZBB 2011, 412

Hoovers Company In-Depth Records, Harman International Industries, Incorporated, 6/3/09 Hoovers Company In-Depth Records (=2009 WLNR 10599333).

Howard, Rod J., Deal Risk, Announcement Risk and Interim Changes - Allocating Risks in Recent Technology M&A Agreements, 1219 PLI/Corp 217 (2002)

Huber, Ulrich, Die Praxis des Unternehmenskaufs im System des Kaufrechts, AcP 202 (2002), 179

Hüffer, Uwe/ Koch, Jens, Aktiengesetz, 13. Auflage, München, 2018 (zitiert: *Koch in:* Hüffer/Koch AktG)

Ingerman, Peter/Hord, Charles, Material Adverse Change Clauses, 5/2002 The Metropolitan Corporate Counsel 8 (2002)

Jaletzke, Matthias/Henle, Walter, M&A Agreements in Germany, München 2011

Jansen, Esther, Auswirkung der Finanzierbarkeit auf die Gestaltung von Unternehmenskaufverträgen, GWR 2009, 361

Jauernig, Othmar, Bürgerliches Gesetzbuch, Kommentar, 15. Auflage, München 2015 (zitiert: *Bearbeiter* in: Jauernig, BGB)

Jones Day Commentary, Some Differences in Law and Practice between U.K. and U.S. Stock Purchase Agreements, April 2007, online unter http://www.jonesday.com/some-differences-in-law-and-practice-between-uk-and-us-stock-purchase-agreements-04-13-2007/ (Abruf vom 20.05.2018)

Julien, Franck/Lamontagne-Defriez, Jean-Marc, Material Adverse Change and Syndicated Bank Financing: Part 1, 19 (5), J.I.B.L.R. 172 (2004)

Julien, Franck/Lamontagne-Defriez, Jean-Marc, Material Adverse Change and Syndicated Bank Financing: Part 2, 19 (6), J.I.B.L.R. 193 (2004)

Juris Praxiskommentar BGB, Gesamtherausgeber: Herberger, Maximilian/ Martinek, Michael/Rüßmann, Helmut/Weth, Stephan/Würdinger, Markus; Band 2 – Schuldrecht, Bandherausgeber: Junker, Markus/Beckmann, Roland Michael/ Rüßmann, Helmut, 8. Auflage, Saarbrücken 2017 (zitiert: *Bearbeiter* in: jurisPK-BGB)

Kästle, Florian/ Haller, Heiko, Schieds- oder Schiedsgutachterverfahren zur Feststellung eines Material Adverse Change (MAC) beim Unternehmenskauf, NZG 2016, 926

Kästle, Florian/Oberbracht, Dirk, Unternehmenskauf - Share Purchase Agreement, 2. Auflage, München 2010

Kindt, Anne/Stanek, Dennis, MAC-Klauseln in der Krise, BB 2010, 1490

King, Michael, United States: walking from the deal: terminating a transaction because of a material adverse change, 22 Int'l Fin. L. Rev. 115 (2003)/ 2003 WLNR 16348348 (Westlaw)

Klockenbrink, Ulrich, Voraussetzungen eines Material Adverse Change in "Troubled Deals" - Eine Betrachtung unter besonderer Berücksichtigung der US-Rechtsprechung in den Fällen IBP v. Tyson Foods (2001), Frontier Oil v. Holly (2005) und Hexion v. Huntsman (2008), M&A Review 2009, 233

Knöfel, Oliver, Die Präambel des Unternehmenskaufvertrages, - Neue Gestaltungsmöglichkeiten im reformierten Schuldrecht-, JA 2002, 810

Knott, Hermann, Unternehmenskauf, 5. Auflage, Köln, 2017 (zitiert: *Bearbeiter* in: Knott, Unternehmenskauf)

Köbler, Ralf, Die „clausula rebus sic stantibus" als allgemeiner Rechtsgrundsatz, Tübingen, 1991

Kölner Kommentar zum WpÜG, herausgegeben von Heribert Hirte und Christoph von Bülow, 2. Auflage, Köln, 2010 (zitiert: *Bearbeiter* in: Kölner Komm. WpÜG)

Kuntz, Thilo, Die Auslegung von Material Adverse Change (MAC)-Klauseln in Unternehmenskaufverträgen, DStR 2009, 377

Kuntz, Thilo, Auswirkungen der Finanzmarktkrise auf Unternehmenskaufverträge aus Sicht des Käufers - Anpassungs- und Lösungsrechte bei Verschlechterung des Zustands der Zielgesellschaft oder Erschwerung der Finanzierung des Kaufpreises -, WM 2009, 1257

Lange, Christoph, "Material Adverse Effect" und "Material Adverse Change"-Klauseln in amerikanischen Unternehmenskaufverträgen, NZG 2005, 454

Lappe, Thomas/Schmitt, Alexander, Risikoverteilung beim Unternehmenskauf durch Stichtagsregelungen, DB 2007, 153

Legrand, Pierre, The Impossibility of 'Legal Transplants', 4 Maastricht J. Eur. & Comp. L. 111 (1997)

Lieb, Manfred, Gewährleistung beim Unternehmenskauf, Festschrift für Joachim Gernhuber, Tübingen 1993 (zitiert: *Lieb*, FS Gernhuber)

Lüderitz, Alexander, Auslegung von Rechtsgeschäften, Karlsruhe, 1966

Marcus, David, Material Adverse Change Clauses Scrutinized After September 11, N.Y.L.J.. January 3, 2002, at 5

Massumi, Shirin Maria, Quo vadis- Unternehmenskaufverträge? Unternehmenskaufverträge nach der Deutschen Schuldrechtsreform, Annäherung an anglo-amerikanische Unternehmenskaufverträge? München 2008

Mayer, Barbara/Manz, Gerhard, Der Brexit und seine Folgen auf den Rechtsverkehr zwischen der EU und dem Vereinigten Königreich, BB 2016, 1731

McClain, Allison (Nixon Peabody press releases, 08 December 2016*)*, MAC Survey – Brexit and US Presidential Election affects MAC Clauses, online unter: https://www.nixonpeabody.com/en/news/press-releases/2016/12/08/mac-survey-brexit-and-us-presidential-election-affects-mac-clauses (Abruf vom 26.05.2018)

Merkt, Hanno/Göthel, Stephan, Internationaler Unternehmenskauf, 3. Auflage, Köln 2011

Merkt, Hanno, Grundsatz- und Praxisprobleme der Amerikanisierungstendenzen im Recht des Unternehmenskaufs, Festschrift für Otto Sandrock zum 70. Geburtstag, herausgegeben von Klaus Peter Berger/Werner F. Ebke/Siegfried Elsing/Bernhard Großfeld/Gunther Kühne, Heidelberg, 2000, S. 657

Merkt, Hanno, Angloamerikanisierung und Privatisierung der Vertragspraxis versus Europäisches Vertragsrecht, ZHR 171 (2007), 490

Meyding, Thomas/Grub, Maximilian, Vorteil Käufer: M&A Transaktionen in Zeiten der Wirtschaftskrise, AG 2009, R332-R334

Mielke, Werner/Welling, Inken, Kartellrechtliche Zulässigkeit von Conduct of Business-Klauseln in Unternehmenskaufverträgen, BB 2007, 277

Miller, Robert T., Cancelling the Deal: Two Models of Material Adverse Change Clauses in Business Combination Agreements, 31 Cardozo L. Rev. 99 (2009–2010)

Monson, Bryan, The Modern MAC: Allocating Deal Risk in the Post-IBP v. Tyson World, 88 S. Cal. L. Rev. 769 (2015)

Mormann, Felix, Zwischen Parteilichkeit und gelebter Demokratie: der Jury Trial im US-amerikanischen Zivilprozess, RIW 2011, 515

Müller, Klaus J., Einfluss der due diligence auf die Gewährleistungsrechte des Käufers beim Unternehmenskauf, NJW 2004, 2196

Münchener Kommentar zum Aktiengesetz, Band 6 (§§ 329–410; WpÜG; Österreichisches Übernahmerecht), herausgegeben von Wulf Goette; Mathias Habersack und Susanne Kalss, 4. Auflage, München 2017 (zitiert: *Bearbeiter* in: MüKo AktG)

Münchener Kommentar zum BGB, herausgegeben von Franz Jürgen Säcker, Roland Rixecker, Oetker, Hartmut und Bettina Limperg

Band 1, Allgemeiner Teil, §§1–240, ProstG, AGG, 7. Auflage, München 2015;
Band 2, Schuldrecht Allgemeiner Teil, §§ 241–433, 7. Auflage, München 2016;
Band 3, Schuldrecht Besonderer Teil, §§ 433–610, 7. Auflage, München 2016
(zitiert: *Bearbeiter* in: MüKo BGB)

Band 1, Allgemeiner Teil, §§1–240, ProstG, AGG, 6. Auflage, München 2012 (zitiert: *Bearbeiter* in: MüKo BGB 6. Auflage)

Münchener Kommentar zum Handelsgesetzbuch, herausgegeben von Karsten Schmidt, Band 1 (1. Buch, Handelsstand, §§ 1–104a), 4. Auflage, München 2016 (zitiert: *Bearbeiter* in: MüKo HGB)

Münchener Kommentar zur Zivilprozessordnung, Band 1 (§§1–510c), herausgegeben von Wolfgang Krüger und Thomas Rauscher, 5. Auflage, München 2017 (zitiert: *Bearbeiter* in: MüKo ZPO)

Nixon, Christopher T./Tarnower, Susan C., Practical Tips for Negotiating Material Adverse Change Clauses in Commercial Real Estate Loans, 23 Prob. & Prop. 20 (2009)

Nixon Peabody's MAC Survey 2017 (16th Annual Study of Current Negogiation Trends involving Material Adverse Change Clauses in M&A Transactions, abrufbar unter: https://www.nixonpeabody.com/-/media/Files/PDF-Others/mac-survey-2017-nixon-peabody.ashx, Abruf vom 25.05.2018)

Nixon Peabody's MAC Survey 2012 (abrufbar unter: https://www.nixonpeabody.com/-/media/Files/Alerts/152990_MAC_Survey_Web_2012.ashx, Abruf vom 25.05.2018)

Nixon Peabody's MAC Survey 2011 (online unter: http://www.nixonpeabody.com/linked_media/publications/MAC_Survey_2011.pdf, Abruf vom 11.11.2012)

-Nixon Peabody's MAC Survey 2010 (online unter: http://www.nixonpeabody.com/linked_media/publications/MAC_Survey_2010.pdf, Abruf vom 11.11.2012)

-Nixon Peabody's 2009 Annual MAC Survey (online unter http://www.nixonpeabody.com/files/MAC_Survey_2009.pdf, Abruf vom 11.11.2012)

- Nixon Peabody's Seventh Annual MAC Survey (2008) (online unter: http://www.nixonpeabody.com/files/MAC_survey_2008.pdf, Abruf vom 11.11.2012)
- Nixon Peabody's Sixth Annual MAC Survey (online unter: http://www.nixonpeabody.com/linked_media/publications/MAC_survey_2007.pdf, Abruf vom 11.11.2012)
- Nixon Peabody's Fifth Annual MAC Survey (online unter: http://www.nixonpeabody.com/files/MAAdvisor_10232006.pdf, Abruf vom 11.11.2012)
- Nixon Peabody's Fourth Annual MAC Survey (online unter: http://www.nixonpeabody.com/files/MAAdvisor_10172005.pdf, Abruf vom 11.11.2012)

Nixon Peabody's Third Annual MAC Survey (online unter: http://www.nixonpeabody.com/linked_media/publications/MAAdvisor_07202004.pdf, Abruf vom 11.11.2012)

Nixon Peabody's Second Annual MAC Survey (online unter: http://www.nixonpeabody.com/linked_media/publications/MAAdvisor_07002003.pdf, Abruf vom 11.11.2012)

Normann, Christian, Material Adverse Change (MAC-) Klauseln in Unternehmenskaufverträgen, Teil 22 der Serie "Corporate Finance Lösungen entlang der GmbH- Unternehmensbilanz", GmbH-StB 2013, 372

Ogowewo, Tunde, Takeover Panel commits U-turn on Mac clauses, 23 Int'l Fin. L. Rev. 43 (2004)

Ogowewo, Tunde, Comment: The death of material adverse change conditions?, 20 Int'l Fin. L. Rev. 13 (2001)

Palandt, Otto, Bürgerliches Gesetzbuch, 77. Auflage, München 2018 (zitiert: *Bearbeiter*, Palandt)

Palandt, Otto, Bürgerliches Gesetzbuch, 60. Auflage, München 2001 (zitiert: *Bearbeiter*, Palandt 2001)

Pasquale, Kenneth, Hexion v. Huntsman Corp.: Can Insolvency Justify Buyer's Remorse?, 27-10 ABIJ 20 (2009), online unter: https://www.stroock.com/siteFiles/Pub685.pdf (Abruf vom 21.05.2018)

Pfeiffer, Thomas, Geschäftsgrundlage und Kündigung aus wichtigem Grund, in: Schuldrechtsmodernisierung und Europäisches Vertragsrecht, herausgegeben von Oliver Remien, Tübingen 2008, S. 133

Picot, Gerhard, Due Diligence und privatrechtliches Haftungssystem, in: Berens, Wolfgang/Brauner, Hans U./Strauch, Joachim/Knauer, Thorsten (Herausgeber), Due Diligence bei Unternehmensakquisitionen, 7. Auflage, Stuttgart 2013, S. 323

Picot, Gerhard/Duggal, Raoul, Unternehmenskauf: Schutz vor wesentlichen nachteiligen Veränderungen der Grundlagen der Transaktion durch sog. MAC-Klauseln, DB 2003, 2635

Picot, Gerhard, Handbuch Mergers & Acquisitions, 5. Auflage, Stuttgart 2012

Picot, Gerhard, Unternehmenskauf und Restrukturierung, Handbuch zum Wirtschaftsrecht, 4. Auflage, München 2013

Pollock, Thomas R; Purcell, Robert E; Eldredge, Samantha H; Hastings, Paul, In praise of ambiguity, 26 Int'l Fin. L. Rev. 49 (2007)

Prölss, Jürgen; Armbrüster, Christian, Wegfall der Geschäftsgrundlage und deutsche Einheit, DtZ 1992, 203

Quintin, Yves, M&A Contracts in the American Financial Maelstrom: Have "Reverse Break-Up Fees" And "MAC" Clauses Turned Them Into Mere Options?, 2008 Int'l Bus. L. J. 275 (2008)

Reimann, Mathias, Einführung in das US-amerikanische Privatrecht, 2. Auflage, München 2004

Rosenbloom, Art H.; Hermann, Jonathan; Quantifying Material Adverse Changes for Liability and Damage Purposes, 25 No. 7 Westlaw Journal Mergers & Aquisitions 1 (2015)

Routledge, German Dictionary of Business, Commerce an Finance/Wörterbuch für Wirtschaft, Handel und Finanzen English, London/New York 1997

Sacco, Rodolfo, Legal Formants: A Dynamic Approach to Comparative Law, 39 Am. J. Comp. Law 1 (1991)

Sagraves, Bradley C. /Talebian, Bobak, Material Adverse Change Clauses in Tennessee: Genesco v. Finish Line, 9 Transactions: Tenn.J.Bus.L. 343 (2007–2008)

Schäfer, Wilhelm, Wirtschaftswörterbuch, herausgegeben von Michael Schäfer, Band 1: Englisch-Deutsch, 7. Auflage, München 2004

Schimansky, Herbert/Bunte, Hermann-Josef/Lwowski, Hans-Jürgen, Bankrechts-Handbuch, 5. Auflage, München 2017

Schlechtriem/Schwenzer, Kommentar zum einheitlichen UN-Kaufrecht, herausgegeben von Ingeborg Schwenzer, 6. Auflage, München/Basel 2013

Schlößer, Daniel, Material Adverse Change-Klauseln in US-amerikanischen Unternehmenskaufverträgen, RIW 2006, 889

Schmittner, Angelika, MAC-Klauseln bei M&A Transaktionen, M&A Review 2005, 322

Schmitz, Christian, Mängelhaftung beim Unternehmenskauf nach der Schuldrechtsreform, RNotZ 2006, 561

Scholz, Franz, Kommentar zum GmbH-Gesetz, Band I (§§1–34, Anh. § 13 Konzernrecht, Anh. § 34 Austritt und Ausschließung eines Gesellschafters), 12. Auflage, Köln 2018

Schuhmacher, Michael, Brexit-Überlegungen in Zusammenhang mit internationalen Kreditverträgen, ZIP 2016, 2050

Schwark, Eberhard/Zimmer, Daniel, Kapitalmarktrechts-Kommentar, 4. Auflage, München 2010 (zitiert: *Bearbeiter* in: *Schwark/Zimmer*, Kapitalmarktrecht)

Schwartz, Andrew A., A "Standard Clause Analysis" of the Frustration Doctrine and the Material Adverse Change Clause, 57 UCLA L. Rev. 789 (2009–2010)

Schweitzer, Heike, Private Legal Transplants in Negotiated Deals, 4 E.C.F.R. 79 (2007)

Seibt, Christoph H.; Reiche, Felix, Unternehmens- und Beteiligungskauf nach der Schuldrechtsreform (Teil II), DStR 2002, 1181

Shine, David, Material Adverse Change Considerations for Strategic Acquirers, N.Y.L.J., July 17, 2008, at 24

Söbbing, Thomas, MAC-Klauseln in IT-Verträgen, Veränderungen im Projekt erkennen und Rechtsfolgen vertraglich regeln, ITRB 2008, 257

Soergel, Kommentar zum Bürgerlichen Gesetzbuch (Kohlhammer-Kommentar), Band 3, Schuldrecht II (§§433–515), Stuttgart Berlin Köln 1991 (zitiert: *Bearbeiter* in: Soergel BGB (1991))

Somogie, Nathan, Failure of a "Basic Assumption": The Emerging Standard for Excuse under MAE Provisions, 108 Mich. L. Rev. 81 (2009)

Sonnenblick, Scott I./Cohn, Andrew, Contrast in MAC Clauses; Practice in the United States and key European jurisdictions, N.Y.L.J., October 25, 2010, Link abrufbar unter: https://www.linklaters.com/en/find-a-lawyer/scott-sonnenblick (Abruf vom 21.05.2018)

Staudinger, J. von, Kommentar zum Bürgerlichen Gesetzbuch mit Einführungsgesetz und Nebengesetzen,

-Einleitung zum Schuldrecht; §§ 241–243 (Treu und Glauben), Neubearbeitung 2015

-Übersicht §§ 255–304 (Leistungsstörungsrecht 1), Neubearbeitung 2014 (Online Updatestand: 12.09.2017)

-Übersicht §§ 433–480, Neubearbeitung 2013 (zitiert: *Bearbeiter* in: Staudinger, BGB)

-Eckpfeiler des Zivilrechts, 5. Auflage 2014 (zitiert: *Bearbeiter* in: Staudinger, Eckpfeiler des Zivilrechts)

Steele, Myron T. (Chief Justice Supreme Court of Delaware), November 2008 IBA International Leveraged Buyouts Symposium Panel: "*Financing Issues for Leveraged Buyouts.*" (Handout bei der Autorin erhältlich)

Stengel, Arndt/Scholderer, Frank, Aufklärungspflichten beim Beteiligungs- und Unternehmenskauf, NJW 1994, 158

Stöcker, Mathias, Widerruf oder Rücktritt von Angebotsankündigungen, NZG 2003, 993

Strong, Tim, Frustration and Material Adverse Change – The Secret to Avoiding Contracts in Troubled Times? 21 April 2010 Mondaq Business Briefing, online unter: http://www.mondaq.com/uk/x/98746/Market+Commentaries/Frustration+and+Material+Adverse+Change+The+Secret+to+Avoiding+Contracts+in+Troubled+Times (Abruf vom 12.04.2018)

Subramanian, Guhan/Sharma, Nithyasri, case study: Bank of America - Merrill Lynch, Harvard Business School, 7. Juni 2010, Beitrag bei der Autorin erhältlich

Takeover Panel (The Panel on Takeovers and Mergers), Takeover Panel Statement 2001/15, abrufbar unter: www.thetakeoverpanel.org.uk/wp-content/uploads/2008/12/2001-15.pdf, (Abruf vom 21.05.2018)

-Panel Executive Practice Statement No. 5 (vom 28.04.2004), online unter: www.thetakeoverpanel.org.uk/wp-content/uploads/2008/12/2004-13.pdf (Abruf vom 21.05.2018)

Taylor, Celia R., When Good Mergers Go Bad: Controlling Corporate Managers Who Suffer a Change of Heart, 37 U. Rich. L. Rev. 577 (2002–2003)

Teubner, Gunther, Legal Irritants: Good Faith in British Law or How Unifying Law Ends Up in New Divergences, 61 Mod. L. Rev. 11 (1998)

Thaeter, Ralf; Schulze, Hans-Georg, The 2011 guide to Mergers and Acquisitions, Germany: (Dis)appearance of the Mac clause, Int'l Fin. L. Rev. Mergers and Acquisitions 44 (2011), online unter: http://www.iflr.com/IssueArticle/2793480/Supplements/Germany-Disappearance-of-the-Mac-clause.html?supplementListId=81761 (Abruf vom 13.04.2018)

Thaeter, Ralf; Baker, Genevieve, Wertpapier- und Übernahmegesetz, 2. Online-Auflage 2017 (zitiert: *Thaeter/Baker*, WpÜG)

Thompson, Michael; Kamya, Bart, A Guide To MAC Clauses in M&A Transactions, Mondaq Business Briefing, 13 May 2011, online unter: http://www.mondaq.com/unitedstates/x/132142/Corporate+Finance/A+Guide+To+MAC+Clauses+In+MA+Transactions (Abruf vom 13.4.2018)

Threet, Hunter C., The Definition of Material Adverse Change: Balancing Risk in Merger Agreements under Delaware Law, 18 Transactions: Tenn. J. Bus. L. 1007 (2017)

Toub, Sherri L., "Buyer's Regret" No Longer: Drafting Effective MAC Clauses in a Post-IBP Environment, 24 Cardozo L. Rev. 849 (2003)

Treitel, Guenter; Peel, Edwin, The law of contract, 12. Auflage, London 2007

Treitel, Guenter, Unmöglichkeit, "Impracticability" und "Frustration" im anglo-amerikanischen Recht, 1. Auflage, Baden-Baden 1981

Triebel, Volker, Anglo-amerikanischer Einfluß auf Unternehmenskaufverträge in Deutschland – eine Gefahr für die Rechtsklarheit?, RIW 1998, 1

Triebel, Volker; Balthasar, Stephan, Auslegung englischsprachiger Vertragstexte unter deutschem Vertragsstatut - Fallstricke des Art. 32 I Nr. 1 EGBGB, NJW 2004, 2189

Triebel, Volker; Hölzle, Gerrit, Schuldrechtsreform und Unternehmenskaufverträge, BB 2002, 521

Ulrich-Erber, Heike S., Äquivalenzstörungen und Leistungserschwernisse im deutschen und englischen Recht sowie in den Principles of European Contract Law, Baden-Baden 2008

Völker, Gregor, Vorvertragliche Pflichten und Gefahrtragung beim Unternehmenskauf, München 2003

von Hein, Jan, Die Rezeption US-amerikanischen Gesellschaftsrechts in Deutschland, Tübingen 2008

Wächter, Gerhard, M&A Litigation, M&A Recht im Streit, 3. Auflage, Köln 2017 (zitiert: *Wächter*, M&A Litigation)

Wan, Wai Yee, Invoking protective conditions to terminate public mergers and acquisitions transactions, 2011 J.B.L. 1 (2011)

Watson, Alan, Legal Transplants, An Approach to Comparative Law, 2. Auflage, Athens (Georgia) 1993

Watson, Alan, From Legal Transplants to Legal Formants, 43 Am. J. Comp. L. 469 (1995)

Weitnauer, Wolfgang, Der Unternehmenskauf nach neuem Kaufrecht, NJW 2002, 2511

West, Glenn D./Parel, S. Scott, Revisiting Material Adverse Change Clauses, 09/2006 The Metropolitan Corporate Counsel 17 (2006), online unter: http://ccbjournal.com/articles/7194/revisiting-material-adverse-change-clauses (Abruf vom 09.04.2018)

Wharton, University of Pennsylvania, "*Knowledge@Wharton*", The Art of Walking Away from the Deal, January 11, 2006, abrufbar unter: http://knowledge.wharton.upenn.edu/article.cfm?articleid=1343 (Abruf vom 10.04.2018)

White, James/Summers, Robert S., Uniform Commercial Code, 5th edition, St. Paul (Minn.) 2000 (3rd reprint 2004)

Wieling, Hans, Entwicklung und Dogmatik der Lehre von der Geschäftsgrundlage, Jura 1985, 505

Willemsen, Heinz Josef, Zum Verhältnis von Sachmängelhaftung und culpa in contrahendo beim Unternehmenskauf, AcP 182 (1982), 517

Zerbe, Alana A., The Material Adverse Effect Provisions: Multiple Interpretations and Surprising Remedies, 22 J. L. & Com. 17 (2002)

Zerr, Volker/Giersch, Carsten, Vertragsklauseln bei Immobilientransaktionen - Ergebnisse der CMS Real Estate Deal Point Study 2010, ZfIR 2011, 214

Zhou, Y. Carson, Material Adverse Effects as Buyer-Friendly Standard, 91 N.Y.U. L. REV. 171 (2016)

Zweigert, Konrad/Kötz, Hein, Einführung in die Rechtsvergleichung, 3. Auflage, Tübingen 1996

STUDIEN ZUM VERGLEICHENDEN UND INTERNATIONALEN RECHT

Herausgeber: Bernd von Hoffmann (†), Erik Jayme, Heinz-Peter Mansel,
Christine Budzikiewicz, Michael Stürner, Karsten Thorn
und Marc-Philippe Weller

Band 1 Ferdinand Henke: Die Datenschutzkonvention des Europarates. 1986.

Band 2 Peter Czermak: Der express trust im internationalen Privatrecht. 1986.

Band 3 Peter Kindler: Der Ausgleichsanspruch des Handelsvertreters im deutsch-italienischen Warenverkehr. Eine rechtsvergleichende und kollisionsrechtliche Untersuchung. 1987.

Band 4 Wilhelm Denzer: Stellung und Bedeutung des Engineers in den FIDIC-Bauvertragsbedingungen. 1988.

Band 5 Marijan-Maximilian Lederer: Die internationale Enteignung von Mitgliedschaftsrechten unter besonderer Berücksichtigung der französischen Enteignungen 1982. 1989.

Band 6 Rainer Esser: Klagen gegen ausländische Staaten. 1990.

Band 7 Chang Jae-Ok: Auf dem Weg zu einer Materialisierung des Immateriellen? Personen-, Persönlichkeitsschutz und Geldersatz des immateriellen Schadens in rechtsvergleichender Hinsicht am Beispiel des koreanischen und japanischen Zivilrechts unter besonderer Berücksichtigung des deutschen Rechts. 1990.

Band 8 Paul-Frank Weise: Lex mercatoria. Materielles Recht vor der internationalen Handelsschiedsgerichtbarkeit.1990.

Band 9 Werner Born: Der Auftrittsvertrag für Musikgruppen im Bereich der Rock- und Popmusik. 1990.

Band 10 Ralf Erich Jürgens: IPR und Verfassung in Italien und in der Bundesrepublik Deutschland. 1990.

Band 11 Rainer Gildeggen: Internationale Schieds- und Schiedsverfahrensvereinbarungen in Allgemeinen Geschäftsbedingungen vor deutschen Gerichten. 1991.

Band 12 Klaus Grabinski: Die kollisionsrechtliche Behandlung des Durchgriffs bei rechtlich verselbständigten Unternehmen in privater oder öffentlicher Hand. 1991.

Band 13 Dieter Stummel: Konkurs und Integration. Konventionsrechtliche Wege zur Bewältigung grenzüberschreitender Insolvenzverfahren. 1991.

Band 14 Joachim Güntzer: Die Rechtsstellung des Geschäftsführers im spanischen Aktienrecht. Die Neuregelung des spanischen Aktienrechts nach dem Beitritt Spaniens zur EG. 1991.

Band 15 Sabine Isenburg-Epple: Die Berücksichtigung ausländischer Rechtshängigkeit nach dem Europäischen Gerichtsstands- und Vollstreckungsübereinkommen vom 27.9.1968. Untersuchungen zum Anwendungsbereich von Art. 21 EuGVÜ unter schwerpunktmäßiger Behandlung der Frage nach der Bestimmung eines europäischen Streitgegenstandsbegriffs. 1992.

Band 16 Ulrich Nickl: Die Qualifikation der culpa in contrahendo im Internationalen Privatrecht. 1992.

Band	17	Theo Rauh: Leistungserschwerungen im Schuldvertrag. Eine rechtsvergleichende Untersuchung des englischen, US-amerikanischen, französischen und deutschen Rechts unter besonderer Berücksichtigung der gerichtlichen Praxis. 1992.
Band	18	Bernadette Chaussade-Klein: Vorvertragliche "obligation de renseignements" im französischen Recht. 1992.
Band	19	Josef Sievers: Verbraucherschutz gegen unlautere Vertragsbedingungen im französischen Recht. Vom Code civil zum "Code de la consommation" – die Entstehung eines Sonderprivatrechts für Verbraucher. 1993.
Band	20	Achim Schäfer: Grenzüberschreitende Kreditsicherung an Grundstücken, unter besonderer Berücksichtigung des deutschen und italienischen Rechts. 1993.
Band	21	Eugenio Hernández-Breton: Internationale Gerichtsstandsklauseln in Allgemeinen Geschäftsbedingungen. Unter besonderer Berücksichtigung des deutsch-südamerikanischen Rechtsverkehrs (dargestellt am Beispiel Argentinien, Brasilien und Venezuela). 1993.
Band	22	Ingo Reng: Unterhaltsansprüche aufgrund nichtehelicher Lebensgemeinschaft – Internationales Privatrecht und ausländisches materielles Recht. 1994.
Band	23	Stefanie Roloff: Die Geltendmachung ausländischer öffentlicher Ansprüche im Inland. 1994.
Band	24	Katharina Ludwig: Der Vertragsschluß nach UN-Kaufrecht im Spannungsverhältnis von Common Law und Civil Law. Dargestellt auf der Grundlage der Rechtsordnungen Englands und Deutschlands. 1994.
Band	25	Malte Diesselhorst: Mehrparteienschiedsverfahren. Internationale Schiedsverfahren unter Beteiligung von mehr als zwei Parteien. 1994.
Band	26	Manfred Kost: Konsensprobleme im internationalen Schuldvertragsrecht. 1995.
Band	27	Wolff-Heinrich Fleischer: Das italienische Wettbewerbsrecht und die Probleme des selektiven Parfümvertriebs unter Berücksichtigung der Rechtslage in Frankreich und Deutschland. 1995.
Band	28	Angelika Fuchs: Lateinamerikanische Devisenkontrollen in der internationalen Schuldenkrise und Art. VIII Abschn. 2 b) IWF-Abkommen. 1995.
Band	29	Jacques Matthias Aull: Der Geltungsanspruch des EuGVÜ: "Binnensachverhalte" und Internationales Zivilverfahrensrecht in der Europäischen Union. Zur Auslegung von Art. 17 Abs. 1 S. 1 EuGVÜ. 1996.
Band	30	Hartmut Ost: EVÜ und fact doctrine. Konflikte zwischen europäischer IPR-Vereinheitlichung und der Stellung ausländischen Rechts im angelsächsischen Zivilprozeß. 1996.
Band	31	Stefan Wagner: Die Testierfähigkeit im Internationalen Privatrecht. 1996.
Band	32	Wolfgang Jakob Hau: Positive Kompetenzkonflikte im Internationalen Zivilprozeßrecht. Überlegungen zur Bewältigung von *multi-fora disputes*. 1996.
Band	33	Markus Schütz: UN-Kaufrecht und *Culpa in contrahendo*. 1996.
Band	34	Volker Geyrhalter: Das Lösungsrecht des gutgläubigen Erwerbers. Ein "vergessener" Kompromiß und die Auswirkungen auf das heutige deutsche Recht unter besonderer Berücksichtigung des internationalen Sachenrechts. 1996.
Band	35	Andreas Kramer: Abwicklungsstörungen bei Kaufverträgen. Die Lieferung vertragswidriger Sachen im deutschen und italienischen Recht. 1996.

Band	36	Petra Krings: Erfüllungsmodalitäten im internationalen Schuldvertragsrecht. 1997.
Band	37	Tonja Gaibler: Der rechtsgeschäftliche Irrtum im französischen Recht. 1997.
Band	38	Dirk Otto: Rechtsspaltung im indischen Erbrecht. Bedeutung und Auswirkungen auf deutsch-indische Nachlaßfälle. 1997.
Band	39	Gregor W. Decku: Zwischen Vertrag und Delikt. Grenzfälle vertraglicher und deliktischer Haftung dargestellt am Beispiel der Berufs- und Expertenhaftung zum Schutze des Vermögens Dritter im deutschen und englischen Recht. 1997.
Band	40	Gregor W. Decku: Zwischen Vertrag und Delikt. Grenzfälle vertraglicher und deliktischer Haftung dargestellt am Beispiel der Berufs- und Expertenhaftung zum Schutze des Vermögens Dritter im deutschen und englischen Recht. 1997.
Band	41	Ulrike Höpping: Auswirkungen der Warenverkehrsfreiheit auf das IPR unter besonderer Berücksichtigung des Internationalen Produkthaftungsrechts und des Internationalen Vertragsrechts. 1997.
Band	42	Helene Boriths Müller: Die Umsetzung der europäischen Übereinkommen von Rom und Brüssel in das Recht der Mitgliedstaaten. Dargestellt am Beispiel Deutschlands und Dänemarks. 1997.
Band	43	Bernd von Hoffmann / Myong-Chang Hwang (eds.): The Public Concept of Land Ownership. Reports and Discussions of a German-Korean Symposium held in Seoul on October 7-9, 1996. 1997.
Band	44	Oliver Heeder: Fraus legis. Eine rechtsvergleichende Untersuchung über den Vorbehalt der Gesetzesumgehung in Deutschland, Österreich, der Schweiz, Frankreich und Belgien unter besonderer Berücksichtigung des Internationalen Privatrechts. 1998.
Band	45	Heinrich Schütt: Deliktstyp und Internationales Privatrecht. Dargestellt an grenzüberschreitenden Problemen der Arzthaftung. 1998.
Band	46	Axel Steiner: Die stillschweigende Rechtswahl im Prozeß im System der subjektiven Anknüpfungen im deutschen Internationalen Privatrecht. 1998.
Band	47	Martina Schulz: Der Eigentumsvorbehalt in europäischen Rechtsordnungen. Rechtsvergleichende Untersuchung des deutschen, englischen und französischen Rechts unter besonderer Berücksichtigung von Erweiterungen und Verlängerungen. 1998.
Band	48	Karin Dreher: Die Rechtswahl im internationalen Erbrecht. Unter besonderer Berücksichtigung des italienischen IPR-Reformgesetzes N. 218 vom 31. Mai 1995. 1999.
Band	49	Giuliano Gabrielli: Das Verhältnis zwischen der Anfechtung wegen Eigenschaftsirrtums und den Gewährleistungsansprüchen im deutschen, österreichischen und italienischen Recht. 1999.
Band	50	Bernd von Hoffmann / Myong-Chan Hwang (eds.): Developments in Land Law. Reports and Discussions of a German-Korean Symposium held in Berlin and Trier on July 21-24, 1997. 1999.
Band	51	Volker Heidbüchel: Das UNCITRAL-Übereinkommen über unabhängige Garantien und Standby Letters of Credit. Vergleiche mit den Richtlinien der Internationalen Handelskammer, dem deutschen, englischen und US-amerikanischen Recht. 1999.

Band	52	Jan Christoph Nordmeyer: Pflichtteilsansprüche und Wiedervereinigung. Eine systematische Analyse der Ausgleichsansprüche nach BGB-Pflichtteilsrecht unter besonderer Berücksichtigung der durch den Wiedervereinigungsprozeß eingetretenen Wertveränderungen. 1999.
Band	53	Bettina Linder: Vertragsabschluß beim grenzüberschreitenden Verbraucherleasing. 1999.
Band	54	Almontasser Fetih: Die zivilrechtliche Haftung bei Vertragsverhandlungen. Eine rechtsvergleichende Studie zum deutschen, französischen, ägyptischen und islamischen Recht. 2000.
Band	55	Sona Rajani: Die Geltung und Anwendung des Gemeinschaftsrechts im Vereinigten Königreich von Großbritannien und Nordirland. Der Grundsatz der Parlamentssouveränität im Wandel. 2000.
Band	56	Joachim Kayser: Gegenmaßnahmen im Außenwirtschaftsrecht und das System des europäischen Kollisionsrechts. Eine Analyse der EU-Abwehrverordnung gegen die Auswirkungen extraterritorialer Rechtserstreckung eines Drittlandes. 2001.
Band	57	Albrecht Conrad: Qualifikationsfragen des Trust im Europäischen Zivilprozeßrecht. 2001.
Band	58	Bernd Borgmann: Die Entsendung von Arbeitnehmern in der Europäischen Gemeinschaft. Wechselwirkungen zwischen Kollisionsrecht, Grundfreiheiten und Spezialgesetzen. 2001.
Band	59	Aleksandar Jaksic: Arbitration and Human Rights. 2002.
Band	60	Islamisches und arabisches Recht als Problem der Rechtsanwendung. Symposium zu Ehren von Professor Emeritus Dr. iur. Omaia Elwan. Veranstaltet vom Institut für ausländisches und internationales Privat- und Wirtschaftsrecht der Universität Heidelberg und der Gesellschaft für Arabisches und Islamisches Recht e.V. Herausgegeben von Herbert Kronke, Gert Reinhart und Nika Witteborg. 2001.
Band	61	Patrick Fiedler: Stabilisierungsklauseln und materielle Verweisung im internationalen Vertragsrecht. 2001.
Band	62	Werner Mangold: Die Abtretung im Europäischen Kollisionsrecht. Unter besonderer Berücksichtigung des spanischen Rechts. 2001.
Band	63	Eike Dirk Eschenfelder: Beweiserhebung im Ausland und ihre Verwertung im inländischen Zivilprozess. Zur Bedeutung des US-amerikanischen discovery-Verfahrens für das deutsche Erkenntnisverfahren. 2002.
Band	64	Bernd Ehle: Wege zu einer Kohärenz der Rechtsquellen im Europäischen Kollisionsrecht der Verbraucherverträge. 2002.
Band	65	Heiko Lehmkuhl: Das Nacherfüllungsrecht des Verkäufers im UN-Kaufrecht. 2002.
Band	66	Jochen Nikolaus Schlotter: Erbrechtliche Probleme in der Société Privée Européenne. IPR-Harmonisierung im einheitlichen Europäischen Rechtsraum. 2002.
Band	67	Konrad Ost: Doppelrelevante Tatsachen im Internationalen Zivilverfahrensrecht. Zur Prüfung der internationalen Zuständigkeit bei den Gerichtsständen des Erfüllungsortes und der unerlaubten Handlung. 2002.
Band	68	Tobias Bosch: Die Durchbrechungen des Gesamtstatuts im internationalen Ehegüterrecht. Unter besonderer Berücksichtigung deutsch-französischer Rechtsfälle. 2002.

Band	69	Ursula Philipp: Form im amerikanischen Erbrecht. Zwischen Formalismus und harmless error. 2002.
Band	70	Christian Stefan Wolf: Der Begriff der wesentlich engeren Verbindung im Internationalen Sachenrecht. 2002.
Band	71	André Fomferek: Der Schutz des Vermögens Minderjähriger. Ein Vergleich des deutschen und des englischen Rechts unter Berücksichtigung des schottischen und irischen Rechts. 2002.
Band	72	nicht erschienen
Band	73	Markus Dreißigacker: Sprachenfreiheit im Verbrauchervertragsrecht. Der Verbraucher im Spannungsfeld zwischen kultureller Identität und Privatautonomie. 2002.
Band	74	Vassiliki Myller-Igknay: Auskunftsansprüche im griechischen Zivilrecht. Auswirkungen im deutsch-griechischen Rechtsverkehr sowie im deutschen internationalen Privat- und Verfahrensrecht. 2003.
Band	75	Stefan Bruinier: Der Einfluss der Grundfreiheiten auf das Internationale Privatrecht. 2003.
Band	76	Nika Witteborg: Das gemeinsame Sorgerecht nichtverheirateter Eltern. Eine Untersuchung im soziologischen, rechtsgeschichtlichen, verfassungsrechtlichen, rechtsvergleichenden und internationalen Kontext. 2003.
Band	77	Peter Stankewitsch: Entscheidungsnormen im IPR als Wirksamkeitsvoraussetzungen der Rechtswahl. 2003.
Band	78	Jan Wilhelm Ritter: Euro-Einführung und IPR unter besonderer Berücksichtigung nachehelicher Unterhaltsverträge. Eine Untersuchung mit Blick auf das deutsche, französische und schweizerische Recht. 2003.
Band	79	Wolf Richard Herkner: Die Grenzen der Rechtswahl im internationalen Deliktsrecht. 2003.
Band	80	Ira Ditandy: Internationale Zuständigkeit. Neuregelung durch die LOPJ 1985. Vergleich mit dem europäischen Vorbild und Auswirkungen auf das spanische internationale Zivilverfahrensrecht. 2003.
Band	81	Andrea Verena Schefold: Werbung im Internet und das deutsche Internationale Privatrecht. 2004.
Band	82	Klaus Herkenrath: Die Umsetzung der Richtlinie 93/13/EWG über missbräuchliche Klauseln in Verbraucherverträgen in Deutschland, dem Vereinigten Königreich, Frankreich und Italien. Auswirkungen nationaler Umsetzungstechniken auf dem Harmonisierungserfolg. 2003.
Band	83	Alexander Thünken: Das kollisionsrechtliche Herkunftslandprinzip. 2003.
Band	84	Barbara v. Daumiller: Die Rechtswahl im italienischen internationalen Erbrecht: und ihre Auswirkungen im deutsch-italienischen Rechtsverkehr. 2003.
Band	85	Robert Mödl: Macht, Verantwortlichkeit und Zurechnung im Konzern. Eine rechtsvergleichende Untersuchung auf der Grundlage des deutschen, spanischen und US-amerikanischen Rechts. 2003.
Band	86	Ursula Kerpen: Das Internationale Privatrecht der Persönlichkeitsrechtsverletzungen. Eine Untersuchung auf rechtsvergleichender Grundlage. 2003.

Band	87	Barbara Ploeckl: Umgangsrechtsstreitigkeiten im deutsch-französischen Rechtsverkehr. Bestehende internationale und nationale Regelungen und der geplante *europäische Besuchstitel*. 2003.
Band	88	Katrin Wannemacher: Die Außenkompetenzen der EG im Bereich des Internationalen Zivilverfahrensrechts. Der räumliche Anwendungsbereich des Art. 65 EGV am Beispiel der EuGVO und der EheVO. 2003.
Band	89	Maren B. Eilinghoff: Das Kollisionsrecht der ungerechtfertigten Bereicherung nach dem IPR-Reformgesetz von 1999. 2004.
Band	90	Patrick Niehr: Die zivilprozessuale Dokumentenvorlegung im deutsch-englischen Rechtshilfeverkehr nach der deutschen und der englischen Prozessrechtsreform. 2004.
Band	91	Anna Christina Gördes: Internationale Zuständigkeit, Anerkennung und Vollstreckung von Entscheidungen über die elterliche Verantwortung. Die VO(EG) Nr. 1347/2000, ihre geplanten Änderungen und das Verhältnis beider zum Minderjährigen- und Kinderschutzabkommen. 2004.
Band	92	Martin Rädler: Rechtsbehelfe des Käufers eines Unternehmens oder einer unternehmerischen Beteiligung gegen den Verkäufer im deutschen und französischen Recht. 2004.
Band	93	Marc-Yngve Dietrich: Rechtsstellung und Beteiligung der Gläubiger im französischen Insolvenzverfahren. 2004.
Band	94	Katia Niemann: Die rechtsgeschäftliche und organschaftliche Stellvertretung und deren kollisionsrechtliche Einordnung. Deutschland und England im Vergleich. 2004.
Band	95	Daniel Ludwig: Neuregelungen des deutschen Internationalen Insolvenzverfahrensrechts. Eine Untersuchung unter vergleichender Heranziehung der Europäischen Insolvenzver-ordnung. 2004.
Band	96	Cordelia Faulenbach: Der gemeinschaftsrechtliche Vorbehalt im europäischen Wettbewerbsrecht. Die Herkunftslandanknüpfung der E-Commerce-Richtlinie unter dem Einfluss der Grundfreiheiten. 2004.
Band	97	Ulf Dörner: Der Vertragsgerichtsstand nach dem Protokoll von Buenos Aires. 2004.
Band	98	Martin Schmidhuber: Verhaltenskodizes im nationalen und grenzüberschreitenden elektronischen Geschäftsverkehr. Zur Frage der Integration der Selbstregulierung durch Private in die staatliche Rechtsordnung. 2004.
Band	99	Florian Kienle: Die fehlerhafte Banküberweisung im internationalen Rechtsverkehr. Unter besonderer Berücksichtigung des Artikels 4A US Uniform Commercial Code. 2004.
Band	100	Thomas Alexander Brandt: Die Adoption durch eingetragene Lebenspartner im internationalen Privat- und Verfahrensrecht. 2004.
Band	101	Florian Pulkowski: Subunternehmer und Internationales Privatrecht. Der Subunternehmer als Quasi-Verbraucher im Europäischen Kollisionsrecht. 2004.
Band	102	Ulrich Becker: Grundrechtsschutz bei der Anerkennung und Vollstreckbarerklärung im europäischen Zivilverfahrensrecht. Bestimmung der Grenzen für die Einführung eines europäischen Vollstreckungstitels. 2004.
Band	103	Thomas Badelt: Aufrechnung und internationale Zuständigkeit unter besonderer Berücksichtigung des deutsch-spanischen Rechtsverkehrs. 2005.

Band 104 Florian D. Wagner: Vorvertragliche Aufklärungspflichten im internationalen Franchising. Zur Harmonisierung von Delikts- und Vertragsstatut im internationalen Privatrecht unter besonderer Berücksichtigung der Franchise-Gesetzgebung des US-Bundesstaates Kalifornien. 2005.

Band 105 Vera Heine: Die Umsetzung der *EG-Richtlinie über missbräuchliche Klauseln in Verbraucherverträgen* im englischen und deutschen Recht. 2005.

Band 106 Alexander Franz: Überregionale Effektentransaktionen und anwendbares Recht. Eine kollisionsrechtliche Untersuchung unter besonderer Berücksichtigung der Vorschrift des § 17 a DepotG. 2005.

Band 107 Hanna-Maria Uhlenbrock: Gesetzliche Regelungen für nichteheliche Lebensgemeinschaften in Deutschland und Frankreich. Ein Vergleich des Unterhaltsrechts bei der eingetragenen Lebenspartnerschaft und beim Pacte civil de Solidarité. 2005.

Band 108 Katrin Stieß: Anknüpfungen im internationalen Urheberrecht unter Berücksichtigung der neuen Informationstechnologien. 2005.

Band 109 Hendrik Otto: Der gesetzliche Abschlussprüfer im italienischen Recht. Eine rechtsvergleichende Untersuchung unter besonderer Berücksichtigung der zivilrechtlichen Haftung. 2005.

Band 110 Frauke Stuphorn: Bankhaftung für Kreditauskünfte im deutschen und französischen Recht. 2005.

Band 111 Nina Fürer: Die zivilrechtliche Haftung für Raucherschäden. 2005.

Band 112 Giovanni B. Barillà: *Contratto autonomo di garanzia* e *Garantievertrag*. Categorie civilistiche e prassi del commercio. 2005.

Band 113 Timo Torz: Gerichtsstände im Internationalen Insolvenzrecht zur Eröffnung von Partikularinsolvenzverfahren. 2005.

Band 114 Martina Schmid: Die Grenzen der Auslegungskompetenz des EuGH im Vorabentscheidungsverfahren nach Art. 234 EG. Dargestellt am Beispiel der überschießenden Richtlinienumsetzung. 2005.

Band 115 Stephan Lesage-Mathieu: Dispositives Kollisionsrecht im prozessualen Kontext. 2005.

Band 116 Jürgen Görtz: Die subjektiven Grenzen der Rechtskraft US-amerikanischer Urteile. 2005.

Band 117 Vera Hoppe: Die Einbeziehung ausländischer Beteiligter in US-amerikanische class actions. Unter Berücksichtigung des Class Action Fairness Act 2005. 2005.

Band 118 Silke Pütz: Parteiautonomie im internationalen Urhebervertragsrecht – Eine rechtsdogmatische und rechtspolitische Betrachtung der Grenzen freier Rechtswahl im internationalen Urhebervertragsrecht unter besonderer Berücksichtigung des neuen deutschen Urhebervertragsrechts. 2005.

Band 119 Alice Nieroba: Die europäische Rechtshängigkeit nach der EuGVVO (Verordnung (EG) Nr. 44/2001) an der Schnittstelle zum nationalen Zivilprozessrecht. 2006.

Band 120 Jan Kayser: Alternative Formen gerichtlicher und außergerichtlicher Streitbeilegung im deutschen und französischen Zivilprozess. Les modes alternatifs judiciaires et extrajudiciaires de résolution des conflits en procédure civile allemande et française. 2006.

Band 121 Mirko Ehrich: Der internationale Anwendungsbereich des deutschen und französischen Rechts gegen irreführende Werbung. Freie Wahl von Form und Mittel, Rom II und Herkunftslandprinzip. 2006.

Band 122 Daniel Thelen: Die Haftung des Sekundärschädigers für Gewalttaten anderer im US-amerikanischen Deliktsrecht ausgehend von dem Problem rechtsextremistisch motivierter Gewalttaten. 2006.

Band 123 Anne Winterling: Die Entscheidungszuständigkeit in Arbeitssachen im europäischen Zivilverfahrensrecht. 2006.

Band 124 Sarah Gerling: Die Gleichstellung ausländischer mit inländischen Vollstreckungstiteln durch die Verordnung zur Einführung eines Europäischen Vollstreckungstitels für unbestrittene Forderungen. Im Vergleich zum bisherigen Recht und zur Rechtslage in den USA. 2006.

Band 125 Christian Bank: Präventivmaßnahmen börsennotierter Gesellschaften zur Abwehr feindlicher Übernahmeversuche in Deutschland und Großbritannien. Eine rechtsvergleichende Untersuchung des deutschen und britischen Rechts unter Berücksichtigung der Europäischen Übernahmerichtlinie. 2006.

Band 126 Christian Weis: Kaufrechtliche Gewährleistung und Garantievergabe in Deutschland und Spanien. Unter besonderer Berücksichtigung des Unternehmenskaufs. 2006.

Band 127 Emilio Maus Ratz: Der Nacherfüllungsanspruch nach UN-Kaufrecht. Im Lichte der deutschen, spanisch-mexikanischen und US-amerikanischen Rechtswissenschaft. 2006.

Band 128 Constanze Jacobs: Die Sachmängelgewähr im deutschen und belgischen Kaufrecht nach Umsetzung der Verbrauchsgüterkauf-Richtlinie. 2006.

Band 129 Ulrike Teichert: Lückenfüllung im CISG mittels UNIDROIT-Prinzipien – Zugleich ein Beitrag zur Wählbarkeit nichtstaatlichen Rechts. 2007.

Band 130 Sascha Reichardt: Internationale Zuständigkeit im Gerichtsstand der unerlaubten Handlung bei Verletzung europäischer Patente. 2006.

Band 131 Bilgehan Cetiner: Die Sachmängelhaftung des Verkäufers im UN-Kaufrecht und im neuen deutschen Schuldrecht. Eine rechtsvergleichende Studie. 2006.

Band 132 Jan Streer: Die Umsetzung der Verbrauchsgüterkaufrichtlinie im englischen Recht durch die Sale and Supply of Goods to Consumer Regulations 2002. 2007.

Band 133 Kathrin Wannenmacher: Einstweilige Maßnahmen im Anwendungsbereich von Art. 31 EuGVVO in Frankreich und Deutschland: Eine Betrachtung ausgesuchter Verfahren des einstweiligen Rechtsschutzes im internationalen Zivilverfahrensrecht – gerichtliche Zuständigkeit, Anerkennung und Vollstreckung. 2007.

Band 134 Wim Kreytenberg: Die individuelle Schwerpunktbestimmung internationaler Schuldverträge nach der Ausweichklausel des Artikel 4 Absatz 5 Satz 2 EVÜ. Ein Beitrag zur Förderung von Rechtssicherheit und Einzelfallgerechtigkeit im europäischen Kollisionsrecht der Schuldverträge. 2007.

Band 135 Nikolaus Geiben: Der Vorvertrag im Internationalen Privatrecht. Unter besonderer Berücksichtigung des Immobilienerwerbs im portugiesischen und brasilianischen Recht. 2007.

Band 136 Predrag Maksimovic: Der Kapitalschutz im europäischen, serbischen und deutschen Recht der Gesellschaft mit beschränkter Haftung. 2007.

Band	137	Alexander Rathenau: Die Anwendung des EuGVÜ durch portugiesische Gerichte unter Berücksichtigung des autonomen internationalen Zivilverfahrensrechts. 2007.
Band	138	Matthias Creydt: Die Besicherung von Weltraumvermögenswerten. Ein neues einheitliches internationales Sicherungsrecht und dessen Vergleich zum US-amerikanischen Mobiliarsicherungsrecht. 2007.
Band	139	Oliver Borkhardt: Registerpublizität und Kollisionsrecht besitzloser Mobiliarsicherheiten nach dem neuen Art. 9 UCC. 2007.
Band	140	Jens Engelmann-Pilger: Deliktische Haftung für das Fehlverhalten Dritter im Common Law. 2007.
Band	141	Bastian Rotmann: Der Schutz des Dritten in der europäischen Mobiliarzwangsvollstreckung. Eine rechtsvergleichende Untersuchung vor dem Hintergrund der Verordnung (EG) Nr. 805/2004 zur Einführung eines Europäischen Vollstreckungstitels für unbestrittene Forderungen. 2007.
Band	142	Oliver Ratzel: Die Präklusion isolierter Unterhaltsverfahren durch den ausländischen Scheidungsverbund. Zugleich ein Beitrag zur internationalen Verbundszuständigkeit im Lichte der Quellenveränderung. 2007.
Band	143	Bettina Maria Stade: Die Konstitutionalisierung des Zivilprozessrechts in Spanien und Deutschland vor dem Hintergrund der Europäisierung des Zivilprozessrechts. 2007.
Band	144	Julia El-Bitar: Der deutsche und der französische Kulturgüterschutz nach der Umsetzung der Kulturgüterrückgaberichtlinie. Eine materiellrechtliche und kollisionsrechtliche Untersuchung. 2007.
Band	145	Aris Kaschefi: Sachmängelhaftung im französischen Kaufrecht vor und nach Umsetzung der Verbrauchsgüterkaufrichtlinie. Mit rechtsvergleichenden Hinweisen zum deutschen Recht unter besonderer Berücksichtigung von Weiterfressersachverhalten. 2007.
Band	146	Isabel Roth: Die internationale Zuständigkeit deutscher Gerichte bei Persönlichkeitsrechtsverletzungen im Internet. 2007.
Band	147	Theresa Wilhelmi: Das Weltrechtsprinzip im internationalen Privat- und Strafrecht. Zugleich eine Untersuchung zu Parallelitäten, Divergenzen und Interdependenzen von internationalem Privatrecht und internationalem Strafrecht. 2007.
Band	148	Alice Halsdorfer: Privat- und kollisionsrechtliche Folgen der Verletzung von Kulturgüterschutznormen auf der Grundlage des UNESCO-Kulturgutübereinkommens 1970. 2008.
Band	149	Thomas Müller-Froelich: Der Gerichtsstand der Niederlassung im deutsch-amerikanischen Rechtsverkehr. Eine Untersuchung zu Fragen der Entscheidungs- und Anerkennungszuständigkeit. 2008.
Band	150	Christopher Luhn: Privatautonomie und Inhaltskontrolle von Eheverträgen. Ein kritischer Vergleich des deutschen und des australischen Rechts mit Bezügen zum Internationalen Privatrecht. 2008.
Band	151	Kristin Kohler: Die grenzüberschreitende Verbraucherverbandsklage nach dem Unterlassungsklagengesetz im Binnenmarkt. 2008.
Band	152	Dorothee Maria Kaulen: Die Anerkennung von Gesellschaften unter Artikel XXV Abs. 5 S. 2 des deutsch-US-amerikanischen Freundschafts-, Handels- und Schifffahrtsvertrags von 1954. 2008.

Band 153 Birka Vanessa Stroschein: Parteizustellung im Ausland. Eine systemvergleichende Untersuchung des Gemeinschafts- und Staatsvertragsrechts unter Einbeziehung des deutschen, französischen, englischen und US-amerikanischen Zustellungsrechts. 2008.

Band 154 Nancy Gruschinkse: Das europäische Kollisionsrecht der Aufrechnung unter besonderer Beachtung des Insolvenzfalles. 2008.

Band 155 Hans-Christian Frick: Sprachrisiko im Zeitalter des Ethnomarketings. US-amerikanische Erfahrungen und europäische Rechtsentwicklung. 2009.

Band 156 Stephan Mangold: Verbraucherschutz und Kunstkauf im deutschen und europäischen Recht. 2009.

Band 157 Robert Beier: Die gesetzlichen Rechte des überlebenden Ehegatten nach dem deutschen und spanischen Kollisionsrecht. Unter besonderer Berücksichtigung der *viudedad aragonesa*. 2009.

Band 158 Julia-Marie Oppermann: Internationale Handelsschiedsgerichtsbarkeit und Verjährung. 2009.

Band 159 Stephan Boese: Strukturprinzipien im Gläubigerschutz. Eine rechtsvergleichende Untersuchung zur GmbH und zur englischen Limited Company. 2009.

Band 160 Thomas Rosa: Das Kaufrecht nach dem Zivilgesetzbuch der Tschechischen und Slowakischen Republik. Eine rechtsvergleichende Darstellung im Lichte des deutschen Bürgerlichen Gesetzbuches. 2009.

Band 161 Roland Weis: Rechnungslegungspflichten von EU-Scheinauslandsgesellschaften im Land ihrer tatsächlichen wirtschaftlichen Betätigung. Insbesondere im Hinblick auf in Deutschland tätige englische Limiteds. 2009.

Band 162 Henning Frase: "Leoninische Vereinbarungen" und Ergebnisbeteiligungspflicht im deutschen und italienischen Gesellschaftsrecht. Zum *patto leonino* des italienischen Rechts und möglichen Entsprechungen im deutschen Recht. 2010.

Band 163 Christiane Tödter: Europäisches Kindschaftsrecht. Nach der Verordnung (EG) Nr. 2201/ 2003. 2010.

Band 164 Edda Gampp: *Perpetuatio fori internationalis* im Zivilprozeß und im Verfahren der freiwilligen Gerichtsbarkeit. 2010.

Band 165 Mei Wu: Die Reform des chinesischen Beweisrechts vor dem Hintergrund deutscher und US-amerikanischer Regelungsmodelle. 2010.

Band 166 Corina Leimert: Stand und Entwicklung des italienischen Rechts der Unternehmenszusammenschlüsse (gruppi di società / gruppi di imprese). 2010.

Band 167 Kasim Özen: Die Scheidungsgründe im türkischen Zivilgesetzbuch. 2010.

Band 168 Helena Isabel Maier: Marktortanknüpfung im internationalen Kartelldeliktsrecht. Eine internationalzuständigkeits- und kollisionsrechtliche Untersuchung unter Einbeziehung rechts-vergleichender Überlegungen zum englischen Recht. 2011.

Band 169 Thomas Spernat: Die gleichgeschlechtliche Ehe im Internationalen Privatrecht. Unter besonderer Berücksichtigung des Einflusses des EG-Vertrags. 2011.

Band 170 Max Johann Lipsky: Statutenwechsel im italienischen Sachenrecht – Auswirkungen auf den Im- und Export von Mobiliarsicherheiten. Eine Untersuchung der rechtlichen Beständigkeit dinglicher Kreditsicherheiten im deutsch-italienischen Rechtsverkehr. 2011.

Band	171	Silvia Karolina Seilstorfer: Die Umsetzung der Verbrauchsgüterkaufrichtlinie in Portugal mit rechtsvergleichenden Hinweisen zum deutschen Recht. 2011.
Band	172	Stephan Georg Knöchel: Anerkennung französischer Urteile mit Drittbeteiligung. Eine Untersuchung der Anerkennung von Drittbindungswirkungen nach der EuGVVO und autonomem deutschem Recht. 2011.
Band	173	Kristina Menzel: Vollstreckungsschutz zugunsten privater Altersvorsorge. Eine rechtsvergleichende Untersuchung zum deutschen und schweizerischen Recht. 2011.
Band	174	Manuela Krach: Scheidung auf Mexikanisch. Das materielle Recht der Scheidung im Mehrrechtsstaat Mexiko unter Berücksichtigung von Eheschließung und Ehewirkungen. 2011.
Band	175	Vanessa Sofia Wagner: Verkehrsschutz beim redlichen Erwerb von GmbH-Geschäfts-anteilen. Ein Vergleich des Rechts für Gesellschaften mit beschränkter Haftung in Deutschland, England und Italien. 2011.
Band	176	Alexander Swienty: Der Statutenwechsel im deutschen und englischen internationalen Sachenrecht unter besonderer Betrachtung der Kreditsicherungsrechte. 2011.
Band	177	Kathrin Süß: Streitbeilegungsmechanismen im Verbraucherrecht. Unter besonderer Berücksichtigung der australischen Rechtsordnung. 2011.
Band	178	Efe Direnisa: Die materielle Rechtskraft im deutschen und türkischen Zivilverfahrensrecht. 2012.
Band	179	Julia Faenger: Leistungsunabhängige Nebenpflichten zum Schutz des Integritätsinteresses im deutschen und französischen Recht. Eine rechtsvergleichende Betrachtung ausgehend von den Rücksichtspflichten des § 241 Abs. 2 BGB. 2012.
Band	180	Dorothea Heine: Das Kollisionsrecht der Forderungsabtretung. UNCITRAL-Abtretungs-konvention und Rom I-Verordnung. 2012.
Band	181	Lisa B. Möll: Kollidierende Rechtswahlklauseln in Allgemeinen Geschäftsbedingungen im internationalen Vertragsrecht. 2012.
Band	182	Jutta Jasmin Uusitalo: Einbeziehung von AGB im unternehmerischen Geschäftsverkehr zwischen Deutschland und Finnland. 2012.
Band	183	Darya Alikhani Chamgardani: Der Allgemeine Teil des iranischen Schuldvertragsrechts. Im Spannungsverhältnis zwischen rezipiertem französischen und traditionellem islamischen Recht. 2013.
Band	184	Volker Anton: Aktuelle Entwicklungen des Bankgeheimnisses im Rechtsvergleich unter besonderer Berücksichtigung seiner exterritorialen Wirkungen. Deutschland, Luxemburg, Österreich, Schweiz und Liechtenstein. 2013.
Band	185	Charlotte Wilhelm: Die Regelung der Geld- und Warenkreditsicherheiten nach dem deutschen Recht im Vergleich zum Draft Common Frame of Reference (DCFR). 2013.
Band	186	Michael Nehmer: Erbunwürdigkeit und Elternunterhalt im Internationalen Privatrecht. Eine historisch-rechtspolitische Betrachtung. 2013.
Band	187	Pınar Şamiloğlu-Riegermann: Türkisches und deutsches Vertragshändlerrecht im Rechtsvergleich. 2014.

Band 188 Elvan Er: Realsicherheiten des türkischen Mobiliarsachenrechts. Eine Darstellung des geltenden türkischen Rechts unter vergleichender Berücksichtigung des deutschen und schweizerischen Kreditsicherungsrechts. 2014.

Band 189 Maya Mandery: Party Autonomy in Contractual and Non-Contractual Obligations. A European and Anglo-Common Law perspective on the freedom of choice of law in the Rome I Regulation on the law applicable to contractual obligations and the Rome II Regulation on the law applicable to non-contractual obligations. 2014.

Band 190 Gregor Nikolas Rutow: Rechtsvergleich über die Zulässigkeit von Haftungsausschlüssen, Haftungsbeschränkungen und pauschaliertem Schadensersatz in einzelnen arabischen Rechtsordnungen. 2014.

Band 191 Christoph Rödter: Das Gesellschaftskollisionsrecht im Spannungsverhältnis zur Rom I- und II-VO. Eine Untersuchung zur Reichweite des Gesellschaftsstatuts in Abgrenzung zu den Kolligionsregeln der Rom I- und II-VO. 2014.

Band 192 Melanie Kaspers: Die gemischten und verbundenen Verträge im Internationalen Privatrecht. 2015.

Band 193 Tong Xue: Parteiautonomie im chinesischen Internationalen Privatrecht. Am Beispiel der Rechtswahl im Internationalen Vertrags-, Delikts-, und Sachenrecht. 2016.

Band 194 Martin Metz: US-Menschenrechtsklagen und Neoterritorialismus. 2017.

Band 195 Matthias A. Sauter: Mitveräußerungspflichten im deutschen und italienischen Recht. 2018.

Band 196 Daniel Brauner: Die Anwendungsbereiche von CISG und PR CESL im Vergleich. 2018.

Band 197 Christina Bohländer. MAC-Klauseln in Unternehmenskaufverträgen nach US-amerikanischem und deutschem Recht. 2018.

www.peterlang.com